2024

LUCIANA YEUNG

O JUDICIÁRIO BRASILEIRO

UMA **ANÁLISE EMPÍRICA** E **ECONÔMICA**

Dados Internacionais de Catalogação na Publicação (CIP) de acordo com ISBD

Y48j   Yeung, Luciana

     O judiciário brasileiro: uma análise empírica e econômica / Luciana Yeung ; colaboração de Felipe Lopes. - Indaiatuba, SP : Editora Foco, 2024.

     328 p. ; 16cm x 23cm.

     Inclui bibliografia e índice.

     ISBN: 978-65-6120-134-6

     1. Direito. 2. Direito constitucional. 3. Judiciário brasileiro. I. Lopes, Felipe. II. Título.

2024-1939   CDD 342   CDU 342

Elaborado por Odilio Hilario Moreira Junior - CRB-8/9949

Índices para Catálogo Sistemático:

1. Direito constitucional 342

2. Direito constitucional 342

LUCIANA YEUNG

O JUDICIÁRIO BRASILEIRO

UMA **ANÁLISE EMPÍRICA**
E **ECONÔMICA**

2024 © Editora Foco

Autora: Luciana Yeung
Diretor Acadêmico: Leonardo Pereira
Editor: Roberta Densa
Coordenadora Editorial: Paula Morishita
Revisora Sênior: Georgia Renata Dias
Capa Criação: Leonardo Hermano
Diagramação: Ladislau Lima e Aparecida Lima
Impressão miolo e capa: FORMA CERTA

DIREITOS AUTORAIS: É proibida a reprodução parcial ou total desta publicação, por qualquer forma ou meio, sem a prévia autorização da Editora FOCO, com exceção do teor das questões de concursos públicos que, por serem atos oficiais, não são protegidas como Direitos Autorais, na forma do Artigo 8º, IV, da Lei 9.610/1998. Referida vedação se estende às características gráficas da obra e sua editoração. A punição para a violação dos Direitos Autorais é crime previsto no Artigo 184 do Código Penal e as sanções civis às violações dos Direitos Autorais estão previstas nos Artigos 101 a 110 da Lei 9.610/1998. Os comentários das questões são de responsabilidade dos autores.

NOTAS DA EDITORA:

Atualizações e erratas: A presente obra é vendida como está, atualizada até a data do seu fechamento, informação que consta na página II do livro. Havendo a publicação de legislação de suma relevância, a editora, de forma discricionária, se empenhará em disponibilizar atualização futura.

Erratas: A Editora se compromete a disponibilizar no site www.editorafoco.com.br, na seção Atualizações, eventuais erratas por razões de erros técnicos ou de conteúdo. Solicitamos, outrossim, que o leitor faça a gentileza de colaborar com a perfeição da obra, comunicando eventual erro encontrado por meio de mensagem para contato@editorafoco.com.br. O acesso será disponibilizado durante a vigência da edição da obra.

Impresso no Brasil (7.2024) – Data de Fechamento (7.2024)

2024
Todos os direitos reservados à
Editora Foco Jurídico Ltda.
Rua Antonio Brunetti, 593 – Jd. Morada do Sol
CEP 13348-533 – Indaiatuba – SP

E-mail: contato@editorafoco.com.br
www.editorafoco.com.br

Para Thomas Clementz – por tudo.

Para Thomas Clementz - por tudo.

PREFÁCIO

Este livro nasceu de um sonho, passou por um pesadelo, e termina como sendo o projeto mais importante que tive na minha carreira profissional.

O sonho nasceu pouco tempo depois de meu doutorado. Ao contrário de muitos, que depois da defesa não querem nunca mais saber do tema da tese, eu descobri algo pelo qual me apaixonei profundamente, e nunca mais me separei dele. Hoje, sou uma monogâmica do assunto estudado em "Além dos 'achismos', do senso comum e das evidências anedóticas: uma análise econômica do Judiciário brasileiro". Desde o ano 1 pós-defesa até hoje fui me tornando cada vez mais "fiel" ao assunto, e cada vez mais atraída. Obviamente, com o passar do tempo, vi como aquela área de pesquisa – muito nova na academia então, pelo menos na perspectiva que adotada na tese – abria mais e mais oportunidades e, por isso, merecia avanços do que tinha sido feito, com novos dados, novas informações e até mesmo um olhar renovado. Desde então, nutri o sonho de escrever uma obra especificamente com o fim de atualizar o que foi feito lá atrás. A chance de fazer isso com a calma e atenção merecidas apareceu em 2023 com a oportunidade de passar um sabático no Institute of Law and Economics, da Universidade de Hamburgo na Alemanha, sob aceitação de Stefan Voigt, um dos nomes por quem aprendi a nutrir um grande respeito exatamente no meu percurso da análise econômica e empírica do Judiciário.

Menos de um mês instalada em Hamburgo, veio o pesadelo: fico sabendo que minha mãe, que morava sozinha havia pouco tempo em Belo Horizonte, havia sofrido um AVC. Meu mundo desaba. Concretamente, tive que voltar ao Brasil duas vezes, ficando nos hospitais e depois em casa com ela por um mês cada. Meu sabático, planejado para ser um período de 6 meses tranquilo e focado, tornou-se um período de ansiedades, vulnerabilidade emocional e algumas viagens transatlânticas nada agradáveis. Fiquei efetivamente em Hamburgo por 2 meses e 3 semanas.

Mas, assim como a Vida, o sonho não podia acabar. Mesmo depois do retorno ao Brasil, já acostumada ao "novo normal" (com a mãe por perto, mas tendo que alocar metade do tempo cuidando dela), tinha como uma das maiores e principais metas dos meus dias terminar este livro. Ser apaixonada ajuda nessas horas. O sofrimento, o cansaço de poder escrever só ao fim do dia (quando o corpo e a energia permitiam) eram recompensados com a ideia de ter o livro finalmente concretizado, a "grande" obra sobre o amor da minha vida (profissional). E assim finalizamos, com um pouco de atraso consigo mesma. É não só um alívio, mas também uma sensação de realização ter conseguido chegar até aqui, uma viagem que começou há uma década e meia atrás.

Por tudo isso, e mais ainda por acreditar que tenho algo interessante a contar nas páginas deste livro, posso dizer sou infinitamente feliz agora, digitando essas frases e essas páginas. Será o ponto final mais exultante que um autor(a) pode ter.

AGRADECIMENTOS

Na minha tese de doutorado, por algum motivo, não apresentei nenhuma página de dedicatória e nem de agradecimentos (lembro-me do quanto fiquei aborrecida dias antes da defesa, quando tive que passar horas formatando as referências bibliográficas de todo o trabalho – acho que foi a minha "vingança" mandar os agradecimentos às favas... tolices de estudantes...). Na verdade, só me dei conta tempos depois, lendo os longos agradecimentos que toda tese invariavelmente apresenta.

Bem, "azar" o meu, porque agora terei que fazer os agradecimentos atrasados para pessoas que foram muito especiais durante os três anos e meio do meu doutorado e também a aqueles que, ao longo da minha caminhada profissional, têm me iluminado significativamente. Será então uma lista dupla de agradecimentos.

Para começar, minha influência acadêmica mais importante: meu orientador do doutorado e hoje meu colega Paulo Furquim de Azevedo. Depois de ouvir tantas estórias de horrores sobre relacionamentos "trágicos" entre orientadores e orientandos, só posso dizer quão privilegiada eu fui. E cem vezes mais ainda porque, tanto tempo depois, continuo contando com ele para parcerias muito profícuas – parece que cada vez mais!

Em seguida, minha influência profissional mais importante (porque "acadêmico não trabalha, só dá aula e faz pesquisa... rs...), sobretudo por ter aberto todas as portas no começo de minha carreira na análise econômica do direito, e até hoje – tantos anos depois – continua abrindo muitas: Luciano Benetti Timm.

Mentes brilhantes que me inspiram na AED desde o começo até hoje, e gente com quem tive e tenho o privilégio de ter parcerias acadêmicas, apresentadas neste livro inclusive: Ivo Teixeira Gico Jr e Bruno Meyerhoff Salama – muita admiração por vocês!

Minha inspiração intelectual "platônica", mas que depois – por um acaso e para grande sorte minha – virou uma amiga querida, Maria Tereza Sadek (Teca).

Antonio Maristrello Porto, pela inspiração acadêmica, mas sobretudo por sua confiança por tanto tempo em mim para lecionar nos cursos de formação de magistrados em AED pela FGV Direito Rio ("a única convidada, fora da casa").

Ao Conselho Nacional de Justiça – como instituição – sobretudo seu Departamento de Pesquisas Judiciárias (DPJ), pelo belíssimo trabalho que tem sido feito desde o começo dos anos 2000: felizmente fiz meu doutorado depois de sua criação, caso contrário, minha tese tal como foi escrita, não poderia existir. Mais ainda, pelo continuado zelo do trabalho de produção das estatísticas oficiais fabulosas, do qual tanto me orgulho por ser uma pesquisadora brasileira. Em minhas andanças acadêmicas pelo exterior, nunca deixo de contar orgulhosamente o tipo e a qualidade de dados judiciais que temos por aqui.

Aos professores da minha banca de defesa final que, mesmo antes, contribuíram imensamente com orientações e "iluminações": Giacomo Balbinotto (inspiração em AED), Vladimir Ponczek, Jorge Pires (que me abriu as portas da metodologia das fronteiras de eficiência) e à Luciana Gross Cunha. Esta última, também indiretamente, pela coordenação do Índice de Confiança do Judiciário (ICJBrasil) da Fundação Getúlio Vargas de São Paulo, tão importante para diversas pesquisas minhas (também apresentadas nas páginas deste livro).

Nem a pessoa mais genial do mundo conseguiria ser excelente em tudo o que faz. E eu conheço bem meus limites. Somente os coautores nos possibilitam ir além de nossos limites. A todos meus amigos (só pode ser amigo quem é coautor(a) parceiros, meu super obrigada! Aqui destaco os coautores com quem tenho trabalhos que reapresento neste livro: Bradson Camelo, Paulo Eduardo Alves da Silva, Carolina Osse, Bruno Meyerhoff Salama, Danilo Carlotti e, por último, o Tribunal de Justiça do Estado de São Paulo, na figura do juiz Felipe Viaro, que além de excepcionalmente brilhante, em muito apoiou no diálogo do Tribunal com os trabalhos acadêmicos, permitindo uma parceria com a Diretoria de Planejamento Estratégico (Deplan). Dessa, resultou um belíssimo trabalho sobre gratuidade da Justiça, que foi submetido ao CNJ, e cujos resultados principais apresento aqui. Também à diretora da Deplan, Patrícia Landi e sua equipe sensacional, muito obrigada.

Não posso deixar de agradecer pelo enorme aprendizado, convivência, troca de ideias, realização de eventos e o momento mágico do congresso anual com todos meus amigos da Associação Brasileira de Direito e Economia (ABDE). Muitos deles me inspiraram e continuam inspirando intelectualmente. Um especial para Amanda Oliveira, Fernando Meneguin e Bruno Bodart, quem ano após ano, prestigiam com o uso de minhas obras para seu Grupo de Estudos em Direito e Economia, na UnB e IDP.

Professores aprendem mais com seus alunos do que se costuma usualmente reconhecer, seja porque somos obrigados a aprender muito antes de ensinar, seja em orientações que se tornam trabalhos em conjunto, seja apenas na convivência, ouvindo coisas "do mundo real". Quero agradecer a todos os meus alunos nesses 20 anos de docência em análise econômica do direito, e mais de 20 em outras disciplinas da economia. Também, as dezenas de cursos oferecidas a magistrados, advogados, estudantes de Direito de outras instituições. Na figura do Felipe de Mendonça Lopes, meu ex-aluno de AED na graduação em economia do Insper e hoje meu coautor – responsável pelo único capítulo não escrito por mim neste livro – agradeço a todos meus ex-alunos e alunos porvir. Obviamente, vocês são grande parte da razão de meu existir.

Ainda, a Stefan Voigt, Diretor do Institute of Law and Economics da Universidade de Hamburgo na Alemanha – muito obrigada pelo prestígio em citações de seus trabalhos, e por ter me aceito para meu planejado período sabático para a redação deste livro. As coisas não saíram exatamente como planejamos, mas quem sabe isso não seja motivo para outra oportunidade de parceria mais profunda no futuro.

Um agradecimento especial a uma legião enorme de pessoas que têm feito meus dias de trabalho valer a pena nesses quase 15 anos de pesquisa na análise empírica e econômica do direito: mestrandos, doutorandos e seus respectivos orientadores Brasil afora que usam meus trabalhos como referência e me convidam para bancas de conclusão; as dezenas (ou talvez centenas) de pessoas que me convidaram para palestras, seminários, aulas inaugurais, eventos, webinars, participação em obras conjuntas, pareceres, feedbacks; autores – Brasil e mundo afora – que citam meus trabalhos; e finalmente, membros de diversos tribunais do Brasil, magistrados e servidores, que confiaram e continuam confiando no meu trabalho – vocês sabem que, no fundo, tudo o que eu faço se destina especialmente a vocês!

Aos colegas e amigos do Insper, obrigada por fazerem parte da vida – 22 anos certamente são mais do que uma vida, passa a ser cumplicidade.

Aos amigos pessoais, na figura de Adriana Dupita, Persio Frangetto e Aline Vian, obrigada pela fidelidade e desculpem-me pela minha falta de fidelidade. Vocês sabem que no fim das contas, eu sempre peço o ombro os ouvidos amigos de vocês.

À família e ao Thomas, sempre e por tudo.

APRESENTAÇÃO

Este livro de Luciana Yeung representa uma conquista e, como ela mesma diz, expõe uma paixão. Uma conquista de longo alcance, porque repleto de reflexões e lições. Uma paixão duradoura, capaz de suportar as mais variadas tentações e agruras, expressando-se em vocação e amor.

Seu tema central é a *super litigância*, suas causas e consequências. Um problema que tem atravessado décadas e provocado consequências não apenas no desempenho do Poder Judiciário, mas também na percepção da sociedade sobre a justiça, com fortes impactos na qualidade da democracia brasileira.

Os capítulos apresentam uma extensa e exaustiva pesquisa sobre as causas comumente apontadas como responsáveis pelo que se convencionou qualificar como crise do Judiciário brasileiro. Neste amplo levantamento constam: as consequências advindas do texto constitucional de 1988; os impactos das deficiências nos recursos humanos e materiais; os efeitos dos imperativos provenientes do Direito adotado no país; os problemas resultantes do modelo de relação entre os três poderes; os danos decorrentes de deficiências de gestão administrativa; as idiossincrasias consequentes do desempenho de magistrados e servidores, de advogados e cidadãos.

Luciana apresenta, desde o início de seu texto, a questão que estrutura toda a sua argumentação: "Afinal, no Brasil, temos super litigância ou problema de acesso à Justiça?" Trata-se de indagação que, por si só, demonstra sagacidade e, sobretudo, um olhar que não se contenta com a mera leitura burocrática de números ou com narrativas simplistas que acabam por valorizar a grandiosidade numérica, sem se indagar por suas causas e consequências.

O Paradoxo do acesso à Justiça apontado por Luciana tem persistido e resistido a reformas e às mais diversas políticas judiciais. De fato, já em 2001, em "O Judiciário e a prestação de justiça",[1] concluíamos que os números grandiosos referentes ao Judiciário revelavam "uma situação paradoxal: a simultaneidade da existência de demandas demais e de demandas de menos; ou, dizendo – de outra forma, poucos procurando muito e muitos procurando pouco" ou não procurando (p. 40).

Certamente, aquele primeiro diagnóstico foi aperfeiçoado ao longo das décadas seguintes. Novas variáveis foram incorporadas e multiplicado o nú-

---

1. SADEK; LIMA; ARAÚJO (2001). O Judiciário e a prestação de justiça. In: SADEK (Org). *Acesso à Justiça*. Fundação Konrad Adenauer, série pesquisas.

mero de fatores considerados responsáveis pela extraordinária e concentrada litigância. Porém, como demonstra, com clareza e perspicácia Luciana, não se constata no volume crescente de processos uma democratização no acesso à justiça. Ao contrário, verifica-se que um número reduzido de litigantes acaba por consumir a maior parte do trabalho de magistrados e dos recursos materiais deste serviço público concebido como responsável pela efetivação da Lei e pela garantia universal dos direitos.

A autora conclui ao examinar os dados relativos às partes, particularmente o poder público: "o Estado continuará sendo o maior litigante porque tem duas causas praticamente imutáveis: a Constituição Federal e o preceito de recurso obrigatório dos advogados públicos. Não há quase nada que se possa fazer para mudar tal quadro (p. 34).

Avaliando os números referentes aos processos, Luciana elabora a hipótese que orienta a leitura das estatísticas publicadas anualmente pelo CNJ: "há fortes indícios de fumaça indicando que a justiça está sendo acessada primordialmente por pessoas jurídicas e naturais, com renda muito acima da média, enquanto aqueles com pouca renda continuam com acesso completamente obstruído, e cada vez mais, enquanto aumentar a litigiosidade dos mais ricos" (p. 36). E acrescenta: "esse fenômeno pode ser mais detalhadamente descrito como uma "expulsão" dos pequenos litigantes (com menos recursos financeiros, não reiterados, verdadeiros hipossuficientes da sociedade brasileira) pelos grandes litigantes (com mais recursos financeiros, reiterados, com características socioeconômicas todas acima da média e mediana etc.)"(p. 37).

Sua análise demostra que a gravidade da situação não tem sido amenizada no transcorrer dos anos, nem mesmo a partir do instrumento da gratuidade da justiça ou da assistência judiciária. Constata, igualmente, que a democratização do acesso trazida pelo processo eletrônico, que provocou impactos na estrutura do funcionamento dos tribunais e nos fluxos dos processos, também não foi capaz de resolver o problema identificado como o paradoxo do acesso à justiça.

Ademais, afirma Luciana, no Brasil a situação se agrava devido à falta de tradição dos tomadores de decisões públicas de elaborarem políticas baseadas em evidências, de valorizarem o exame criterioso dos dados como exigência para entender a realidade e, em consequência, prever as consequências e suas decisões políticas. Este tipo de problema faz com que os instrumentos se tornem inócuos ou, como sintetiza: "bonitos apenas na teoria, mas sem resultado prático algum". (p. 125)

Os caminhos abertos pela análise econômica do direito conduzem o olhar de Luciana, revelando uma avaliação multifacetada do desempenho do Judiciário. Assim, por exemplo, ganha complexidade o critério de eficiência judicial, com parâmetros voltados à celeridade, à otimização dos recursos materiais e humanos e à produção "razoável" de decisões, além de considerar o grau de satisfação do usuário.

A partir desse paradigma são examinados os números gigantescos de processos no STJ, o menos estudado dos tribunais no país. Contrariamente ao que se propaga, Luciana demostra que este tribunal não apresentou tendência de favorecimento ou viés para um lado ou outro em casos de conflitos contratuais envolvendo instituições financeiras. Aponta inclusive, que o Tribunal do Rio Grande do Sus teve o maior percentual de decisões reformadas.

Além do Superior Tribunal de Justiça, o livro contempla seu leitor, no capítulo 7, com fotografias do Tribunal de Justiça do Trabalho. Demonstra como as consideradas boas intenções da Justiça do Trabalho geram, com frequência, o chamado "efeito bumerangue"; magistrados (e outros profissionais), com o pretexto de proteção dos hipossuficientes, tomam decisões que, sem querer, acabam prejudicando exatamente esse grupo" (p. 226).

O livro inclui ainda reflexões sobre Jurimetria – uma metodologia que utiliza análises estatísticas no estudo do Direito – sobre inovações tecnológicas, sobre a importância da multidisciplinaridade e uso de dados empíricos.

Em resumo, tem-se um retrato do Judiciário, sem retoques, além de considerações sobre as dificuldades de implementar mudanças, devido à força da visão tradicional. São extremamente relevantes o apelo ao significado dos dados para a elaboração de diagnósticos e a urgência na busca de soluções. Vale reproduzir uma passagem emblemática: "Em primeiro lugar, dados, dados, dados. Não se trata apenas de uma obsessão de economista. Sem ter dados confiáveis, evidencias que mostrem o que acontece no mundo real, não é possível criar políticas eficazes" (p. 52); em 2º lugar, para realmente atacar o problema do paradoxo do acesso ao judiciário, é preciso alterar significativamente os incentivos colocados (p. s52).

Não tenho dúvidas em afirmar que estamos diante de uma obra que se transformará em referência. Não impõe certezas, nem faz recomendações normativas. Mas coloca temas para discussão e mostra, com todas as letras, a importância de mais pesquisas e dados.

Este livro inspira e convence. Ler é ter a oportunidade de usufruir da vocação e de compartilhar a paixão de Luciana!

Maria Tereza Aina Sadek

Professora sênior do Departamento de Ciências Políticas da Universidade de Ssão Paulo (DCP-USP).

APRESENTAÇÃO

Este é um daqueles livros que se confundem com a vida de seu autor. Não foi escrito por uma oportunidade, embora sua publicação seja extremamente oportuna, nem tampouco por ser uma resposta aos problemas contemporâneos do Judiciário brasileiro, embora também o seja. O livro é uma consolidação de uma vida acadêmica dedicada ao tema, com raro foco, o que permitiu que a agenda de pesquisa se consolidasse e nos brindasse com um livro maduro, consistente e de relevância inconteste.

Não haveria como a autora fazer outro livro, a menos que fosse uma continuação deste. Já são quase 20 anos dedicados ao tema, com absoluta consistência. Quando as fronteiras entre Direito e Economia ainda eram ainda pouco exploradas, frequentadas por alguns poucos pesquisadores de cada um dos campos de conhecimento, Luciana Yeung já tinha escolhido a sua trajetória de pesquisa. Armando Castelar havia há pouco publicado um relatório de pesquisa, baseado em um questionário com magistrados, em que explorava as possíveis relações entre decisões judiciais e desempenho econômico,[1] inspirado em trabalho pioneiro de Maria Tereza Sadek e Rogério Arantes, que tinham aberto a discussão sobre o tema na Ciência Política.[2] Também no começo dos anos 2000, Decio Zylbersztajn e Rachel Sztajn inauguraram uma série de encontros, sediados na Faculdade de Direito da USP, entre professores e pesquisadores das áreas de Economia e Direito, que veio a resultar em um livro que marca o florescimento do fértil campo de pesquisa entre esses dois campos do conhecimento.[3] Em 2005, também foi publicado o influente artigo de Pérsio Arida, Edmar Bacha e André Lara-Resende, que creditava as altas taxas de juros no Brasil à incerteza jurisdicional e viés anticredor de muitos magistrados.[4]

Este era o contexto quando Luciana começou a se dedicar ao estudo do Judiciário, tendo-o escolhido para o tema de sua tese de doutorado, que eu tive a felicidade de modestamente participar como orientador. Sua maior motivação era levar a discussão sobre o Judiciário no Brasil, até então predominantemente

---

1. PINHEIRO, Armando Castelar (2003). *Judiciário, reforma e economia*: a visão dos magistrados. Seminários de Pesquisa Econômica da EPGE-FGV.
2. SADEK, Maria Tereza; ARANTES, Rogério Bastos. A crise do Judiciário e a visão dos juízes. *Revista USP*, n. 21, p. 34-45, 1994.
3. ZYLBERSZTAJN, Decio; SZTAJN, Rachel (2005). *Direito & economia*: análise econômica do direito e das organizações. Rio de Janeiro: Campus.
4. ARIDA, Persio; BACHA, Edmar Lisboa; LARA-RESENDE, André (2005). *Credit, interest, and jurisdictional uncertainty*: conjectures on the case of Brazil.

conceitual ou baseada em alguns poucos estudos exploratórios, para o campo da análise empírica quantitativa, investigando assuntos tabus, como a eficiência dos tribunais e a existência ou não de viés anticredor nas decisões judiciais. Poderia um tribunal ser modelado como uma função de produção, em que os insumos são magistrados e seu staff e o produto são suas decisões? Seria possível comparar objetivamente quais tribunais do Brasil eram mais ou menos eficientes e identificar quais ações poderiam explicar essas diferenças? Havia fundamento empírico para a conjectura levantada por Arida, Bacha e Lara-Resende sobre a existência de viés sistemático anticredor nos tribunais brasileiros?

Após a defesa de sua tese de doutorado, em 2010, a Luciana se manteve absolutamente fiel ao tema, explorando outros aspectos do Judiciário, sempre com a marca de fundamentar suas conclusões em evidências empíricas. Os temas da litigância repetitiva, do congestionamento das cortes, e da eficiência no uso de recursos para a produção da atividade judicante foram se consolidando a cada artigo e relatórios de pesquisa. Estudou aspectos que ninguém havia estudado, como o acesso à justiça não pelo seu conceito abstrato, mas pelos recursos econômicos envolvidos, que limitam as escolhas possíveis dos jurisdicionados. Agora, essa trajetória culmina neste livro, que, pela solidez com que foi construído, é uma leitura obrigatória para o entendimento do Judiciário brasileiro e de suas consequências sobre as nossas vidas.

Já no primeiro capítulo, os números impressionam e desmontam a visão intuitiva, construída pelo anedotário a que somos naturalmente expostos, de que os Estados Unidos da América seriam o país mais litigante do mundo, o reino dos operadores do Direito. Em uma medida absolutamente objetiva, de processos judiciais por 100.000 habitantes, a realidade é inescapável. O Brasil é o país mais litigante do mundo, ao menos entre aqueles para os quais se dispõe de dados, e, naturalmente, seu poder judiciário tem as dimensões hipertrofiadas consistentes com esse estado de litigância.

O excesso de litigância soma-se a diversas outras características, como o excessivo formalismo procedimental, as inúmeras oportunidades de recursos, entre outros motivos, o que resulta em um Judiciário congestionado e que responde com lentidão às demandas dos jurisdicionados. É nesse contexto que vão se descortinando conclusões que contrariam o senso comum. Com a intenção de ampliar o acesso à justiça, a gratuidade dos serviços jurisdicionais é concedida sem parcimônia, o que alimenta o congestionamento e reduz a capacidade de resposta do sistema judicial. No final das contas, na ânsia de dar acesso à justiça, acabamos por tornar a justiça, de fato, mais inacessível, sobretudo para os mais pobres, que, embora isentos do pagamento das custas judiciais, têm menor acesso a advogados e ao conhecimento necessário para navegar pelos corredores do Judiciário.

O livro também desconstrói a resposta fácil para o problema. Não basta e nem é necessário aumentar os recursos destinados ao Judiciário brasileiro, que já o colocam entre os mais dispendiosos do mundo. Ações administrativas são capazes de melhorar fluxos dos processos, reduzir o tempo de análise e, assim, diminuir o congestionamento das cortes. É o que se conclui em uma análise de eficiência comparando os diversos tribunais estaduais. Alguns conseguem, com menos recursos, dar respostas mais céleres às demandas da sociedade. É interessante notar também que essa maior velocidade de resposta que a Luciana identifica em alguns tribunais está correlacionada com o índice de confiança que a população tem pelas cortes em cada Estado. Tempo e legitimidade social andam juntos.

É digna de nota a participação de um *special guest*, Felipe Lopes, na autoria de um dos capítulos do livro, dedicado aos estudos sobre comportamento judicial. Tive também a sorte de tê-lo como aluno e orientando (sim, tive muita, muita sorte com os alunos e orientandos que a vida me reservou). A exemplo da Luciana, Felipe desbravou esse campo quando, no Brasil, quase não se estudava viés comportamental em decisões judiciais e a pesquisa empírica requeria a paciência e diligência de decodificação manual de centenas de processos judiciais. Hoje, com a digitalização de processos e as novas ferramentas computacionais de análise de texto, o campo vem atraindo várias pesquisas e gerando resultados importantes para a academia e para operadores do direito.

Essas conclusões são acompanhadas de propostas de soluções, com o emprego da Análise Econômica do Direito não apenas para entender, mas também para sugerir mudanças para o Judiciário brasileiro. Este é o tema a que se dedica o último capítulo, revelando uma característica que sempre acompanhou a carreira acadêmica da autora. Mais do que buscar os louros da torre de marfim, como alguns designam o mundo acadêmico, a Luciana sempre se moveu pelos problemas do mundo real, em sintonia com um dos bordões de Oliver Williamson, ganhador do Prêmio Nobel de Economia em 2009, que incentivava seus alunos a se perguntarem: "*what's going on out there?*"

Por isso, este livro, embora não tenha sido escrito por uma oportunidade, é extremamente oportuno e trata de um dos maiores dilemas da nossa sociedade. Dilemas que são estruturais e já estavam presentes, em menor ou maior grau, há 20 anos, quando a autora começou a se dedicar, passo a passo, a compreendê-lo. Agora, nós podemos desfrutar dos resultados desse esforço consistente. E por "nós", não me refiro apenas ao mundo acadêmico, mas, em especial, ao mundo em que vivemos.

Paulo Furquim de Azevedo

Doutor em Economia. Professor Titular do Insper, coordenador do Centro de Regulação e Democracia e da Cátedra Família Martinez-Goldberg. Ex-Conselheiro do CADE.

APRESENTAÇÃO

Foi com muita honra e satisfação que recebi o convite da Profa. Luciana Yeung para apresentação de sua obra de análise econômica do poder judiciário.

Explico. Conheci a Profa. Yeung em 2007, quando fundamos a Associação Brasileira de Direito e Economia, nossa querida ABDE, quando do Congresso da Associação Latino Americana de Direito e Economia (ALACDE) em Brasília.

Na época, éramos poucos, economistas menos ainda, avessos que são ao método ainda dogmático da ciência jurídica e pouco afeito a estudos empíricos. Confunde-se prática com teoria.

Desde então, contribuímos muito academicamente com artigos acadêmicos, de jornal, organizamos eventos da ABDE e outros.

Visivelmente, a sua experiência de pesquisadora, de consultora e parecerista nos casos judiciais mais relevantes do país, serviram para o robustecimento do estudo acadêmico previamente desenvolvimento. Como a autora prenuncia já no início da obra, trata-se de um fechamento que se seguiu ao seu doutoramento, também sobre eficiência do judiciário.

Ora, o Direito é vivo, é uma experiência social e prática, feita a partir do processo legislativo, das práticas sociais, mas, sobretudo, pela jurisprudência dos Tribunais. Como tal, ele deve estar no centro das pesquisas jurídicas, como norte-americanos já descobriram.

Por trabalhar com pesquisa empírica e sempre em busca de dados e de evidências, naturalmente que essa realidade pragmática se revela já na abertura da obra da Profa. Yeung, em que a autora traça uma verdadeira radiografia do Poder Judiciário brasileiro: o maior, mais caro do mundo. Nosso contribuinte que o diga! São mais de R$ 100 bilhões no orçamento da União.

A obra da Profa. Luciana passa, ainda, por temas muito ricos como o paradoxo do acesso à justiça, pelo qual a justiça fica abarrotada, mas não por processos daqueles mais necessitados, que deveriam ser beneficiados pela gratuidade do sistema. E examina também tribunais específicos como o STJ e a Justiça do Trabalho, certamente essa última a mais anacrônica por lutar contra a realidade (logo ela, que deveria se orientar pela primazia da realidade!).

E chega, após o diagnóstico, a um prognóstico, por onde deveríamos caminhar, após um desenvolvimento da temática da jurimetria e do comportamento judicial.

Naturalmente, que o futuro reserva à prática jurídica internacional (e à brasileira, por via de consequência) uma intensificação da tecnologia, especialmente com os avanços da inteligência artificial. A autora ainda sugere o aprofundamento dos métodos consensuais e na "desjudicialização".

Ouso a dizer que é a obra mais importante sobre o poder judiciário brasileiro.

Se a Análise Econômica do Direito não vem resolver todos os problemas apontados na obra, ela muito contribui para enxergarmos a realidade empírica, os incentivos gerados pelas regras e princípios jurídicos – inclusive aqueles gerados em precedentes judiciais – e para a implementação de uma política pública judicial baseada em evidências científicas.

Mas o projeto que chega a um desfecho não terminou. Aguardarei ansiosamente pela futura atualização dessa magnífica com um derradeiro capítulo: o STF.

São Paulo, 25 de maio de 2024.

Luciano Benetti Timm

Doutor em Direito. Professor de Direito e Economia da FGV/SP. Ex Presidente da Associação Brasileira de Direito e Economia (ABDE). Advogado. Sócio de CMT Advogados.

SUMÁRIO

PREFÁCIO VII

AGRADECIMENTOS IX

APRESENTAÇÃO (POR MARIA TEREZA AINA SADEK) XIII

APRESENTAÇÃO (POR PAULO FURQUIM DE AZEVEDO) XVII

APRESENTAÇÃO (POR LUCIANO BENETTI TIMM) XXI

1. INTRODUÇÃO: "O MAIOR JUDICIÁRIO DO MUNDO" 1
   1.1 Grandes números comparativos 1
   1.2 As causas: fatores exógenos e endógenos 3
   1.3 A importância dos incentivos colocados 14
   1.4 O uso dos dados e evidências empíricas: um capítulo (seção) à parte 16
   1.5 Apresentação e organização do livro 17
   Referências bibliográficas deste capítulo 19

2. O PARADOXO DO ACESSO À JUSTIÇA: PARTE 1 21
   2.1 Introdução: super litigância ou falta de acesso à justiça? 21
   2.2 Evidências do paradoxo do acesso à justiça: "onde há fumaça há..." 22
   2.3 Proposta de um novo indicador: o Gini de acesso à justiça 27
   2.4 Os grandes litigantes: quem são, quais são seus incentivos e o círculo vicioso que causam com efeito *crowding out* e seleção adversa 30
      2.4.1 O Estado brasileiro como o maior litigante: nenhuma novidade desde algumas décadas 32
      2.4.2 E daí? 34
   2.5 A seleção adversa e o efeito *crowding out* 36

2.6 Os que nunca conseguem acessar	38
2.6.1 Resultados de uma pesquisa "modesta"	38
2.6.2 Resultados de outras pesquisas publicadas	50
2.7 Conclusões: a fotografia sem retoques – e porquê não vai mudar se não mudar a visão tradicional	52
Referências bibliográficas deste capítulo	53
Apêndice: Consulta ao Bing 09 de setembro de 2023, 18:05 (horário do Brasil)	54
3. O PARADOXO DO ACESSO À JUSTIÇA: PARTE 2	55
3.1 Análise econômica do processo: princípios e modelos econômicos	55
3.1.1 As pessoas, no geral, são racionais	56
3.1.2 As pessoas – e as organizações – enfrentam *tradeoffs* ("nada é de graça")	59
3.1.3 O custo de alguma coisa, para quem toma a decisão, é medido pelo custo de oportunidade	59
3.1.4 As pessoas reagem a incentivos	60
3.1.5 O livre comércio pode ser bom para todos	62
3.1.6 Os mercados são uma boa maneira (a melhor, normalmente) de organizar as atividades econômicas	63
3.1.7 ...mas às vezes é preciso o Estado para melhorar alguns resultados (principalmente na garantia de boas instituições e na correção de falhas de mercado)	64
3.1.8 O padrão de vida de um país depende de sua capacidade de produzir bens e serviços, ou, de maneira mais precisa, de sua produtividade	64
3.1.9 Eficiência como parâmetro normativo	66
3.2 Análise econômica do processo civil e modelos analíticos aplicados	67
3.2.1 Alguns clássicos da análise econômica do processo e da litigância	68
3.2.2 Mais um modelo analítico para entender o caso brasileiro: modelo de "ganha-ganha" no judiciário brasileiro	70
3.3 E como tudo isso ajuda a explicar o paradoxo do acesso à justiça?	87
Referências bibliográficas deste capítulo	88
4. O PARADOXO DO ACESSO À JUSTIÇA: PARTE 3 – O QUE ESTÁ SENDO FEITO E POR QUE NÃO RESOLVE?	91
4.1 Introdução: já não há o suficiente para combater o paradoxo do acesso à justiça?	91

SUMÁRIO **XXV**

4.2 Informatização: ajudou ou prejudicou? Pesquisa *big data* com dados de 4 tribunais 92

    4.2.1 Andamentos processuais e processo eletrônico 93

    4.2.2 Metodologia 93

    4.2.3 Organização e análise dos dados coletados 94

    4.2.4 Rotinas dos tribunais 95

    4.2.5 Conclusões dos dados levantados 98

4.3 Custas judiciais no Brasil: como estão definidas, como deveriam ser 99

4.4 Assistência Judiciária Gratuita (AJG): uma pseudopanaceia 102

    4.4.1 Hipóteses do projeto de pesquisa: frente quantitativa 104

    4.4.2 Objetivos e metodologia 105

    4.4.3 Resultados (seleções) 105

    4.4.4 Objetivos do projeto de pesquisa e metodologia: frente qualitativa .. 114

    4.4.5 Resultados 115

    4.4.6 Conclusões da parte qualitativa – análise das decisões 124

    4.4.7 Conclusões de ambas frentes: resultados das hipóteses inicialmente levantadas 124

4.5 Conclusões: o que fazer para mitigar o paradoxo do acesso à Justiça? 125

Referências bibliográficas deste capítulo 126

5. EFICIÊNCIA JUDICIAL: LIÇÕES APRENDIDAS ATÉ AGORA, APLICAÇÕES E LIMITES 127

5.1 Introdução: eficiência judicial, por quê? Para quê? 127

5.2 O que foi investigado na literatura científica sobre eficiência judicial 130

5.3 O panorama geral da questão: a fotografia da situação de (in)eficiência nos tribunais brasileiros hoje 135

    5.3.1 Estatísticas gerais 135

    5.3.2 Medidas de eficiência 136

    5.3.3 Evolução ao longo do tempo: Índice Malmquist 140

    5.3.4 Tempo de tramitação 142

    5.3.5 Conciliação e métodos alternativos não judiciais de solução de conflitos 147

5.4 Onde estamos e para onde devemos ir: limites dos estudos 149

Referências bibliográficas do capítulo 152

6. UM ESTUDO SOBRE O SUPERIOR TRIBUNAL DE JUSTIÇA (STJ) 155

6.1 STJ: um gigante "invisível" (aos olhos da pesquisa empírica) 155

6.2 Um estudo sobre o STJ: apresentação 157

6.2.1 Introdução 157

6.2.2 Revisão da Literatura 159

6.2.3 Um modelo conceitual: tomada de decisões judiciais em uma abordagem institucional 163

6.2.4 Estrutura e funcionamento do judiciário brasileiro 166

6.2.5 Hipóteses, metodologia, banco de dados e variáveis 166

6.2.6 Resultados e análises 169

6.2.7 Vinculando os resultados empíricos e alguns dados secundários ao modelo conceitual 175

6.2.8 Conclusões 180

6.3 Aprendizados do estudo 182

Referências bibliográficas deste capítulo 183

7. FOTOGRAFIAS DA JUSTIÇA DO TRABALHO 187

7.1 Introdução: análise econômica e empírica da justiça do trabalho 187

7.2 O "judiciário (trabalhista) destrinchado pelo *big data*" 190

7.2.1 Quando litigar vale mais a pena do que fazer acordo 191

7.2.2 Padrões de litigância na Justiça Trabalhista 195

7.3 Estudo empírico sobre a terceirização da mão de obra no Brasil 201

73.1 Introdução 202

7.3.2 Teoria econômica, críticas e literatura 203

7.3.3 O que diz a regra atual? 205

7.3.4 Contribuições deste trabalho 206

7.3.5 Conclusões preliminares 212

7.3.6 Anexo: passagens extraídas dos julgados 213

7.4 Análise econômica da reforma trabalhista 215

7.4.1 Introdução 216

7.4.2 Análise econômica do direito do trabalho 217

7.4.3 A Consolidação das Leis do Trabalho e o mercado de trabalho brasileiro: trabalhadores *premium* x trabalhadores informais 219

7.4.4 Análise econômica da reforma trabalhista: alguns pontos para *Análise* 221

7.4.5 Conclusões... 225

7.5 Como tudo isso ajuda a explicar a justiça trabalhista? 225

Referências bibliográficas deste capítulo.. 227

8. COMPORTAMENTO JUDICIAL (POR FELIPE LOPES) 229

8.1 Introdução 229

8.2 Origens.. 233

8.3 As teorias do comportamento judicial: do legalismo ao modelo atitudinal... 236

8.4 Estudos empíricos sobre as motivações dos juízes.................................. 247

8.5 Considerações finais.. 252

Referências bibliográficas deste capítulo.. 253

9. JURIMETRIA E PESQUISA EMPÍRICA: QUAL SEU REAL VALOR PARA SE ENTENDER O JUDICIÁRIO BRASILEIRO? 257

9.1 Introdução: o que é e de onde vem a jurimetria? Breve histórico............... 257

9.2 O que envolve a metodologia jurimétrica? 261

9.2.1 Tipos comuns 261

9.2.2 "Fazendo" a Jurimetria: técnicas de coleta e tratamento de dados..... 267

9.2.3 Limites da Jurimetria... 268

9.3 A fronteira na pesquisa da Jurimetria: *big data* e *text mining*............ 270

9.3.1 Mais Projetos Aplicados de Jurimetria com *Big Data* e *Text Mining* no Brasil 271

9.3.1.1 Judicialização da saúde... 271

9.3.1.2 Contencioso Tributário no Brasil 273

9.4 Jurimetria no Brasil e onde estamos: associações, pesquisas, iniciativas organizacionais demandantes, formação de pesquisadores............................ 274

9.5 Conclusão: como a Jurimetria pode impactar a pesquisa jurídica, o judiciário e outros órgãos públicos 277

Referências bibliográficas deste capítulo.. 278

Apêndice: passagens selecionadas de Lee Loevinger (1948) "Jurimetrics – The Next Step Forward", *Minnesota Law Review*, v. 33 (5), P. 455-493 280

10. INOVAÇÕES PARA O FUTURO DO JUDICIÁRIO 285

10.1 Tradicionalmente avesso a mudanças, mas não querendo mais fingir não ver a realidade 285

10.2 Inovações tecnológicas e seus impactos nos diversos atores do sistema de justiça 287

    10.2.1 Julgadores, magistrados(as) 288

    10.2.2 Servidores e gestores judiciais 288

    10.2.3 Advogados e *lawtechs* 289

    10.2.4 Usuários (cidadãos e empresas) 290

    10.2.5 Empresas rés de condenação 291

    10.2.6 Estudiosos e pesquisadores do Judiciário 292

10.3 Inovações na maneira de enxergar o direito: interdisciplinaridade e uso de dados empíricos 292

10.4 Sem medo, mas sem glorificações 294

Referências bibliográficas deste capítulo 297

11. ÚLTIMAS PALAVRAS 299

1
INTRODUÇÃO:
"O MAIOR JUDICIÁRIO DO MUNDO"

1.1 GRANDES NÚMEROS COMPARATIVOS

Ao final do ano de 2022, existiam 81,4 milhões de ações judiciais nos tribunais brasileiros; ações que ingressaram naquele ano foram 31,5 milhões, crescimento de cerca de 10% com relação ao ano anterior.[1] Para manter tudo isso, claro, é preciso uma grande estrutura: o Poder Judiciário, em 2019, de acordo com o Conselho Nacional de Justiça[2] tinha despesas que correspondiam a 1,5% do PIB nacional. Entre os países mais ricos do mundo (membros da OCDE), Israel é aquele com o maior peso, com 0,8% do seu PIB, seguido pela Estônia, ocupando 0,5% de seu PIB com o Judiciário.

Os indicadores comparativos da litigiosidade são igualmente impressionantes. Em 2013, dois autores norte-americanos Mark Rasmeyer, da Universidade Harvard, e Eric Rasmusen,[3] da Universidade de Indiana, mediram o número de processos por 100.000 habitantes em diversos países e encontraram os seguintes números: 5.806 para os EUA, 3.681 para a Inglaterra, 1.768 para o Japão, entre outros. No mesmo sentido, Wollschlager (1998) mostrou que, na Europa, o país mais litigioso, a Alemanha, tinha 12.300 casos, seguidos pela Suécia, com 11.120. Se os dados para aqueles países continuarem mais ou menos válidos, o Brasil certamente estaria a frente de todos, sendo o incontestável número 1 em termos de processos per capita. Como a população nacional foi de 203,1 milhões de pessoas, o número de ações judiciais a cada 100.000 habitantes foi de 40.078, mais de três vezes o dado alemão. Considerando somente os casos novos, seriam 15.509, ainda à frente da Alemanha.

---

1. Conselho Nacional da Justiça (2023), Justiça em Números 2023, disponível em: https://www.cnj.jus.br/wp-content/uploads/2023/08/justica-em-numeros-2023.pdf.
2. Disponível em: https://www.cnj.jus.br/wp-content/uploads/2021/08/rel-justica-em-numeros2020.pdf.
3. RAMSEYER, J. MARK; Rasmusen, Eric B. (2013). "Are Americans more litigious? Some quantitative evidence. *The American Illness*: Essays on the Rule of Law. New Haven: Yale University Press, v. 69, p. 80.

Será que esses números não seriam motivo de orgulho, já que poderiam revelar que a Justiça brasileira é mais acessível à sua população do que em outros países? A resposta é duplamente negativa. Primeiro, tribunais abarrotados de processos tornam o trabalho dos magistrados humanamente impossível, mesmo que eles tenham grandes equipes de apoio. Uma das consequências mais nefastas disso é a baixa eficiência judicial. O próprio CNJ mostra que a duração média de um processo é de 2 anos e 7 meses na Justiça comum, e 2 anos na Justiça Trabalhista – mas na verdade, até a baixa do processo, demora-se mais de 4 anos. Isso para casos "comuns", que não acabam em tribunais superiores, por exemplo. Veremos em capítulo específico neste livro, que a eficiência judicial – um tradicional problema em diversos países da modernidade, inclusive os economicamente mais desenvolvidos, tem situação extremamente crítica no Brasil, sendo motivo de preocupações não somente de acadêmicos, mas do próprio sistema de Justiça.

Em segundo lugar, os números de litigiosidade na Justiça brasileira não indicam uma maior acessibilidade pelo grande público, porque há evidências cada vez mais robustas de que o acesso à Justiça é fortemente regressivo. Veremos em diversas passagens deste livro, como empresas e pessoas de renda acima da média acessam de maneira desproporcionalmente maior do que as pessoas físicas e jurídicas com renda abaixo da média; enquanto isso, as camadas mais baixas têm uma dificuldade quase que insuperável de ter acesso a serviços judiciais. A esse fenômeno chamarei de "paradoxo do acesso à Justiça", assunto dos três capítulos seguintes a esse. Não será difícil encontrar dados e evidências abundantes nesse sentido. No fim das contas, temos então, na verdade, um judiciário caro, ineficiente e servindo aos mais ricos.

Por que há tanta litigância (por alguns) no Brasil? Muitos dirão que se trata de uma "cultura litigante" (ou algum outro tipo de "cultura"). Mas há tempos que a teoria "culturalista" deixa de ser a principal explicação do fenômeno em vista e os economistas cada vez menos se deixam convencer pela tese do "fatalismo e determinismo cultural". Múltiplos são os exemplos de que povos de culturas semelhantes (ou idênticas) podem acabar tendo destinos bastante distintos em termos de prosperidade social e econômica (vide Acemoglu e Robinson, 2012[4]). Ainda na tentativa de refutar a linha do culturalismo como explicação principal da litigância nos tribunais brasileiros, o "padrão" do comportamento da cultura brasileira não parece ser uma que tem fortes propensos ao litígio: facilidade para criar intimidade, fuga e aversão a conflitos de qualquer natureza, tendência ao "deixa pra lá" em situações de desconforto... Mas deixaremos essa linha de ar-

---

4. ACEMOGLU, Daron & Robinson, James (2012). *Why Nations Fail – The Origins of Power, Prosperity, and Poverty*. New York: Crown Business.

1 • INTRODUÇÃO: "O MAIOR JUDICIÁRIO DO MUNDO" | 3

gumento sobre os traços culturais brasileiros e a litigância nos tribunais para os sociólogos e os antropólogos.

Mesmo atendo-se a fatores jurídicos, há um longo debate sobre possíveis explicações da atual situação da Justiça brasileira, de muitas ações e consequente baixa eficiência. Seria difícil elencá-los todos de uma vez, mas tentaremos selecionar o que parecem ser os principais e os mais comumente citados.

1.2 AS CAUSAS: FATORES EXÓGENOS E ENDÓGENOS

Em outra oportunidade (Yeung, 2010[5]) tive oportunidade de me delongar extensamente sobre o que eu entendia, àquela época, serem os motivos da suposta "crise do Judiciário. Quase uma década e meia de estudos mais aprofundados depois, mantenho diversos dos diagnósticos feitos então. No entanto, algumas percepções se intensificaram, e outras percebi que se tratavam possivelmente de "diversas faces de um mesmo problema". Aqui, apresento o meu diagnóstico atualizado.

Para começar, entendo ser útil, sobretudo para fins aplicados e para a tomada de decisões de políticas, separar os fatores entre exógenos (externos) e endógenos (internos) – com relação ao próprio Judiciário. Os primeiros, apesar do grau de "culpabilidade" não ser pequeno, pouco poderia ser ajustado, seriam de natureza mais "inflexível". Já o segundo grupo são fatores que poderiam ser trabalhados pelo próprio sistema judicial, caso haja a vontade para aperfeiçoamento. Vamos começar com alguns dos fatores exógenos.

Fator 1: A Constituição de 1988 – direitos e partes litigantes, ativismo judicial

Dezenas, ou centenas de juristas (e.g., Carvalho Neto, 2005;[6] Sadek, 2010;[7] Vieira, 2018,[8] entre outros e mais abaixo) têm debatido longamente acerca do grau de "culpa" da Constituição promulgada em 1988 no aumento potencial da litigância na sociedade brasileira, até como um efeito colateral de algo positivo, que foi o processo de democratização e a conquista pelos cidadãos brasileiros de

---

5. YEUNG, L.L. (2010) *Além dos "achismos", do senso comum e das evidências* anedóticas: uma análise econômica do judiciário brasileiro. Tese de Doutorado, Escola de Economia da Fundação Getúlio Vargas, São Paulo.

6. Carvalho Neto, Ernani Rodrigues. (2005), *Revisão Abstrata da Legislação e a Judicialização da Política no Brasil*. Tese de Doutorado. São Paulo: Universidade de São Paulo.

7. SADEK, Maria Tereza (2010) (Org.). *Reforma do judiciário* [online]. Rio de Janeiro: Centro Edelstein de Pesquisas Sociais, 164 p.

8. VIEIRA, Oscar Vilhena (2018). *A batalha dos poderes*: da transição democrática ao mal-estar constitucional. São Paulo: Editora Companhia das Letras.

centenas de direitos fundamentais. Moreira (2004) mostra ainda que o grande desejo de fazer avançar a nova democracia no país abriu as comportas de uma grande demanda reprimida pelos serviços judiciais. Até mesmo o Ministro Gilmar Mendes, no seu discurso de posse como Presidente do STF em 2008, mostrou sentir o tamanho do fardo gerado pela Constituição: "Dia após dia, o Supremo Tribunal Federal vê-se confrontado com a grande responsabilidade política e econômica de aplicar uma Constituição repleta de direitos e garantias fundamentais de caráter individual e coletivo" (Mendes, 2008). Ainda, com a Constituição de 1988, tornou-se muito mais fácil para partes privadas iniciarem processos contra o governo através de instrumentos como a Ação Popular, a Ação Civil Pública, a injunção e a Ação Direta de Inconstitucionalidade.[9] Rosenn (1998) já previa que esses dois últimos instrumentos teriam o potencial de criar uma crise no STF e em todo o Sistema judicial brasileiro, pois geravam um alto grau de litígio.

Fugiria dos objetivos deste livro delongar sobre os motivos de porquê a Constituição de 1988 fez isso, mas basta dizer que no contexto da redemocratização, o Judiciário era o candidato mais natural entre os três poderes para se reequilibrar o sistema democrático brasileiro. Nas palavras de Vieira (2018), no Brasil, seguindo a tendência de alguns outros países, houve um processo de *constitucionalização do direito*, que gerou uma explosão da litigiosidade constitucional:

> Esse processo de expansão da autoridade judicial, contudo, torna-se mais agudo com a adoção de constituições cada vez mais ambiciosas da perspectiva da transformação social. Ao contrário das constituições liberais, que estabeleciam poucos direitos e privilegiavam o desenho de instituições políticas voltadas a permitir que cada geração pudesse fazer as suas próprias escolhas substantivas por intermédio da lei e de políticas públicas, muitas constituições contemporâneas buscam dirigir a atuação do legislador e do administrador, transferindo ao Judiciário a responsabilidade de controlar a atuação dos poderes representativos (Vieira, 2018, p. 164).

Apesar de similar ao movimento verificado em outros países, o "supercrescimento" do Judiciário brasileiro claramente tem tons nacionais, por ter sido uma ação quase que "proposital" no momento da criação da nova Constituição:

> [Foi uma dupla estratégia de 'proteção' dos constituintes.] De um lado, buscaram entrincheirar na Constituição o máximo de direitos, interesses, competências institucionais privilégios corporativos e direitos, de forma a dificultar que maiorias futuras pudessem se contrapor a esses interesses. De outro lado, atribuíram amplos poderes ao STF [Supremo Tribunal Fede-

---

9. A Ação Direta de Inconstitucionalidade (ADI) somente pode ser iniciada pelo Presidente da República, pelo Procurador Geral da República, pelos Governadores de Estado e do Distrito Federal, pelo Congresso ou Câmaras Legislativas, pelos partidos políticos representados no Congresso, pela Ordem dos Advogados do Brasil, entidades de classe ou confederações sindicais.

ral] para bloquear decisões futuras do sistema representativo que viessem a ameaçar esses mesmos interesses, privilégios ou direitos... (Vieira, 2018, p. 165).

Claro que, empoderando o STF empoderaram todo o Judiciário, principalmente em um sistema em que "quase tudo acaba lá (no STF)".

Fator 2: Deficiência de Recursos Materiais e Humanos

Na literatura acadêmica sobre o tema, cada vez menos os estudiosos – de maneira séria – apontam para a falta de recursos materiais e/ou humanos como a principal causa da ineficiência e morosidade judicial. No entanto, quando olhamos para aqueles que tomam as decisões no dia a dia, tal argumento é tão real e frequente que permitiu até a criação de mais um grande tribunal na esfera nacional – mesmo depois de observados os números apresentados no começo deste capítulo (sobretudo aqueles sobre as despesas judiciais como proporção do PIB). Diagnosticar a deficiência de recursos como causa dos problemas judiciais é como diagnosticar "virose" nas crianças: sempre fácil, dificilmente errado, mas que pouco ajuda na cura efetiva do problema. Revela ainda um completo desconhecimento sobre os princípios da vida social, algumas delas traduzidas em alguns princípios da ciência econômica, como por exemplo, o mais básico de todos eles: os recursos são sempre escassos (limitados), as decisões perpassam sempre em saber tomar decisões racionais em um contexto de permanente escassez dos recursos. Em se tratando de um país como o Brasil, isso seria ainda mais trivial.

No entanto, quando se sai da esfera dos operadores do dia a dia da Justiça, a visão de que a carência de recursos é a determinante na ineficiência do sistema judicial é claramente descartada. Maria Dakolias, uma especialista em eficiência do Judiciário do Banco Mundial, sobre o argumento de falta de magistrados, afirma que:

> contratar mais juízes muitas vezes é uma solução favorita para problemas de ineficiência. A falta de juízes tem sido historicamente citada como a principal razão para atrasos. Essa percepção, no entanto, se relaciona principalmente com os tribunais que não são *bem geridos*... Isso não quer dizer que em alguns casos não haja necessidade de juízes adicionais, mas são necessárias pesquisas adicionais para justificar o aumento, pois aumentar o número de juízes nem sempre resolve o problema. (1999, p. 20, tradução livre, grifos da autora)

Linn Hammergren, outra especialista de sistemas judiciais do Banco Mundial, também não acha que o problema seja de falta de recursos humanos e materiais (2007). Sua experiência na implantação de reformas judiciais em vários países mostrou que a demanda por orçamentos maiores – para a aquisição de mais recursos – é continuamente crescente e, pior, leva a uma tendência de não transparência na prestação de contas do uso dos recursos públicos. É o problema da falta de *accountability* causados pela "super" independência financeira, como já discutida no capítulo anterior. Segundo ela, o grande motivo para a morosidade judicial são fatores relacionados à atitude dos agentes envolvidos.

Trabalhos empíricos também parecem já ter mostrado evidências de que recursos humanos e materiais não geram necessariamente eficiência judicial e satisfação da população com relação ao Judiciário. Buscaglia e Ulen (1997) mostram, através de uma amostra de países latino-americanos, que estas duas variáveis não estão positivamente correlacionadas. Mais precisamente:

> Países que não sofrem com atrasos e corrupção e têm um alto grau de satisfação ou confiança pública em seu sistema judiciário (países como Dinamarca, Japão, Alemanha, Holanda e Noruega) tendem a dedicar *menos* do orçamento do governo ao judiciário do que países latino-americanos como Argentina, Brasil e México, que estão no grupo dos 20% com menor confiança pública (p. 282, tradução livre, grifo dos autores).

Especificamente, os autores mostram que o Brasil foi um dos países onde se verificou um dos maiores aumentos nos gastos com o Judiciário durante os anos de 1990 a 1993, o que não foi seguido por uma maior redução no tempo de resolução dos processos civis e comerciais.

O mais interessante é que alguns magistrados parecem também perceber isso. Dalton e Singer (2009) relatam o caso do Presidente da Suprema Corte dos Estados Unidos da década de 1970, Warren Burger, que foi um dos maiores oponentes do aumento de recursos como solução para os problemas de eficiência enfrentados pelas cortes. Assim que foi indicado a Ministro da Suprema Corte, em discurso ao American Bar Association (a similar OAB norte-americana), Burger afirmou:

> Mais dinheiro e mais juízes sozinhos não são a solução principal. Parte do que está errado se deve à falta de aplicação das técnicas de negócios modernas à administração ou gestão ou à operação puramente mecânica dos tribunais (Burger, 10.08.1970. In: Dalton & Singer, 2009).

No Brasil, o Ministro Gilmar Mendes, em discurso já mencionado anteriormente, também é da opinião de que é preciso racionalizar os procedimentos para a melhora dos serviços e não somente contar com o aumento de recursos destinados ao sistema: "Todo o Judiciário está desafiado a contribuir para esse esforço de racionalização, *sem que para isso se efetive, necessariamente, a expansão das estruturas existentes. Assim, a ênfase há de ser colocada na otimização dos meios disponíveis*" (grifos nossos).

Mas isso não parece ser claro para alguns. Ainda acreditam que é possível conseguir recursos financeiros e materiais sempre mais e mais, para sanar as dificuldades de gestão e funcionamento do Judiciário. O capítulo 5 deste livro será dedicado a este tema, e a explicar porque – há tempos – a discussão sobre a eficiência passa longe da argumentação de que mais dinheiro, mais prédios e mais funcionários resolverá a situação.

Fator 3: Má Qualidade do direito processual e alguns princípios do direito brasileiro

Não raro aponta-se para o fato de que o Direito Processual no Brasil é uma grande fonte de ineficiência para o Judiciário. Pesquisa feita pelo Instituto Nacional de Qualidade Judiciária (INQJ) mostra que, para cada caso que passa num determinado tribunal, há quase 90 passos diferentes a serem seguidos, tanto processuais quanto deliberativos – muitos deles repetitivos (Sherwood, 2007). Gasta-se tempo excessivo discutindo-se questões processuais em detrimento de questões de mérito. No capítulo 4 deste livro, mostraremos, com base em trabalhos empíricos, como a não mudança no Direito Processual está mitigando os efeitos do processo eletrônico, a ousada iniciativa do Judiciário brasileiro, que tem expectativas de, entre outras questões, melhorar significativamente a eficiência do processo.

Um dos pontos mais criticados do processo brasileiro, bastante relacionado com as suas origens do direito civil, é a falta de precedente obrigatório para processos que versam sobre assuntos semelhantes. O ex-presidente do STF, Ministro Nelson Jobim, na ocasião em que ocupava a cadeira na Suprema Corte, afirmou que as 10.000 decisões que ele tinha que redigir por ano consistiam, na verdade, de apenas 150 demandas ajuizadas de forma repetida (Banco Mundial, 2004). As estimativas sugerem que de 85% a 90% dos casos que chegam ao STF são de matérias já decididas previamente.

Ainda, o excessivo número de recursos (apelações) e de possibilidades que um processo ordinário tem para acessar instâncias superiores. Acredita-se que esta liberalidade com o número de apelações faz chegar às cortes superiores muitos casos "sem importância" (certamente sem repercussão geral). Na prática, este sistema abre portas para estratégias meramente protelatórias. Como afirma o Sergio Bermudes (2005), o ideal seria permitir o número de apelações que fosse necessário para anular a probabilidade de erros nas decisões. Entretanto, o mundo ideal não pode ser confundido com o mundo real. Restrições orçamentárias, de recursos materiais, financeiros, humanos e de tempo existem na realidade e não se pode negar isso (pode-se até alegar que não seja justo). Uma discussão que surge imediatamente, no entanto, é se a qualidade das decisões nas instâncias inferiores não seria um dos motivos da grande quantidade de apelações recursais. Se este for o caso, tem-se então um pernicioso círculo vicioso: dado que as decisões nas instâncias inferiores são ruins, muitos litigantes sentem-se obrigados a recorrer para as instâncias superiores; e dado que a porcentagem de recursos é muito grande, os juízes de primeiro grau não têm incentivos (nem tempo suficiente) para fazer boas decisões, sabendo que grande parte será julgada novamente pelas instâncias superiores, e assim vai. Em uma corporação, as apelações seriam um exemplo de "retrabalho", ou seja, emprego desnecessário de recursos materiais e humanos sem uma compensação no aumento da quantidade de produto. Esta é uma definição pura de ineficiência.

O sistema processual brasileiro pode ainda estar gerando o que na linguagem econômica denominaríamos de *seleção adversa*. Por causa da grande formalidade do processo brasileiro, e dado o grande congestionamento e morosidade da Justiça, muitos indivíduos (incluindo pessoas físicas, jurídicas e o próprio Estado) aproveitam-se para manter o processo pelo maior tempo possível na Justiça, apelando sempre nas vezes em que perde, para se beneficiarem do simples fato de não o terem resolvido. Quando o Judiciário atrai desproporcionalmente mais indivíduos que têm o mero intuito de protelar o processo, e não resolver efetivamente o conflito, gera uma típica situação de seleção adversa: somente os "piores" indivíduos são atraídos para usar os serviços judiciais. Indivíduos com dívidas financeiras estariam entre aqueles diretamente beneficiados pelos recursos meramente protelatórios. Pesquisa realizada em 2000 revelou números preocupantes com relação ao uso deste tipo de processo, que não busca a solução de um conflito ou a execução de um direito, mas o simples retardamento no cumprimento de um dever legal: 74,5% dos magistrados identificam o uso deste tipo de recurso como sendo muito frequente na esfera federal, e 63,8% concordam que é comum na esfera estadual (vide Moreira, 2004). Entretanto, os magistrados brasileiros são muito reticentes em punir este tipo de prática, mesmo que a lei já preveja penalidades específicas.

O que se percebe, ainda, é a existência de um processo extremamente complexo, montado a partir de uma centena de pequenas ações e, cada uma delas, sujeitas à baixa eficácia no manejo pelos funcionários do sistema judicial, ou até mesmo pelos próprios juízes. Pesquisas feitas nos tribunais e cartórios mostram que grande parte da lentidão no processo não se deve ao tempo usado para julgamento, mas o tempo desperdiçado na espera de pessoas para cuidar dele. A pesquisa do INQJ (já mencionada acima) mostrava, por exemplo, que apesar de um processo típico levar aproximadamente três anos para ser concluído na primeira instância, durante aquele período, o tempo em que ele era efetivamente analisado pelo juiz era de apenas 6 horas agregadas; em todo o tempo restante, o processo passava "esquecido" a espera do próximo passo (Sherwood, 2007). Já pesquisa do Ministério da Justiça (2007) mostrou que o processo demora muito tempo em cartório mesmo depois que o juiz profere a decisão, sendo que este tempo de espera pode chegar a 50% do tempo total do processo.

Fator 4: "O problema são os outros" – Executivo (parte das ações) e Legislativo

Uma das surpresas para quem começa a estudar os problemas do Judiciário brasileiro é logo perceber que uma grande parte dos problemas enfrentados pela Justiça não são causados por ela própria. Dentre os fatores exógenos, a Constituição Federal de 1988 já foi tratada acima.

Há outros que acreditam que as dificuldades enfrentadas pelos tribunais são reflexos de problemas políticos, como por exemplo, a fragmentação político-partidária no Brasil, a incapacidade de articulação do Legislativo, e o grande poder do Executivo. Dada a grande fragmentação no Congresso, é muito custosa a articulação de alianças e a formação de consensos. Com isso, muitas vezes, e de maneira proposital, as leis são criadas de forma "genérica" para se poupar energia de barganha entre os legisladores, o que significa dizer que muitas vezes acaba "sobrando" para o Judiciário a tarefa de decidir como interpretá-las, implementá-las e preencher suas lacunas. Por outro lado, o Executivo tem um grande poder político, ele é o que os cientistas políticos chamam de "definidor de agenda" da política brasileira. Através de medidas provisórias, leis, decretos presidenciais ou ministeriais, o Executivo é capaz de levar adiante planos de governo praticamente sem muita interferência e resistência dos outros poderes (até recentemente). Dada esta configuração política, e dadas as necessidades de acompanhar o desenvolvimento da economia e da sociedade, o que resultou daí foi um caótico conjunto de políticas públicas. Basta observar a grande quantidade de alguns tipos particulares de processos judiciais, por exemplo, de natureza tributária e previdenciária.

Isso leva a um terceiro problema: que é a frequência com que o Estado – em suas mais diferentes acepções – aparece como parte nos processos judiciais. Ballard (1999) estima que pelo menos metade dos casos tramitando pelas cortes envolve especificamente o governo federal, e que 60% envolvam o setor público de alguma forma. Caso fosse possível a proibição de recursos sobre assuntos já decididos, os tribunais seriam aliviados de centenas de milhares de processos. Nas instâncias superiores estes números tornam-se ainda mais impressionantes. Apesar de ser um tribunal constitucional e de última instância por definição, ainda assombra o fato de que mais de 80% da carga do Supremo Tribunal Federal seja composta por processos relacionados ao poder executivo federal, estadual ou municipal. Um levantamento de anos atrás mostrou que no Superior Tribunal de Justiça (STJ), dos processos em tramitação, 85% envolviam o governo de forma direta ou indireta. Em 70% dessas causas, a subida às instâncias superiores apenas congestionou o sistema judicial, sem alterar a decisão inferior contrária ao Estado (Moreira, 2004). Hammergren (2007) cita um trabalho do Banco Mundial para o qual foi criada uma amostra aleatória de casos de mandados de segurança depositados nos tribunais do estado de São Paulo. Destes, a totalidade consistia de recursos apelados por agentes estatais.

Há, no entanto, que se ponderar esta análise. Com o fim da ditadura militar na década de 1980, e muito concretamente com a promulgação da Constituição de 1988, houve uma grande preocupação em garantir uma série de direitos privados e, mais ainda, em resguardá-los de qualquer tipo de abuso do Estado. Conforme já discutido acima, tornou-se muito fácil mover uma ação contra o Estado (União, Estados, Municípios e autarquias) e o *payoff* esperado deste tipo de ação são normalmente muito altos. Por este motivo, a princípio, não seria muito de se estranhar a grande quantidade de ações envolvendo o Estado. É a parcela de "culpa" que Moreira (2004) atribui à Constituição de 88 pela atual crise do Judiciário. Contudo, existe uma parcela de ações do Estado que realmente merece atenção: aquelas de natureza meramente protelatória. Parece que o Estado é o agente que mais comumente emprega a estratégia de entrar com ações e apelações, mesmo quando sabe que tem poucas chances de vitória. Hammergren (2007) não tem dúvidas de que grande parte da carga de trabalho dos tribunais brasileiros deve-se a esta prática dos procuradores públicos. A existência desta prática é bastante compreensível quando se leva em conta a quase ausência de restrição de recursos para litigar do Estado, e quando se leva em conta os incentivos perversos do ciclo eleitoreiro de qualquer democracia moderna: o político devedor de hoje tem incentivos para postergar ao máximo o pagamento da dívida, dado o seu horizonte eleitoral incerto.

Uma consequência da excessiva demanda judicial pelo Estado é a criação de um efeito similar ao *crowding-out*. Na teoria macroeconômica, o termo *crowding-out* descreve o fenômeno de redução no investimento e na despesa do setor privado, quando as taxas de juros aumentam em consequência do aumento da participação estatal na despesa agregada. Na demanda por serviços judiciais parece estar ocorrendo algo muito similar: o aumento da participação estatal faz aumentar o preço deste serviço (representado pelo custo de oportunidade dos longos processos e pelo custo de atolamento do sistema judicial), o que desencoraja e diminui a participação pelo setor privado. Por exemplo, os próprios magistrados estimam que metade dos potenciais reclamantes de casos previdenciários não exige em juízo aquilo que têm direito (World Bank, 2004). Ou seja, o princípio de acesso democrático à Justiça deixa de ser atendido. O Banco Mundial aponta que o governo gera uma sobrecarga ao sistema e seu mau uso dos serviços judiciais é um dos principais causadores da crise do Judiciário. As suas demandas não são caracterizadas por casos que tradicionalmente precisem da tutela judicial (ou seja, não têm importância jurídica).

Certamente existem diversos outros fatores exógenos que explicam o atual estado de inchaço e morosidade do Judiciário. Do outro lado, existem alguns poucos, mas importantes conjuntos de fatores que podem efetivamente ser ajustados com decisões internas ao sistema, são os fatores endógenos. Ainda que não sejam variáveis fáceis de se ajustar, certamente dependem mais da vontade real por melhorias, e menos de possibilidades legislativas ou políticas. Vamos aos fatores 5 e 6 da lista, ambos que eu considero endógenos ao Judiciário.

Fator 5: Má gestão administrativa

O contraponto ao argumento de falta de recursos materiais e humanos para sanar o problema da Justiça, pelo menos no que se refere à ineficiência causada pela grande quantidade de ações, ou mesmo para lidar diretamente com a super litigância, é a má qualidade da gestão judicial. Como já mostrado em alguns depoimentos, muitos fortes conhecedores do dia a dia dos tribunais, magistrados em muitos casos, reforçam para a necessidade de se melhorar a gestão judicial, seja por servidores em cargos de liderança, seja por todos os outros operadores no dia a dia, e mesmo pelos magistrados (as). Alguns chegam a apontar o problema da falta de capacidade gerencial como sendo o mais sério problema do Judiciário brasileiro. Sherwood (2007) mostra que os presidentes dos tribunais são responsáveis pelo orçamento, aquisição de materiais, tecnologia da informação, contratação e treinamento de pessoal (inclusive de apoio), manutenção da infraestrutura e administração de sistemas. Lembrando-se que, por definição, todo presidente de tribunal é um juiz, chega-se à conclusão de que o sistema judicial no Brasil é administrado por amadores (em administração gerencial). Sherwood ainda lembra que os mandatos do presidente são de dois anos não renováveis, ou seja, inexiste a curva de aprendizado gerencial. Não é de se surpreender a situação caótica no funcionamento dos tribunais: "Claramente poucas organizações de tamanho, complexidade e importância comparáveis são administradas por amadores [como é o caso das cortes brasileiras]" (p. 24, tradução livre).

Precisamente, a necessidade de ocupar seu tempo e atenção com tarefas administrativas é outro agravante da ineficiência na Justiça. Dakolias (1999) mostra que os juízes brasileiros passam 65% do tempo ocupado em tarefas não judiciais, enquanto que o mesmo indicador na Argentina e no Peru é de 70% e na Alemanha e em Cingapura é de 0%.

A baixa qualidade da gestão administrativa atinge também outros atores do sistema. Não é difícil encontrar no dia a dia do funcionamento da Justiça a existência de típicos *problemas de agência*. Por exemplo, os funcionários de apoio que trabalham nos cartórios judiciais podem ser vistos como o agente na relação com o juiz, que é o principal. Num trabalho realizado junto a quatro cartórios paulistas, o Ministério da Justiça (2007) mostrou que a desmotivação dos funcionários somada à falta de competência gerencial dos juízes gera, como resultado, a grande ineficiência no sistema. A importância dos impactos da má gestão sobre os resultados torna-se ainda mais clara quando os dados comprovam o que já foi observado em outros países: o volume de trabalho não foi fator relevante, por si só, de determinar o desempenho nos cartórios.

No capítulo 5 deste livro, dedicado inteiramente à discussão sobre eficiência judicial, mostraremos como é possível, através de metodologia específica, demonstrar que a eficiência pode ser melhorada sem se alterar a quantidade de recursos disponíveis, mas melhorando-se apenas a gestão das unidades analisadas.

Fator 6: Comportamentos e postura dos principais atores envolvidos

Instituições como o Judiciário são compostas por pessoas. E o comportamento de tais pessoas, suas decisões no dia a dia são aquilo que determinará qual o resultado institucional que será alcançado. É muito claro que os comportamentos e posturas dos principais atores no sistema judicial brasileiro afetam de maneira determinista o resultado observado.

Para começar, os *magistrados*. Eles são o motivo pelo qual os litigantes acessam o Judiciário: obter a sua opinião, a sua decisão. Então, a maneira como os magistrados se comportam e aparentam comportar afeta significativamente o que se observa no Judiciário como um todo. Se eles incentivam a litigância, o conflito judicial, será isso que será visto na sociedade. Se eles manifestarem e agirem como sendo os únicos aptos a pacificar conflitos em sociedade e os únicos capazes de dirimir dúvidas sobre o processo político, social e/ou econômico, é isso o que irá ocorrer. Em um trabalho clássico, porém já datado, Sadek (2006) mostrava que quase 80% dos magistrados eram da opinião de que a solução de conflitos deveria ser monopólio do Judiciário. Seria muito interessante repetir esta pesquisa e ver o quanto isso mudou. De acordo com o Banco Mundial (2002), esse corporativismo dos magistrados, juntamente com o excesso de processualismo, acaba por prejudicar as partes que mais precisam dos serviços judiciais e incentivar o mal-uso e abuso do sistema. Exatamente o que veremos acontece no Brasil no fenômeno do "Paradoxo do Acesso à Justiça". Mas o comportamento dos magistrados afetando todo o resultado do sistema não termina aí.

Eles ainda podem usar seu poder de interpretação para tomar decisões que impactam mais negativamente ainda o funcionamento dos tribunais; por exemplo, quando não punem comportamentos de "má fé" tanto quanto efetivamente ocorrem, quando são liberais a ponto de conhecerem ações que não deveriam

1 • INTRODUÇÃO: "O MAIOR JUDICIÁRIO DO MUNDO"

ser conhecidas por razões previstas em lei, comportando-se como "cavalheiros" indesejáveis (como já tive oportunidade de demonstrar em Yeung, 2010).

Além disso, magistrados também são líderes organizacionais dentro do tribunal. A maneira como lideram seus subordinados afeta diretamente a natureza e qualidade do trabalho, assim como a motivação desses para um trabalho eficaz e eficiente. Infelizmente, pouquíssimos magistrados(as) tem alguma noção desse fato, ou sequer se preocupam com isso.

Abaixo dos magistrados, ainda dentro da estrutura judicial, está a legião de *servidores judiciais* – com ocupações, formações, escolaridade e mesmo posturas muito diferenciadas entre si. Trabalhos têm mostrado que, apesar da crescente informatização do processo, os servidores continuam sendo as pessoas com quem qualquer processo judicial passa a maior parte do tempo. Por vários motivos – não por falta de importância – esses personagens serão pouco analisados na presente obra. Alguns estudos foram feitos no passado sobre o comportamento e motivações dos servidores judiciais, por exemplo, o já mencionado Ministério da Justiça (2007): os pesquisadores encontraram que os cartórios judiciais mais produtivos foram aqueles em que os servidores sentiam-se mais motivados no ambiente de trabalho, e mais satisfeitos com a liderança atuante na sua organização. Para melhor estudar os servidores judiciais e saber quais iniciativas poderiam explorar seu potencial ao máximo (ou, pelo menos, com maior intensidade), seria necessário entender um pouco mais sobre gestão de pessoal em organizações públicas – um tema extremamente incipiente na literatura acadêmica nacional e nas práticas de políticas públicas em nosso país. Uma sugestão de estudos começaria com Perry (2021).

E por fim, os atores externos ao sistema, mas cujo comportamento poderia ser endogenamente afetado pelo Judiciário: de maneira sucinta, *advogados* e *cidadãos usuários* dos serviços judiciais. Teriam esses atores alguma responsabilidade sobre os problemas enfrentados pela Justiça? Em parte, sim, mas menos do que é normalmente creditado a eles. O problema está menos nos atores e mais nas restrições ou regras do jogo colocadas para eles. Segundo a perspectiva econômica, a ação dos agentes é resultado das regras impostas. Quando se mudam as regras, mudam-se os comportamentos e, consequentemente, o resultado do jogo, independente da "natureza original" do agente.

Pode-se usar tal raciocínio para avaliar o comportamento dos advogados. A sua avaliação pelos juízes parece não ser muito positiva. A maioria dos magistrados considera apenas "regular" a atuação dos advogados frente ao sistema processual (por exemplo, colaborando ou minando a celeridade processual). O resultado é o mesmo quando se avalia o conhecimento técnico dos advogados. Ainda, quase 35% dos juízes consideram que os advogados têm comportamento ético inapropriado (Sadek, 2006). Se a percepção do magistrado for correta, é difícil ignorar o fato de que pode haver uma parcela não desprezível da atividade processual movida por agentes mal-intencionados, e não por demandantes de justiça e direitos legais. O que deve ser questionado é então: o quanto deste comportamento negativo dos advogados deve-se a regras que o próprio sistema judicial criou? A "culpa" é dos indivíduos, ou das regras que lhes permitem a má-utilização do Judiciário sem nenhuma clara chance de punição? [Incentivos pelas regras de sucumbência: sempre vale a pena aos advogados litigarem.]

De maneira idêntica podemos analisar os cidadãos que acessam a Justiça, independentemente de sua condição socioeconômica, escolaridade, conhecimento etc. O que importa são as motivações que os fazem se comportar de maneira "A" ou "B" ou "Z". Veremos que comportamentos são gerados pelo o que as pessoas entendem como sendo possível e racional de se fazer, então, é preciso analisar quais são os sinais e as mensagens que estão sendo enviadas para as pessoas, e qual é a interpretação delas perante esses sinais. Em outras palavras, é preciso entender quais são os incentivos colocados aos atores que participam ativamente do Judiciário brasileiro.

1.3 A IMPORTÂNCIA DOS INCENTIVOS COLOCADOS

Economistas preferem entender que resultados gerados na sociedade, por exemplo, os resultados no Judiciário brasileiro como os vistos acima são resultados de incentivos colocados para atores sociais que reagem aos incentivos e sabem o que querem. Como veremos no capítulo 3, para bem entender a lógica da ciência econômica, é preciso entender os seus princípios, o que está na base do pensamento econômico. Um dos princípios mais conhecidos na economia é que "Indivíduos racionais reagem aos incentivos" (Mankiw, 2013[10]). Incentivos pela economia tradicional são preços, custos, lucros etc. Porém, para os estudiosos do Direito, incentivos são as regras colocadas de maneira direta ou indireta, explícita e implícita. E um dos argumentos aqui colocados é que as regras atualmente colocadas (pelo próprio Judiciário e pelo Direito brasileiro como um todo) é que para os escolarizados, os informados e os com renda acima da média é muito barato acessar o Judiciário. Quase sempre para essas pessoas, vale a pena acessar o Judiciário. No capítulo 3 veremos um modelo que mostra que, por mais contraditório que aparente, há diversas situações na Justiça brasileira em que ganhadores contumazes e perdedores contumazes de processos ganham *ao mesmo tempo!* Então, não é irracional litigar, mesmo quando as chances de

---

10. MANKIW, N. Gregory (2013). *Princípios de microeconomia*. São Paulo: Cengage Learning.

ganho sejam baixas. Pelo contrário. Por esse motivo, na visão econômica, mesmo que muitos fatores sejam alterados sem que haja mudança nos incentivos, nada do resultado global se alterará, ou muito pouco será alterado.

Incentivo de apelar sempre ao Judiciário e não tentar a autocomposição:

Do ponto de vista econômico, a "estrutura de incentivos" é o termo que substitui – de maneira mais objetiva e previsível – o que muitos chamam de "cultura". Muitos alegam para a existência de uma suposta "cultura judicialista", ou "cultura" que determina a forma das pessoas trabalharem, ou mesmo "cultura organizacional" no ambiente de trabalho etc. A estrutura de incentivos serviria para todos os integrantes do sistema judicial, de juízes a funcionários da base, e também incluiria os agentes externos ao sistema, por exemplo, usuários, advoga-dos e até o Estado. Obviamente, a mudança na estrutura de incentivos incluiria uma série de medidas diferentes, incluindo até a mudança de alguma legislação.

A primeira estrutura de incentivos refere-se a alternativas extrajudiciais para solução de conflitos. De um lado, os juízes deveriam compreender que é irrealista acreditar que eles serão capazes de resolver todos os conflitos que ocorrem na sociedade. Hammergren (2007) acredita que a resistência da desjudicialização pelos magistrados é explicada por motivos corporativistas, já que poderia envolver uma redução não só de seu poder político, mas também de redução na quantidade de recursos materiais e humanos. Entretanto, dado o grande volume de trabalho que ainda restaria nas cortes brasileiras, mesmo com o emprego de métodos alter-nativos de solução de conflitos é pouco provável que isso ocorra. De outro lado, as partes devem sentir-se mais incentivadas a fazer uso de instrumentos como a mediação e a arbitragem, ou outros tipos de conciliação até mais informais. As partes devem perceber que por vários motivos, inclusive – mas não somente – a crise, é irrealista acreditar que todos os conflitos podem ou devem ser resolvidos pelos juízes. Hammergren mostra que a não exclusividade das cortes judiciais em resolver conflitos deveria ser almejada usando-se não somente explicações relacionadas à eficiência do Judiciário: existem situações em que, segundo a au-tora, outras formas de solução de conflitos não seriam apenas alternativas, mas até mesmo *preferíveis* às soluções judiciais:

> O modelo de longa data de um tribunal que resolvia todos os conflitos sociais e, no processo, fortalecia o arcabouço legal, é cada vez menos considerado uma possibilidade prática ou um objetivo desejável. Uma parte da mudança é o reconhecimento de que muitos conflitos se beneficiariam da transferência para outros fóruns e que enviá-los para o judiciário pode, na verdade, minar o papel deste último de fortalecer as regras. Muitos conflitos são apenas marginalmente sobre questões legais e podem ser resolvidos de forma mais satisfatória por algo que não seja o resultado judicial de ganha-perde. Isso é especialmente verdadeiro

para aqueles em que as partes buscam continuar um relacionamento e, portanto, precisam permanecer em bons termos (Hammergren, 2007, p. 87).

Talvez por causa disso, a lei deveria incentivar mais a negociação cooperativa das partes. A criação dos Juizados de Pequenas Causas, ou presentemente conhecidos como Juizados Especiais, foi uma iniciativa neste sentido, mas logo, logo mostrou-se insuficiente. A sobrecarga de trabalho com que já se depara grande parte destes tribunais – apesar de lamentável – pode ser interpretada como o sucesso desta tese. Vale lembrar que mesmo para a criação dos Juizados Especiais foi preciso enfrentar a resistência da "cultura" corporativista dos advogados, que se opunham a possibilidade de dispensar seus serviços nos Tribunais Especiais. Portanto, vencer a "cultura" dominante muitas vezes pode gerar resultados surpreendentes. Outra medida no sentido de criar incentivos para a cooperação seria estimular as conciliações efetivas nos momentos anteriores ao juízo. É o que tem feito o Conselho Nacional de Justiça ao promover as Semanas Nacionais de Conciliação. Em outra oportunidade discorri sobre o porquê a análise econômica do direito é uma grande proponente das conciliações, mediações e quaisquer outros métodos de autocomposição.[11]

Esse tipo de cultura, ou melhor, de incentivos, deveria ser fortemente disseminada.

1.4 O USO DOS DADOS E EVIDÊNCIAS EMPÍRICAS: UM CAPÍTULO (SEÇÃO) À PARTE

A importância da produção, uso e controle de estatísticas judiciais pode ser resumida na seguinte passagem:

> [Um] Judiciário democraticamente transparente, que produz dados e estatísticas sobre suas atividades e os utiliza como meio de organizar e planejar seu funcionamento, é fundamental para validar e garantir a democracia. Um sistema confiável de estatísticas judiciais é necessário para que: i) o público possa detectar as atividades desenvolvidas pelo Judiciário; ii) os órgãos judiciais superiores possam monitorar seu próprio desempenho e planejar projetos futuros; iii) a administração possa elaborar e promover políticas públicas para a reforma e melhoria do Judiciário; iv) especialistas possam avaliar o funcionamento do sistema de justiça como um todo (Cunha, 2008, p. 4, tradução livre).

O Judiciário brasileiro avançou significativamente na produção e no uso de dados, sobretudo estatísticos, para entender o seu próprio funcionamento. Também, a melhoria na *qualidade* dos dados produzidos é explícita, sobretudo

---

11. Coluna VEJA Mercados "Direito e Economia: sob as lentes de Coase" (07 de março 2024).

1 • INTRODUÇÃO: "O MAIOR JUDICIÁRIO DO MUNDO"

para aqueles que têm acompanhado de perto esse trabalho nos últimos anos – como essa autora que vos escreve.

No entanto, muitas vezes (talvez a maioria) ainda pouco se entende as razões de se estar usando os dados. Como um relatório do Banco Mundial especialmente dedicado ao Judiciário brasileiro mostra, "[t]er números apenas não basta. O ponto é a sua aplicação para investigar e para solucionar problemas reais, e não apenas para 'provar' que o Judiciário ou os ministérios públicos estão fazendo mais e usando menos recursos do que qualquer um pudesse imaginar" (Banco Mundial, 2004, p. 166). O relatório destaca as três funções que devem ser atendidas por um bom sistema de dados judiciais: (i) facilitar o tratamento de processos e de cargas de trabalho, (ii) monitorar o desempenho, (iii) e fornecer o panorama de produção do sistema judicial. Infelizmente, ao que indica, a informatização judicial no Brasil não está ainda atendendo a essas funções. Ainda é regra absoluta mudanças normativas, decisões de gestão e mesmo as decisões judiciais serem feitas sem a avaliação preliminar feita por meio dos métodos estatísticos.

Decisões judiciais e decisões para mudanças no funcionamento do Judiciário que não sejam tomadas com base em dados empíricos abrem possibilidades para soluções baseadas no senso comum e nos "achismos", ou mesmo em posicionamentos judiciais que somente refletem tendências sociais da "moda", dada a pressão que muitas vezes o Judiciário sofre da sociedade e da imprensa. Com isso, muitas vezes, as cortes geram os "efeitos bumerangue": decisões judiciais com determinados objetivos acabam por gerar efeitos diametralmente opostos ao que se intentava inicialmente.

Outra faceta do baixo uso de dados é a falta de trabalhos acadêmicos usando dados judiciais quantitativos. Essa tendência tem se revertido rapidamente nos últimos anos, mas ainda há muitas lacunas pela frente. As tímidas iniciativas para estudar empiricamente o Judiciário baseiam-se em grande medida em questionários, estudos de caso ou entrevistas. Apesar de muito significativos e de relevância incontestável por terem iniciado o estudo empírico no país, estes trabalhos são insuficientes para se derivarem conclusões gerais. Certamente, com a produção de dados já existentes, a tecnologia cada vez mais avançada, podemos fazer mais, muito mais, nos estudos empíricos sobre o Judiciário brasileiro.

1.5 APRESENTAÇÃO E ORGANIZAÇÃO DO LIVRO

O objetivo deste livro é discutir exaustivamente os fatores 5 e 6 acima – ou seja, os fatores endógenos, que causam a superlitigância – ou o Paradoxo do Acesso à Justiça. Também, talvez até de maneira mais fundamental, pretendo discutir aqui as questões levantadas nas duas seções anteriores, ou seja, sobre a necessidade de alterar a estrutura de incentivos das pessoas para que se comportem de maneira diferente e gerem resultados diferentes (melhores), e o uso de dados empíricos e evidências robustas para entender e criar decisões para o Judiciário. Na verdade, este livro apresenta um grande conjunto de trabalhos sobre temas diversos do Judiciário, usando integralmente a perspectiva empírica, entendendo como os incentivos postos pelas normas e pelo Direito de maneira geral estão afetando os resultados observados e gerando consequências que, muitas vezes, não são os desejados. A perspectiva econômica, como o título da obra sugere, é outro lado da empiria: analisar as consequências ou impactos do funcionamento do Judiciário sobre o comportamento das pessoas, das organizações e das atividades sociais.

Os próximos três capítulos, como já mencionado acima, serão dedicados a entender um suposto paradoxo no Judiciário brasileiro: a super litigância por uns (como os números vistos no começo deste capítulo indicam), coexistindo com a impossibilidade de alcance à Justiça por outros. No capítulo 2, mostro as provas de que o paradoxo acontece de fato. No capítulo seguinte, mostrarei modelos e conceitos econômicos que explicam tal paradoxo. Já no capítulo 4, mostro porque as medidas normativas e instrumentos criados pelo Judiciário brasileiro não são capazes de resolver o problema do "Paradoxo do Acesso à Justiça". No capítulo 5, volto a um tema sobre o qual me dediquei longamente em anos passados – começando em Yeung (2010) – mas que havia deixado de lado por algum tempo: a eficiência judicial. Escrever este capítulo foi uma "desculpa" para retomar a um tema que me é muito caro. Os dois capítulos seguintes, 6 e 7, dedicam-se a estudar empiricamente dois segmentos específicos do Judiciário brasileiro, respectivamente o Superior Tribunal de Justiça (frequentemente relegado pelos estudiosos, que invariavelmente preferem o "charme" do Supremo Tribunal Federal) e a Justiça do Trabalho. O capítulo 8 é o único escrito por um convidado: Felipe de Mendonça Lopes nos brindará com uma discussão sobre comportamento judicial (*judicial behavior*), uma área de estudos nova no Brasil, com poucos trabalhos, mas iminentemente empírica e iminentemente judicial (como o próprio nome diz). Com certeza, trará muitas novidades e despertará muitas paixões entre aqueles interessados em estudar o Judiciário. Foi o que aconteceu comigo. O penúltimo capítulo se dedicará a analisar mais a fundo as vantagens – ou à necessidade? – de se aplicar a empiria aos estudos do Judiciário. Essa metodologia hoje é oficialmente cunhada de "Jurimetria". Teremos a oportunidade de conhecer quando e como a Jurimetria foi concebida como ideia, além de conhecer – de maneira breve – algumas das formas mais comuns de executá-la e as fronteiras nos trabalhos jurimétricos. Veremos que, na verdade, todo o presente livro baseia-se em trabalhos dessa natureza. Por fim, no último capítulo, faremos uma breve discussão sobre os efeitos das inovações – tecnológicas e metodológicas – do funcionamento e do estudo da Justiça. Tentarei mostrar, ao longo das páginas deste livro, até a última parte, que não é mais possível pensar em um Poder Judiciário que seja efetivo, eficiente, respondente às necessidades da sociedade – ou seja, um Poder Judiciário *democrático* – sem estar atento às evidências empíricas sobre os impactos de seu funcionamento. Não bastam boas intenções, não bastam idealismos, não bastam achismos: é preciso que o Judiciário efetivamente crie resultados sociais que os magistrados e juristas dizem almejar.

REFERÊNCIAS BIBLIOGRÁFICAS DESTE CAPÍTULO

ACEMOGLU, Daron & ROBINSON, James (2012). *Why Nations Fail – The Origins of Power, Prosperity, and Poverty*. New York: Crown Business.

BANCO MUNDIAL (2004). Fazendo com que a Justiça Conte – Medindo e Aprimorando o Desempenho do Judiciário no Brasil. *Relatório nº 32789-BR, Unidade de Redução de Pobreza e Gestão Econômica, América Latina e Caribe*. 30 de Dezembro.

BERMUDES, Sergio (2005). *A Reforma do Judiciário pela Emenda Constitucional nº 45*. Rio de Janeiro: Editora Forense.

BUSCAGLIA, Edgardo, & ULEN, Thomas (1997). A Quantitative Assessment of the Efficiency of the Judicial Sector in Latin America. *International Review of Law and Economics, 17*, 272-291.

CARVALHO NETO, Ernani Rodrigues (2005), *Revisão Abstrata da Legislação e a Judicialização da Política no Brasil*. Tese de Doutorado. São Paulo: Universidade de São Paulo.

CONSELHO NACIONAL DA JUSTIÇA (2023), Justiça em Números 2023, disponível em: https://www.cnj.jus.br/wp-content/uploads/2023/08/justica-em-numeros-2023.pdf.

CUNHA, Luciana G. (2008). Judicial Administration in Brazil: Courts Caseload Statistics. *Artigos Direito FGV – Working Papers 15* (Janeiro 2008). São Paulo: FGV Direito GV, Escola de Direito de São Paulo.

DAKOLIAS, Maria (1999). Court Performance around the World – A Comparative Perspective. *World Bank Technical Paper nº 430*.

DALTON, Teresa, & Singer, JORDAN (2009). A Matter of Size: An Analysis of Court Efficiency Using Hierarchical Linear Modeling. Disponível em: http://ssrn.com/abstract=1133242.

HAMMERGREN, Linn (2007). *Envisioning Reform – Improving Judicial Performance in Latin America*. University Park: The Pennsylvania State University Press.

MANKIW, N. Gregory (2013). *Princípios de microeconomia*. São Paulo: Cengage Learning.

MINISTÉRIO DA JUSTIÇA, Secretaria de reforma do Judiciário, Programa das Nações Unidas para o Desenvolvimento – PNUD (2007). *Análise da Gestão e Funcionamento dos Cartórios Judiciais*. Brasília.

MOREIRA, Helena D. R. F. (2004). *Poder Judiciário no Brasil* – Crise de Eficiência. Curitiba: Editora Juruá.

PERRY, James L. (2020). *Managing Organizations to Sustain Passion for Public Service*, Cambridge University Press.

RAMSEYER, J. Mark & Rasmusen, Eric B. (2013). "Are Americans more litigious? Some quantitative evidence". *The American Illness: Essays on the Rule of Law*, p. 43-68.

ROSENN, Keith S. (1998). Judicial Reform in Brazil. *NAFTA: Law and Business Review of the Americas, Spring*, 19-37.

SADEK, Maria Tereza (2006). *Magistrados* – Uma imagem em movimento. Rio de Janeiro: Editora FGV.

SADEK, Maria Tereza (2010) (Org.) *Reforma do judiciário* [online]. Rio de Janeiro: Centro Edelstein de Pesquisas Sociais, 164 p.

SHERWOOD, Robert M. (2004). Judicial Performance: Its Economic Impact in Seven Countries. Artigo apresentado na 8th Annual Conference da International Society for New Institutional Economics (ISNIE), Tucson, USA.

VIEIRA, Oscar Vilhena (2018). *A batalha dos poderes: da transição democrática ao mal-estar constitucional*. São Paulo: Editora Companhia das Letras.

YEUNG, L.L. (2010) Além dos "achismos", do senso comum e das evidências anedóticas: uma análise econômica do judiciário brasileiro, Tese de Doutorado, Escola de Economia da Fundação Getúlio Vargas, São Paulo.

YEUNG, Luciana. (março, 2024). "'O Maior Judiciário do Mundo': estaria Coase impressionado?" Coluna VEJA Mercados "Direito e Economia: sob as lentes de Coase" (Disponível em: https://veja.abril.com.br/coluna/direito-e-economia/a-maior-justica-do-mundo-estaria-coase-impressionado).

2
O PARADOXO
DO ACESSO À JUSTIÇA:
PARTE 1

2.1 INTRODUÇÃO: SUPER LITIGÂNCIA OU FALTA DE ACESSO À JUSTIÇA?

Afinal, no Brasil, temos super litigância ou problemas de acesso à Justiça? Conhecedores dos dados apresentados no capítulo anterior serão confiantes em afirmar que, objetivamente, há super litigância. De fato, os dados não podem contestar. Temos um dos Judiciários mais litigantes do planeta (se não o mais). Porém, outro grupo grande de estudiosos, muitos baseados em dogmatismo, mas outros baseados em dados empíricos vão dizer o contrário: temos no Brasil uma multidão de pessoas que efetivamente não podem contar com a Justiça para ter seus direitos respeitados. Quando ouvimos os dois lados da estória, é impossível não se lembrar da fábula dos cegos tentado descrever um elefante: um dos cegos apalpa o elefante na tromba e diz e o elefante se parece a uma cobra, outro apalpa o corpo do elefante e descreve como sendo parecido a um muro, um terceiro apalpa as orelhas e diz que é parecido a uma grande folha de árvore... e há ainda o que apalpa a perna, outro o rabo... – cada cego acaba descrevendo o elefante de maneira completamente diferente. Porém... Todos eles estão certos – ou errados – ao mesmo tempo! No caso da descrição sobre o acesso à Justiça brasileira, a estória é igual a dos cegos com o elefante: ambos os lados estão certos (ou errados), e ainda pode haver outras versões da estória...

Denomino este fenômeno aparentemente controverso de "Paradoxo do Acesso à Justiça". A ideia é o que o nome mesmo revela: parece haver, paradoxalmente, um excesso de litigiosidade ao mesmo tempo em que ocorre uma forte deficiência no acesso ao Judiciário. Contudo, o paradoxo é apenas aparente. É muito claro o que acontece, e apenas mais um reflexo da forte desigualdade que existe no país.

2.2 EVIDÊNCIAS DO PARADOXO DO ACESSO À JUSTIÇA: "ONDE HÁ FUMAÇA HÁ..."

A ideia de que existe forte desigualdade no acesso à Justiça de acordo com a renda das pessoas, apesar de intuitiva e consequentemente lógica, analisando-se os fatos sociais e econômicos brasileiros, é perturbadoramente pouco discutida. De um lado há aqueles que bradam pela dificuldade no "acesso pelos mais pobres", mas se calam à superlitigiosidade daqueles que não são tão pobres assim – sem perceber que uma coisa é causa da outra. Pior: defendem medidas que irão aumentar uniformemente o acesso de *todos*, o que por si só é um contrassenso, porque não há como aumentar o acesso dos mais pobres sem a redução drástica pelos "mais ricos". Por algum motivo, aqueles que focam na defesa do acesso pelos mais ricos temem defender medidas que faça uma seleção efetiva de quem acessa, penalizando quem não deveria acessar tanto. São contra normas que visam reduzir a superlitigância, a litigância predatória (!), sempre com discursos idealistas, mas sem nenhum dado (quem está, afinal, ocupando boa parte do Judiciário?) Por outro lado, há aqueles que se munem dos dados como aqueles mostrados acima, e bradam pela necessidade de redução da superlitigância, como se esse fosse a única realidade social. É fato que diversos fatores judiciais, legislativos e constitucionais incentivam a litigância no país – como inclusive veremos ao longo de toda esta obra – mas não se pode também negar que há uma parcela considerável da população brasileira que sequer sonha em acessar a Justiça, mesmo em casos de fragrante violação de seus direitos mais básicos.

Por que os discursos desequilibrados, de um lado e do outro? A dificuldade para acessar dados que possam "clarear" um pouco mais a realidade não é justificativa, pois ela não existe.[1] Para quem olha de fora do sistema de Justiça, parece uma tentativa de se acobertar um fato, pois ele é incômodo de ser conhecido. E o fato incômodo é que, apesar dos discursos apaixonados dos bacharéis de Direito e da magistratura, a Justiça brasileira serve somente aos mais ricos e "poderosos" (poder este que será definido mais à frente). Talvez haja uma ou outra exceção, mas não a ponto de tornar a generalização da última frase em um absurdo ou um exagero.

Para começar a discussão, basta lembrar que, nesse momento que escrevo, a renda média do brasileiro é de um pouco mais de 2 salários-mínimos. Qualquer pessoa com renda acima de 2 salários-mínimos já ganha mais do que a média. A pergunta que se coloca é então: qual é o perfil de renda daqueles que acessam

---

1. Nem mesmo pode haver a justificativa de necessidade de sigilo das informações, pois esses dados poderiam ser disponibilizados anonimamente, sem identificação das partes.

a Justiça no Brasil? É essa pessoa que ganha 2 salários-mínimos ou menos? Ou é alguém que ganha muito, muito mais?

Como mencionei, esse tema ainda é incrivelmente pouco discutido de maneira profunda. Uma das consequências é que, mesmo podendo, temos poucos dados empíricos evidenciando o fato. Porém, com a disseminação dos estudos empíricos no Direito, felizmente, começam a surgir publicações que apontam para a "fumaça" do problema. Trago algumas abaixo.

Em um ambicioso estudo promovido pelo Conselho Nacional de Justiça (CNJ), uma grande equipe de diversas instituições coordenado pelo Insper, debruçou-se sobre um dos temas mais discutidos recentemente nos tribunais brasileiros: a judicialização da saúde, envolvendo ações de pacientes contra planos de saúde, mas também contra o Sistema Único de Saúde (SUS). A judicialização é motivada, normalmente, pela recusa dos planos ou do SUS de fornecer determinados tratamentos ou medicamentos. Isso ocorre muitas vezes por violações ao contrato ou a regras previstas pelo Sistema, mas muitas vezes a não cobertura ou não tratamento está previsto contratualmente ou legalmente. É o caso por exemplo dos tratamentos ou medicamentos fora do rol da ANS (Agência Nacional de Saúde Suplementar – que determina a lista de tratamentos e medicamentos que deve ser coberta pelos planos de saúde) ou os medicamentos *off label* (medicamentos aprovados inicialmente para um determinado tipo de tratamento, que o(a) paciente quer que seja usado para outro tipo de tratamento). A judicialização da saúde, somente na 1ª instância dos tribunais brasileiros, gera dezenas de milhares de ações por ano e, segundo a pesquisa realizada, chegou a quase 100 mil processos 2017, sem contar com outras dezenas de milhares de processos em instâncias superiores, e consumiu mais de $1 bilhão de reais aos cofres da União.[2] Uma das hipóteses que os pesquisadores quiseram testar na pesquisa foi se havia um efeito regressivo (favorecendo os mais ricos, prejudicando os mais pobres) no fenômeno da judicialização da saúde. Para isso, partiram em algumas frentes: avaliando os processos contra planos de saúde (que atende majoritariamente aos mais ricos) em comparação aos processos contra o SUS, a representatividade dos demandantes (se via defensoria pública ou via advogados particulares), os pedidos de gratuidade de Justiça e processos individuais *versus* ações coletivas. Percebe-se que tais variáveis são aquilo que os economistas e estatísticos chamam de *proxies,* ou seja, medidas inexatas, porém aproximadas e informativas sobre aquilo que

---

2. Disponível em: https://www.cnj.jus.br/wp-content/uploads/2018/01/f74c66d46cfea933bf22005ca-50ec915.pdf. Também, informações relevantes nos infográficos preparados pelo Insper em: https://www.insper.edu.br/conhecimento/direito/judicializacao-da-saude-dispara-e-ja-custa-r-13-bi-a-uniao/ (acesso em: 24 ago. 2023).

se quer realmente avaliar – aqui, a renda dos litigantes. Porém, no estágio de disponibilidade desses dados e de conscientização do problema, o uso dessas *proxies* foi o melhor que a equipe de pesquisadores conseguiu implementar. Assim, a conclusão do projeto com relação a este tema foi que:

> Há evidências, portanto, para contestar a visão predominante na literatura de forte dominância de demandas judiciais relativas ao sistema público...
>
> Finalmente, pode-se analisar a presença de elementos que indicam hipossuficiência econômica no conjunto das ações estudadas. ... [Nota-se] que menos de 1% dos casos mencionam justiça gratuita e termos variantes, havendo uma maior incidência de Defensoria Pública, principalmente na região Sul, e menções à hipossuficiência ou à insuficiência de renda. A presença dessas referências, ainda que relevante, é ainda bastante inferior ao que se esperaria dada a elevada concentração de renda no Brasil. Dado que a mediana de renda familiar per capita do brasileiro não permite o pagamento de serviços jurídicos, *presume-se que há algum grau de regressividade na judicialização da saúde* (Insper, 2019, p. 16-8, grifos adicionados).

Em outro estudo realizado pelo CNJ no ano de 2023, um assunto relacionado ocupou o centro das atenções: a gratuidade da Justiça, conforme prevista pela legislação nacional. Para apoiar as discussões do Grupo de Trabalho (GT) instituído para estudar tal assunto,[3] o Departamento de Pesquisas Judiciárias do CNJ (DPJ) levantou dados por meio de uma *survey* (questionário preenchido) respondido por usuários da Justiça brasileira. Os resultados são reveladores.[4] Por exemplo, que 35,3% dos litigantes que solicitam gratuidade da Justiça têm renda de $11 mil ou mais. Ou seja, mais de 1/3 daqueles que solicitam gratuidade para acessar o Judiciário ganham mais de 10 vezes o salário-mínimo nacional. Imaginemos a porcentagem de pessoas com essa renda dentro de todo o universo de processos. Essa é uma forte evidência de que a Justiça, inclusive a Justiça Gratuita, serve aos ricos. Infelizmente, por uma série de questões, esse tipo de informação não é mais amplamente divulgado na sociedade brasileira, ou mesmo na sociedade jurídica (ou é, mas as pessoas não querem dar atenção, ou distorcem a interpretação dos resultados). Discutiremos mais detalhadamente sobre esse tema e sobre os resultados desta e de outras pesquisas no capítulo 4, mais adiante.

Ainda para apoiar os trabalhos do GT sobre a gratuidade da Justiça, outra frente de pesquisa, formada pelo Insper com apoio do Tribunal de Justiça de São Paulo, levantou microdados referentes a decisões sobre processos daquele esta-

---

3. Grupo de Trabalho sobre Custas Judiciais e Gratuidade da Justiça, instaurado pela Portaria 113/2022.
4. Conselho Nacional de Justiça (2023). *O Perfil dos Jurisdicionados na Gratuidade de Justiça e Isenção de Custas Processuais.* Brasília: DPJ/CNJ. Disponível em: https://www.cnj.jus.br/pesquisas-judiciarias (acesso em: 13 jan. 2024).

do. Os técnicos do TJ-SP agregaram dados individuais, tendo como unidade de análise as comarcas do Estado de São Paulo; depois, fizeram análises de pedidos de gratuidade de justiça relacionando-se ao PIB per capita e IDH da comarca de origem. Ao todo, analisaram mais de 10 milhões e 400 mil processos. Para surpresa e frustração dos técnicos do tribunal, mas para nenhuma surpresa da economista que liderava os trabalhos (essa autora que escreve), a correlação entre dados socioeconômicos da comarca e pedidos de gratuidade de justiça foi absolutamente irrelevante. A situação socioeconômica da região não explica em nada a quantidade de pedidos por Justiça gratuita. Na verdade, o resultado foi positivo: "Em outras palavras, *quanto menores* [sic] *o PIB per capita ou o grau de urbanização, menor a porcentagem de processos com Justiça gratuita* [e vice--versa]".[5] Os técnicos do TJ-SP apressaram em tentar encontrar uma possível explicação ao fato: talvez, apontaram eles, as regiões ricas por serem aquelas economicamente mais ativas tendem a ter mais conflitos judiciais. Pode ser. Mas pode ser também porque simplesmente não há associação: de toda forma, são os mais ricos na sociedade brasileira que se utilizam do Judiciário. Os pedidos de gratuidade pouco ou nada revelam sobre a condição econômica real das pessoas. Mais à frente, trarei a pesquisa em mais detalhes, e mostrarei como o instituto da Gratuidade da Justiça não ajuda em praticamente nada a resolver o problema do acesso à Justiça pelos mais pobres no Brasil.

Finalmente, como terceiro indicador de que a Justiça brasileira serve somente – ou de maneira absolutamente primordial – aos mais ricos, trago uma evidência que seria considerada talvez anedótica. Porém, uma anedota feita com inteligência artificial, e baseada também em observações empíricas. Em sua rede social no mês de setembro de 2020, Marcelo Nunes Guedes, professor de Direito da PUC-SP, também fundador e Presidente da Associação Brasileira de Jurimetria (ABJ), publicou a seguinte figura:

---

5. Insper, Tribunal de Justiça de SP e CNJ (2023), p. 28, grifos originais. O relatório final da pesquisa está disponível em: https://www.cnj.jus.br/wp-content/uploads/2023/11/pesq-gratuidade-insper.pdf.

Figura 2.1: Iniciais de Ações e Domicílio dos Autores no Município de São Paulo

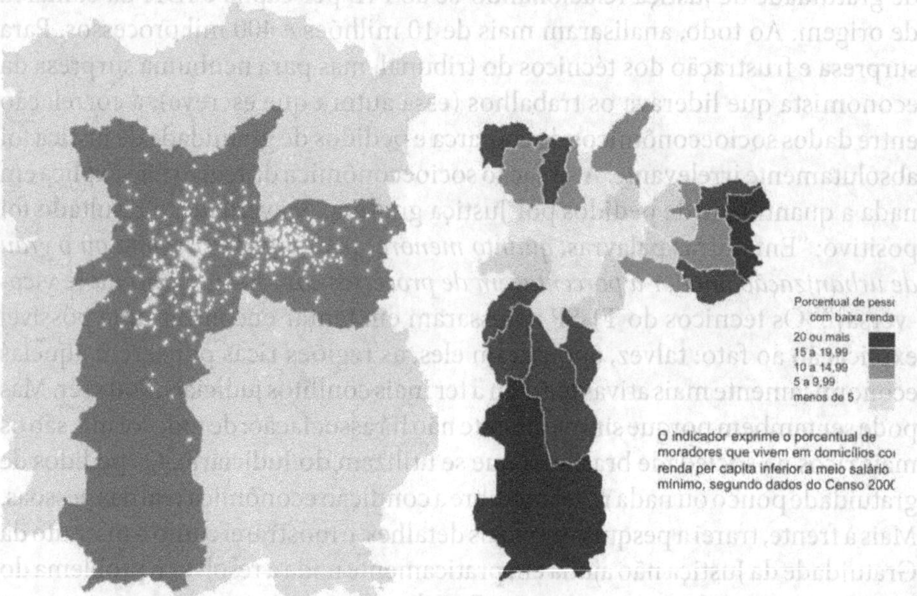

Fonte: Marcelo Nunes Guedes, rede social pessoal (set. 2020)

À direita da figura há um mapa do município de São Paulo, dividido por grandes regiões. As cores indicam o percentual de pessoas com baixa renda residentes naquela região – quanto mais escuro, maior a quantidade de pobres. Para quem conhece a cidade, não é nenhuma surpresa que as regiões periféricas ao sul e à leste, sobretudo, são as mais pobres da cidade. Quanto mais ao centro, menor o percentual de população de baixa renda. Já o mapa à esquerda, igualmente do município paulistano, é o resultado do trabalho da ABJ, presidida por Guedes: cada ponto branco representa o domicílio de um autor ou réu de ações civis iniciadas no ano de 2016. Se os dois mapas forem sobrepostos um em cima do outro, claramente se vê que a maioria absoluta dos pontos brancos se localiza em regiões mais claras do mapa à direita, ou seja, são de regiões mais ricas, com menor percentual de pessoas de baixa renda.

Uma série de cuidados e esclarecimentos ainda são devidos para se chegar a qualquer conclusão da postagem de Guedes, a começar, se o mapa à direita apresenta os pontos de todas as ações iniciadas no ano; nem sempre ter domicílio em uma região com poucos pobres garante que a pessoa de fato não seja pobre; não é certo com base em quê que os pontos brancos foram identificados (autodeclaração? comprovação de residência? qualquer outro documento ou atestado feito?)

etc. Assim, ainda falta muito para que possamos aferir qualquer correlação entre "nível de renda" e "acesso à Justiça" na cidade de São Paulo, muito mais ainda se quiséssemos aferir alguma causalidade entre as duas variáveis – por isso chamei essa evidência de anedótica.

Porém, de anedota em anedota, de *proxy* em *proxy*, algo mostra que devemos ter algo muito real na relação positiva entre nível de renda do brasileiro e nível de acesso à Justiça, ou seja, a constatação de que a Justiça está sendo primordialmente acessada pelos mais ricos. Precisamos ter mais pesquisas e, sobretudo, dados oficiais que indiquem claramente quem são os litigantes pessoas físicas que usam os tribunais brasileiros (e não somente pessoas jurídicas), qual é a sua renda, sua riqueza e outras informações relevantes, como escolaridade, raça, gênero, idade etc. Por enquanto esse é um dos dados que ainda não são disponibilizados para os pesquisadores, infelizmente. Atualmente, magistrados e juristas fingem acreditar que a Justiça brasileira está a serviço dos mais pobres, proclamam isso em aulas, seminários, palestras e publicações, quando os fatos e dados empíricos (de maneira agregada ainda), cada vez mais, mostram que isso *não* é real. Também ignoram que litigantes ricos são somente grandes empresas, normalmente bancos e de bens de consumo – que pode razões óbvias (a serem discutidas mais à frente) – lideram todos os anos, a lista dos entes que mais movem o Judiciário. Existe um pudor enorme para se revelar que X% de todos os processos envolvendo pessoas físicas nos tribunais brasileiros são invariavelmente de pessoas que estão entre os top-1% (top 0,5%, top 0,1%...) da pirâmide social no país. Queira eu estar errada, mas afirmo que esse X é bastante alto.

Se a comunidade acadêmica e jurídica deseja que Justiça esteja efetivamente a serviço dos mais pobres, será preciso então conhecer os dados reais, a fotografia da realidade como ela é. Somente assim é que se poderá atacar o problema de maneira efetiva. E não assumindo que o mundo é como queremos que ele seja. Por enquanto, ao que tudo indica, a Justiça brasileira não está atendendo aos mais necessitados. Nem de longe. Precisamos – urgentemente –saber quem são e, sobretudo, quanto ganham os indivíduos que acessam a Justiça brasileira.[6]

2.3 PROPOSTA DE UM NOVO INDICADOR: O GINI DE ACESSO À JUSTIÇA

Meu argumento é que, como acontece com a distribuição de riqueza no Brasil – reconhecida mundialmente pela sua inequidade, ou forte concentra-

---

6. Mais à frente discutiremos sobre as Pessoas Jurídicas que acessam o Judiciário brasileiro, mas aqui há muito menos novidade a ser contada.

ção[7] – a "distribuição" do direito efetivo de acesso à Justiça é fortemente desigual no país. O índice de Gini, o indicador mais amplamente utilizado para medir a concentração de renda de uma população, parte de uma ideia muito intuitiva, que pode ser representada pela figura abaixo:

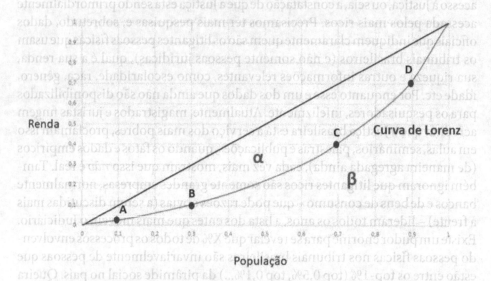

Figura 2.2 Curva de Lorenz e Índice de Gini

No eixo horizontal (X) do gráfico, as pessoas desta população vão sendo distribuídas da esquerda para a direita, da pessoa mais pobre até a pessoa mais rica, ou seja, na ponta da extrema esquerda, estão os mais pobres e na ponta da extrema direita, estão os mais ricos deste grupo, com os médios no meio da linha horizontal. Como pode ser visto, o gráfico mostra a distribuição da população em decis (10% em 10% da população). Já no eixo vertical (Y), está a renda produzida nessa economia. À medida que se vai subindo nesse eixo, vai se "empilhando" a renda produzida, até chegar no topo, com 100% da renda total produzida aqui. Um país com distribuição de renda perfeitamente igual, onde todas as pessoas têm exatamente a mesma quantidade de renda, teria uma situação representada pela diagonal de 45º neste gráfico retangular, que é exatamente a linha reta passando pelo meio do gráfico acima. Geometricamente, diagonais de 45º graus mostram pontos do eixo X que são exatamente iguais aos pontos no eixo Y. No nosso

---

7. De acordo com o Banco Mundial, o último índice Gini disponível para o Brasil é do ano de 2021, no valor de 52,9 (ou 0.529), colocando-o na 8ª pior colocação mundial. Para se ter um parâmetro, os países menos desiguais, com melhores índices, têm Gini de menos de 25 (0.25). Disponível em: https://data.worldbank.org/indicator/SI.POV.GINI (acesso em: 13 jan. 2024).

gráfico acima, representaria pontos, por exemplo, em que os 10% mais "pobres" da população têm 10% da renda produzida no país; os 20% mais "pobres" na população têm 20% etc., de maneira exatamente proporcional, até que a última pessoa da população – a que seria a mais "rica" – teria a última parte restante de renda para ela, que é exatamente igual a que cada um dos que vieram antes dela têm. Porém, isso normalmente não acontece. Daí, se medirmos o quanto que cada decil (10%) da população detém de renda (% do valor do eixo Y) e marcarmos esses pontos unindo-os, teremos a chamada curva de Lorenz. No gráfico, a população representada não tem uma concentração de renda equânime, pode-se ver que os 10% mais pobres da população detém bem menos que 10% da renda – cerca de 5% – e isso está representado pelo ponto "A". Nessa mesma população, os 30% mais pobres detém 10% da renda, representado pelo ponto "B". O ponto "C" indica que os 70% mais pobres da população detém apenas 40% de toda a renda produzida no país. Já o ponto "D" mostra que os top-10% da população detém 30% de toda a renda produzida. A curva de Lorenz mostra, então, a distribuição real de uma população. Se a compararmos com a distribuição real – representada pela diagonal de 45° teremos a área α. Quanto maior a área α, mais desigual será a distribuição de renda desta economia. Pode-se ainda perceber que, pela figura, uma maior área α implica necessariamente uma menor área β. As duas somadas dão a área triangular abaixo da diagonal de 45°. Então, o índice Gini tem a formulada dada por essas áreas:

$$\text{Índice Gini} = \frac{\alpha}{\alpha + \beta}$$

Em um determinado país onde a distribuição é perfeita, a Curva de Lorenz seria exatamente a diagonal de 45° e não existiria a área α, portanto, o Gini seria zero. Já em um país onde todos têm absolutamente zero de renda e somente uma única pessoa detém toda a riqueza produzida, a Curva de Lorenz se sobreporia ao eixo x e ao eixo y do lado direito, e toda a área do triângulo abaixo da diagonal de 45° seria a área α; neste caso, β seria zero, e o índice Gini seria igual a 1.0, ou 100%.

Nas sociedades modernas, nações-estados contemporâneos, é irreal ter um índice Gini igual a zero – mesmo nos países reconhecidamente como os mais igualitários, o índice é um pouco acima de 0.2 (ou 20%).[8] Mas o Brasil nunca conseguiu sair de perto dos 0.5, chegando em alguns momentos recentes da história a 0.6. Não é objetivo deste livro discutir as origens desta desigualdade, que

---

8. Dados mais recentes indicam a República da Eslováquia com o menor Gini dentre os países com esse dado disponível (0,232 – ou 23,2), seguida pela Eslovênia (0,24) e Bielorrússia (0,244). Os dados completos podem ser acessados pelo *site* do Banco Mundial, conforme indicado na nota anterior (acesso em: 13 jan. 2024).

certamente tem explicações complexas e multivariadas. O que chamo a atenção aqui é que esta desigualdade se reflete significativamente no acesso à Justiça.

Fazendo um exercício mental, poderíamos calcular um "Índice Gini de acesso à Justiça". No eixo horizontal (X), igualmente continuaríamos a ordenar as pessoas da mais pobre à mais rica na sociedade brasileira. Porém, no eixo vertical (Y), teríamos a quantidade de acessos à Justiça que acontecem por ano, de maneira mais simples, e sem perder a validade do conceito, a quantidade de processos judiciais julgados (ou casos novos) no ano. Igualmente como no Índice Gini tradicional, veríamos qual é a porcentagem de processos que foi trazido pelos 10% mais pobres da população, dos 20% mais pobres, dos 30%... até chegar nos top-20%, top-15%, top-10%. A ideia é simples – assim como é a ideia do Índice Gini original – somente seria necessário, pare este cálculo, termos o valor da renda de cada uma das pessoas que acessam a Justiça (também seria necessário conhecer a renda de toda a população brasileira, por grupos, mas isso os institutos oficiais já conhecem). É muito provável que o Gini de acesso à Justiça brasileira seja igualmente ruim, ou até pior.

2.4 OS GRANDES LITIGANTES: QUEM SÃO, QUAIS SÃO SEUS INCENTIVOS E O CÍRCULO VICIOSO QUE CAUSAM COM EFEITO *CROWDING OUT* E SELEÇÃO ADVERSA

Na seção 2.1 acima, mostrei que por enquanto não temos como saber, pelo menos com base em dados públicos e abertos, qual é o perfil do indivíduo médio que acessa o Judiciário brasileiro, mas as poucas evidências indicam que deva ser pessoa com renda acima da média, provavelmente mais escolarizado do que a média e a mediana. Porém, quando se trata de litigantes organizacionais, o Judiciário dispõe e divulga informações muito precisas a respeito. Anualmente, o Conselho Nacional de Justiça publica relatórios com dados oficiais agregados sobre todo o sistema judicial no país. São os relatórios do "Justiça em Números" – sobre o qual já mencionamos no capítulo anterior e sobre o qual discutiremos mais em capítulos posteriores. No relatório do ano de 2022, além de dados sobre litigiosidade, recursos materiais e humanos empregados nos tribunais, casos novos e pendentes etc., havia uma breve seção informando sobre uma nova ferramenta cujo objetivo é listar os grandes litigantes da Justiça. Segundo o Justiça em Números:

> O Painel de Grandes Litigantes, em sua primeira versão apresentada em agosto de 2022, tem o objetivo de identificar os maiores litigantes da Justiça e subsidiar eventuais políticas judiciárias voltadas à redução da litigiosidade.

Com dados dos principais litigantes de seis tribunais da Justiça Estadual, Federal e do Trabalho, o painel contribui com o aperfeiçoamento da gestão judiciária e permite a comparação do retrato atual dos processos pendentes, incluindo os novos casos, com as informações de casos do ano anterior. Com base nessas informações agregadas por parte, será possível mapear tendências no ajuizamento e no acervo dos casos e, com isso, implementar medidas adequadas de tratamento de conflito de massa (p. 32).

Na edição seguinte, havia um link que direcionava para o painel referido.[9] Como tem sido padrão nas publicações do CNJ, os dados são objetivos, os gráficos são facilmente compreensíveis e interativos, o layout da página é moderno. A construção do painel mostra, mais uma vez, um trabalho eficiente e com preocupações de que seja "*user friendly*". A iniciativa é muito louvável. Porém, da maneira como está sendo apresentada hoje (um pouco depois da publicação do Justiça em Números 2023), o painel e seus dados são insuficientes e inócuos no combate à "superlitigância", ou mesmo à litigância "indesejada" dos grandes litigantes. Antes de entender as explicações dessa afirmação, vejamos como o instrumento é apresentado ao público. Abaixo, seguem duas páginas do painel:

Figura 2.3: Grandes Litigantes – 20 Maiores Litigantes no Polo Passivo e Ativo do Total de Casos Pendentes na Justiça Brasileira em Maio/2023[10]

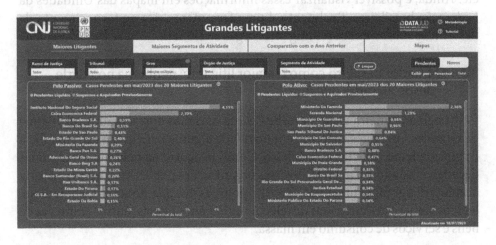

---

9. Disponível em: https://www.cnj.jus.br/datajud/grandes-litigantes (acesso em: 30 ago. 2023).
10. Idem.

Figura 2.4: Grandes Litigantes – 20 Maiores Litigantes no Polo Passivo e Ativo do Total de Casos Novos na Justiça Brasileira nos Últimos 12 Meses[11]

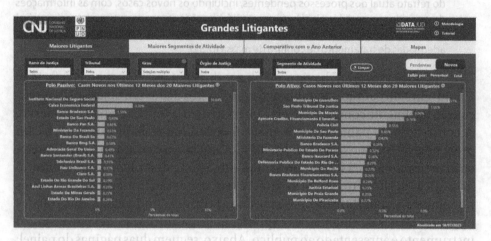

Conforme pode ser visto nas figuras acima, o instrumento é interativo e é possível filtrar por setores de atividade, ramos da Justiça, tribunais, instâncias etc. Ainda, é possível visualizar essas informações em mapas das Unidades da Federação brasileiras. Realmente, é uma ferramenta rica no fornecimento de descritivos sobre os maiores litigantes organizacionais.

2.4.1 O Estado brasileiro como o maior litigante: nenhuma novidade desde algumas décadas

Logo à primeira vista, percebe-se que os dados apresentados no "Painel de Grandes Litigantes" não trazem novidade alguma para quem acompanha a litigiosidade no Judiciário brasileiro. Como já ocorre há pelo menos algumas décadas, o Estado, ou melhor, diversas organizações públicas formam a maioria absoluta dos grandes litigantes, tanto no polo passivo quanto ativo. Depois disso, bancos comerciais, empresas de telecomunicação, e depois, outras empresas de bens e serviços de consumo em massa.

Em outra oportunidade (Yeung, 2010), demonstrei que tal fato já era conhecido pelos juristas e profissionais do Direito antes mesmo da virada do milênio. Trago abaixo trechos do que foi discutido lá:

> [N]ão é surpresa para nenhum estudioso ou operador da Justiça que o maior usuário das cortes seja o Estado. Ballard (1999) estima que pelo menos metade dos casos tramitando pelas cortes envolve especificamente o governo federal, e que 60% envolvam o setor público de alguma

---

11. Disponível em: https://www.cnj.jus.br/datajud/grandes-litigantes (acesso em: 30 ago. 2023).

2 • O PARADOXO DO ACESSO À JUSTIÇA: PARTE 1   33

forma. Mais preocupante ainda, grande parte destes processos são de matéria já previamente decidida contrária aos interesses do governo. É de conhecimento dos operadores que, caso houvesse proibição de recursos sobre assuntos já decididos os tribunais seriam aliviados de centenas de milhares de processos. Nas instâncias superiores estes números tornam-se ainda mais impressionantes. Apesar de ser um tribunal constitucional e de última instância por definição, ainda assombra o fato de que mais de 80% da carga do Supremo Tribunal Federal seja composta por processos relacionados ao poder executivo federal, estadual ou municipal. No Superior Tribunal de Justiça, dos processos em tramitação, 85% envolvem o governo de forma direta ou indireta. Em 70% dessas causas, a subida às instâncias superiores apenas congestionou o sistema judicial, sem alterar a decisão inferior contrária ao Estado (Moreira, 2004). Hammergren (2007) cita um trabalho do Banco Mundial para o qual foi criada uma amostra aleatória de casos de mandados de segurança depositados nos tribunais do estado de São Paulo. Destes, a totalidade consistia de recursos apelados por agentes estatais.

Há, no entanto, que se ponderar esta análise. Com o fim da ditadura militar na década de 1980, e muito concretamente com a promulgação da Constituição de 1988, houve uma grande preocupação em garantir uma série de direitos privados e, mais ainda, em resguardá-los de qualquer tipo de abuso do Estado. Conforme já discutido acima, tornou-se muito fácil mover uma ação contra o Estado (União, Estados, Municípios e autarquias) e o *payoff* esperado deste tipo de ação são normalmente muito altos. Por este motivo, a princípio, não seria muito de se estranhar a grande quantidade de ações envolvendo o Estado. É a parcela de 'culpa' que Moreira (2004) atribui à Constituição de 88 pela atual crise do Judiciário [...]

Além de todos os problemas causados pelo mau uso do Judiciário, o Estado tem mais uma última característica quando defrontado perante a Justiça: é o maior descumpridor das sentenças judiciais. Um clássico e conhecido exemplo do não cumprimento de decisões judiciais refere-se ... a dívidas financeiras representadas pelos precatórios. [...]

Outros juristas apontam também para a falta de isonomia da lei brasileira: quando credor, o Estado impõe severas punições aos devedores; entretanto, quando devedor, não sofre nenhuma consequência por atrasar indefinidamente suas obrigações de dívida (Rebelo, 2003) (Yeung, 2010, p. 99 a 101).

Alguns dos motivos que fazem o Estado ser o maior litigante nacional – além da própria estrutura colossal do Estado brasileiro, que o expõe a diversos assuntos e conflitos no dia a dia de suas interações com a sociedade – são, como apontados acima, a Constituição de 1988 (já discutido no capítulo 1) e o preceito legal de advogados públicos de sempre recorrerem em casos perdidos (independente da probabilidade de ganho, de decisões passadas em casos idênticos etc.):

O Banco Mundial aponta que o governo gera uma sobrecarga ao sistema e seu mau uso dos serviços judiciais é um dos principais causadores da crise do Judiciário. As suas demandas não são caracterizadas por casos que tradicionalmente precisem da tutela judicial (ou seja, não têm importância jurídica). Além de ser o usuário mais frequente do sistema judicial, operadores do Direito apontam que o Estado, na maior parte das vezes, entra com processos idênticos a casos antigos, e cujas decisões já são conhecidas até mesmo através de súmulas. A explicação para este comportamento do Estado não é difícil de ser encontrada. Em muitos destes processos, o governo encontra-se na posição de devedor (dívidas previdenciárias, por exemplo). Apelar às inúmeras instâncias, mesmo sabendo que no final a decisão será contrária a ele, faz com que se ganhe tempo – principalmente com a grande morosidade existente. Como os juros cobrados judicialmente não são mais elevados do que as taxas de mercado, é um bom negócio adiar a obrigação legal do pagamento através de infindáveis recursos nas instâncias judiciais. É o que o Banco Mundial (2004) descreve como sendo o controle do fluxo de caixa via Judiciário. Hammergren (2007) mostra que os ganhos para o governo neste processo são substanciais (Yeung, 2010 p. 98-9).

Portanto, não há nenhuma informação nova quando o Painel de Grandes Litigantes identifica órgãos públicos de maneira reiterada e consistente. Além disso, este fato não se alterará em um horizonte visível, porque as causas de isso acontecer não parecem que serão alteradas. Não haveria necessidade nem de checar o Painel nos anos vindouros. Isso não é uma predição. É um exercício de pensamento lógico, conhecendo as outras variáveis implicadas nesta questão.

2.4.2 E daí?

Reitero que a lista (ou as listas, dependendo do filtro que se estiver usando) apresentada pelo Painel de Grandes Litigantes, por mais detalhada que possa ser, é inócua porque ela é meramente descritiva, e descreve dados que, por si só, não indicam o caminho para a solução. Na subseção anterior, argumentei que o Estado continuará sendo o maior litigante porque tem duas causas praticamente imutáveis: a Constituição Federal e o preceito de recurso obrigatório dos advogados públicos. Não há quase nada que se possa fazer para mudar tal quadro. Alguém sugeriria adotar medidas pontuais em entes específicos para reduzir suas respectivas presenças na lista de polo ativo ou polo passivo mais frequentes? Talvez, mas o esforço para isso seria fenomenal, com resultados previsivelmente fracos. A título de exemplo: o que fazer para reduzir a quantidade de processos contra o INSS ou contra a Caixa Econômica Federal (muito em conta talvez dos programas sociais pagos através desta última e os financiamentos do sistema de habitação)? Uma reforma da previdência talvez? (!) Mudança de regras de concessão dos benefícios sociais? De financiamento de imóvel próprio? Por outro lado, o que fazer para reduzir a quantidade de processos movidos pelo Ministério da Fazenda ou pela Fazenda Nacional? Uma reforma tributária talvez? (!!!) Ou mudança na natureza das políticas econômicas? Seriam grandes iniciativas, completamente fora do Poder Judiciário e mesmo das partes litigantes ou dos incentivos a elas dadas (mais sobre isso no próximo capítulo). Ou seja, ter acesso a esse tipo de informação, com vistas à redução do movimento processual de um ou outro ente público, é completamente inócuo.

Com relação aos litigantes privados, o Painel também traz pouca informação relevante. É óbvio que, em um país com a economia moderna e diversa, entre os litigantes privados, os maiores sejam grandes empresas. Não é razoável supor que qualquer pessoa natural, por mais conhecida ou influente que seja, tenha tanta exposição judicial quanto uma empresa com atuação em todo o território nacional. Além disso, por razões estruturais, históricas e mesmo "naturais" – sobre os quais não vou me delongar aqui – existe forte concentração de atividades em poucas empresas em diversos setores da economia. Por exemplo, em um país com as dimensões brasileiras, não deixa de ser surpreendente que a atividade bancária de varejo esteja concentrada em tão poucas instituições. Isso, obviamente, a tornará alvo de mais consumidores insatisfeitos, por quaisquer motivos. As empresas atuantes em setores regulados também são normalmente muito concentradas, por isso inclusive, são chamadas de "monopólios naturais" pela teoria econômica.[12] Essa exposição natural a conflitos de natureza consumerista e contratual também é algo que não se altera facilmente. Portanto, mais uma vez, ler os seus respectivos nomes na lista de grandes litigantes, em nada agrega.

Outra observação adicional sobre o Painel de Grandes Litigantes: a princípio, e aos incautos, as listas apresentadas no painel (novamente, independentemente do filtro que se usa), pode passar a ideia que se trata de uma "lista negra", de "criminosos procurados" ou "personagens merecedoras de punições". Por mais que se abomine a grande litigância, tal ideia além de ser perigosa (gerar uma "caça às bruxas" por quem quer que seja) é totalmente equivocada. Nenhum dos grandes litigantes está cometendo um crime pelo simples fato de estar recorrentemente no polo ativo, ou mesmo no polo passivo (antes do julgamento, pelo menos). O fato de estarem ocupando grande parte do trabalho dos magistrados e de todo o sistema judicial, por si só, não é um ato ilícito – pelo contrário, como no caso dos advogados públicos tendo obrigação profissional de recorrer reiteradamente por causas perdidas. Mesmo quando há sinais de que a decisão de litigar (tanto em um polo quanto em outro) serve a propósitos "meramente protelatórios", a parte não pode, por este fato somente, ser recriminada.[13] O motivo disso é que tudo isso é consequência das regras colocadas, dos incentivos postos pelo próprio

---

12. Na teoria econômica, monopólios naturais são aquelas atividades em que a escala de atividade e os custos fixos iniciais são tão grandes que os custos médios tendem a cair sempre com o aumento da produção pela empresa. A consequência disso é que é mais barato para sociedade como um todo que a produção seja realizada de maneira concentrada por apenas uma única empresa no mercado. Atividades que exigem grandes investimentos iniciais em custos fixos geralmente se encaixam nesse conceito.

13. A não ser que o magistrado(a) entenda que houve "litigância de má fé" conforme estipulado pelo Código do Processo Civil brasileiro. Porém, como discuti nas páginas 101 e 102 (Yeung, 2010), na seção intitulada "Os magistrados 'cavalheiros'", no Brasil a incidência deste tipo de condenação judicial sempre foi extremamente baixa.

sistema judicial. Como a teoria econômica afirma, agentes reagindo a incentivos de maneira oportunista não é algo que, por si só, seja moralmente condenável.[14]

Seria interessante, mas obviamente irrealista, que o Painel de Grandes Litigantes separasse litigantes Pessoas Jurídicas (PJ) e Pessoas Físicas (PF) e, dentro das PFs, identificasse as características socioeconômicas, demográficas, educacionais etc. dos maiores litigantes PFs (contrariamente ao que é feito hoje com as PJs, sem a identificação nominal desses) ou características médias dos "top-10%", "top-20%" etc. Isso poderia trazer informações mais relevantes no sentido de entender quais políticas públicas e focalizadas poderiam ser adotadas para melhorar o acesso daqueles que ainda são "litigantes ausentes" (e que são o foco da Justiça atender). Além disso, permitiria fazer o cálculo de algum indicador semelhante a um "Gini de Acesso à Justiça", como discutido na seção 2.3 acima. Como visto, há forte "fumaça" indicando que a Justiça está sendo acessada primordialmente por pessoas, jurídicas e naturais, com renda muito acima da média, enquanto aqueles com pouca renda continuam com acesso completamente obstruído, e cada vez mais, enquanto aumentar a litigiosidade dos mais ricos.

2.5 A SELEÇÃO ADVERSA E O EFEITO *CROWDING OUT*

A análise econômica sobre o quadro do "Paradoxo do Acesso à Justiça" no Brasil, apesar de basear-se em argumentos técnicos é completamente lógica. Antes de focarmos nela, vamos ver como juristas explicam o mesmo fenômeno. Vilhena (2018) aborda a problemática chamando a atenção aos milhões de processos judiciais que chegam à mais alta corte do país, o STF:

> Mais do que desumano com os ministros, é absolutamente irracional fazer com que milhões de jurisdicionados fiquem aguardando uma decisão do STF. *É importante destacar que essa aparente disfuncionalidade beneficia litigantes reiterados, que sabem alongar o tempo de duração de seus processos para adiar o cumprimento de suas obrigações.* (p. 169, grifos adicionados)

Não é preciso elaborar excessivamente o pensamento para compreender que somente litigantes com muitos recursos financeiros podem se dar ao luxo de acessar de maneira reiterada e delongada o STF, sabendo-se ainda que um processo médio no país leva anos para lá chegar (a ser discutido no capítulo 4). Mas na passagem acima, Vilhena mostra ainda que os litigantes reiterados tendem a utilizar o sistema justamente para "adiar o cumprimento de suas obrigações". A esse fenômeno, os economistas chamam de "viés de seleção". Ou seja, somente

---

14. "Comportamento oportunista", por sinal, é um conceito totalmente despido de avaliação moral pela teoria econômica. Significa simplesmente reagir aos incentivos colocados, no intuito de obter o máximo de benefícios pessoais.

aqueles que têm algum interesse particularmente forte – de adiar o cumprimento de suas obrigações – estariam dispostos a enfrentar os custos envolvidos com um processo judicial longo, com altos custos financeiros e de oportunidade. Pior, o interesse dos litigantes reiterados não é nada positivo.

Os efeitos perversos da super utilização do Judiciário pelos mais ricos (reenfatizo que são PJs e PFs) e de maneira reiterada, não param aí. Como muito bem descrito por Gico Jr (2014),[15] o sistema Judiciário é um bem privado no sentido econômico: tem utilização rival, pois há limite dos recursos humanos e materiais ali empregados e, enquanto o recurso for utilizado por um, não poderá ser utilizado por outro. Assim, se a utilização deste serviço não for controlada (e ela normalmente não é, até porque é um direito constitucional), tenderá a ocorrer a chamada "Tragédia do Judiciário", que nada mais é do que a super utilização e consequente esgotamento da sua capacidade de funcionamento. Eu vou além e digo que esse fenômeno pode ser mais detalhadamente descrito como uma "expulsão" dos pequenos litigantes (com menos recursos financeiros, não reiterados, verdadeiros hipossuficientes da sociedade brasileira) pelos grandes litigantes (com mais recursos financeiros, reiterados, com características socioeconômicas todas acima da média e mediana etc.). Em oportunidade anterior, comparei isso a um fenômeno aludido pelos macroeconomistas:

> Uma consequência da excessiva demanda judicial pelo Estado [entre outros grandes litigantes] é a criação de um efeito similar ao *crowding-out*. Na teoria macroeconômica, o termo *crowding-out* descreve o fenômeno de redução no investimento e na despesa do setor privado, quando as taxas de juros aumentam em consequência do aumento da participação estatal na despesa agregada. Na demanda por serviços judiciais parece estar ocorrendo algo muito similar: o aumento da participação estatal [e demais grandes litigantes] faz aumentar o preço deste serviço (representado pelo custo de oportunidade dos longos processos e pelo custo de atolamento do sistema judicial), o que desencoraja e diminui a participação pelo setor privado [e com menor renda] (...) Ou seja, o princípio de acesso democrático à Justiça deixa de ser atendido (Yeung, 2010, p. 98).

Em outras palavras: a super litigância trazida por grandes litigantes no Judiciário brasileiro, além de ser injusta, por ser fortemente concentrada em organizações e indivíduos de alto poder econômico, ainda expulsa os pequenos litigantes (PFs e também PJs) por meio de efeito muito similar ao *crowding out*; além disso, reflete incentivos para que litigantes reiteradamente usem a Justiça para postergar obrigações, em fenômeno típico de *seleção adversa*.

---

15. GICO Jr., Ivo Teixeira (2014). "A Tragédia do Judiciário". *RDA – Revista de Direito Administrativo*, set./dez., p. 163-198.

2.6 OS QUE NUNCA CONSEGUEM ACESSAR

Até agora, o que mostramos é que os "ricos" e "grandes" acessam despro-porcionalmente a Justiça no Brasil. Mas e os mais pobres? Como se sabe que não é o caso que eles, apesar de acessarem comparativamente pouco, já não estariam acessando "o suficiente" para suas necessidades? Eles realmente têm demanda judicial não atendida?

Para abordar esta questão, a literatura jurídica é bastante rica. De volta à fábula dos cegos apalpando o elefante, juristas "tradicionais" tendem a ser o cego que observa a inacessibilidade da Justiça, a deficiência no acesso, sobretudo dos mais pobres. E também existem dados para embasar este lado da questão (talvez por causa disso a concordância no diagnóstico tenha sido tão difícil até agora...)

2.6.1 Resultados de uma pesquisa "modesta"

Para começar, como a sociedade no geral enxerga o Judiciário? Se este fosse um órgão responsivo, que atendesse minimamente aos anseios e necessi-dades dos cidadãos médios, obviamente, teria respeitabilidade e credibilidade desses. Porém, isso está longe de ser o caso. Em um modesto exercício, eu e alguns colegas fizemos – como parte de uma pesquisa maior sobre impactos da informatização sobre a eficiência e o acesso à Justiça[16] – um levantamento nas redes virtuais sobre a percepção das pessoas no geral. Emprego o "modesto" não pela falta de seriedade com a qual a pesquisa foi feita, e nem pela insignificância dos resultados, mas pelo fato de, no final, termos tido acesso a uma amostra de respondentes não representativa da população média brasileira. Na verdade, os respondentes tinham escolaridade e renda muito acima das médias nacionais. A maioria dos respondentes tinha graduação e pós-graduação e vivia na região Sudeste e Sul. Porém, o viés da nossa amostra reforçou ainda mais a hipótese inicial que tínhamos: mesmo em se tratando de pessoas altamente qualificadas (quando comparadas ao brasileiro e à brasileira médios), a avaliação destes in-divíduos sobre a dificuldade e inacessibilidade do Judiciário foi bastante forte. A pesquisa foi dividida em 3 grupos: o primeiro era formado por respondentes sem formação jurídica; o segundo, por advogados contenciosos; finalmente, o terceiro grupo eram profissionais formados em Direito, membros do Judiciário e advogados não contenciosos.

---

16. YEUNG, L.; ALVES DA SILVA, P. E; e ORSE, C. (2020) *Informatização Judicial e Efeitos sobre a Eficiência da Prestação Jurisdicional e o Acesso à Justiça, Projeto de estudo desenvolvido com o apoio do Instituto Betty e Jacob Lafer* – Relatório Final. São Paulo: Insper. Disponível em: https://www.insper.edu.br/wp-content/uploads/2021/08/IBJL_relato%CC%81rio-final-revisAgo21-3.pdf

Para o primeiro grupo, foram feitas perguntas sobre experiências pessoais de necessidade de acesso à Justiça – somente aqueles que já passaram pela experiencia continuaram a responder o questionário. Vejamos alguns resultados:

1. Na situação em que você sentiu a violação de algum(uns) de seus direitos – como cidadão, como consumidor(a), como trabalhador(a), como e...c. – você efetivamente buscou apoio da Justiça?
99 responses

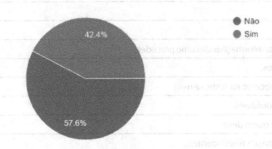

Fonte: Yeung, Alves da Silva e Osse (2020)

Com esse grupo de respodentes, que não acessou a Justiça mesmo em situações de violação de direito, buscou-se entender se já haviam experiências anteirores com o Judiciário, ou seja, qual era a experiência, o conhecimento anterior e as informações que dispunham sobre os mecanismos de acesso à Justiça. Curiosamente, um quarto deste grupo já conhecia o funcionamento da Justiça:

3A. Você já teve experiências anteriores de acessar a Justiça?
57 responses

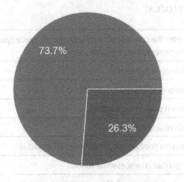

Fonte: Yeung, Alves da Silva e Osse (2020)

Ou seja, analisando com uma perspectiva de "satisfação do usuário", há um grupo considerável de pessoas (não sabemos ao certo o quanto do total que utilizou efetivamente os serviços judiciais públicos) que, após alguma experiência de acesso ao Judiciário, *prefere não voltar a acessar* (mesmo com direito).

A pergunta seguinte tentava averiguar os maiores impeditivos para o acesso à Justiça, na visão do grupo que não a acessou:

4A. Na sua opinião, qual é(são) o(s) maior(es) impeditivo(s) para que pessoas como você acessem a Justiça? [Marque todas as alternativas que se aplicarem e complemente se tiver item adicional]	
A Justiça é muito demorada.	73,7%
A Justiça é cara.	54,4%
Não saber onde ou como buscar informações de como proceder.	50,9%
É caro contratar bons advogados.	50,9%
O clima de fazer parte de um processo na Justiça é ruim.	33,3%
É difícil encontrar advogados confiáveis.	31,6%
A Justiça é injusta: não protege quem deve.	31,6%
Nunca precisei. (item adicionado por respondente).	3,5%
Ter o nome associado a um processo na justiça pode impactar o trabalho atual ou a busca por uma nova oportunidade profissional. (item adicionado por respondente).	1,8%
Desgaste emocional envolvido.	1,8%
Não sei como acessar a Justiça, regras etc. (item adicionado por respondente).	1,8%

Fonte: Yeung, Alves da Silva e Osse (2020)

Percebe-se que os 3 motivos principais são: falta de informação, custo alto, falta de eficiência judicial (demora).

A questão seguinte era, na verdade, um artifício empregado por especialistas em pesquisas qualitativas (*surveys*), de repetir uma mesma questão mais de uma vez para buscar consistência nas respostas. O tema continua sendo o mesmo tratado nas questões anteriores:

5A. O que teria mudado sua decisão e ter lhe convencido a buscar efetivamente ajuda da Justiça? [Marque todas as alternativas que se aplicarem e complemente se tiver item adicional]	
Se acessar o Judiciário fosse mais eficiente e agradável.	68,4%
Se eu tivesse mais conhecimento e informações de como agir.	52,6%
Se eu tivesse mais tempo para resolver o problema/conflito.	45,6%
Se o valor da causa envolvido fosse de maior volume.	38,6%
Se eu tivesse mais recursos financeiros ou conhecimento de bons advogados.	31,6%
Se houvesse maiores chances de eu ganhar o processo na Justiça.	10,5%
Se tivesse alguma previsibilidade na decisão judicial. (item adicionado por respondente).	1,8%
Se a autocomposiçao extrajudicial fosse menos eficiente que a jurisdição. (item adicionado por respondente).	1,8%

Fonte: Yeung, Alves da Silva e Osse (2020)

De certa maneira, as respostas aqui foram consistentes com as perguntas anteriores: informação, recursos financeiros e tempo são os recursos mais limitados impactando na decisão de acessar à Justiça. No entanto, algumas respostas pontuam questões interessantes: previsibilidade das decisões ou chances de vitória, e métodos alternativos de solução de conflitos.

Paralelamente, houve 42 respostas de pessoas que acessaram a Justiça, quando viram seus direitos violados. A eles foram questionados os fatores que mais incomodaram na experiência:

2B. Na sua experiência acessando a Justiça, qual foi a(s) parte que mais incomodou? [Marque todas as alternativas que se aplicarem]	
Tempo gasto para lidar com o processo.	69,0%
Burocracia em lidar com o processo em andamento.	54,8%
Atitude dos servidores públicos judiciais.	40,5%
Atitude do(s) juiz(es).	38,1%
Dificuldade para entender como proceder.	35,7%
Entender a linguagem jurídica dos documentos escritos, da comunicação com advogados, juízes e servidores.	33,3%
Custo com advogados.	26,2%
Encontrar advogados confiáveis.	19,0%
Custo com a Justiça.	14,3%
Descaso com juizados (item adicionado por respondentes).	7,1%
Nada, foi tudo perfeito.	2,4%
Demora para julgar (item adicionado por respondente).	2,4%
Tempo para o resultado do processo (item adicionado por respondente).	2,4%

Fonte: Yeung, Alves da Silva e Osse (2020)

Os pontos mais frequentes continuam os mesmos: a ineficiência e a burocracia judicial. Porém, chama atenção nessa amostra que parcelas significativas – acima de um terço do total – mostram problemas com atitudes de servidores judiciais ou de juízes, e também problemas para o entendimento sobre o funcionamento e andamento do serviço judicial. Lembrando sempre que essa pesquisa tem respondentes com escolaridade muito superior à média nacional. Imaginem para o restante da população brasileira... Por fim, a todos os respondentes foi feita a última pergunta:

7. Quais são as chances de você acessar a Justiça no futuro, caso tenha novamente problemas de violação de seus direitos? Caso dependa, explique em "Outros".
99 responses

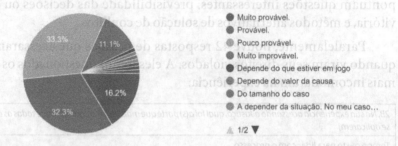

44.4% dos respondentes considera "pouco provável" ou "muito improvável" acessar a Justiça no futuro, mesmo quando necessário; 48.5% considera "provável" ou "muito provável".

O segundo grupo de respondentes eram profissionais com formação e atuação em Direito, que não se dedicavam à atividade contenciosa no setor privado. Incluíram-se aí advogados do setor privado em atividade consultiva, todos profissionais do direito atuando na esfera pública – juízes, procuradores, promotores, defensores, escreventes, oficiais etc. – e alguns estudantes e estagiários em Direito. Essa amostra foi um pouco menor, com um total de 57 respondentes. Das questões que nos interessam aqui, seguem os resultados:

2. Você avalia que o Judiciário tem sido acessível à população de maneira geral, sobretudo àqueles que dele precisam?
57 responses

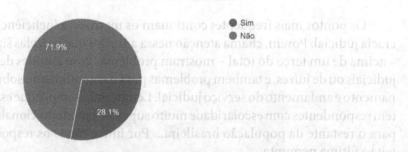

Logo de início é possível ver que a maioria dos respondentes não considera que o acesso ao Judiciário é fácil pela população necessitada. Daqueles que marcaram "Sim (o Judiciário tem sido acessível", houve alguns que complementaram com respostas abertas:[17]

Se sim, explique:

- "O acesso é garantido, porém o provimento da justiça é incerto."
- "O acesso em geral é amplo. A defensoria pública se expandiu nos últimos anos. Contudo, ainda há dificuldade de acesso nos locais não atendidos pela defensoria pública."
- "Juizados especiais são baratos e de fácil acesso por qualquer do povo."
- "O Judiciário tem sido aberto a introdução de mecanismos como Juizados Especiais e o processo eletrônico."
- "Acessível até demais (problema da falta de critério legal da gratuidade)".
- "Embora não efetive ou garanta o exercício dos direitos plenamente, é relativamente simples (e barato, levando em conta a gratuidade de justiça) propor uma ação, tornando o Poder Judiciário bastante acessível."
- "A assistência judiciária no Brasil é abrangente."
- "A dificuldade parece ser encontrar advogado bom e gratuito. Esse o gargalo de acesso. É pleno, uma vez localizado patrono que seja efetivo e acessível."
- "Creio que o advento da informática e a internet em si, além do direito de ação previsto na CF/88."
- "Vejo que há no sistema jurídico brasileiro vários mecanismos que auxiliam (às vezes até incentivam ou, pelo menos, não dissuadem) a população a se socorrer no judiciário, tais como os JEs e a isenção de custas processuais."
- "Acesso, sim. Mas a demora na prestação do serviço compromete a função."
- "Existe um acesso amplo por meio de defensoria, juizados, justiça gratuita. Embora ainda não seja universal o acesso."
- "Entrar no Judiciário é fácil. Difícil é sair."
- "Acredito que o judiciário precisa melhorar muito no acesso à justiça, no entanto, trabalhei por um bom tempo com execuções fiscais onde a maioria das pessoas não possuíam o mínimo de conhecimento sobre como lidar com um processo, mas no ambiente em que eu trabalhava essas pessoas sempre foram bem acolhidas e instruídas, e o magistrado levava em consi-

---

17. Todos os comentários abertos foram mantidos tal como foram preenchidos no formulário eletrônico, inclusive com eventuais erros de digitação e tipográficos de seus autores.

deração a possibilidade da falta de conhecimento na tomada das decisões interlocutórias. Por essas razões, por mais que eu acredite na necessidade de mudanças, não posso responder de forma diferente, tendo em vista a minha experiência."

- "Há advogados públicos, de ONG e até privados com baixo custo que permitem o acesso de qq pessoa ao Judiciário. Os direitos da população são muito divulgados, o q garante que os detentores de direitos busquem deles desfrutar."

- "Após 1988 o acesso ao Judiciário se tornou simples e, muitas vezes, sem qualquer custo. Isso é bom sob o aspecto de maior proteção da população, mas gerou um desequilíbrio no sistema pela proliferação de demandas."

Os dados qualitativos acima são extremamente interessantes. Em primeiro lugar, mesmo entre aqueles que expressaram que a Justiça é acessível aos mais necessitados, alguns complementaram com respostas que na verdade mostram que "não é bem assim", ou seja, parece que existe acesso garantido na teoria, pela lei, mas na prática esse acesso não está acontecendo, ou acontecendo de maneira muito dificultada. Em segundo lugar, alguns profissionais, muito provavelmente de dentro do sistema Judiciário mostram que há real preocupação e interesse de seus membros para tornar o acesso efetivo. E isso precisa ser destacado: em momento algum, esta autora colocaria esse ponto em dúvida. As intenções são realmente as melhores possíveis. Por fim, do conjunto das respostas acima é possível identificar traços do fenômeno do "Paradoxo do Acesso à Justiça": alguns consideram que há problemas de acesso efetivo à Justiça, mas outros respondem que é "acessível até demais". Certamente não estão olhando para o mesmo grupo de pessoas.

Em seguida, vêm as respostas abertas daqueles que responderam previamente que consideram que a Justiça não tem sido acessível a quem mais necessita.

Se você avalia que o Judiciário não tem sido acessível à população, explique:

- *"O acesso ao judiciário se torna falho ou restrito a uma parte da população por diversos fatores de ordem econômica, social, cultural, psicológica, legal, falta de conhecimento e a lentidão da justiça."*

- "Processos de inventário me chocam muito. Sou Adv Societário, uso muito pouco o judiciário."

- "A Justiça é cara, lenta e pouco eficaz."

- "Pior problema é a morosidade que faz com que os custos de acesso pareçam ainda mais caros, já que o benefício se torna mais incerto."

2 • O PARADOXO DO ACESSO À JUSTIÇA: PARTE 1

- *"Noto que ainda existe uma barreira que impede que o acesso ao direito (judiciário) seja acessível as pessoas mais vulneráveis. Temos questões de formalidades que afastam, mas também situações sociais e financeiras. O Acesso à informação e aos meios de busca de justiça não é simples, fácil, para pessoas mais simples."*

- *"Falta de acesso ao judiciário de pessoas de baixa renda e sem conhecimento acerca dos direitos."*

- "Para os que não conseguem os benefícios da gratuidade de justiça e da defensoria pública, as despesas com o processo (custas, emolumentos e honorários) são deveras pesadas. Ou seja, excetuando as grandes corporações, que têm condições de arcar com tais despesas, quem não se beneficia da gratuidade paga um preço caro em razão do benefício dos outros."

- *"Atende apenas minoria, e de renda mais alta."*

- *"Tornou-se mais caro e sua complexidade e onerosidade afasta os que precisam."*

- *"Tudo tem design centrado na burocracia, ou na organização estatais. Nada é desenvolvido com apoio de grupos focais de jurisdicionados. Disto resulta que o judiciário não se faz entender por aqueles que são fundamentos de sua existência."*

- "Dificuldade de comunicação com a população."

- "Demora excessiva nos processos; juízes indisponíveis aos advogados; casos que poderiam ser solucionados em bloco pela semelhança demoram muito a serem sentenciados; em juizados, audiências iniciais que demoram muito a serem agendadas."

- "Muita burocracia."

- "Complexidade de procedimentos processuais, morosidade e sistemas confusos até mesmo para os advogados e operadores do direito."

- "Diferenças de sistemas e formas de consulta de processos nos diversos tribunais do Brasil dificultam o acesso à informação. Há falta de padronização."

- "O tempo de atravessamento de um Processo Judicial é absurdo!"

- "Ainda temos muita morosidade e profissionais desclassificados para atendimento da população em geral."

- *"Os direitos e a forma de acessá-los é pouco disseminada. Há mais desinformação do que informação para as pessoas que realmente precisam. E isso é mais gritante no caso das mulheres pobres."*

- "Custo de acesso à justiça, mesmo com defensorias públicas em muitas cidades brasileiras. Longo tempo para tratar litígios."

- *"A população mais pobre desconhece a possibilidade de ir ao Judiciário."*

- *"O Judiciário tem sido sobrecarregado com demandas repetitivas e desnecessárias que dificultam e impedem maior empenho de energia nas demandas realmente necessárias e com repercussão para a sociedade."*

- "Há muita desinformação e os próprios advs cobram $ ao invés de indicar assistência judiciária aos que têm menos/nenhuma condição."

- "O Judiciário não incentiva bons advogados especialmente por conta de honorários aviltantes que são impostos pelos juízes na maioria esmagadora das causas."

- "Difícil acesso, pouca informação."

- "O judiciário é caro, burocrático e confuso para os leigos."

- *"A resistência do judiciário e a falta de formação continuada dos seus membros pode ser a motivação para as dificuldades de mudança, aliada ao processo de formação nos cursos jurídicos. Cultura não muda com norma. A norma não possui essa capacidade. A plasticidade da sociedade e dos membros do judiciário estão baseadas na cultura do litígio reproduzida pelo modus vivendi da sociedade brasileira e pela práxis da formação jurídica advinda do ensino jurídico brasileiro que ainda reproduz um modelo tradicional advindo da formação portuguesa."*

- "Há limites formais ao acesso a AJG e Defensoria pública que levam em conta renda familiar bruta que exclui pessoas superendividadas, que possuem renda bruta acima dos limites legais."

- "Há tratamento desigual para situações similares, reforçando privilégios e preconceitos."

- "Morosidade e ineficiência nos meios tecnológicos. Dificuldade de manuseio por pessoas hipossuficientes sem a assistência de um advogado (Juizados)."

- *"Assim como em outros serviços públicos, os mais pobres não conseguem acesso ao judiciário. Questões mais básicas demandam muito tempo e recursos, coisas que as pessoas mais simples não dispõe."*

- "Ainda que existam institutos para facilitar o acesso, ainda é caro, e não chega nas periferias."

- "Embora o acesso seja gratuito algumas vezes, a condução do processo é morosa e seletiva. Em outros casos em que não há gratuidade, o custo pode inviabilizar a defesa de interesses."

- "Pessoas de baixa renda são invariavelmente mal assessorados em juízo, o serviço de defensoria pública ainda é muito precário."

- *"Em que pese a elevada judicialização das mais variadas questões no país, não considero o judiciário acessível. Para quem não é agraciado com justiça gratuita, os custos são bem elevados. Também não basta ser fácil ajuizar ação com facilidade, o conflito deve ser resolvido com certa rapidez. Sabendo que o processo vai durar muitos anos, pessoas deixam de ingressar com ação, "deixando pra lá" diversas questões que comportariam apreciação judicial. Por fim, com a reforma trabalhista, o acesso ao judiciário no ramo mais próximo da população foi concretamente dificultado."*

- "A demanda pela Defensoria pública é grande e deixa de fora muitas pessoas que não tem condições de pagar um advogado."

- "Pessoas hipossuficientes, alto custo das ações, demora na tramitação e insegurança nas decisões."

- "A população carente ainda tem muita dificuldade em acessar o Judiciário, mesmo através dos juizados especiais onde não há necessidade de se fazer representado por um advogado. Isso se deve a falta de treinamento dos serventuários da justiça em auxiliar os mais carentes."

- *"O Judiciário parte da premissa de que a população conhece as regras de direito. Às vezes, sequer os advogados as conhecem."*

Dos comentários acima, enfatizei em itálicos alguns particularmente interessantes para nossa discussão aqui. Vale ressaltar que nesse grupo estão profissionais do setor público, como membros do Judiciário, defensores e advogados públicos, assim como advogados não contenciosos. Curioso observar que, mesmo entre esses profissionais que tendem a ter uma visão mais "idealizada" e "romântica" do sistema Judiciário, muitas visões são bastante críticas. É escancarado para muitos o fenômeno do "paradoxo do acesso ao Judiciário", onde o acesso só é efetivo para aqueles com renda e escolaridade muito alta. É ainda latente como a assimetria de informação favorece desigualmente algumas pessoas e organizações, reforçando ainda mais suas posições economicamente privilegiadas.

Um segundo ponto, também abordado por alguns comentários acima, é como a estrutura burocrática judicial, incluindo a formação dos servidores e as normas vigentes, são de complexidade incompreensível para muitos. Reforçando o ponto da assimetria de informação que acabo de mencionar, essa assimetria – segundo os comentários – não é somente "natural", mas reforçada pela burocracia. Então, se por um lado parece haver grande preocupação dos juristas no acesso à Justiça, por outro, essa preocupação parece "hipócrita" porque motiva a mudança na estrutura do funcionamento do Judiciário para facilitar o acesso. Também pouco aborda a questão educacional ou informativa dos possíveis jurisdicionados, em nada modifica os fatores fundamentais que impedem o acesso efetivo daqueles com menos renda e escolaridade. Portanto, achar que instrumentos tão simples como o "acesso gratuito à Justiça" (AGJ) vão resolver integralmente o problema de acesso dos mais pobres é por demais ingênuo. Como se diz no bom português, "o problema é mais embaixo". Não é surpreendente portanto que, apesar da existência do instituto da gratuidade da Justiça – esse conhecido por muitos – o problema da inacessibilidade da Justiça continuará mais concreto do que nunca.

A pergunta seguinte, mais uma vez, tentou captar a opinião dos respondentes sobre os problemas mais críticos do sistema judicial brasileiro tal como funciona hoje.

4. Na sua opinião, em que o Judiciário deve focar seus esforços para aumentar o acesso da população aos seus serviços? [Marque todas as alternativas que se aplicarem]	
Reduzir a morosidade, aumentar a eficiência judicial.	86,0%
Tornar a linguagem jurídica e os instrumentos judiciais mais acessíveis (dentro das possibilidades colocadas pela lei).	68,4%
Simplificar o processo judicial (dentro das possibilidades colocadas pela lei).	56,1%
Melhorar a tecnologia de informação dos sistemas judiciais.	50,9%
Reduzir os custos econômicos do acesso ao Judiciário.	47,4%
Melhorar a qualidade do serviço judicial prestado pelos servidores.	42,1%
Melhorar a imagem e confiabilidade do Judiciário como um todo.	42,1%
Melhorar a qualidade das decisões judiciais.	38,6%
Mais informação sobre o funcionamento do Judiciário ao público.	36,8%
Gargalo é o dativo. (item adicionado por respondente).	1,8%
Oferecer uma carreira clara e sólida a todos os servidores, pois a maiorias dos cargos são meramente comissionados, inexistindo, assim, a meritocracia dentro do próprio judiciário, o que o torna ineficaz pois qualquer um dos servidores, mesmo que sem instrução é promovido por motivos estranhos ao estudo, tempo de serviços etc. (item adicionado por respondente).	1,8%
Mandar notificações com informações precisas para quem quer solucionar rapidamente a pendência ou negociar um acordo. (item adicionado por respondente).	1,8%
Punir severamente juízes corruptos. (item adicionado por respondente).	1,8%
Melhorar a formação e gestão de precedentes e aumentar os custos do processo para litigantes contumazes (públicos e privados) e para aqueles que exerçam o direito de ação contra precedentes vinculantes. (item adicionado por respondente).	1,8%
Fomentar meios extrajudiciais de soluções de conflitos. (item adicionado por respondente).	1,8%
Promover um processo de formação continuada dos seus membros. (item adicionado por respondente).	1,8%

No topo da lista dos problemas a serem resolvidos segundo os respondentes estão a ineficiência judicial, trazida sobretudo pelas regras do processo, e a dificuldade informacional de acesso ao Judiciário. Em seguida, talvez surpreendente para alguns, mas não para outros, o custo econômico do acesso (apesar da existência do instituto da AGJ e das defensorias públicas), a imagem e/ou confiabilidade do Judiciário, e não menos, a qualidade dos serviços prestados por servidores e também dos próprios magistrados. Vale reforçar que dentro desse grupo de respondentes estão diversos profissionais do Direito atuando no setor público.

Por fim, como para os demais grupos de respondentes, o espaço foi aberto para comentários gerais. A riqueza do conteúdo trazido por eles satisfaz bastante qualquer pesquisador sobre o tema:

Comentários adicionais sobre o tema desta pesquisa (se tiver).

- *"É preciso pensar nos métodos alternativos de solução de disputa, inclusive CEJUSC quando se fala de acesso à Justiça."*

- "Excelente pesquisa. Que traga mais justiça no judiciário e seja luz de Deus."

- "O fato do judiciário ser mais confiável que as outras instituições não são tão relevantes posto que a credibilidade de todas elas estão evidentemente abalada."

- "O tema do acesso à justiça possui diversas arestas, entre as quais: 1) até que ponto se justifica o regime de honorários e a reserva de mercado da OAB diante dos incentivos que gera à cultura da litigância e da ausência de qualidade das peças processuais (falta de apuro técnico na exposição de causa de pedir e pedido)... será que não criamos um serviço caro para o cidadão e barato para o advogado???; 2) será que a criação do conceito de "demandas repetitivas" não indica um problema sério de cultura e regulação? A partir do momento que existe um precedente nesses casos, por que os casos se repetem???; 3) *O excesso de demanda é o inimigo do acesso à justiça, pois cria obstáculos para o melhor exame possível daquelas demandas realmente individuais, importantes, que farão a diferença para as pessoas e para a sociedade, e que justificam o empenho da inteligência humana para sua resolução..."*

- "Jud melhorou muito com a informatização dos processos; porém limitou mais o acesso (tem q logar pra ver processos públicos) e faz com q os servidores façam leitura fotográfica."

- "Parabéns pela pesquisa!"

- *"Há necessidade de desenvolvimento de métodos alternativos de solução de conflitos, com maior engajamento da advocacia."*

Se no passado recente profissionais do Direito no Brasil eram uníssonos em repudiar qualquer método de resolução de conflitos que não fosse a decisão judicial, por vários motivos isso tem mudado – inclusive pela incapacidade dos magistrados em atender a toda a demanda. Apesar da continuada crença de alguns juristas de que há algo de "sagrado" na via judicial, cada vez mais se percebe que os métodos alternativos – judiciais ou extrajudiciais – não são efetivos somente na teoria, mas sobretudo na prática, porque elas acontecem de fato, não deixam os demandantes anos, décadas à espera. Porque *justiça tarda é sim justiça falha, principalmente e sobretudo para aqueles que não têm recursos econômicos.* Discutiremos mais os modelos de solução de conflitos alternativos no capítulo seguinte a este.

Vale também enfatizar o comentário mais longo acima, que traz 3 itens. Ali é explicado como funciona o círculo vicioso da super litigância de um lado gerando inacessibilidade da Justiça do outro, perpetuando assim, o fenômeno do "paradoxo do acesso à Justiça" no Brasil.

Finalizando a exposição da pesquisa que tentou captar a percepção das pessoas sobre o Judiciário, e como já acima mencionado, foi uma pesquisa modesta, sem pretensão de representatividade da população média brasileira, dado que os respondentes eram muito viesados para cima em termos de renda e escolaridade. Porém, mesmo assim, tais respondentes forem, no geral, bastante críticos com relação ao Judiciário com relação à dificuldade para compreender seu funcionamento, sua ineficiência e custos implicados. A perplexidade que nós – executores da pesquisa – tivemos ao fim foi: se os resultados foram assim negativos para um grupo de respondentes tão altamente educados, imagine o que devem ser então para a população média brasileira, com escolaridade e renda muito inferiores ao dessa amostra? Felizmente, para conhecer isso, foi possível acessar pesquisas feitas por outros autores e organizações.

2.6.2 Resultados de outras pesquisas publicadas

Há anos, com algumas interrupções, a Fundação Getúlio Vargas de São Paulo mede um indicador bastante interessante, o "Índice de Confiança na Justiça no Brasil" (ICJBrasil).[18] A pesquisa é feita com entrevistas em diversas capitais brasileiras, acessando de maneira estatisticamente representativa amostras da população. Devido à significância dos métodos estatísticos ali empregados, os resultados levantados são representativos da população brasileira como um todo. Ano após ano, os resultados não são nada satisfatórios ao Judiciário. Em com-

---

18. Disponível em: https://direitosp.fgv.br/produtos-pesquisa/734 (acesso em: 16 set. 2023).

paração a diversas outras organizações públicas, privadas, não governamentais e civis, o Judiciário é uma das que menos inspira confiança pelos brasileiros. Em uma das mais recentes mensurações, em 2021, o ICJBrasil foi de 4.5 pontos, em uma escala de 0 a 10.

Além da má percepção ou baixa confiança que a população tem sobre o Judiciário, há ainda dados que mostram que o cidadão médio, comum, não consegue efetivamente acessar a Justiça, mesmo quando precisa. Um levantamento internacional foi feito sobre a questão do acesso à Justiça, o "World Justice Project 'Global Insights on Access to Justice' (2019)". Os resultados são surpreendentes. Como resumem Costa et al (2023?)

> enquanto na média global 29% das pessoas que vivem um problema legal buscam alguma forma de auxílio (o que inclui suporte jurídico, mas também apoio de amigos, familiares e instâncias comunitárias), apenas 13% agem desse modo no Brasil, sendo que que somente 1% considerou a resolução dos problemas em órgãos públicos, dentre os quais o Judiciário. Ressalta-se que a pesquisa contou com um índice de 12% de respondentes que relataram dificuldades ou praticamente impossibilidade financeira para resolver seus problemas legais (WJP, 2019). Nesse mesmo sentido, Oliveira e Cunha (2016), por meio de análises do ICJBrasil entre os anos de 2010-2014, apontam que *a maioria dos conflitos que os brasileiros vivenciam não são conduzidos ao Judiciário, mesmo que apresentem linhas potencialmente judicializáveis.* Assim, é possível concluir que os brasileiros vivenciam mais problemas legais que a média global, contudo contraditoriamente procuram menos auxílio jurídico para solução desses problemas (WJP, 2019) (Costa et al, 2023(?), grifo das autoras).

Com evidências cientificamente mais válidas ou menos válidas, pode-se perceber que há efetivamente grupos significativos da população brasileira – muito provavelmente representantes da média brasileira – que continuam nunca conseguindo acessar a Justiça. Esse quadro não é conjuntural, é estrutural. Isso implica dizer que nada efetivamente do que foi feito até agora pelo Direito brasileiro conseguiu mudar esse quadro, vale ressaltar, nem mesmo a Constituição Federal de 1988, que criou centenas de direitos fundamentais, inclusive e explicitamente o direito de acesso à Justiça (art. 5º, incisos XXXV e LXXIV). Nem mesmo instrumentos bastante específicos como a Gratuida-de da Justiça chegam a gerar mudanças significativas no acesso dos cidadãos mais necessitados (discutiremos mais detalhadamente sobre essa questão no capítulo seguinte).

O Paradoxo do Acesso à Justiça é vivo e real no Brasil: enquanto alguns – "ricos e fortes" – geram a super litigância (e não são somente empresas e organizações, mas classes inteiras de indivíduos), outros – sem recursos e poder – continuam sem conseguir acessar a Justiça.

2.7 CONCLUSÕES: A FOTOGRAFIA SEM RETOQUES – E PORQUÊ NÃO VAI MUDAR SE NÃO MUDAR A VISÃO TRADICIONAL

Se o problema do Paradoxo do Acesso à Justiça é real, se os grandes litigantes causam efeito *crowding out* e seleção adversa no Judiciário brasileiro, ao mesmo tempo em que os verdadeiros hipossuficientes não conseguem acessar a Justiça, o que fazer?

Em primeiro lugar: dados, dados, dados. Não se trata apenas de uma obsessão de economista. Sem ter dados confiáveis, evidências que mostrem o que acontece no mundo real, não é possível criar políticas eficazes. É como querer dar remédios a um paciente, sem saber efetivamente o que ele(a) tem, "tiro no escuro" não vale... Curiosamente, esse tipo de prática, de criar políticas sem saber qual é o problema real, tem sido a regra na maioria absoluta das vezes em nosso país. Políticas e decisões públicas – sobre todos os assuntos, de todas as naturezas, dadas por todo e qualquer agente político – são baseados somente em boas intenções, evidências anedóticas, "achismos", como já há muito tempo alertei (Yeung, 2010). Não é à toa que se gastam milhões, bilhões por anos e décadas, sem que haja qualquer resultado efetivo para a população. Na melhor das hipóteses são boas intenções que não geram resultado nenhum. Na pior, medidas adotadas apenas para mostrar aos eleitores.

Em segundo lugar, para realmente atacar o problema do "Paradoxo do Acesso ao Judiciário" é preciso alterar *significativamente* os incentivos colocados – de maneira intencional ou não intencional. No próximo capítulo devotarei considerável espaço para a discussão dos incentivos ao litígio. Mostrarei que, se queremos reduzir ou desincentivar o litígio, devemos incentivar o acordo cooperativo e a conciliação (e outros similares, como mediação, negociação etc.) de maneira *efetivam*, e não somente na teoria, *pro forma*.

Até agora, quando se discute a questão da super litigância o foco tem sido, como já vimos, nos litigantes grandes empresas, os famosos "grandes litigantes" do CNJ. Porém, existem ainda litigantes pessoas naturais que detêm muitos recursos financeiros e "acesso ao poder" (de toda natureza). O conjunto desses litigantes também tem demandado mais do que proporcionalmente a estrutura do Judiciário, expulsando outras pessoas (jurídicas e naturais) que continuam sem acesso efetivo à Justiça. E essa desigualdade absoluta no acesso persiste e é agravada por dinâmicas que se retroalimentam. É o efeito *crowding out* somado ao efeito de viés de seleção. Por que, então, não seria razoável prover também a esses "grandes" litigantes pessoas físicas os incentivos para se evitar o litígio e, alternativamente, buscar a solução cooperativa? Com exceção de algumas situações (sobre as quais discutiremos mais tarde), essa também é uma ação que deveria urgentemente a ser tomada. Pouco adianta que os incentivos de não litigar sejam colocados somente às grandes empresas, se do outro lado do litígio ainda houver incentivos de sobra para o processo?

Os incentivos à judicialização, ou como alguns preferem chamar "a cultura da judicialização", pode ser e deve ser alterada para todos, grandes e pequenos – só assim efetivamente não haverá litígio. Mesmo porque entre alguns aparentemente pequenos litigantes, só por serem pessoas físicas, há alguns que são extremamente suficientes, fazendo toda a diferença no resultado judicial (renda suficiente para manter um processo por anos e anos, custo de oportunidade baixo para litigar e adiar obrigação de pagar etc.)

Veremos no próximo capítulo como formalizar essas questões, para eventualmente oferecer soluções reais de políticas.

REFERÊNCIAS BIBLIOGRÁFICAS DESTE CAPÍTULO

CONSELHO NACIONAL DE JUSTIÇA (2023). *O Perfil dos Jurisdicionados na Gratuidade de Justiça e Isenção de Custas Processuais*. Brasília: DPJ/CNJ. Disponível em: https://www.cnj.jus.br/pesquisas-judiciarias

COSTA, Susana H.; CHIUZULI, Danieli R.; ASPERTI, Maria C. A. e DELCHIARO, Mariana T. C. (2023?) "Quem Paga a Conta do Congestionamento do Judiciário Brasileiro?" *Opinião*, Universidade de São Paulo – Faculdade de Direito. Disponível em: https://direito.usp.br/noticia/1b9309e920b7-quem-paga-a-conta-do-congestionamento-do-judiciario-brasileiro (acesso em: 09 set. 2023).

GICO JR., Ivo T. (2014). "A Tragédia do Judiciário". *RDA – Revista de Direito Administrativo*, set./dez., p. 163-198.

GLOBAL INSIGHTS ON ACCESS TO JUSTICE (2019). Findings from the World Justice Project. General Population Poll in 101 Countries. *WJP*. Disponível em: https://worldjusticeproject.org/our-work/research-and-data/global-insights-access-justice-2019 (acesso em: 07 nov. 2021).

INSPER (2019). *Judicialização da Saúde no Brasil*: Perfil das Demandas, Causas e Propostas de Solução – Sumário Executivo "Justiça Pesquisa". Brasília: Conselho Nacional de Justiça. Disponível em: https://www.cnj.jus.br/wp-content/uploads/2018/01/f74c66d46cfea-933bf22005ca50ec915.pdf.

INSPER, Tribunal de Justiça do Estado de São Paulo e Conselho Nacional de Justiça (2023) *Gratuidade e Acesso à Justiça*. Brasília: DPJ/CNJ. Disponível em: https://www.cnj.jus.br/wp-content/uploads/2023/11/pesq-gratuidade-insper.pdf.

YEUNG, Luciana; ALVES DA SILVA, Paulo E.; OSSE, Carolina (2020). *Informatização Judicial e Efeitos sobre a Eficiência da Prestação Jurisdicional e o Acesso à Justiça*. Projeto de Estudo Desenvolvido com o Apoio do Instituto Betty e Jacob Lafer – Relatório Final. São Paulo: Insper. (Disponível em: https://www.insper.edu.br/wp-content/uploads/2021/08/IBJL_relatório-final-revisAgo21-3.pdf).

YEUNG, Luciana L.T. (2010). *Além dos "achismos", do senso comum e das evidências anedóticas: uma análise econômica do judiciário brasileiro*. Tese de Doutorado. São Paulo: Fundação Getúlio Vargas, Escola de Economia de São Paulo.

APÊNDICE: CONSULTA AO BING 09 DE SETEMBRO DE 2023, 18:05 (HORÁRIO DO BRASIL)

Apresento abaixo, com finalidade inteiramente lúdica, a resposta que um instrumento de inteligência artificial forneceu quando fiz a ele a seguinte pergunta: "Quem paga a conta do congestionamento do Judiciário brasileiro" – título do artigo de Da Costa et al (2023?) discutido no presente capítulo.

"Olá, este é o Bing. Como posso ajudar? 😊 "

Quem paga a conta do congestionamento do judiciário brasileiro?

"Essa é uma pergunta complexa e não há uma resposta simples. O congestionamento do Judiciário brasileiro é um problema que afeta a eficiência, a qualidade e a credibilidade da justiça. Segundo o Relatório Justiça em Números 2018 do CNJ, a taxa de congestionamento do Judiciário foi de 72% em 2017, o que significa que de cada 100 processos que tramitaram naquele ano, apenas 28 foram solucionados. A taxa de congestionamento varia de acordo com o ramo e o grau de jurisdição, sendo que a primeira instância é a mais congestionada, com 74%.

O congestionamento do Judiciário tem várias causas, como o excesso de litigiosidade, a morosidade dos procedimentos, a falta de recursos humanos e materiais, a deficiência do controle dos benefícios da justiça gratuita, entre outras. Essas causas geram custos econômicos e sociais para os cidadãos, os advogados, os magistrados, os servidores e o Estado.

Não há um consenso sobre quem paga a conta do congestionamento do Judiciário brasileiro, mas alguns estudos tentam estimar o impacto financeiro desse problema. Por exemplo, um artigo publicado na Revista da Procuradoria Geral do Estado de São Paulo em 2019 calculou que o custo médio por processo no Brasil era de R$ 4.369, considerando os gastos com pessoal, custeio e investimento do Judiciário. Outro estudo realizado pelo Instituto de Pesquisa Econômica Aplicada (IPEA) em 2015 estimou que o custo econômico da morosidade da justiça brasileira era de R$ 79 bilhões por ano, equivalente a 1,3% do PIB nacional.

Além dos custos financeiros diretos, há também custos indiretos e intangíveis, como a perda de confiança na justiça, a violação dos direitos fundamentais, a insegurança jurídica, o desestímulo ao investimento e à inovação, entre outros. Esses custos são difíceis de mensurar, mas afetam profundamente a sociedade brasileira.

Portanto, pode-se dizer que a conta do congestionamento do Judiciário brasileiro é paga por todos os envolvidos no sistema de justiça e por toda a população que depende dele para garantir seus direitos e interesses.

Você tem alguma dúvida específica sobre esse tema?

3
O PARADOXO
DO ACESSO À JUSTIÇA:
PARTE 2

3.1 ANÁLISE ECONÔMICA DO PROCESSO: PRINCÍPIOS E MODELOS ECONÔMICOS

Neste capítulo tentaremos entender o fenômeno da litigância com uma perspectiva econômica. Lembrando que a ciência econômica é definida como a ciência que estuda a tomada de decisão das pessoas ou organizações em situações de recursos limitados (dinheiro, tempo, riqueza etc.), a análise econômica da litigância indicará como se dá a tomada de decisão e a escolha por litigar, por preferir um acordo privado ou, alternativamente, por simplesmente "deixar pra lá". Tudo isso pode ser ilustrado em modelos analíticos cujo propósito é prever situações em que acontecerá um ou outro resultado e, melhor, o que fazer para que o resultado possa ser aquele desejado pelas políticas públicas. Por exemplo, se a política pública tem como objetivo fomentar mais acordos entre as partes, o que deveria ser feito? Por outro lado, se se considera que deveria haver mais litigância por determinados grupos, quais medidas públicas poderiam ser implementadas? Os modelos econômicos ajudam-nos a responder a todas essas questões, como mostraremos ao longo deste capítulo, servindo como o principal instrumento para políticas baseadas em evidências.

No entanto, antes de iniciar com os modelos, precisamos dar um passo para trás. Precisamos entender qual é a lógica da ciência econômica, ou seja, conhecer seus fundamentos. Muitas vezes, há incompreensão ou compreensão equivocada do que seja a essência desta ciência. Para começar, a ciência econômica *não* é definida como a ciência que lida com questões monetárias. Muito pelo contrário, diferentemente de contadores por exemplo, os economistas chamam atenção justamente para custos e benefício que não têm valores de mercado. Começamos por lembrar que o conceito de *custo de oportunidade* é um dos mais fundamentais da teoria econômica. Do lado dos benefícios, os economistas estão entre os primeiros cientistas sociais a modelar o valor (não o preço!) da educação, da saúde,[1] do meio ambiente sem que existam valores monetários atrelados a eles. Entender que a ciência econômica não é definida como ume ciência que se limita a estudar compras e vendas, preços etc. é essencial para o(a) estudioso(a) da análise econômica do direito. Infelizmente, ainda é muito frequente a confusão da análise econômica do direito com o direito empresarial, econômico ou antitruste. É verdade que existem pontos de confluência entre eles, mas são saberes distintos (senão não teriam nomes, autores, formações e atuações distintas).

A seguir, iniciaremos com a definição formal do que seja a ciência econômica e seguiremos com alguns dos principais fundamentos dessa ciência.

Ainda na primeira metade do século passado, Sir Lionel Robbins, economista inglês, formulou a definição do que ele entenderia ser a ciência econômica (1932): "A economia é a ciência que estuda o comportamento humano enquanto os recursos são escassos e têm usos alternativos". Esta continua sendo até hoje a definição formal, ensinada a todos estudantes de primeiro período nas faculdades de Economia. Outro autor, mais contemporâneo, fez uma reinterpretação da definição de Robbins, agora, com o fim específico de relacioná-lo ao estudo do Direito. Em seu livro, "Law's Order – What Economics Has To Do With Law and Why It Matters" (A Ordem do Direito – o que a Economia tem a ver com o Direito e porquê interessa"), David Friedman afirma:

> A ciência econômica, *cujo assunto, em seu nível mais fundamental, não é dinheiro ou os mercados, mas as implicações da escolha racional*, é um instrumento essencial para se descobrir os efeitos das regras legais" (2000, ênfases adicionadas).

Definir corretamente é o primeiro passo. Mas para entender efetivamente a lógica da análise econômica é preciso também compreender o racional de alguns dos seus princípios mais básicos. É o que faremos na seção seguinte.

Os Princípios da Ciência Econômica:[2]

3.1.1 As pessoas, no geral, são racionais

A racionalidade econômica, como entendida pelos economistas, pode ser descrita como a busca de satisfações ou benefícios em um mundo onde existem restrições ou recursos limitados ou escassos. Reconhecer a existência dessas restrições é essencial para compreender a lógica econômica, como a definição de Lionel Robbins já indica. Sem limitação de recursos, todos os indivíduos almeja-

---

1. Não confundir com escolas, tratamentos médicos e afins, que têm valores monetários de mercado!
2. Essa seção é em parte baseada em Mankiw (2016) e também na releitura deste feita por Yeung e Camelo (2023).

riam alcançar níveis infinitos de benefícios, ganhos e bem-estar. No entanto, no universo real, todos os recursos são limitados: tempo, dinheiro, oportunidades etc. Assim, muitas das escolhas desejadas não são efetivamente factíveis e, nessas situações, uma decisão racional precisará ser tomada. Em outras palavras, uma decisão racional avalia as oportunidades existentes, identifica aquela que envolve o menor sacrifício (custo), e decide com base nela.

Mesmo milionários têm restrição de recursos: ela pode ser menor do que a maioria das pessoas, mas existe. O motivo é que nenhum recurso é infinito ou ilimitado (ser abundante não quer dizer que seja infinito). Se todos os recursos são finitos, então sempre existirão restrições. De forma similar, a limitação do tempo também gera (muitos) impactos na decisão das pessoas. Mesmo nos casos de decisões que exijam recursos monetários, ter dinheiro suficiente sem ter o tempo para a execução desta decisão também é impeditivo para a decisão ser tomada. Não é somente dinheiro que limita as decisões das pessoas.

Isso se torna ainda mais verdade quando pensamos nas inúmeras decisões do dia a dia – de pessoas e organizações – que não são para a aquisição de bens materiais de consumo. A decisão pelo ócio (não fazer nada), por exemplo. A decisão por parar de trabalhar – seja para cuidar da família, seja para cuidar da saúde, para se dedicar a trabalhos voluntários etc. A decisão por plantar árvores e preservar o meio ambiente, mesmo sem fins comerciais. A decisão por ter uma vida mais saudável. E infinitas outras. Essas decisões não necessariamente passam por questões monetárias, mesmo assim, são decisões perfeitamente modeláveis pela teoria econômica.

A escolha baseada na racionalidade econômica poderia, então, ser definida como uma escolha baseada na análise de benefício-custo em que os indivíduos farão quando defrontados com situações em que há diferentes escolhas possíveis e os recursos são limitados.

Muitas vezes, tende-se a imaginar que somente pessoas com alta escolaridade seriam capazes de tomar decisões racionais. Puro engano. Até mesmo pessoas analfabetas, iletradas e sem capacidade de fazer conta alguma podem ser (e normalmente são!) racionais. Para isso, basta que elas saibam o que elas desejam/precisam/gostam e o que elas devem fazer/gastar/investir para conseguir o que desejam. Vamos dar um exemplo, já aplicado ao caso do acesso à Justiça.

Uma pessoa, com pouquíssimo estudo – podemos assumir que quase analfabeta – é lesada em alguma relação de consumo: uma cobrança indevida na fatura do celular, ou a compra de um produto defeituoso. Ela tenta um contato inicial com a empresa fornecedora do serviço ou produto, mas sem sucesso. Esse é o momento em que, consciente ou inconscientemente, tomará uma decisão econômica que pode (ou não) ser racional: ela avaliará as alternativas possíveis diante da situação em que se encontra, no caso (i) "deixar pra lá", esquecer e arcar com o prejuízo, (ii) continuar tentando uma negociação com a empresa ela mesma, (iii) contratar um serviço jurídico – advogado ou defensoria pública – para lidar com a questão e, neste caso, haveria duas alternativas adicionais atreladas a essa: (iii.a) serviço jurídico tentar uma negociação mais agressiva com a empresa, (iii.b) processar a empresa.[3]

Qual das alternativas a pessoa optará? Dependerá de diversos fatores relacionados às circunstâncias em que a pessoa se defronta: qual foi o valor da perda? Quão fácil ou quão difícil é para a pessoa encontrar serviços jurídicos? Quanto ela sabe que existe algo como a Justiça Gratuita? Essas são apenas algumas das variáveis que afetarão sua tomada de decisão. Ou seja, dependerá de quanto lhe custará cada uma das alternativas existentes (teórica ou praticamente). A pessoa sempre fará a escolha que lhe for menos incômoda, ou seja, que lhe custe menos. Por exemplo, se ela insiste em negociar com a empresa – de maneira persistente, se ela tiver tempo para fazer isso até conseguir ser ouvida – esse comportamento foi fruto de uma decisão econômica racional.

Um ponto final importante nesta discussão: não se deve confundir o conceito da racionalidade econômica com problemas de informação, que podem estar presentes durante o processo decisório. Como mencionado acima, uma das variáveis importantes na decisão da consumidora lesada de processar ou não processar a empresa é o acesso à informação, desde onde obter ajuda (SACs, advogados, defensoria pública etc.) até sobre a possibilidade de acesso gratuito à Justiça. Não ter o conhecimento dessas informações não torna a pessoa automaticamente irracional: ser prejudicada pela assimetria de informação é diferente de ser irracional, da mesma maneira que dizer que uma pessoa é racional não quer dizer que ela tenha informação simétrica ou perfeita.[4]

Podemos, então, tirar algumas conclusões com relação ao conceito da racionalidade econômica. Primeiro, ela se aplica ao processo de decisão no dia a dia das pessoas. Segundo, não está limitado a pessoas com conhecimentos técnicos ou de alta escolaridade: tudo o que é necessário é que elas percebam benefícios

---

3. Aqui estamos desconsiderando opções que sejam ilegais – por exemplo, a pessoa poderia querer vandalizar a loja que lhe lesou, ou mesmo agir agressivamente e violentamente contra o vendedor ou atendente da loja. Decisões que envolvam alternativas ilegais são o principal tema de pesquisa da conhecida Economia do Crime, área fundada pelo economista Prêmio Nobel em Economia, Gary Becker, em seu artigo de 1968. A economia do crime constitui-se hoje uma das áreas mais profícuas da ciência econômica, com milhares de trabalhos sendo realizados todos os anos, no Brasil e no mundo.
4. Nenhum ser humano será capaz de ter informação perfeita, nunca. Não dispomos de mecanismos naturais ou tecnológicos para saber exatamente tudo sobre o funcionamento do universo, nem prever com exatidão tudo o que ocorrerá no futuro.

que podem ser derivados às custas de algum tipo de custo (tempo, dinheiro, acesso à informação etc.). Terceiro, da mesma maneira que os custos, os benefícios auferidos pelos bens de consumo não se limitam aos econômicos. Por exemplo, pode-se desejar férias e descanso, mesmo que elas não gerem nenhum tipo de benefício pecuniário. Finalmente, a racionalidade econômica pode ser aplicada não somente a decisões feitas nos mercados de compra e venda de bens e serviços, mas também a situações não mercantis, por exemplo, processar ou negociar com alguém que lhe causou danos.

3.1.2 As pessoas – e as organizações – enfrentam *tradeoffs* ("nada é de graça")

Dado que os recursos no planeta (e no universo, aparentemente) são todos limitados, para fazermos a escolha de algo, necessariamente outra coisa precisa ser sacrificada. A consumidora acima quando decide negociar ela própria com a loja que a lesou, deve investir tempo, energia e paciência – esses que poderiam ser investidos para outra coisa (muito provavelmente ela sacrificará tempo do trabalho para conseguir ir negociar com a loja). A esse "abrir mão de algo" necessário e inerente em toda e qualquer decisão que fazemos dá-se o nome de *tradeoff*. Mesmo escolhas que aparentemente não exige "abrir mão" de nada, existe algum *tradeoff* envolvido. Por exemplo, o *tradeoff* seria a utilização desse tempo para qualquer outra atividade ou ocupação. Pode ser que, em algumas situações o que temos a perder é muito pouco, mas ela existe, mesmo que hipoteticamente. Por exemplo, suponha que a consumidora em questão não trabalhe, ela teria então, teoricamente, muito tempo disponível para negociar com a loja. Mesmo assim, o tempo que gastará poderia ser usado de outra forma: cuidando de casa, dela mesma, indo fazer compras em outros lugares etc. Ou seja, mesmo que o sacrifício seja pequeno (e estamos assumindo aqui que o sacrifício seja menor quando ela não trabalha do que quando ela trabalha – o que não necessariamente é uma verdade!), existe sacrifício, ou seja, sempre haverá algo que deixou de ser feito ou escolhido quando tomamos alguma decisão. A medida dessa perda, do quanto foi sacrificado para uma escolha, do quanto que se "abriu mão" é o conceito que vamos discutir a seguir.

3.1.3 O custo de alguma coisa, para quem toma a decisão, é medido pelo custo de oportunidade

Como vimos no caso da consumidora lesada acima, a medida do custo de fazer algo (ou decidir por fazer algo) pode ter valores diferentes para pessoas diferentes. Mais, esse custo deve variar para a mesma pessoa, dependendo da situação em que ela se encontrar: se ela estiver ociosa, negociar com a empresa tem um custo, que será diferente se ela estiver trabalhando em período integral, que é diferente se ela não trabalhar fora de casa, mas tem que cuidar da família. A medida desse custo é o que se chama de custo de oportunidade. Importante reparar que muitas vezes esse custo de oportunidade não é medido monetariamente – normalmente não será! – pois ele pode ser uma oportunidade que deixará de acontecer. Repetindo: a ciência econômica não é caracterizada como uma ciência que lida com valores monetários.

Exemplos de análise de custos de oportunidade em áreas tradicionais da economia: por exemplo, sabe-se que normalmente o custo de oportunidade para um jovem fazer uma faculdade é menor do que o custo de oportunidade para uma pessoa mais velha; por outro lado, um jovem que precisa trabalhar para ajudar no sustento da família tem mais custo de oportunidade do que um jovem de família abastada. Outro exemplo, duas pessoas do mesmo gênero, suponha que masculino, de mesma idade, no entanto, uma delas com emprego e residência fixas, família e um grande círculo social de amigos e a outra solteira, sem emprego ou moradia fixa, têm custos de oportunidade diferentes para a possibilidade de cometer um mesmo crime. A teoria econômica do crime (já mencionada na nota de rodapé 31 acima) prevê que as probabilidades de cometer o crime pelas duas pessoas serão totalmente distintas. Percebe-se, mais uma vez, que não é necessário calcular o valor exato do custo de oportunidade em cada um desses casos – tarefa impossível, aliás – para saber como ele afetará de decisão de uma e de outra pessoa.

Por óbvio, existem situações em que efetivamente uma escolha implica abrir mão de algum ganho monetário específico, então, nesses casos, o valor que se deixa de ganhar, monetariamente será a medida do custo de oportunidade.

Uma última definição, muito útil, para custo de oportunidade seria: a segunda melhor opção para se fazer algo, a melhor entre todas as alternativas preteridas. Por exemplo, no exemplo acima: se a consumidora decide por tentar a negociação ela mesma com a loja e, caso não estivesse negociando estivesse no trabalho dela, o "não estar trabalhando" foi o custo de oportunidade de tentar a negociação ela mesma, o que ela estaria fazendo caso não tivesse decidido por negociar.

3.1.4 As pessoas reagem a incentivos

Agentes racionais reagem a incentivos. Isso quer dizer que, dado que as pessoas avaliam os custos de benefícios das opções que lhes são colocadas – como já visto acima – elas avaliarão as informações que lhes serão colocadas à frente para a decisão de suas escolhas. Tradicionalmente, na microeconomia clássica, os incentivos mais comuns são os preços, custos, lucros etc.: um consumidor racional reage comprando menos se os preços forem altos, e reage comprando mais, caso os prelos baixarem (tudo o mais constante).

No entanto, para os estudiosos de análise econômica do direito, mais importante talvez do que os incentivos monetários, são os incentivos normativos. Quando o Estado decide implementar uma nova lei, ou o Judiciário decide julgar de uma ou de outra maneira, essas novas regras normativas tornam-se incentivos para os agentes racionais, que decidirão como irão se comportar perante essa nova norma. Essa lógica explica integralmente a relação entre o mundo jurídico e o comportamento de um agente racional e, especificamente, explica a análise econômica do processo e do litígio, prevendo o comportamento e as decisões racionais das pessoas em situações de conflito que poderão ou não ser levados à Justiça.

Aqui, usaremos um exemplo real, apesar de muito polêmico (a acurácia do caso para exemplificar o conceito me obriga a citá-lo): a Reforma Trabalhista ocorrida em fins do ano de 2017, conhecida como Lei 13.467/2017. Pelo texto original (antes de alguns reveses incorridos pelo STF e pelo Poder Executivo), e em comparação ao que a Consolidação das Leis Trabalhistas (CLT) sempre regrou, aumentaram-se muito os custos – mesmo que os custos potenciais, ou custos esperados – para que trabalhadores acessassem a Justiça do Trabalho. Especificamente um dos novos regramentos afirmava que, caso o trabalhador perdesse a reclamação trabalhista, teria que pagar as verbas de sucumbência para seu empregador (regra que é normalmente aplicada em demais Justiças). Ocorreu inclusive de, em alguns casos, juízes considerarem que a obrigação pelo pagamento de verbas de sucumbência independia da concessão ou não da gratuidade de Justiça para o trabalhador.

Pela teoria econômica, o que ocorreu na Justiça Trabalhista com o advento da Reforma Trabalhista foi uma grande alteração nos incentivos postos aos trabalhadores para entrarem com litígios na Justiça. O resultado era perfeitamente previsto pelos entendedores da análise econômica do processo: uma queda brutal na quantidade de ações iniciadas por trabalhadores e, mais, mudança significativa no conteúdo das reclamações: muito mais objetivas, focadas em reclamações com provas incontestes.

Outro exemplo, menos polêmico, mas igualmente relacionado ao Direito, seriam as leis de trânsito. Se em uma cidade as autoridades acham que a quantidade de acidentes automobilísticos está acima do desejado, podem criar novas leis de trânsito reduzindo a velocidade máxima permitida nas vias públicas e/ou aumentando a multa para motoristas que infringirem esse limite. Esse novo regramento deverá surtir um efeito claro nos motoristas: eles dirigirão mais devagar, depois de fazer uma análise de benefício do excesso de velocidade contra o custo da multa provável, o que reduzirá o número de acidentes.

Como se pode constatar, felizmente para o Direito, os agentes racionais reagem a incentivos. Caso contrário, as leis e o Direito seriam totalmente inócuos nas sociedades humanas.

3.1.5 O livre comércio pode ser bom para todos

Apesar desse princípio aparentemente invocar os princípios de uma economia liberal, o que realmente nos interessa aqui é que este fundamento econômico está inteiramente atrelado a uma lógica jurídica. A ideia do livre comércio em economia baseia-se na ideia jurídica do voluntarismo das partes. Se a relação contratual baseia-se na vontade das partes, e se as partes forem agentes racionais, que sabem o que querem e o que não querem, então o que foi acordado entre elas baseado em suas vontades próprias deve, em princípio, gerar uma melhoria no bem-estar delas. É por isso que se deve seguir o *pacta sunt servanda*, e é por isso que o livre comércio pode ser bom para todos, se atendidos alguns quesitos, como veremos mais abaixo.

Para entender melhor como este princípio serve ao entendimento do acesso à Justiça e a decisões de litígio, vale lembrar um outro conceito muito importante na Economia, sobretudo na análise econômica do direito, o Teorema de Coase. A ideia foi formulada pelo ganhador do Prêmio Nobel de Economia, também considerado o fundador da análise econômica do direito, Ronald Coase. Em seu artigo seminal de 1960, o economista inglês formulou a ideia que, mais tarde, foi cunhada por outro Nobel em Economia, George Stigler, de "Teorema de Coase". Cooter e Ulen (2010) colocam o teorema nos seguintes termos:

> Quando os custos de transação são nulos, um uso eficiente dos recursos resulta da negociação privada, independentemente da atribuição jurídica de direitos de propriedade.
>
> Quando os custos de transação são suficientemente altos para impedir a negociação, o uso eficiente dos recursos dependerá da maneira como os direitos de propriedade são atribuídos [legalmente] (p. 102-3).

Um pouco mais adiante, no último item dessa seção, discutiremos a centralidade do conceito de eficiência na Economia. Por ora, vamos nos limitar a afirmar que resultados eficientes são sempre os mais desejados sob a perspectiva econômica. E, vendo o texto do Teorema de Coase acima, percebe-se o resultado eficiente que é idealmente desejado é alcançado sempre em situações de cooperação entre as partes privadas (racionais), ou seja, quando ocorre a manifestação de suas vontades, de maneira livre. Isso nos traz para a discussão das situações de litígio. O teorema poderia ser aplicado para o entendimento de que, sempre quando for possível, a negociação livre e cooperativa entre as partes litigantes gerará um resultado que é o melhor de todos, o resultado eficiente, que maximiza os ganhos de todos, e isso sem necessidade da lei. Infelizmente, muitas vezes isso não será possível. É por isso que, 100 de 100 estudiosos de AED irão sustentar pela realização de negociações e conciliações entre partes em conflito na Justiça. Quando isso não for possível, os mesmos estudiosos irão defender que o máximo de esforços seja canalizado para reduzir os obstáculos a essa negociação cooperativa – ou seja, para reduzir os custos de transação como previstos por Coase. Refletindo exatamente esta ideia, Cooter e Ulen (2010) formulam o Teorema Normativo de Coase que diz: "Estruture a lei de modo a remover os impedimentos aos acordos privados".

Tudo isso pode ser explicado pelo fundamento de que o livre comércio – ou seja, de que pessoas livres – podem gerar resultados que são bons, ou os melhores, para todos. A previsão deste resultado pode, sim, falhar, mas voltaremos a falar isso no subitem 3.1.7.

3.1.6 Os mercados são uma boa maneira (a melhor, normalmente) de organizar as atividades econômicas...

Desenvolvendo um pouco a discussão anterior, decisões descentralizadas de pessoas e empresas livres, baseadas em suas vontades, tendem a trazer mais bem-estar do que aquelas decisões tomadas por um planejador central, longe de tudo e todos, que não tem informações completas nem precisas sobre as preferências, gostos e custos dos agentes da sociedade.

Esse resultado teórico tem sido corroborado por diversos estudos empíricos em Economia, Ciências Políticas, Sociologia, Direito etc. Por exemplo, trabalhos sobre políticas públicas mostram que políticas geridas a nível local (por exemplo, a nível municipal) tendem a ser mais eficazes na provisão e aumento do bem-estar do que políticas federais. Como mostramos acima, resoluções de conflitos diretamente entre as partes, quando possíveis, geram resultado final mais interessante do que aquelas decididas por um ente afastado, que não tem informações e nem conhece as partes envolvidas no conflito. A quantidade de trabalhos empíricos nessa linha é enorme. Então, percebe-se que decisões tomadas de maneira descentralizada, diretamente pelas partes interessadas, tendem a gerar mais bem-estar do que aquelas centralizadas por um agente ou órgão único. Portanto, quando esse princípio fala sobre "mercados", não é somente a ideia de mercados de compra e venda, mas de organizações descentralizadas, em contraposição ao que os economistas chamam – também muitas vezes figurativamente – o "planejador central".

3.1.7 ...mas às vezes é preciso o Estado para melhorar alguns resultados (principalmente na garantia de boas instituições e na correção de falhas de mercado)

Podem os mercados falharem? Ou seja, é possível que entes privados, racionais – bons avaliadores de seus benefícios e custos, quando deixados livremente para negociarem entre si, cheguem a resultados que não são bons *para eles mesmos*? Ou para um deles? Na vivência e observação do dia a dia percebemos que sim. Os economistas ignoram isso? É claro que não.

De longa data (pelo menos há mais de um século), a teoria econômica tem mostrado situações no mundo real em que os agentes de maneira descentralizada e privada têm dificuldades para trazer a maximização de ganhos das partes. Essas são situações em que ocorrem as chamadas *falhas de mercado*. A lista das falhas de mercado é longa, os principais exemplos seriam as assimetrias de informação, as externalidades (positivas ou negativas), os mercados não competitivos (monopólios, oligopólios e afins), as situações de altos custos de transação etc. Esta autora tem uma afeição especial à discussão das falhas de mercado pela teoria (micro)econômica. O motivo é que a presença de falhas de mercado é o que justifica economicamente a criação de normas, a presença do Estado e do Direito nas atividades econômicas. As falhas de mercado justificam a interação que a Economia faz com o Direito.

Prosseguindo com o exemplo que foi colocado, a da consumidora lesada em uma relação de consumo e que decide o que fará para garantir seu direito. Já vimos acima que, uma das variáveis mais importantes é o acesso à informação por ela. Mais ainda, se ela tem *menos* informação sobre a relação consumerista que tem com a empresa, existe uma assimetria de informação em que ela é a parte prejudicada. Sua desinformação sobre seus direitos e a maneira de consegui-los, as chances de conseguir uma negociação bem-sucedida ou um processo (porque a empresa tem obrigações a cumprir) pode levá-la a tomar uma decisão – por exemplo, "deixar pra lá" – que não maximiza o bem-estar, ou seja, a eficiência.

A presença de falhas de mercado pode ser extremamente danosa para os resultados das interações econômicas. A sua solução vem sendo longamente debatida, sobretudo entre os estudiosos juseconômicos, cientistas políticos e reguladores. Em Yeung e Camelo (2023), fazemos uma discussão aprofundada sobre o fenômeno das falhas de mercado, especificando e explicando cada uma das principais delas.

3.1.8 O padrão de vida de um país depende de sua capacidade de produzir bens e serviços, ou, de maneira mais precisa, de sua produtividade

Apesar de desejável que a medida de bem-estar ou de felicidade geral das pessoas seja medido a partir de parâmetros diversos, na realidade fática, há o

3 • O PARADOXO DO ACESSO À JUSTIÇA: PARTE 2

relevante inconveniente de entrar em medidas subjetivas e mesmo complexas do que seja "bem-estar". De maneira sintética, mas amplamente aceita, os economistas adotam a medida de capacidade de geração de riqueza. Isso é o que justifica o amplo emprego do "PIB" (Produto Interno Bruto) e do "PIB per capita" como principais medida de desenvolvimento e bem-estar entre os países. Isso não quer dizer que outras medidas não possam ser complementares; o exemplo mais conhecido deles é o Índice de Desenvolvimento Humano (IDH). No entanto, e não por coincidência, indicadores que levam em conta fatores mais "sociais" e "humanos" – como níveis de escolaridade, expectativa de vida, acesso a saneamento etc. – como o IDH têm forte correlação com os indicadores de produtividade mais tradicionalmente usados, como o PIB. Ou seja, para qualquer conjunto de países, indicadores mais tradicionais de produtividade são fortemente correlacionados com os indicadores sociais e humanos. Esse resultado e o motivo de sua ocorrência é algo que merece profundos debates e reflexões sobre as políticas públicas adotadas; infelizmente, isso fugiria ao foco deste livro, e deixaremos essa importante e interessante discussão para outros fóruns.

Igualmente, o "padrão" de uma organização – privada ou pública, com ou sem fins lucrativos – é geralmente avaliada por economistas (e administradores e engenheiros...) através de sua capacidade de geração de bens e serviços, ou seja, de sua produtividade. Considera-se "melhor" ou mais desejável que uma organização seja mais produtiva e evite ser improdutiva. E é exatamente este o foco que boa parte da literatura de gestão adota. Milhares de especialistas no mundo inteiro passam vidas se dedicando à investigação de como tornar uma organização mais produtiva. Aos leitores que até aqui pensaram apenas em organizações privadas com fins lucrativos (as tradicionais empresas) devem se preparar: estamos falando também de organizações públicas e outras sem fins lucrativos. A área de gestão, já há muito tempo, expandiu sua análise e atuação para a área pública. A visão de que órgãos públicos – financiados com recursos que vêm do pagamento de impostos pelos cidadãos – também precisam ser preocupar em gerar o máximo de bens/serviços com o mínimo de recursos e desperdício está sendo, felizmente, cada vez mais aceita (apesar de mais em alguns países e menos em outros...). Especificamente com relação ao tema principal deste livro, a Justiça, teremos mais à frente um capítulo específico para discutir a ampla literatura internacional e nacional focada na mensuração e análise da produtividade do Judiciário. Mas a lógica é a mesma discutida aqui: o "padrão" desejado é o de maior produtividade e não menor.

Isso nos leva ao último ponto, talvez o mais importante para a compreensão do pensamento econômico pelos juristas: o conceito e o valor normativo da eficiência econômica.

3.1.9 Eficiência como parâmetro normativo

Eficiência e produtividade estão intimamente relacionadas. Mas enquanto produtividade é adotada para a mensuração de um desempenho de uma organização, o conceito de eficiência é bem mais amplo, podendo ser usado para definir o resultado de alguma transação, de uma política pública, de decisão de alguma pessoa – pública ou privada, ou mesmo de um estado social. Tecnicamente, o conceito de eficiência abrange a ideia de produtividade, mas vai além. Mas a pergunta que se coloca é: por que a Economia é tão "obcecada" com a eficiência? Não raras vezes vemos magistrados em seus julgados, advogados em suas argumentações e políticos em seus discursos ridicularizando a insistência dos economistas na defesa por resultados eficientes. Por que isso?

Para começar, é importante discernir as diversas perspectivas do conceito de eficiência – algumas delas são inclusive definidas e aplicadas com mais frequência por outras áreas do saber, como por exemplo a engenharia e a administração. Mesmo dentro da ciência econômica, pode-se entender o conceito de eficiência sob diversos prismas. Porém, é inconteste que a eficiência tem um papel central na discussão de decisões públicas, servindo muitas vezes como parâmetro. Qual é a razão disso? Por que, dentre diversas alternativas possíveis de políticas públicas (normas, regras, decisões judiciais, alternativas de contratos etc.), os economistas e a teoria econômica tenderão sempre a optar por aquela que for considerada a mais eficiente?

A razão é simples: independentemente de qual definição exata assumirmos, eficiência invoca a ideia de "melhor ou máximo de aproveitamento" possível dos recursos humanos, monetários, materiais, de tempo, energia etc. Por outro lado, opções que são *ineficientes* são aquelas que geram desperdício, perdas desnecessárias, gastos. Portanto, optar pela solução mais eficiente quer dizer optar por aquela que gera o menor desperdício, que minimiza as perdas. Pode-se inclusive dizer, de maneira bem geral e simples, que a alternativa eficiente é aquela que minimiza as perdas e maximiza os ganhos. Parece ser bastante razoável aceitar que um critério como esse seja escolhido como o parâmetro prático de desejabilidade de alguma ação.

Para o jurista que tem dificuldade de entender essa obsessão, basta lembrar que enquanto o Direito tem como parâmetro principal de escolhas o critério de Justiça e de Legalidade, a Economia, por sua vez, tem como parâmetro principal o critério de eficiência. Da mesma maneira que o entendimento do que seja justo ou injusto guia as decisões do jurista, o entendimento do que seja eficiente e ineficiente guia as decisões do economista. São critérios normativos para se lidar com os problemas reais do mundo, para avaliar a escolha de alternativas (em um mundo com recursos limitados). Não dá para dizer qual é melhor ou pior.

De maneira geral então, pode-se dizer que a Economia entende um resultado eficiente como aquele que maximiza o bem-estar, os ganhos de todos os indivíduos diretamente envolvidos em uma situação. É por isso, que esse resultado é desejável.[5]

3.2 ANÁLISE ECONÔMICA DO PROCESSO CIVIL E MODELOS ANALÍTICOS APLICADOS

Uma vez entendidos os principais fundamentos e conceitos do pensamento econômico, ficará mais fácil entender a ampla literatura sobre a análise econômica do processo e da litigância. O que os autores e estudiosos desse campo fazem é, usando os muitos do racional acima explanado, tentar criar modelos que expliquem e prevejam o comportamento e a decisão das pessoas em situações de conflitos e ao longo do processo civil. Particularmente, os trabalhos de análise econômica do processo têm tentado identificar incentivos que geram litígios em oposição a acordos cooperativos. Esses incentivos podem ser de diversas naturezas, origens e possibilidades de controle ou manipulação por políticas públicas. Por exemplo, o valor do dano em disputa, as características pessoais dos litigantes e réus, variáveis de mercado como preço e qualidade dos serviços dos advogados, valores e resultados judiciais, entre outros, são todos determinantes importantes de litígios e foram analisados por autores na literatura de análise econômica de litígios.

A literatura acadêmica sobre esse tema iniciou-se por volta da década de 1980, e vem evoluindo significativamente com o avanço de outros campos dentro da ciência econômica, por exemplo, a teoria dos jogos e a teoria do risco e incerteza. O diálogo crescente entre economistas e juristas também só tende a favorecer o avanço da análise econômica do processo: se por um lado é impossível estudá-la sem o conhecimento da economia, os modelos econômicos também não fariam sentido se não estiverem embasados em fenômenos reais do processo civil, o que certamente é melhor conhecido pelos juristas. Desse diálogo nasce uma interessantíssima área de pesquisa, com resultados úteis e aplicados. Como Miller (1994) afirma: "de todas as áreas em que a análise econômica contribuiu para nossa compreensão das regras legais e instituições, poucas foram tão frutíferas quanto a da jurisprudência civil" (p. 303, tradução livre).

Vamos rever alguns dos trabalhos pioneiros na área.

---

5. Para uma excelente e profunda discussão sobre os diversos critérios de eficiência e seus impactos na Justiça, ver o capítulo 3 da obra de Ivo Gico Jr (2020), *Análise Econômica do Processo Civil*. Inclusive, a essência daquela obra fenomenal dialoga em muito com este presente livro.

3.2.1 Alguns clássicos da análise econômica do processo e da litigância

Priest & Klein (1984) foram um dos primeiros a modelar economicamente os incentivos para o litígio. Em seu modelo, os custos esperados de decisões favoráveis ou desfavoráveis para as partes, sua informação com relação ao resultado judicial final (que pode conter erros) e os custos explícitos tanto do litígio quanto dos acordos cooperativos são variáveis que determinarão se a decisão será por litigar ou fazer acordo. A principal conclusão de seu modelo, materializada sob a chamada *hipótese de seleção*, é que:

> quando os ganhos ou perdas do litígio são iguais para as partes, as decisões de maximização individual das partes criarão um forte viés em direção a uma taxa de sucesso para os autores no julgamento ou para os apelantes na apelação de 50%, independentemente do padrão substantivo da lei. Assim, as vitórias dos autores tenderão a aproximadamente 50% (p. 5, tradução livre).

Em outras palavras, os autores preveem que se o valor em disputa é enxergado como sendo o mesmo por ambas as partes do litígio,[6] a taxa de sucesso para uma e para outra parte será de 50%-50%.

Alguns anos após o artigo de Priest & Klein, Eisenberg (1990) apontou que a hipótese de seleção tinha pelo menos duas limitações importantes. Primeiro, ela era inaplicável em casos em que o objeto em disputa judicial é a magnitude dos danos e não a existência ou não existência de responsabilidade. Em segundo lugar, a hipótese de seleção aplica-se apenas a casos em que os interesses das duas partes litigantes são os mesmos, "uma condição que não é satisfeita quando uma das partes (como um réu organizacional) se preocupa com o efeito que o resultado do caso terá em outros litígios, enquanto a outra parte (como um autor pessoa natural de uma ação de responsabilidade civil) não se preocupa" (p. 339, tradução livre).[7] Ao avaliar o problema empiricamente, Eisenberg também demonstra que a hipótese de 50%-50% de Priest & Klein "pode ser rejeitada como sendo uma descrição de todos os tipos de litígios civis" (p. 339, tradução livre). Ou seja, quando olham-se os dados do mundo real, tal hipótese não é observada em diversos casos de litígios. Como sempre na ciência econômica, teorias e achados

---

6. Mesmo que o valor monetário em disputa seja o mesmo – autor da ação judicial sofre um dano de $X e quer esta reparação, mas réu que causou o dano não quer pagar $X – podem existir, e normalmente existem, outros valores em jogo, que não são incorridos igualmente entre as partes. Além disso, alguns desses valores incorridos a um mas não a outro podem ser não monetários. Por exemplo, em uma ação judicial envolvendo uma empresa, é comum que, além do valor do dano demandando pelo autor, a empresa sofra custos reputacionais caso seja condenada a pagar. Nesses casos, os requisitos do modelo de Priest & Klein (1984) não são observados e as previsões da hipótese de seleção não serão validadas.

7. Vide nota anterior.

anteriores são permanentemente testados por trabalhos posteriores, alguns de maneira teórica, outros de maneira empírica, ou por ambas as maneiras.

Diversos outros autores utilizaram modelos teóricos para demonstrar os incentivos econômicos para litígio sob pressupostos de escolha racional.[8] Cooter e Rubinfeld (1989), por exemplo, mostraram um modelo onde o aumento dos custos de litígio, que eles chamaram de c_{tp} e c_{td}, reduz o custo do acordo - c_s e c_{sd}. Por sua vez, isso aumenta o pessimismo com relação ao litígio e haveria assim mais incentivos para um acordo cooperativo. Por outro lado, o aumento dos valores da condenação leva a resultados ambíguos: ele aumenta os incentivos das partes para litigar, mas também aumenta os custos de litígio (já que exige mais esforço) e riscos; isso reduziria a frequência de processos judiciais. É por isso que, de maneira resumida, Cooter e Ulen (2010) afirmar que o excesso de pessimismo das partes tende a gerar mais acordos cooperativos, enquanto o excesso de otimismo das partes tende a gerar mais processos judiciais.

Um trabalho mais recente adiciona elementos novos (e realistas) para a discussão: Acciarri e Garoupa (2013) demonstram que o valor efetivo dos danos defrontados pelas partes em um litígio depende da taxa de desconto e do custo de oportunidade apresentados às respectivas partes, e que "apenas o acaso explicará o caso em que ambas as partes têm a mesma taxa de desconto" (p. 37). Lembrando dos princípios básicos da economia discutidos no começo desse capítulo, isso quer dizer que as duas partes – reclamante e reclamado (ou autor e réu) – quando defrontados com a possibilidade de entrar ou de continuar com um processo judicial, avaliarão alternativas que estariam perdendo, e obviamente, essas oportunidades tendem a ser diferentes para um e para outro. Isso quer dizer que, apesar do litígio ser exatamente o mesmo, autor e réu terão custos de oportunidade totalmente diferentes com relação a ele. Os juros representam o preço que a ser recebido (pelo autor, vítima do dano) ou a ser pago (pelo réu, causador do dano) que tentaria compensar a demora do processo. Oras, enquanto espera o ressarcimento do dano que será acrescido dos juros judiciais, o autor do processo poderia estar fazendo outra coisa que lhe render receita – por exemplo, receber um valor certo vindo de um acordo amigável. Por outro lado, enquanto espera a condenação ao pagamento do dano (acrescido dos juros judiciais), o réu do processo também poderia estar fazendo outra coisa, por exemplo, investindo esse dinheiro em algum ativo financeiro e recebendo uma remuneração por ele – os juros praticados no mercado financeiro.

---

8. O objetivo aqui não foi de exaurir os trabalhos que apresentam modelos analíticos da litigância, isso seria impossível, dada a quantidade de trabalhos existentes e que continuam sendo desenvolvidos. Tampouco foi de listar todos os trabalhos pioneiros mais significativos: foram escolhidos apenas alguns poucos deles para ilustrarem o que queremos discutir mais a fundo daqui para a frente.

Por essa razão, os autores atribuem um papel significativo à taxa de juros judiciais como uma variável que afeta diretamente os incentivos das partes para litigar, uma vez que ela tem implicações cruciais em seus comportamentos e sua tomada de decisões:

> A taxa de juros judiciais não apenas influencia o comportamento das partes durante o curso do litígio, mas também afeta algumas das escolhas que as partes devem fazer antes do litígio, incluindo a disposição de iniciar uma ação judicial (p. 38, tradução livre).

Essa análise do impacto do nível das taxas de juros – tanto aquela cobrada pelo Judiciário, quando aquela do mercado – sobre a decisão de litigar ou acordar é importantíssima, sobretudo no contexto brasileiro, onde o *spread* de juros praticados no mercado é muito alto. Isso explicará diversas situações "estranhas" de perdedores contumazes que, a despeito das perdas frequentes nos julgamentos, continuam preferindo litigar. É isso que veremos mais à frente, em um modelo que eu desenvolvi.

3.2.2 Mais um modelo analítico para entender o caso brasileiro: modelo de "ganha-ganha" no judiciário brasileiro

Nesta seção, apresento um modelo que pretende entender melhor e explicar as decisões das pessoas em situações de litígios no Judiciário brasileiro. Assim como nos trabalhos mostrados nas sessões anteriores, começo argumentando que existem benefícios e custos associados a um potencial litígio e outros associados a um potencial acordo. Porém, diferentemente de modelos mais simples de análises de benefício e custo, no litígio eles não são determinísticos, ou seja, não são certos e exatos; ao contrário, são probabilísticos, no sentido que podem ocorrer ou não ocorrer. Na linguagem técnica, dizemos que os custos e benefícios são *esperados* (ponderados pela probabilidade de acontecerem), uma vez que o processo judicial é normalmente demorado e tem resultados incertos. Por outro lado, existem também custos e benefícios associados aos acordos cooperativos que são, neste caso, mais certos e determinísticos – uma vez que alguém decide fazer um acordo, precisa incorrer nesses custos com certeza. Além disso, o acordo é geralmente um processo único ou mais curto. Um agente racional – quer seja um autor ou um réu do processo mede os custos e benefícios de prosseguir um litígio judicial em comparação aos custos e benefícios de tentar um acordo com a outra parte. Aqui, no modelo analítico, os custos e benefícios enfrentados pelas partes serão definidos; também serão analisadas as variáveis que afetam os incentivos para o litígio e aquelas que afetam os incentivos para o acordo cooperativo. Com isso em mente, serão avaliadas as condições sob as quais ambas as partes podem

3 • O PARADOXO DO ACESSO À JUSTIÇA: PARTE 2   71

preferir optar pelo litígio e, ao contrário, em quais condições elas teriam mais incentivos para um acordo privado.

A título de ilustração, usarei um modelo voltado à Justiça do Trabalho. Então, a parte autora será um(a) trabalhador(a) que se sinta lesado(a) pela empresa empregadora (ré). Todo exercício será feito com base nessa situação e, mais à frente, o exercício empírico para testar o modelo analítico[9] também usará dados da Justiça Trabalhista.

O modelo teórico
Incentivos das Partes (Empregados e Empregadores)

Independentemente de quem iniciou a ação (aqui assumiremos que é o trabalhador), ambas as partes têm benefícios esperados e custos esperados associados à continuação do processo e outros benefícios e custos esperados associados a uma tentativa de acordo. No exemplo em questão, a empresa empregadora deve ao empregado uma certa quantia de dinheiro (seja como benefícios não pagos ou danos incorridos). O pagamento será imposto judicialmente ou, alternativamente, poderia ser acordado entre as partes.

Do lado do empregado, as variáveis que afetam sua decisão sobre o conflito trabalhista são as seguintes:

➢ *Benefícios do Empregado:*

- VA: Valor do Acordo – a quantia a ser paga pelo empregador ao empregado, determinada por meio de um acordo entre as partes. É pago imediatamente após a realização do acordo.

- VC: Valor da Condenação – a quantia a ser paga pelo empregador ao empregado, estipulada em tribunal, pelo juiz. É pago após o término do processo judicial e depois que o processo de execução é bem-sucedido.

- RE: Retorno do Capital para o Empregado – taxa de retorno sobre um capital investido pelo empregado. Se o empregado pudesse economizar dinheiro no investimento financeiro mais lucrativo (e sem riscos), qual seria esse retorno? Isso representa seu custo de oportunidade de receber a quantia de dinheiro devida por seu empregador apenas após um longo processo judicial e de execução. Muitas vezes, e de maneira mais realista,

---

9. Esta é uma prática metodológica bastante comum na pesquisa em Economia e outras ciências empíricas: autor/pesquisador(a) desenvolve um modelo analítico teórico e, depois, coleta dados empíricos para checar se o modelo desenvolvido anteriormente é ou não validado.

o retorno descrito aqui é a renumeração da poupança, que é normalmente o investimento mais acessível para trabalhadores ou litigantes médios.

- Pc: Probabilidade de a Condenação Judicial ser favorável ao empregado.
- Pe: Probabilidade de a Execução ser bem-sucedida para o empregado (ou seja, ele consegue com sucesso o dinheiro devido pelo empregador).
- Clite: Custos do processo ao empregado – quanto custa para o empregado prosseguir com o litígio.
- He: Honorários advocatícios pagos pelo empregado.
- t: Duração média do processo somado ao processo de execução até sua conclusão.

Por outro lado, os empregadores também têm um conjunto de custos e benefícios associados ao litígio e ao acordo cooperativo:

➢ *Benefícios do Empregador:*
- VA: Valor do Acordo (igual ao acima).
- VC: Valor da Condenação (igual ao acima).
- RK: Retorno de Capital para o Empregador – taxa de retorno sobre um capital investido pelo empregador. Se o empregador pudesse economizar dinheiro no investimento financeiro mais lucrativo (e sem riscos) durante o longo processo de litígio, qual seria esse retorno? Isso representa o custo de oportunidade de se envolver em um acordo e ter um custo imediato de VA logo após ele; em vez disso, ele poderia manter a litígio e pagar VC apenas após o término do processo.
- Pc: Probabilidade de a Condenação Judicial ser favorável ao Empregado (igual ao acima).
- Pe: Probabilidade de a Execução ser bem-sucedida para o Empregado (igual ao acima).
- Clitk: Custos do processo ao empregador – quanto custa para o empregador prosseguir com o processo judicial.
- Hk: Honorários advocatícios pagos pelo Empregador
- t: Duração média do processo somado ao processo de execução até sua conclusão (igual ao acima).

Pode-se notar que várias variáveis afetam o empregado e o empregador ao mesmo tempo e têm o mesmo valor. Isso é óbvio: enquanto o valor da condenação

(VC) é debitado no lado do empregador, ele é creditado no lado do empregado com o mesmo valor. Isso vale também para o valor do acordo (VA). Outras variáveis que afetam igualmente ambas as partes são Pc, Pe e t.

Condições do Empregado para Acordo

Em seguida, avaliamos os benefícios exatos do litígio e do acordo tanto para o empregador quanto para o empregado.

O principal benefício do empregado para chegar a um acordo cooperativo com seu empregador seria receber uma quantia em dinheiro imediatamente. Em comparação com a situação em que ele recebe pagamento somente após um longo processo judicial, existem ganhos intertemporais ao receber o dinheiro mais cedo. Portanto,

$$\textit{Benefício do Acordo para o Empregado} = VA * (1+RE)^t$$

[Eq.1]

Em outras palavras, é como se ele pudesse investir o dinheiro obtido no acordo com o empregador e economizá-lo em um investimento livre de riscos, que paga L de retorno, por n períodos (a duração que teria um processo judicial, caso ele tivesse optado por litigar).

Por outro lado, o empregado deve avaliar seus benefícios para o litígio. Nessas situações, seu benefício líquido poderia ser representado por:

$$\textit{Benefício Líquido do Processo para o Empregado} = (VC * Pc * Pe) - Clite - (1 - Pc)*He$$

[Eq.2]

Se o empregado ganhar o processo, ele desembolsa VC; no entanto, isso depende da probabilidade de ganhar o caso (Pc), e também da probabilidade de que o processo de execução seja bem-sucedido (Pe), ou seja, que os tribunais possam coletar o dinheiro do empregador. Ao mesmo tempo, ele precisa pagar taxas judiciais para continuar o caso nos tribunais.[10] Além disso, se ele perde o caso (com probabilidade de 1-Pc), honorários advocatícios são devidos ao seu advogado trabalhista.[11]

---

10. Assumindo uma situação normal ainda, sem considerar a existência da gratuidade da justiça. Um dos pontos principais de todo este modelo está justamente em, mais para a frente, avaliar o impacto da gratuidade da justiça e outros benefícios no resultado final deste modelo.
11. Similar à observação anterior, referente às regras de pagamento de verbas de sucumbência.

Não é difícil avaliar as circunstâncias em que será mais lucrativo para um empregado racional preferir um acordo em vez de um processo, para isso, vamos comparar a Eq.1 com a Eq.2:

Faz acordo se: $VA * (1+RE)^t > (VC * Pc * Pe) - Clite - (1 - Pc)*He$

$$[Eq.3]$$

Ou seja, o empregado preferirá o acordo se o valor deste – representado pela equação 1, for maior que o valor esperado do processo judicial – dado pela equação 2.

A Eq.3 mostra a situação em que o empregado irá preferir um acordo ao invés de continuar com o litígio. Algumas condições podem fazer com que a equação 3 ocorra efetivamente:

- *Valores muito elevados de VA:* a quantia oferecida pelo empregador para chegar a um acordo cooperativo é tão alta que seria um prejuízo não aceitá-la e insistir no litígio.

- *Valores muito elevados de RE:* as economias do empregado geram taxas de retorno elevadas. Nesse caso, seria mais lucrativo para ele receber o dinheiro o mais rápido possível para investi-lo em um investimento e obter altos retornos (juros).

- Valores altos de t, a duração do processo judicial: o processo judicial leva muito tempo para ser concluído, portanto, o empregado deve esperar por um longo período até receber o dinheiro. Nessas condições, é melhor chegar a um acordo mais cedo (e receber logo o valor do empregador).

- *Valores baixos de VC:* a quantia condenada nos tribunais é muito baixa; não é racional aceitá-la em vez de VA.

- *Valores baixos de Pc e Pe:* as chances de vencer nos tribunais trabalhistas e/ou de ter uma execução bem-sucedida (obter dinheiro do empregador) são muito baixas; o empregado tem baixas expectativas de que os tribunais serão favoráveis ao seu caso.

- *Valores altos de Clite:* é muito caro para o empregado acessar os tribunais.

- *Valores altos de (1 - Pc)*He:* os honorários advocatícios esperados – que deverão ser pagos pelo empregado – são muito altos. Isso pode acontecer como uma combinação de altas chances de perder o caso (1 - Pc) e altos honorários advocatícios a serem pagos pelo empregado (He). Se os honorários advocatícios forem caros, o custo de continuar com o litígio é significativo, assim como nos casos de alto Clite.

Condições da Empregadora para o Acordo

Agora, vamos direcionar nossa análise para o lado da empregadora. Aqui, todos os valores pagos ao empregado são custos. Portanto, em vez de benefícios para o acordo, a empregadora tem custos com o acordo (tem que pagar valores para o empregado após a conclusão de um eventual acordo):

$$\text{Custo do Acordo para a Empregadora} = VA * (1+RK)^t$$

[Eq.4]

Os custos da empregadora com o acordo são principalmente seus custos de oportunidade de não poder economizar dinheiro até o futuro, mais precisamente, até o momento em que o processo judicial seria concluído (lembrando que, caso ocorra o processo, ela – empregadora – só teria que pagar o valor ao fim do processo). Em vez de fazer um acordo agora, ela poderia economizar o dinheiro até "t", gerando retornos de capital de "RK".

Também é possível derivar os custos da empregadora com o litígio:

$$\text{Custos do Processo para a Empregadora} = (VC * Pc* Pe) + Clitk + Pc*Hk$$

[Eq.5]

Ela paga um valor de condenação, com probabilidade Pc vezes Pe (a empregadora é condenada e sua dívida é executada); além disso, custa-lhe acessar os tribunais. Finalmente, ela também deve pagar honorários advocatícios (Hk) se perder o caso.

Agora, é possível deduzir as condições sob as quais a empregadora prefere um acordo: isso acontece somente se os custos de acordo (Eq.4) forem menores do que os custos do processo (Eq.5), ou seja:

$$\text{Faz acordo se: } VA * (1+RK)^t < \{(VC * Pc* Pe) + Clitk + Pc*Hk\}$$

[Eq.6]

A Equação 6 mostra as condições sob as quais a empregadora prefere um acordo ao invés de continuar com o litígio. Isso pode acontecer quando ocorrerem as seguintes condições:

- *Valores baixos de VA:* se os valores acordados em uma negociação privada forem baixos, ou seja, se o empregado aceitar voluntariamente um pagamento baixo, é preferível para a empregadora pagá-lo, ao invés de esperar para pagar um valor mais alto nos tribunais.
- *Valores baixos de RK:* se a empregadora tem uma baixa taxa de retorno em seus investimentos de capital, não é tão lucrativo economizar o dinheiro

agora para pagá-lo depois; taxas mais baixas de retorno de capital significam que o dinheiro tem menos valor no futuro, então não vale tanto a pena tê-lo mais tarde.

- *Valores baixos de t, a duração do processo:* a empregadora aqui é devedora (deve dinheiro ao empregado); assim, quanto mais tempo levar para que o processo seja concluído e ela seja condenada a pagar, melhor. Por outro lado, se o processo judicial for muito curto, não há muita vantagem em enfrentá-lo; em vez disso, um acordo privado pode se tornar relativamente mais atraente.[12]

- *Valores altos de VC esperado:* a quantia condenada nos tribunais é muito alta; não é racional para a empregadora preferir a condenação judicial ao invés do valor que pagaria em um acordo privado com o empregado, VS.

- *Valores altos de Pc e Pe:* as chances de o empregado vencer nos tribunais trabalhistas e a haver a execução da condenação são muito altas; isso seria negativo para a empregadora, o que significa que ela tem baixas expectativas de que os tribunais sejam favoráveis ao seu caso.

- *Valores altos de Clitk:* é muito caro para a empregadora acessar os tribunais.

- *Valores altos de Pc*Hk:* os honorários advocatícios esperados são muito altos. Isso pode acontecer como uma combinação de altas chances de a empregadora perder o caso (Pc) e altos honorários advocatícios a serem pagos pela empregadora (Hk). Se os honorários advocatícios forem caros, o custo de continuar com o processo é significativo, assim como nos casos de alto Clitk.

Condição Simultânea entre Empregado e Empregadora para Ocorrência de Acordo Cooperativo [Eq.3 e Eq.6]:

A Eq. 3 acima dá as condições para que o empregado escolha o acordo privado:

$$(VC * Pc * Pe) - Clite - (1-Pc)*He < VA * (1+RE)^t$$

Ao mesmo tempo, a Eq. 6 dá as condições para que a empregadora o aceite:

$$VA * (1+RK)^t < \{(VC * Pc* Pe) + Clitk + Pc*He)\}$$

É razoável assumir que RE < RK quase sempre. A razão é muito simples: no mundo real, geralmente, empregadores têm mais oportunidades e conhecimento sobre onde investir seu dinheiro e obter retornos mais altos (RK). Empregados, por

---

12. Uma Justiça que tende a ser morosa, com longas durações médias de processo, tende a beneficiar partes devedoras no litígio. Voltaremos a discutir sobre este ponto mais à frente.

3 • O PARADOXO DO ACESSO À JUSTIÇA: PARTE 2

outro lado, têm conhecimento mais limitado sobre oportunidades de economia (com raras exceções). Portanto, espera-se que, para um determinado período de tempos, os empregadores sejam capazes de obter taxas de retorno mais altas em seus investimentos do que os empregados (RK > RE, ou RE < RK).

Agora, combinamos as condições acima: para que um acordo ocorra de maneira cooperativa entre empregado e empregadora, é necessário que ocorra a seguinte condição:

$$(VC*Pc*Pe) - Clite - (1-Pc)*He < \{VA*(1+RK)t\} < \{(VC*Pc*Pe) + Clitk + Pc*Hk\}$$

[Eq.7]

Como conclusão do modelo analítico, a Equação 7 mostra que, para que um acordo ocorra, a dimensão de algumas variáveis é determinante:

- Clite tem que ser grande;
- (1 - Pc)*He tem que ser grande;
- RE tem que ser grande;
- RK tem que ser pequeno;
- Clitk tem que ser grande;
- Pc*Hk tem que ser grande.

Por outro lado, o modelo analítico não dá evidências sobre como devem ser as variáveis VC, VA, t, Pc e Pe, pois elas têm efeitos incertos nas chances de um acordo ocorrer. No final, deve-se observar o resultado agregado desses múltiplos impactos.

A partir disso, é possível observar que, a longo prazo, é possível ter valores altos de Pc – a probabilidade da condenação ser favorável aos empregados – sem desencorajar o interesse das empregadoras no litígio, uma vez que outros fatores ainda podem incentivá-las a isso. Além disso, as mudanças em algumas variáveis exógenas podem alterar significativamente os incentivos para o litígio. Por exemplo, uma reforma na legislação que aumenta Clite e He pode diminuir significativamente os incentivos dos empregados para o litígio. Foi exatamente isso que a Reforma Trabalhista de novembro de 2017 fez, pelo menos no momento imediatamente posterior. Como consequência, o número de processos trabalhistas diminuiu drasticamente e consistentemente nos anos de 2018 e 2019.

Em seguida, tentarei combinar com dados empíricos da Justiça Trabalhista para tentar evidenciar que muitas das condições acima, derivadas diretamente da Equação 7, não estão presentes no cenário do Judiciário Trabalhista brasileiro.

Análise empírica com evidências para testar o modelo teórico[13]

Nesta seção serão apresentados dados que poderão servir para avaliar a pertinência das condições derivadas no modelo da seção anterior. Serão analisados dados que veem da Justiça do Trabalho, obtidos através de técnicas de *text mining*, ou seja, mineração de dados através de programas computacionais. Para começar, começarei explicando um pouco da metodologia.

Empregamos[14] algumas metodologias de Processamento de Linguagem Natural (PLN) para este exercício empírico. Na verdade, como seria mais precisamente descrito, usamos algoritmos computacionais para realizar mineração de texto nos arquivos públicos de acesso aberto dos tribunais trabalhistas brasileiros. Coletamos uma amostra muito grande de decisões judiciais ("*big data*"), considerando trabalhos anteriores sobre o assunto, e extraímos informações dos textos principalmente usando expressões regulares, para obter as informações que realmente nos interessam.

Não existe uma definição objetiva do que é big data. Embora esteja relacionado a grandes volumes de informações, não existe um número "x" de gigabytes (ou *terabytes* etc.) que defina o limite a partir do qual pode ser considerado big data. A Tecnologia da Informação tem se desenvolvido a uma velocidade exponencial, de modo que o que seria considerado "grande" hoje em breve seria considerado "pequeno" e seria substituído por volumes cada vez maiores. Assim, alguns cientistas de dados argumentam que o que caracteriza um sistema de *big data* é que ele é um conjunto de informações de complexidade significativa, que não pode ser analisado com o uso de tecnologias tradicionais, como planilhas. O uso de *big data* nos permite tirar conclusões e observar tendências que não são facilmente identificadas por meio de métodos convencionais. Seu principal propósito e diferencial é ser capaz de encontrar padrões em dados que, de outra forma, permaneceriam ocultos. Isso é especialmente verdadeiro para textos legais, uma vez que geralmente requerem a leitura manual das decisões ou de outros textos usados como pontos de dados.

Talvez mais importante do que ter acesso a sistemas de *big data* seja a capacidade de "ler", "entender" e sintetizar – por métodos computacionais – o que essa grande quantidade de informações está nos dizendo (sem ter que lê-las

---

13. A extração dos dados empíricos utilizados nesta seção foi realizada por Danilo Carlotti para um trabalho que apareceu primeiramente em Salama, Bruno; Carlotti, Danilo e Yeung, Luciana (2018). "As decisões da Justiça Trabalhista são imprevisíveis?" *Série: O Judiciário destrinchado pelo 'Big Data'*, Working Paper, Insper. Disponível em: https://images.jota.info/wp-content/uploads/2019/07/3766fe-23a027a8d593f98a85f29f1672.pdf. Ao Danilo e Bruno, um agradecimento especial pelas discussões e parceria no trabalho.

14. Empregarei a 1ª pessoa do plural em consonância ao exercício que foi efetivamente feito, em conjunto com meus dois coautores, como explicado na nota anterior.

fisicamente, o que talvez exigiria uma vida inteira – e nem assim...). Portanto, técnicas de mineração de texto são cruciais e são o que realmente faz a diferença quando alguém tem acesso a sistemas de *big data*. Para que um computador ou máquina seja capaz de "minerar" ou ler o texto que desejamos, é preciso "ensiná-la" para que ela "aprenda" a fazer isso (*machine learning*). Assim, outra etapa crucial no processo é conduzir técnicas de *machine learning* – talvez uma das mais complexas no uso de sistemas de *big data*.

No exercício apresentado aqui, acessamos e baixamos cerca de 400.000 documentos com decisões julgadas por tribunais trabalhistas. Em seguida, realizamos técnicas de *machine learning* e, posteriormente, os computadores fizeram a mineração de dados que nos interessavam. Para extrair informações dos textos, usamos expressões regulares.

Basicamente, seguimos um procedimento em cinco etapas. Primeiro, indexamos todos os textos com um conjunto de palavras-chave (elementos de nosso interesse de pesquisa). Em seguida, extraímos algumas informações básicas de cada caso em nosso conjunto de dados, como número de identificação, nome do magistrado(a) etc. Terceiro, analisamos a estrutura do texto de todas as decisões, em relação ao resumo do caso, fundamentos legais e decisão final do magistrado. Em seguida, avaliamos o resultado, se foi a favor do autor da ação, contra o autor da ação ou de arquivamento do caso. Finalmente, extraímos alguns relatórios inteligentes com base em tudo o que os dados apresentaram.

Após fazer isso, foi possível compreender melhor o conteúdo dos casos e o perfil de cada juiz e localização geográfica. Portanto, é possível encontrar tendências estatísticas a partir do conjunto de *big data*, assim como anomalias que porventura existam.

Extrair informações de textos legais usando expressões regulares é possível em grande parte porque advogados e juízes são obrigados a usar algumas expressões, às vezes por lei, a fim de atuar por meio de seus textos. Por exemplo, ao celebrar um casamento, o ministro deve dizer certas palavras em uma certa ordem. Caso contrário, a celebração não é considerada válida perante a lei. Caso contrário, a celebração não é considerada válida perante a lei. Da mesma forma, existe uma forma canônica de decidir um resultado em uma disputa legal. Existem algumas pequenas variações, mas são suficientemente pequenas para que a extração por meio de expressões regulares seja possível. Claro que um dos maiores desafios para quem realiza a pesquisa empírica de *text mining* em bases judiciais hoje em dia é que ainda existem erros no uso das expressões regulares, mesmo quando o sistema eletrônico e informacional das bases judiciais obrigam usuários – tanto advogados, quanto magistrados e servidores – a padronizarem minimamente o uso dessas expressões. Esse é ainda um problema concreto, apesar do conhecimento e das "providências" sendo tomadas regularmente pelos gestores de dados judiciais, sobretudo os do Conselho Nacional de Justiça (CNJ).

Especificamente com relação aos tópicos discutidos em uma disputa trabalhista, descobrimos que esses casos são decididos pelos juízes em partes separadas. Cada parte do texto discute um aspecto do caso, como capítulos em um livro. Os títulos desses "capítulos" revelam quais são as demandas formuladas no caso.

Achados

Baixamos todos os casos levados aos tribunais trabalhistas de primeira instância do Tribunal Regional do Trabalho da 2ª Região (TRT-2), que abrange a região metropolitana de São Paulo (a maior cidade do Brasil). O TRT-2 é também o maior tribunal trabalhista do país. Uma vez que os tribunais brasileiros estão no processo de digitalização, e uma vez que a política do CNJ é tornar os casos o mais acessíveis possível a um público amplo, é razoável acreditar que os casos acessados por esta pesquisa representam uma parcela muito grande da verdadeira população.

Limitamos nossa pesquisa aos casos julgados de janeiro de 2001 a julho de 2017. O primeiro exercício trouxe 386.995 documentos do TRT-2. No entanto, de todos esses, apenas 129.720 estavam diretamente relacionados a decisões em conflitos trabalhistas. Eles incluíam sentenças, decisões sobre recursos, queixas etc.

Uma característica de nossa amostra é que ela era composta apenas por ações iniciadas por empregados – excluímos os casos iniciados pelas empregadoras contra empregados (de toda forma, esses casos eram muito menos numerosos). Com isso, tivemos alguns resultados conforme abaixo:

Tabela 3.1: Frequência de Sucesso das Partes (em % do total)

Decisões parcialmente ou totalmente favoráveis ao empregado[15]	88,5%
Decisões totalmente favoráveis à empregadora (a empresa)	11,45%

Fonte: Salama, Carlotti e Yeung (2018) (nota de rodapé 13 acima).

---

15. Devemos fazer uma consideração importante aqui: como pode ser visto, agregamos os resultados das "decisões totalmente favoráveis aos empregados" com as "decisões parcialmente favoráveis aos empregados", o que pode trazer algumas desvantagens. Para começar, é comum que os empregados em processos trabalhistas reivindiquem vários itens de uma só vez (por exemplo: verbas rescisórias, horas extras, danos morais etc.), mesmo que não esperem receber todos eles. E porque essa é uma "prática usual", também existe uma "expectativa usual" de que os juízes quase nunca concederão todos os itens solicitados. Devido a essa "norma social nos tribunais trabalhistas", consideramos adequado tratar os dois tipos de decisões como semelhantes. Na verdade, o que realmente importa para nós são os casos em que os juízes não concedem nada ao empregado. No entanto, entendemos que a questão das decisões parcialmente favoráveis aos funcionários exige uma análise mais cuidadosa sobre sua natureza, características e justificativas em futuras pesquisas.

Como podemos ver, com base nos resultados que obtivemos, as decisões de primeira instância do TRT-2 são em grande parte desfavoráveis às empregadoras e favoráveis aos empregados. Nesse sentido, e lembrando os fundamentos básicos dos modelos de análise econômica do processo civil como vimos no começo deste capítulo, a pergunta que imediatamente se coloca é: será que as empregadoras estão sendo racionais ao insistir no litígio? Dado que elas perdem tanto nos processos judiciais, por que não vemos mais acordos em tais circunstâncias?

Continuamos usando dados extraídos para testar as condições do modelo teórico anteriormente.

t, VC, RE e RK (Duração o Processo, Valores Médios de Condenação, Taxa de Retorno dos Funcionários sobre suas Economias, Taxa de Retorno das Empregadoras sobre o Capital):

Encontramos acima que em uma amostra de aproximadamente 130.000 decisões sobre conflitos trabalhistas dos anos de 2001 a 2017, 88,55% favoreceram o autor (ou seja, os empregados) de alguma forma, e apenas 11,45% das decisões favoreceram o réu, (ou seja, o empregador). Em seguida, concentramos nossa atenção naquilo que definimos como "grandes empregadoras litigantes": ou seja, empresas que enfrentaram 100 ou mais processos no TRT-2, o tribunal trabalhista que abrange a região metropolitana da cidade de São Paulo. Dessa seleção, o Banco do Brasil teve uma taxa de vitória de 17% em relação aos seus funcionários. Outro banco estatal, a Caixa Econômica Federal teve uma taxa muito semelhante, vencendo em 18% de todos os casos trabalhistas. Os bancos privados tiveram taxas de vitória mais baixas: Itaú teve uma taxa de vitória de 14%, Santander 15%, Citibank, 11%. O HSBC teve a maior taxa de vitória entre os bancos, 20%. Fora do setor bancário, os números não são muito diferentes para as empregadoras. A General Motors, por exemplo, teve uma taxa de vitória relativamente alta, 24% de todos os casos. Por outro lado, a Swissport teve uma mera taxa de vitória de 4% em suas ações trabalhistas. Novamente, colocamos a pergunta: por que uma empregadora prefere continuar com litígios trabalhistas se suas chances de vitória contra seus empregados são tão baixas? Por que eles não tentam mais vezes chegar a um acordo? Sua decisão de manter os processos na Justiça Trabalhista é racional?

Em seguida, acessamos o valor médio de condenação para essas "grandes empregadoras litigantes". Embora os valores encontrados não sejam definitivos (uma vez que apelações a essas decisões ainda eram possíveis por se tratar de decisões de 1ª instância), eles são interessantes de se observar:

Tabela 3.2: VC – Valor Médio de Condenação (seleção de empresas)

Empresa Empregadora	Valor Médio da Condenação (in $ reais)
Banco do Brasil	$51.554
Itaú	$121.784
Santander	$58.205
Bradesco	$52.453
General Motors	$51.234
Mercedes-Benz	$68.407
TIM (Telecom Italia Mobile)	$32.340
Telefônica (Spanish telecom company)	$21.779
Tam (Brazilian airlines)	$34.343

Fonte: Salama, Carlotti e Yeung (2018) (nota de rodapé 41 acima).

O valor médio de condenação (que chamamos de VC no modelo teórico acima) para as grandes empregadoras foi de R$ 28.500 reais. No entanto, como se pode ver na Tabela 3.2, os valores variam significativamente entre as empresas. Como mostrado no modelo teórico, dependendo do valor de VC, é possível encontrar condições em que seja interessante tanto para os empregados quanto para as empregadoras aguardarem o julgamento do processo.

Vamos analisar o caso do Itaú. Não é difícil verificar que, em muitas instâncias, o litígio é de fato uma estratégia vantajosa tanto para o funcionário quanto para o empregador. Para começar, vale lembrar que, de acordo com o relatório "Justiça em Números 2017" do Conselho Nacional de Justiça, a duração média da sentença de execução de um processo em 1ª instância em uma vara trabalhista era de 2 anos e 9 meses, já para os casos pendentes esse tempo era de 4 anos e 10 meses (58 meses). Então, podemos considerar que o "n" do modelo teórico acima seja 58 meses.[16]

Levando-se isso em consideração, se as taxas de juros para poupança (RE, como definido no modelo) fossem de 0,5% ao mês (o nível médio da remuneração dos depósitos de poupança no Brasil), o empregado iria preferir continuar com o processo judicial por 58 meses, em vez de aceitar qualquer acordo com valores propostos abaixo de R$ 91.192 (VA). Ele só aceitaria chegar a um acordo se a oferta do banco fosse superior a esse valor. O motivo é que R$91.192 rendendo 0,5% ao mês por 58 e meses daria o valor da condenação média do Itaú nos tribunais

---

16. "Justiça em Números 2017", p. 130-2.

trabalhistas, de R$ 121.784. Se o banco oferecer um acordo com valor abaixo de R$91.192, seria melhor para o empregado esperar a condenação do processo trabalhista 58 meses depois e receber um valor maior do que conseguiria aplicando o valor do acordo na poupança.

Por outro lado, em vez de oferecer um acordo imediato, a empregadora (Itaú) poderia investir o valor de R$ 91.192, rendendo uma taxa de juros de (pelo menos) 1% ao mês (RK no modelo teórico). 58 meses depois, isso renderia um montante de R$ 162.404 – ou $40.600 a mais do que a condenação judicial. Em outras palavras, o banco pode obter lucros (altos) ao não querer um acordo rapidamente e investir o dinheiro enquanto aguarda a decisão final dos tribunais – mesmo sabendo que deve perder! Podemos dizer que a suposição de uma taxa mensal de retorno de pelo menos 1% é realista. De acordo com dados do relatório contábil do Itaú de dezembro de 2019, seu ROE (retorno sobre o patrimônio líquido) anual foi de 26,1% ao ano,[17] o equivalente a 1,95% ao mês. Portanto, nosso exercício na verdade pode ser até muito conservador, já que o lucro em esperar o julgamento pode ser ainda maior do que acabamos de calcular.

Na amostra encontrada para esse exercício, o Itaú era réu em 1.251 casos. Se adotasse a regra de nunca tentar um acordo e sempre preferir litigar, teria gerado R$ 50,8 milhões de "lucro" ao não firmar nenhum acordo e esperar o julgamento das ações, assumindo a duração média e demais condições que acabamos de expor. Qualquer investimento com uma taxa de juros de pelo menos 1% ao mês (B) seria compensador. Isso é realista para qualquer grande empresa brasileira, especialmente aquelas do setor financeiro pois detêm boas informações sobre onde e como investir seu capital.

Clite: Isenção de Custas Judiciais

De acordo com as leis brasileiras, pessoas de baixa renda podem ser isentas de todas as custas judiciais, o instituto da Gratuidade da Justiça. Portanto, na prática, sobretudo para a Justiça Trabalhista, o acesso é gratuito para os empregados, ou seja, Clite = 0. No próximo capítulo, discutiremos de maneira aprofundada sobre o instituto da Gratuidade da Justiça, seus reais impactos e alcances no Judiciário e na sociedade brasileira. Por ora, vamos apenas considerar este fato (bem conhecido por muitos) da gratuidade implicar um valor de Clite = 0 em nosso modelo teórico. Também, quisemos averiguar, pelos dados empíricos coletados na extração de dados, qual era a porcentagem de

---

17. Disponível em: https://www.gurufocus.com/term/ROE/ITUB/ROE-/Itau-Unibanco-Holding-SA.

trabalhadores que obtém efetivamente a gratuidade, já que esse só pode ser concedido por julgamento do magistrado(a).

Os resultados são bastante impressionantes. Nada menos que 77,31% de todos os casos em nossa amostra demandaram explicitamente[18] a isenção de taxas judiciais; em outras palavras, 110.287 casos exigiram acesso gratuito à Justiça do Trabalho. E em 99,63% de todos esses casos, o pedido foi concedido. É muito claro que os tribunais trabalhistas são praticamente gratuitos para qualquer empregado-autor.

Tabela 3.3: Pedidos de Gratuidade da Justiça

	%	N. de Casos
Amostra total	100%	129.720
Pedidos de gratuidade	77,31%	110.287
Pedidos concedidos	99,63% da linha acima	109.879

Fonte: Salama, Carlotti e Yeung (2018) (nota de rodapé 41 acima).

VA: Valores Alcançados em Acordos Judiciais

Devido à super litigância e à sobrecarga dos tribunais (discutido nos capítulos 1 e 2), o Judiciário brasileiro tem encorajado as partes a tentarem chegar a um acordo antes que o caso vá a julgamento. O próprio Código do Processo Civil (e o processo trabalhista) tem – *pro forma* – uma etapa obrigatória de conciliação entre as parte, onde – idealmente – as partes conseguiriam chegar a um acordo cooperativo, com o suporte de servidores ou mesmo dos magistrados. Infelizmente, geralmente isso é *pro forma* e poucos atores – mesmo dentro do sistema judicial – percebem a vantagem e os ganhos de se ter uma negociação bem sucedida entre as partes.

Tentamos no exercício empírico coletar informações relacionadas aos casos bem-sucedidos de acordos judiciais. Porém, nossos procedimentos de mineração de texto não nos permitiram recuperar todas as informações, e os dados coletados foram parciais. Assim, não sabemos com precisão a frequência com que esses acordos ocorreram entre as ações coletadas para a amostra. No entanto, daqueles em que foi possível extrair a informação sobre a ocorrência do acordo, pudemos conhecer os valores médios alcançados, por empresa empregadora:

---

18. Casos em que o algoritmo computacional consegue identificar facilmente no texto da petição o pedido de gratuidade da Justiça.

Tabela 3.4: Valor Médio de Acordos Judiciais (por Empresa)

Empresa Empregadora	Valor Médio pago pela Empregadora aos Empregados no Acordo Judicial (em R$)
Itaú	35.899,29
Bradesco	29.703,32
Banco do Brasil	31.463,39
Caixa Econômica Federal (state owned bank)	433,33
Citibank	39.091,71
Volkswagen	61.512,00
General Motors	26.323,45
Correios	126,67

Fonte: Salama, Carlotti e Yeung (2018) (nota de rodapé 41 acima).

Novamente, o valor médio do acordo varia significativamente entre as empresas. Isso nos levou a uma nova hipótese: esse valor pode estar relacionado às taxas de sucesso. Como evidência preliminar, a Swissport foi uma empresa em que não houve nenhum caso de acordo antes do julgamento; ao mesmo tempo, ela tinha uma das taxas de sucesso mais baixas em relação aos seus funcionários. Esperamos poder confirmar essa hipótese em trabalhos futuros.

Pc e Pe: Taxas de Sucesso por Empregadora e por Empregado:

Na Tabela 3.1 acima, mostramos os resultados gerais das taxas de sucesso derivadas de nosso exercício de mineração de texto. Os números no tribunal trabalhista de São Paulo (TRT-2) são, respectivamente, 11,45% para Pc e 88,55% para Pe.

(1 - Pc)*He: Honorários Advocatícios Esperados Pagos pelo Empregado:

Como vimos acima, Pc são empiricamente altos. Além disso, sempre que um funcionário obtém a gratuidade da Justiça, em geral (mas não necessariamente), ele também será isento de pagar seus próprios honorários advocatícios e os honorários advocatícios da empregadora (caso perca no julgamento). Portanto, (1 - Pc)*He é, empiricamente, muito baixo.

Veremos que essa é uma variável que sofreu fortes impactos com o advento da Reforma Trabalhista de 2017. Se antes (1 - Pc)*He era praticamente zero, na maioria das situações, isso deixou de acontecer nos anos imediatamente subsequentes à reforma. Já tivemos oportunidade de discutir esse fato no início deste capítulo, quando conceituamos custo de oportunidade ao litígio, nos fundamentos da Economia.

Temos ainda outras variáveis do modelo cujos valores empíricos acessamos por outras formas (que não pela mineração de dados), algumas por fontes secundárias (coletadas por outros autores ou centros de pesquisa).

Evidências de Outras Fontes:[19]

Clitk: Custo da Empregadora para Acessar os Tribunais

É significativamente mais caro para as empregadoras (empresas) acessarem os tribunais, se compararmos com os custos enfrentados pelos empregados (que são próximos de zero, como mostramos acima). No entanto, devido ao excesso de litígio nas relações trabalhistas no Brasil, a maioria das grandes empresas possui grandes departamentos jurídicos internos, com o objetivo específico de lidar com ações judiciais em grande escala. Conforme demonstrado por Aith (2000), um banco americano operando no Brasil tinha um departamento jurídico que empregava cinco vezes mais advogados e funcionários do que o equivalente encontrado na sede nos Estados Unidos. Assim, nesse sentido, paradoxalmente, para cada nova ação trabalhista, o custo marginal de acesso aos tribunais pela empresa é relativamente baixo, uma vez que a estrutura jurídica é fixa e previamente estabelecida.

Pc*Hk: Honorários Advocatícios Esperados Pagos pelas Empregadoras

Em teoria, essa variável pode gerar valores elevados, porque as empregadoras sempre têm que pagar Hk: elas perdem casos com muita frequência (Pc alto), e mesmo se ganharem, os empregados serão isentos de pagar honorários de sucumbência (até antes da Reforma Trabalhista de 2017). Por outro lado, como mencionado anteriormente, em termos relativos ou marginais, Hk pode ser muito pequeno. A razão para isso é que a maioria das grandes e médias empresas geralmente possui departamentos jurídicos internos que funcionam constantemente. Isso significa que, para cada nova ação trabalhista, os custos variáveis e marginais dedicados à contratação de advogados são próximos de zero para o empregador.

---

19. Acima, já havíamos adiantado o cálculo do valor de "t" – duração média do processo e execução, que também é evidência coletada por outros, no caso, pelo Conselho Nacional de Justiça.

3.3.3 Resultado geral combinando dados empíricos obtidos pelo *textmining* com o modelo teórico

Em síntese, a maioria das condições derivadas na seção 3.2.3.1 para a ocorrência de um acordo não são observadas empiricamente. Recapitulando, a Equação 7 fornece a condição conjunta para a ocorrência de um acordo:

$$(VC * Pc * Pe) - Clite - (Pc*He) < \{VA * (1+RK)^t\} < \{(VC * Pc * Pe) + Clitk + (1- Pc)*Hk\}$$

[Eq. 7 – vide acima]

Os valores empíricos extraídos pela mineração de dados fazem com que as condições da Equação 7 não sejam satisfeitas.

A conclusão geral é que os custos explícitos e os custos de oportunidade são tais que é lucrativo para os empregados e empregadoras, ao mesmo tempo, continuarem o litígio e não tentarem um acordo. Isso causa um excesso de litígios nos tribunais trabalhistas brasileiros.

3.3 E COMO TUDO ISSO AJUDA A EXPLICAR O PARADOXO DO ACESSO À JUSTIÇA?

Neste capítulo, começamos entendendo a lógica do pensamento econômico e da fundamentação da argumentação dos economistas e seus modelos. Vimos que se trata de um instrumento poderoso, pois além de conseguir descrever o comportamento e as escolhas humanas, consegue fazer previsões de como as pessoas e as organizações (compostas por pessoas) se comportarão. Tais modelos e teorias foram adaptados há algumas décadas pelos economistas para entender o fenômeno da litigância. Em dezenas de trabalhos clássicos, autores previram em quais situações e em quais condições as partes preferem litigar ao invés de optarem por uma negociação cooperativa. O que é curioso notar é que dezenas de variáveis ambientais, que não são determinadas pelas partes envolvidas, afetam essa tomada de decisão. Os modelos dos diversos autores (clássicos e contemporâneos) diferem-se sobretudo em indicar quais variáveis podem impactar na decisão – apesar de boa parte delas poderem ser agrupadas entre "custos" ou "benefícios" do litígio. Por exemplo, se as chances de ganhar são sempre altas para um tipo de litigante, esse dado entrará em seu cálculo dos benefícios do litígio. Por outro lado, também por exemplo, se as taxas de juros deparadas por uma das partes do litígio forem significativamente mais altas no mercado do que a praticada pelo Judiciário, isso também afetará seu cálculo de benefícios e/ou de custos do processo judicial.

Assim sendo, e voltando ao objetivo inicial deste capítulo, se as políticas públicas estiverem interessadas, por exemplo, em reduzir o nível de litígio nas cortes do país, elas poderiam – munidos dos aprendizados desses modelos de análise econômica do processo – atuar diretamente nas variáveis que interessam, de forma a atingir o resultado esperado. Por outro lado, se elas querem desincentivar o litígio por determinados grupos, mas tornar o processo mais acessível a outros, podem atuar em outras variáveis específicas, que impactem especificamente da maneira que se quer: reduzir os incentivos de quem se quer reduzir o litígio, mas aumentar os incentivos daqueles que se quer. Isso é o que políticas judiciárias efetivas e eficazes deveriam fazer.

Infelizmente, e não é necessário dizer muito mais, isso está bem longe do que acontece nas políticas e nas discussões sobre políticas judiciárias no Brasil. Toda discussão de políticas públicas e acadêmicas – como sempre e infelizmente acontece – é baseada em "achismos", em dogmatismo sem comprovação empírica, em bandeiras ideológicas e afins. Por isso, as políticas de acesso à Justiça continuam pouco eficazes. Por isso, o paradoxo do acesso à Justiça perpetua-se décadas, séculos no Brasil, e continuará perpetuando-se. A Justiça continuará sendo acessada majoritária, se não exclusivamente, por aqueles que estão longe de ser a base da pirâmide social do país.

No próximo capítulo, veremos comprovações de que as atuais políticas de acesso à Justiça são totalmente inócuas.

REFERÊNCIAS BIBLIOGRÁFICAS DESTE CAPÍTULO

ACCIARRI, Hugo & GAROUPA, Nuno (2013). "On the Judicial Interest Rate: Towards a Law and Economic Theory". *Journal of European Tort Law*, v. 4(1), p. 34-62.

AITH, Marcio (2000). "O Impacto do Judiciário nas Atividades das Instituições Financeiras". In: CASTELAR, Armando (Org.). *Judiciário e Economia no Brasil*. São Paulo: Editora Sumaré. p. 169-182.

CONSELHO NACIONAL DE JUSTIÇA (2017). *Justiça em Números 2017*. Brasília: CNJ. Disponível em: https://www.cnj.jus.br/pesquisas-judiciarias/justica-em-numeros/.

COOTER, Robert D.; RUBINFELD, Daniel L. (1989). "Economic analysis of legal disputes and their resolution". *Journal of Economic Literature*, v. 27, n. 3, p. 1067-1097.

COOTER, Robert D. & ULEN, Thomas (2010). *Direito & Economia*. 5. ed. Porto Alegre: Artmed Editora S.A.

EISENBERG, Theodore. Testing the selection effect: A new theoretical frame- work with empirical tests. *The Journal of Legal Studies*, v. 19, n. 2, p. 337-358, 1990.

GICO Jr., Ivo T. (2020). *Análise Econômica do Processo Civil*. Indaiatuba: Editora Foco.

MANKIW, N. Gregory (2016). *Introdução a Economia*. Tradução da 6. ed. norte-americana. São Paulo: Cengage Learning.

MILLER, Geoffrey P. (1994). "Introduction: Economic Analysis of Civil Procedure". *The Journal of Legal Studies*, v. 23(1), p. 303-306.

PRIEST, George, & Klein, Benjamin (1984). "The Selection of Disputes for Litigation". *The Journal of Legal Studies*, v. 13(1), p. 1-55.

SALAMA, Bruno; CARLOTTI, Danilo e YEUNG, Luciana (2018) "As decisões da Justiça Trabalhista são imprevisíveis?" *Série: O Judiciário destrinchado pelo 'Big Data'*, Working Paper, Insper. Disponível em: https://images.jota.info/wp-content/uploads/2019/07/3766fe23a027a8d593f98a85f29f1672.pdf.

YEUNG, Luciana & CAMELO, Bradson (2023). *Introdução à Análise Econômica do Direito*. São Paulo: Editora JusPodivm.

4

O PARADOXO DO ACESSO À JUSTIÇA: PARTE 3 – O QUE ESTÁ SENDO FEITO E POR QUE NÃO RESOLVE?

4.1 INTRODUÇÃO: JÁ NÃO HÁ O SUFICIENTE PARA COMBATER O PARADOXO DO ACESSO À JUSTIÇA?

Nos capítulos anteriores vimos a existência de um fenômeno perverso no Judiciário brasileiro: a superlitigância por indivíduos e organizações com alto poder aquisitivo e escolaridade (relativamente à média da população brasileira), e o total afastamento de pessoas e organizações de baixo poder econômico, social e com pouco conhecimento a respeito do Direito e do funcionamento do Judiciário.

Argumentei que existe uma rica literatura baseada na análise econômica e empírica, há décadas consolidada, que mostra como as decisões de litigância e acordo são tomadas. Mais importante, esses modelos são capazes de prever as situações em que um resultado ocorre ou não e, com base nisso, fazer recomendações de quais políticas públicas poderiam ser tomadas se forem claros os objetivos das autoridades. Tratam-se de instrumentais poderosos e eficazes para a geração de resultados sociais almejados.

Alguns juristas poderão refutar dizendo que o Direito e o Judiciário brasileiros já possuem instrumentos para coibir a superlitigância pelos mais ricos e o incentivo do acesso à Justiça pelos mais pobres. Certamente citarão o instrumento da Gratuidade da Justiça, a cobrança de custas judiciais baseado no valor da causa, e alguns até mencionarão a democratização do acesso à Justiça trazida pelo processo eletrônico. Mostrarei neste capítulo que nenhum destes instrumentos foi ou está sendo capaz de atacar o problema do "paradoxo do acesso ao Judiciário". São instrumentos mal desenhados, mal executados e ineficazes para coibir o acesso regressivo à Justiça que acontece hoje no país. Mais importante, farei a argumentação de maneira empírica, com dados oficiais do próprio Judiciário brasileiro.

4.2 INFORMATIZAÇÃO: AJUDOU OU PREJUDICOU? PESQUISA *BIG DATA* COM DADOS DE 4 TRIBUNAIS[1]

A informatização do Judiciário brasileiro e implantação a nível nacional do processo eletrônico nos últimos 15 a 20 anos não teve como motivação inicial facilitar ou democratizar o acesso à Justiça. Porém, certamente gerou uma grande curiosidade – de acadêmicos, gestores judiciais e demais profissionais do Direito – sobre seus possíveis impactos na acessibilidade da população como um todo. A hipótese, muito válida e sensata, é que a possível facilidade trazida pela informatização ao processo judicial poderia mitigar alguns dos maiores obstáculos ao amplo acesso da Justiça pelas camadas sociais menos privilegiadas: a dificuldade burocrática e o tempo de tramitação.

Infelizmente, até agora, as primeiras evidências científicas e empíricas são frustrantes: por enquanto, a informatização nada mudou no acesso à Justiça, nem por um lado (facilitando) e nem por outro (dificultando).

Nessa seção, apresento alguns resultados de um projeto realizado entre os anos 2018 e 2021 para o Instituto Betty e Jacob Lafer. Nele, eu e Paulo Eduardo Alves da Silva, juntamente com nossa assistente de pesquisa Carolina Osse, tivemos como intuito principal investigar essa questão. A pesquisa foi feita com diversas frentes e metodologias e gerou um relatório de mais de 100 páginas. No site do Insper[2] há um resumo do estudo, bem como acesso ao trabalho completo. Aqui, serão apresentados apenas os resultados de uma das frentes, onde usamos a metodologia de mineração de dados para extrair uma grande quantidade de dados dos arquivos dos tribunais. Mais especificamente, coletamos informações sobre o passo a passo de um processo judicial, à medida que "andava" nos cartórios judiciais.

Em verdade, o intuito primordial aqui foi verificar como a informatização impactou na eficiência e celeridade do processo. Mas, como veremos no capítulo imediatamente a seguir (cap. 5), a eficiência judicial está intrinsicamente relacionada com o acesso à Justiça: a falta dela (a ineficiência) é um dos maiores motivos de expulsão dos cidadãos mais carentes da prestação jurisdicional.

****

---

1. Por questões de espaço, apenas uma seleção dos resultados originais será apresentada aqui.
2. Disponível em: https://www.insper.edu.br/conhecimento/direito/processo-eletronico/.

4.2.1 Andamentos processuais e processo eletrônico

A informatização e a mudança dos processos físicos para eletrônico causaram grandes impactos na estrutura de funcionamento dos tribunais e nos fluxos do processo judicial:

A informatização vem balizando o rearranjo organizacional da Justiça.

Diante da racionalização das rotinas cartorárias, com aceleração na preparação e cumprimento dos processos pelas serventias, detectou-se a necessidade de readequação na divisão de trabalho.

A maior eficiência nas tarefas burocráticas torna a tramitação processual mais rápida, resultando invariavelmente no aumento de conclusões diárias para decisões e sentenças. Nada obstante, referida eficiência também diminui o número de profissionais designados para tanto, permitindo seu realojamento para assessoria direta ao magistrado (CEBEPEJ/IASP, Gerenciamento de Processos e Cartórios Judiciais, 2016[3]).

Estes apontamentos nos levaram a questionar como a alteração de meio físico para o digital e as mudanças estruturais dos cartórios impactaram na tramitação do processo judicial. Levantamos as hipóteses de que os atos praticados pelos servidores de cartório possam ter se tornado mais simples, e/ou que tivessem um tempo de duração menor, com relação a duração total do processo.

Com objetivo de verificar estas hipóteses, desenvolvemos a análise do banco de dados de andamentos processuais de alguns tribunais selecionados.

4.2.2 Metodologia

Foram selecionados quatro tribunais que utilizam diferentes sistemas de processo eletrônico: (i) Tribunal de Justiça do Estado de São Paulo, que utiliza o eSAJ; (ii) Tribunal Regional Federal da 3ª Região (responsável pelos estados de São Paulo e Mato Grosso do Sul), que utiliza o PJe; (iii) Tribunal Regional Federal da 2ª Região (responsável pelos estados do Rio de Janeiro e Espírito Santo), que utiliza o e-Proc; e (iv) Tribunal de Justiça do Estado do Rio de Janeiro, que utiliza o Processo Eletrônico do estado do Rio de Janeiro (PJERJ).

Os três primeiros tribunais foram escolhidos por utilizarem sistemas discutidos no capítulo 3, e o TJRJ por utilizar um sistema diferente dos descritos anteriormente (PJERJ), representando um dos sistemas que estão sendo substituídos no cenário nacional. O TJRJ celebrou termo de compromisso com o CNJ em 12.11.2018, para a implementação do PJe no tribunal, a implementação do novo sistema foi iniciada em dezembro de 2019.

---

3. CEBEPEJ/IASP. Gerenciamento de Processos e Cartórios Judiciais. 2016. Disponível em: http://www.cebepej.org.br/admin/arquivos/0262d3b2a16fb72a17 0372fe73243e9f.pdf.

Foi selecionada a amostragem de 5.000 processos aleatórios ajuizados em 1ª instância a partir de 1º.01.2017 em cada um dos quatro tribunais previamente selecionados. Conforme o relatório Justiça em Números (2018, ano-base 2017), a partir daquele ano 82,3% de todos os processos ajuizados em primeiro grau no Brasil eram eletrônicos.[4] Para a coleta da amostra do TRF2, optou-se por processos ajuizados a partir de 23.02.2018, quando o sistema e-Proc foi implementado. Outra razão para se estabelecer este marco temporal é que os processos ajuizados em 2017 já estariam concluídos ou estariam próximos de ter uma sentença em 1ª instância.

Foram colhidas todas as movimentações processuais dos 5.000 processos de cada tribunal, desde o seu ajuizamento até o mês de outubro de 2020. No total, foram analisadas as movimentações de 20.000 processos

Por haver distribuição aleatória dos processos, o corte de 5.000 processos apresenta variedade temática e regional dentro de cada tribunal. A aleatoriedade é supostamente garantida pela sequência de distribuição, que é um processo rotativo. Desta forma, os dados coletados também correspondem à média de processos julgados por distribuidor. A principal informação coletada foram os andamentos processuais.

4.2.3 Organização e análise dos dados coletados

O conjunto de andamentos de cada tribunal será analisado de forma individual, pois, apesar o CNJ ter uniformizado as movimentações eletrônicas através da Tabela Processual Unificada (TPU), há variações entre de cada tribunal na forma com a qual se convencionou nomear as movimentações.

Frequência de andamentos

A partir de todas as movimentações dos 20.000 processos eletrônicos selecionados (5.000 de cada tribunal), elaborou-se uma lista, na qual foi apresentada a frequência de cada andamento processual distinto.

- Tribunal de Justiça de São Paulo – eSAJ

O TJSP, na amostra de 5.000 processos, apresentou 729 andamentos distintos, praticados 161.977 vezes.

- Tribunal Regional Federal da 3ª Região – PJe

O TFR3, na amostra de 5.000 processos apresentou 1.142 andamentos distintos, praticados 145.518 vezes.

---

4. No TJSP o índice era de 100%, TJRJ de 94%, TRF3 de 78% e TRF2 de 98%.

- Tribunal Regional Federal da 2ª Região – e-Proc

O TFR3, na amostra de 5.000 processos apresentou 232 andamentos distintos, praticados 276.858 vezes.

- Tribunal de Justiça do Rio de Janeiro – PJERJ

O TFR3, na amostra de 5.000 processos apresentou 338 andamentos distintos, praticados 185.466 vezes.

Gráficos 4.1 – Número de Andamentos Processuais

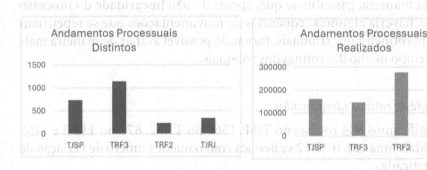

Fonte: Insper (2021)

Podemos identificar maior grau de detalhamento na descrição dos andamentos processuais por parte do TRF3 que possui um maior número de andamento distintos. Por sua vez, o TRF2 é o que registra um maior número de atos ocorrendo em seu fluxo processual, com maior número total de registro de atos praticados.

4.2.4 Rotinas dos tribunais

Com o processo eletrônico, não há mais necessariamente linearidade entre as movimentações processuais. Se antigamente era necessário que o advogado retirasse os autos do cartório, analisasse-os e devolvesse o processo, para ter uma petição protocolada (e essa sequência geralmente seria seguida pelo mesmo procedimento a ser realizado pelo advogado da outra parte), com o processo digital, todas as partes têm acesso ao processo ao mesmo tempo. O magistrado tampouco precisa aguardar ter os autos físico devolvidos à vara para poder se pronunciar. Todos os agentes podem tomar providências ao mesmo tempo, não há mais uma cadeia linear de acontecimentos no processo eletrônico.

Isso implica também que o andamento processual anterior pode não ter relação direta com o seguinte. Não faz mais sentido, portanto, medir de maneira linear o tempo de duração de um andamento até o seu seguinte. Isso, por um lado pode significar maior eficiência no andamento do processo (que não depende da conclusão de uma etapa anterior), por outro lado, dificulta bastante a análise de estudos como este presente. Esse foi um grande obstáculo, contra o qual a equipe dispendeu bastante tempo para avaliação e proposição de solução criativa.

Para contornar esta questão, optou-se por observar o que se convencionou chamar de "rotinas" processuais. Denominou-se "rotinas" o conjunto de 3 andamentos que se sucedem com maior frequência no tribunal. Assim, uma rotina é o conjunto de 3 andamentos processuais praticados na mesma ordem, por pelo menos 20 vezes.

Desta maneira, garantiu-se que, apesar da não linearidade do processo eletrônico, haveria algumas sequências de movimentações que se repetiriam de maneira rotineira nos tribunais, tornando possível avaliar de maneira mais segura o tempo médio das rotinas dos tribunais.

Quantidade de rotinas identificadas

Identificamos 804 rotinas no TJSP, 1562 no TRF2, 875 no TRF3 e 1157 no TJRJ. Mais uma vez, o TRF2 se destaca com o maior número de variação de rotinas praticadas.

Nas rotinas dos tribunais, é notável o papel do servidor. Das 804 rotinas identificadas no TJSP, apenas 19 não passam por ele, no TRF2, 12 ocorrem sem a presença dele, no TRF3 4, e no TJRJ 20. Já o número de rotinas exclusivas do servidor é de 295 do TJSP, 607 no TRF2, 658 no TRF3 e 475 no TJRJ.

Gráfico 4.2 – Participação do Servidor nas Rotinas

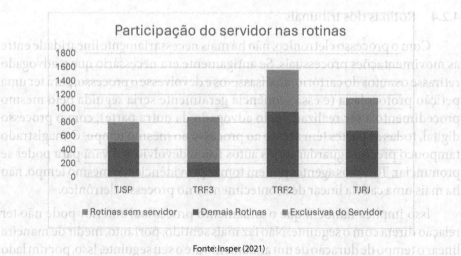

Fonte: Insper (2021)

Podemos classificar as rotinas praticadas exclusivamente pelos servidores como de caráter exclusivamente administrativo. Desta maneira, temos que essas rotinas têm papel significativo nos andamentos dos processos nesses tribunais.

Também é importante notar que poucas são as rotinas que ocorrem sem a participação do servidor, ele é pelo menos o intermediário de quase todos os acontecimentos processuais. Isso implica que praticamente todas as rotinas que ocorrem nos processos tem alguma fase administrativa praticada pelo servidor.

Duração das rotinas

A partir da quantidade de rotinas diversas identificadas, examinamos a duração de tempo em dias de cada uma delas.

Abaixo, os gráficos de cada tribunal classificadas por tempo de duração.

Gráficos 4.3 – Duração das Rotinas (por tribunal)

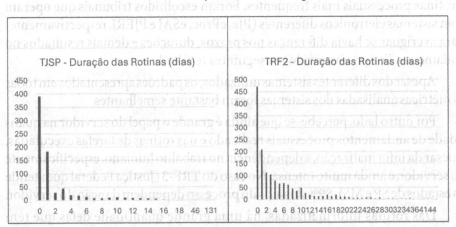

Fonte: Insper (2021)

Todos os tribunais apresentaram um padrão bastante semelhante, no qual a maioria das rotinas é praticada em menos de um dia (a indicação de decorrência de tempo de zero dias significa que a rotina foi iniciada e encerrada no mesmo dia). Esse padrão muito se assemelha ao identificado por Alves da Silva (2006).[5] Vale lembrar que, à época daquela pesquisa, havia atividades complexas praticadas nos cartórios judiciais, que envolviam uma série de pequenos atos diversos a serem praticados.

---

5. ALVES da SILVA, P. E. (2006). *Análise da Gestão e Funcionamento dos Cartórios Judiciais*. Brasília: Ministério da Justiça.

No entanto, é possível perceber que, em alguns dos tribunais, há um número de rotinas com durações significativas (perto ou mais de uma dezena de dias) que, se somadas, podem ter um grande impacto na duração total do processo – lembrando que o número total de rotinas é geralmente em número bastante alto (de algumas centenas a mais de um milhar).

De maneira geral, podemos concluir que os processos, em geral, duram muito não porque existe um procedimento muito longo que dure muito tempo, mas porque há uma série de pequenas movimentações de curta duração que se repetem muitas vezes.

4.2.5 Conclusões dos dados levantados

No exercício que foi feito aqui, talvez um dos pioneiros no estudo do funcionamento judicial, foi usada a metodologia de *text mining* para extrair dados dos sistemas eletrônicos de 4 grandes tribunais no país, para avaliar as movimentações e rotinas processuais mais frequentes. Foram escolhidos tribunais que operam com sistemas eletrônicos diferentes (PJe, eProc, eSAJ e PJERJ, respectivamente) para averiguar se havia diferenças nos prazos, durações e demais resultados no andamento. Foram observados os seguintes resultados:

Apesar dos diferentes sistemas utilizados, os padrões apresentados em todas as métricas analisadas dos sistemas foram bastante semelhantes.

Por outro lado, percebe-se que ainda é grande o papel do servidor na quantidade de andamentos processuais realizado e nas rotinas de tarefas executadas. Apesar da informatização, a dependência no trabalho humano, especificamente do servidor, é ainda muito intensa. No caso do TRF-3 (Justiça Federal que atende os estados de SP e MS), 89% dos atos do processo dependem da ação do servidor.

Das rotinas informatizadas, há uma grande quantidade delas que têm curtíssima duração de tempo (menos de um dia), e algumas poucas rotinas que têm longa duração.

O que também fica constatada é grande quantidade de rotinas no andamento do processo, centenas delas e, em alguns casos, mais de um milhar. Desta forma, mesmo que cada uma tenha curta duração, o processo acaba se tornando extremamente longo por causa da quantidade de andamentos, muitas vezes burocráticos e "desnecessários", que precisam ser cumpridos. O caso do TRF2, de acordo com o levantamento feito, é o exemplo extremo, com o maior número de atos ocorrendo em seu fluxo processual. No entanto, os outros tribunais não estão muito melhores neste quesito, e sabe-se que o diagnóstico pode ser generalizado para todos os outros tribunais do país.

Assim, por trás da aparente celeridade e eficiência do processo eletrônico, por ter rotinas que em média duram menos de um dia, existe uma morosidade pela exigência do cumprimento de centenas de rotinas, muitas delas, sem motivo "racional" de continuarem existindo. Talvez esse seja o maior dos obstáculos à maior celeridade no processo judicial pós-informatização. No entanto, isso somente poderia ser alterado com mudanças nas normas do processo civil – algo muito maior do que cabe à gestão dos tribunais.

Mais estudos deveriam continuar averiguando a relação empírica entre informatização do processo, eficiência judicial, e consequentemente, acesso à Justiça.

****

4.3 CUSTAS JUDICIAIS NO BRASIL: COMO ESTÃO DEFINIDAS, COMO DEVERIAM SER

Muito certamente, operadores do Direito e membros do Judiciário ao se depararem com as provocações aqui colocadas sobre o problema do "paradoxo do acesso à Justiça" rebaterão prontamente dizendo: "Mas há as custas judiciais! E há a gratuidade da Justiça! Ou seja, ricos pagam as custas, e pobres podem ter acesso gratuito – isso resolve o problema!"

A resposta é muito simples: não resolve. Não resolve da maneira como ambos estão colocados e são praticados pelo próprio Poder Judiciário hoje no Brasil. Tanto não resolve que o próprio Conselho Nacional de Justiça (CNJ) criou Grupos de Trabalho (GTs), promoveu eventos e diversas pesquisas a fim de estudar os problemas ainda não sanados nesse sentido.

Apresentarei nas próximas duas seções, projetos de pesquisa empíricas executados pelo próprio CNJ, ou coordenados/encomendados diretamente por ele. Para cada questão – custas judiciais e gratuidade – trarei apenas um trabalho para discussão, por questões de espaço, e por questões da autoria. Mas ambos os temas estão sendo amplamente discutidos pela comunidade acadêmica e de políticas públicas do Direito – mais um sinal de que o problema é real e não resolvido. Isso é um bom sinal.

"Diagnósticos das Custas Processuais Praticadas nos Tribunais".

Em um relatório de pesquisa[6] com resultados para subsidiar o Grupo de Trabalho criado pela Portaria nº 71/2019, o CNJ mostra que o problema é não é novo. Já em 2010 havia sido realizada outra pesquisa, onde:

---

6. Disponível em: https://bibliotecadigital.cnj.jus.br/jspui/handle/123456789/522.

foi verificada a *necessidade de reforma na sistemática de cobrança das custas judiciais*. Na ocasião, foram identificados problemas estruturais como carência de uniformidade nos conceitos, critérios e modelos de custas judiciais, discrepância dos valores cobrados nos diversos estados e falta de clareza quanto à legislação relativa à matéria. Além disso, *políticas regressivas na fixação de custas* em algumas unidades da federação, *de modo a onerar em grau maior as classes econômicas inferiores*, e a distorção entre valores praticados na primeira e segunda instância também foram problemas levantados (CNJ, 2019, p. 9, ênfases minhas).

No novo exercício de levantamento dos dados pelos tribunais brasileiros, agora em 2019, o CNJ encontrou os mesmos problemas de "falta de uniformidade nos conceitos, critérios e modelos" aplicados pelo país. Somente um exemplo:

Os valores mínimos das custas iniciais variam de R$5,32, na Justiça Federal, a $556,94 no TJMT. Portanto, as custas mínimas no TJMT são mais de cem vezes as observadas no TJAL... Por outro lado, assim como o STJ e o STF, cinco Tribunais de Justiça possuem custas mínimas superiores a $300,00. São eles, além do TJMT: o TJGO (R$ 336,393)[sic], o TJPR (R$348,64), o TJMG (R$391,66) e o TJMS (R$431,55) (Idem, p. 15).

Há ainda, diversos achados que mostram a natureza regressiva e não equânime das custas entre as diferentes Unidades da Federação do país:

Interessante, no âmbito da Justiça Estadual, perceber que o valor máximo de custas no TJ-DFT (R$ 502,34) é menor que o valor mínimo das custas no TJMT. *Esse baixo valor das custas máximas no TJDFT ainda deve ser ponderado com o fato de o DF ser a unidade com maior Índice de Desenvolvimento Humano do Município (IDH-M), medido em 0,85, e PIB per capita de R$ 2.460,00. Dessa forma, em geral, mesmo possuindo população com maior capacidade de arcar com as custas processuais, apresenta um baixo valor para estas* (Ibidem, p. 16, ênfases minhas).

Então, se existe algum argumento de que as custas judiciais servem para minimizar o privilégio dos mais ricos sobre os mais pobres no acesso à justiça, já se percebe que isso não ocorre, ao menos em nível comparativo nacional.

Outras evidências de regressividade criada pelas custas judiciais acontecem dentro de uma mesma Unidade da Federação:

Por outro lado, o TJPR apresenta custas mínimas relativamente altas, comparadas com os demais tribunais, e custas máximas relativamente baixas. *Desta forma, proporcionalmente, este tribunal onera mais causas simples e que, em regra, envolvem pessoas com menor capacidade de pagamento, do que causas de altos valores* (p. 16, ênfases minhas).

Também, a falta de racionalidade no valor das custas acontece entre as diferentes Justiça – sabendo que elas não indicam tendências de maior ou menor valor entre elas:

Tanto em ações de cem mil, quanto nas de R$ 1 milhão, o custo para ingressar nos Tribunais Superiores ou no TJDFT ou nos TRFs é menor do que o verificado nos demais estados. *Ou seja, em uma mesma cidade, as custas podem ser mais de 10 vezes mais caras, simplesmente* *por se tratar de uma ação de competência da Justiça Federal, em vez da Estadual (ex.: uma ação de R$ 100.000,00 no Piauí, Paraíba e Pernambuco nos cartórios não oficializados do interior) (p. 20, ênfases minhas).*

Em seguida, o relatório do CNJ apresenta inúmeros dados – sempre acompanhados de gráficos bastante didáticos – mostrando a total falta de relação entre o IDH de UFs e seus respectivos valores de custas praticados. Em diversas delas, a relação é simplesmente inversa: quanto maior o IDH, menor o valor das custas, e vice versa – quanto menor o IDH, maior o valor das custas cobradas. Exemplos:

Chama a atenção o caso do TJPI, pois o Piauí é um estado com o terceiro menor IDH (0,697) e PIB *per capita* (R$ 817,00). Mesmo assim, apresenta o maior valor de custas para causas de R$ 100.000,00. Ou seja, suas custas são relativamente altas mesmo sua população tendo menor capacidade de pagamento. Os estados da Bahia, do Maranhão e da Paraíba também chamam atenção neste aspecto (Figura 8). Para causas de R$ 100.000,00 apresentam altos valores de causa, mesmo possuindo PIBs *per capita* e IDHs relativamente baixos em relação à média nacional...No TJDFT, a relação é oposta. O tribunal combina alto IDH com baixas custas (p. 21-2).

Mais à frente, o relatório traz uma discussão sobre as custas recursais, ou seja, valores pagos pela parte que quer recorrer. Lembrando bastante a abordagem econômica que discutimos no capítulo anterior, o CNJ mostra:

Percebe-se que os valores pagos em razão de recurso são, em regra, proporcionalmente baixos em relação à instância originária, o que pode ser uma forma de incentivar a impetração de recursos. Para tanto, analisou-se a relação entre custas iniciais máximas e custas recursais máximas.

... Portanto, percebe-se que o sistema de custas pode ser um incentivador da proposição de recursos, uma vez que, em regra, é muito mais barato interpor recursos, seja de segundo grau, ou recursos especiais, extraordinários e de revista, do que propor ações originárias. Assim, para uma parte que despendeu uma quantia significativa para iniciar a litigância, diante de um montante pequeno por ela já devido em termos de custas, tenderá a ser economicamente mais interessante a interposição de recursos (p. 25-6, ênfases minhas).

Além de regressivo, o sistema de custas parece estar sendo um dos causadores do excesso de litigância, sobretudo pelas classes mais ricas, que têm como financiar facilmente as custas judiciais e continuar com o processo por um longo período (baixo custo de oportunidade) além de baixíssimas custas recursais. Olhando para esses e outros dados empíricos, percebe-se que as custas estão provocando, e não reduzindo, o paradoxo do acesso à Justiça. Por fim, o relatório conclui:

A diferença supracitada, entre as formas e valores de cobrança das custas iniciais e recursais, por parte dos estados da federação não deveria ser um problema, mas sim, uma solução, na medida em que seria possível aos estados, ponderar as diferenças socioeconômicas de cada localidade, buscando tornar o judiciário acessível a todos. *No entanto, o que se verifica, na análise das tabelas de custas coletadas nos sites dos Tribunais de Justiça, é uma desproporcionalidade muito grande nas referidas metodologias e valores de cobrança, principalmente quando comparadas com os indicadores econômicos e sociais, como o PIB e o IDH.*

Diante dos dados expostos no presente relatório, resta evidenciada a real e imediata necessidade de se buscarem formas de nortear a cobrança de custas na Justiça Estadual. Também foi mostrada a importância de se discutir a questão dos valores das custas recursais no país e, por fim, como resultado da pesquisa, a necessidade de novas investigações sobre a questão da Assistência Judiciaria Gratuita e seus efeitos na judicialização e no acesso à Justiça (p. 34-5).

Foi justamente o achado final daquele relatório, sobre a necessidade de se entender melhor a questão da Assistência Judiciário Gratuita que um subgrupo de Trabalho foi formado no âmbito daquele primeiro GT do CNJ, e as duas próximas pesquisas foram encomendadas e executadas – uma diretamente pelo Departamento de Pesquisas Judiciárias (DPJ) do CNJ, e a outra por equipe do Insper, coordenada por mim.

4.4 ASSISTÊNCIA JUDICIÁRIA GRATUITA (AJG): UMA PSEUDOPANACEIA

No fim do ano de 2022 e começo de 2023, o Conselho Nacional de Justiça, nas pessoas do Ministro do Superior Tribunal de Justiça (STJ) Ricardo Villas Bôas Cueva e do Conselheiro Richard Pae Kim, queriam ter uma perspectiva empírica, "ver os dados" sobre a questão da AJG no Brasil. Entendiam que não basta mais discutir sobre políticas e "divagar" sobre a questão do acesso à Justiça somente com base em "achismos" e percepções individuais, cada um com seus pré-conceitos sobre o assunto. Imediatamente solicitaram à equipe do DPJ um levantamento sobre a questão e, ao mesmo tempo, encomendaram um projeto de pesquisa ao Insper.

O relatório do DPJ encontra-se no site do próprio CNJ.[7] Intitulado "O Perfil dos Jurisdicionados na Gratuidade de Justiça e da Isenção de Custas Processuais", os dados vieram de uma pesquisa de percepção (*survey*) de usuários da Justiça brasileira, e foram coletados em 2022. Como mostra o relatório:

O presente estudo tem por objetivo descrever a caracterização dos cidadãos em relação à tentativa de gratuidade de custos no processo e ao pagamento ou não das custas do processo – independentemente da tentativa de gratuidade. Como objetivos específicos, tem-se:

- Verificar características sociodemográficas dos(as) cidadãos(ãs) que discriminem o sucesso em relação à tentativa de gratuidade de custas no processo entre os(as) cidadãos(ãs) que tentaram o benefício.

- Verificar características sociodemográficas dos dos(as) cidadãos(ãs) que discriminem quem teve custas efetivas ou não no processo (p. 11).

---

7. Disponível em: https://www.cnj.jus.br/pesquisas-judiciarias/.

Ao todo, responderam 2370 pessoas de todo o país. Para nossos propósitos aqui, o que interessa são os resultados referentes à condição econômica dos respondentes. E eles são surpreendentes. Novamente, usando as palavras do próprio relatório:

A maior parte afirma possuir ao menos ensino superior completo (79,2%) e *renda acima de R$5.500 (47,5%)*. Esse dado indica que *os números identificados no perfil dos respondentes não correspondem à realidade da população brasileira*, já que a proporção de adultos de 25 a 34 anos de idade com diploma do ensino superior no Brasil não ultrapassa os 21% (INEP, 2020) e *a renda média mensal em 2021 é de R$ 1.353,00* – a mais baixa desde 2012 (IBGE, 2021). Em relação à região de moradia, houve respondentes de todas as regiões do Brasil e de todos os tipos de municípios classificados pela região de influência (p. 13, ênfases minhas).

Em seguida, o relatório faz uma ressalva sobre possível não representatividade dos dados, pela maior facilidade de pessoa escolarizadas acessar à internet, onde a pesquisa foi realizada. Fica anotada a ressalva, sem desconstituirmos totalmente o resultado apresentado pelo próprio CNJ.[8] Mas há mais:

a maior parte dos respondentes (54,4%) acessou o judiciário sem cobrança de custas, seja em razão de pedido de gratuidade deferido (40,9%), seja pela isenção de custas no processo (13,5%).

Além disso, aproximadamente metade dos(as) cidadãos(ãs) (52,4%) tentou a gratuidade no seu processo, sendo que, destes, mais de dois terços (797 em 1.021 – 78%) tiveram sucesso. Cerca de 8,2% dos(as) respondentes informou não saber da possibilidade de acessar a gratuidade do processo ou não sabiam responder à pergunta (p. 13, ênfases minhas).

Finalmente, um dado que já apresentei em capítulos anteriores nesta obra, aparecem dados perturbadores sobre uma parcela muito significativa daqueles que pedem e obtêm a gratuidade:

(...) chamam atenção os *elevados percentuais de respondentes que disseram possuir renda acima de R$ 5.500 e que utilizaram os serviços do Judiciário de forma gratuita*. Correram sem custas as ações judiciais de 54,2% das pessoas com renda média entre R$ 5.500 e R$ 11.000 e de 35,3% dos respondentes que possuem renda acima de R$ 11.000.

É importante notar que há um percentual de pessoas dessa pesquisa que pediu e conseguiu gratuidade e que recebe acima de R$ 11.000: são 19,5% de pessoas com essa renda e que solicitaram gratuidade alegando hipossuficiência, com deferimento de tal pedido. No grupo de pessoas que recebe entre R$ 5.500 e R$ 11.000, o percentual de indivíduos com pedido deferido de AJG é ainda maior: 33,6%. *Significa dizer que há quantitativo de pessoas que tem poder aquisitivo para arcar com as custas do processo e que estão sendo isentas de tal obrigação*. Considerando que a média salarial dos(as) brasileiros(as), segundo dados do Instituto Brasileiro de Geografia e Estatística (IBGE) é de R$ 2.787 em 2022,3 presume-se que tanto salários

---

8. É por isso que, repito incansavelmente, são necessários mais e mais estudos empíricos sobre o Judiciário – para corroborar ou para falsear achados de estudos preliminares – este é o papel da pesquisa empírica: dar confiança aos resultados dos achados.

acima de R$ 5.500, quanto os acima de R$ 11.000 são consideravelmente maiores que a média nacional e que, portanto, o(a) solicitante deveria ter condições de arcar com as custas de seu processo judicial (p. 22, ênfases minhas).

Paralelamente aos trabalhos do DPJ/CNJ, o Ministro Cueva e o Conselheiro Kim, coordenadores do GT sobre a questão das custas judiciais e gratuidade da justiça, encomendou ao Insper outro levantamento empírico para subsidiar os trabalhos do GT. Nossa equipe do Insper contou ainda com a rica colaboração da DEPLAN – a Diretoria de Planejamento Estratégico do Tribunal de Justiça do Estado de São Paulo.

A pesquisa foi executada em tempo recorde, de aproximadamente quatro meses. Teve uma frente quantitativa, executada pela DEPLAN TJ-SP, e uma frente qualitativa, conduzida internamente pelo Insper, ambos sob minha supervisão. O documento completo tem mais de 100 páginas.[9] Abaixo, apresento sinteticamente alguns de nossos achados.

****

4.4.1 Hipóteses do projeto de pesquisa: frente quantitativa

Adotaremos aqui a metodologia usualmente empregada em pesquisas científicas, qual seja, de partir de hipóteses iniciais e testá-las com os dados que serão coletados empiricamente ao longo da pesquisa. Os dados poderão, ao fim do projeto, tanto confirmar as hipóteses inicialmente formuladas, como contrariar as crenças iniciais. Partimos de duas hipóteses iniciais:

Hipótese 1: A concessão da gratuidade da justiça pelos tribunais brasileiros segue rigorosamente os critérios de necessidade financeira das partes litigantes demandantes.

Hipótese 2: Existe preocupação dos magistrados(as) em sempre justificar suas decisões de conceder ou não conceder a gratuidade da justiça.

Cada uma das hipóteses acima será validada e testada por meio da pesquisa de uma das partes deste projeto. Respectivamente, a parte I – quantitativa e conduzida pela Deplan do TJ-SP – terá como objetivo testar a hipótese 1, enquanto a parte II – qualitativa e a ser conduzida diretamente pela equipe do Insper – terá como objetivo levantar evidências ou refutar a hipótese 2. Ao fim do projeto, voltaremos com os resultados do teste das hipóteses.

---

9. Disponível no site CNJ em: https://www.cnj.jus.br/wp-content/uploads/2023/11/pesq-gratuidade--insper.pdf.

4.4.2 Objetivos e metodologia

A frente quantitativa teve como objetivo específico a análise das relações entre a concessão de Justiça gratuita e dois tipos de variáveis: indicadores socioeconômicos dos municípios – e, por extensão, das comarcas, circunscrições judiciárias (CJs) e regiões administrativas judiciárias (RAJs) – e os valores das causas. Almejou-se com isso, ter evidências do perfil de distribuição do benefício e de sua contribuição no acesso à Justiça pelos mais necessitados. Os dados socioeconômicos dos municípios utilizados foram: população, PIB, IPODM e grau de urbanização, e foram obtidas juntamente à Fundação Sistema Estadual de Análise de Dados (Seade) do Estado de São Paulo.

4.4.3 Resultados (seleções)

A primeira análise para averiguar uma possível relação entre variáveis socioeconômicas e a concessão de Justiça gratuita é exposta no Gráfico 4.4, que exibe uma correlação levemente positiva entre IPDM médio da comarca e a quantidade de processos com Justiça gratuita por 1 mil habitantes na mesma localidade, isto é, comarcas com maior IPDM tendem a ter mais processos com Justiça gratuita.

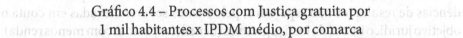

Gráfico 4.4 – Processos com Justiça gratuita por
1 mil habitantes x IPDM médio, por comarca

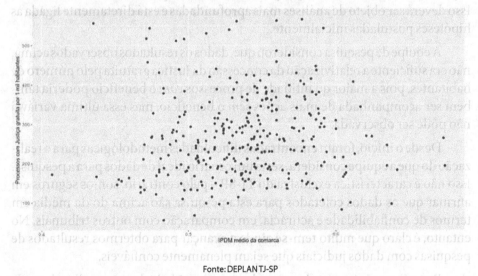

Fonte: DEPLAN TJ-SP

O mesmo pode ser observado no Gráfico 4.5, que aponta (leve) correlação positiva entre o PIB per capita das comarcas e a quantidade de processos com Justiça gratuita proporcionalmente à população.

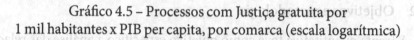

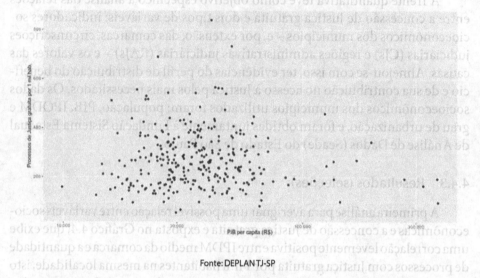

Fonte: DEPLAN TJ-SP

A correlação positiva observada, mesmo que leve, mostra primeiras evidências de resultados não esperados, pelo menos se forem levadas em conta o objetivo jurídico inicial da Justiça gratuita (beneficiar pessoas com menos renda). Isso deverá ser objeto de análises mais aprofundadas e está diretamente ligada às hipóteses postuladas inicialmente.

A equipe de pesquisa considerou que, dados os resultados observados acima, não era suficiente a relativização da concessão da Justiça gratuita pelo número de habitantes, pois a maior quantidade de processos *com* o benefício poderia também ser acompanhada de mais ações *sem* o benefício, mas essa última variável não pode ser observada.

Desde o início, foram encontradas dificuldades metodológicas para a realização do que a equipe considera, seria um cenário ideal de dados para a pesquisa. Isso não é característica exclusiva do TJ-SP – pelo contrário, somos seguros em afirmar que os dados coletados para esta pesquisa são acima do da média em termos de confiabilidade e acurácia, em comparação com outros tribunais. No entanto, é claro que muito tem-se ainda a avançar para obtermos resultados de pesquisas com dados judiciais que sejam plenamente confiáveis.

Por conseguinte, a equipe percebeu a necessidade de uma melhor base de cálculo para os processos. Com isso, optou-se por focar o estudo aos casos novos distribuídos entre janeiro de 2021 e dezembro de 2022. Estes foram cruzados com a extração específica de Justiça gratuita (JG).

O procedimento adotado consistiu na elaboração, para cada nível hierárquico regional (comarca, CJ e RAJ), de gráficos da porcentagem de processos com Justiça gratuita em função de cada variável socioeconômica (IPDM, PIB per capita e grau de urbanização). De forma suplementar, para cada gráfico foi apresentado o resultado de um modelo de regressão linear tendo a porcentagem de casos novos com Justiça gratuita como variável resposta e cada uma das variáveis socioeconômicas como explicativa. A linha traçada em cada gráfico ilustra os valores estimados no modelo de regressão.

Os modelos de regressão linear assumiram a seguinte forma geral:

$$\text{Var. resposta} = \alpha + \beta \times \text{Var. explicativa} + \varepsilon,$$

em que ε é o erro aleatório, com distribuição normal de média zero.

Nesse tipo de modelo, a variável explicativa exerce um efeito sobre a variável resposta se o coeficiente β é diferente de zero. Realizamos o teste t de Student para aferir se, dadas as observações amostrais, há evidências significativas para considerar que β é diferente de zero, isto é, que há relação[10] entre as variáveis. Nesses casos, quando há relação entre as variáveis explicativa e resposta, a reta correspondente no gráfico será inclinada, e não paralela ao eixo horizontal. Tal constatação é feita, muito frequentemente, pelo valor-p (ou "p-valor" ou, em inglês, "*p-value*") associado ao coeficiente relativo à variável explicativa (em negrito nas tabelas abaixo). Ao nível de significância de 10% (adotado aqui e com frequência na literatura empírica), foi considerado que a variável explicativa mantém uma relação linear com a variável resposta se o valor-p é inferior a 10% (ou 0,1).

Teve-se, então, as seguintes relações aferidas:

i. IPDM x porcentagem de casos novos com Justiça gratuita.

ii. PIB per capita x porcentagem de casos novos com Justiça gratuita em nível de CJ.

iii. Grau de urbanização x porcentagem de casos novos com Justiça gratuita em nível de comarca e de CJ.[11]

---

10. Ainda que não se trate uma relação de causa e efeito.
11. Os resultados da relação entre grau de urbanização e casos novos com justiça gratuita não serão apresentados aqui.

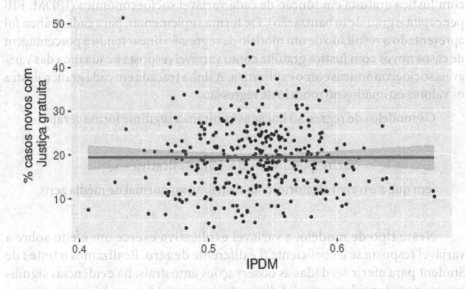

Gráfico 4.6 – Porcentagem de casos novos (2021-2022) com Justiça gratuita x IPDM, por comarca

Fonte: DEPLAN TJ-SP

Tabela 4.1 – Modelo de regressão linear com porcentagem de casos novos como variável resposta e IPDM como variável explicativa (unidades amostrais = comarcas)

Coeficiente	Estimativa	Erro padrão	Valor-t	Valor-p
Intercepto	19,8373	5,6669	3,501	0,000531
IPDM	-0,9964	10,4983	-0,095	0,924443
R^2:	$2,833 \times 10^{-5}$		R^2 ajustado:	-0,003116

Fonte: DEPLAN TJ-SP

Gráfico 4.7 – Porcentagem de casos novos (2021-2022) com Justiça gratuita x IPDM, por CJ[12]

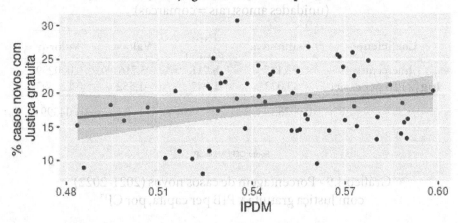

Fonte: DEPLAN TJ-SP

Gráfico 4.8 – Porcentagem de casos novos (2021-2022) com Justiça gratuita x PIB per capita, por comarca

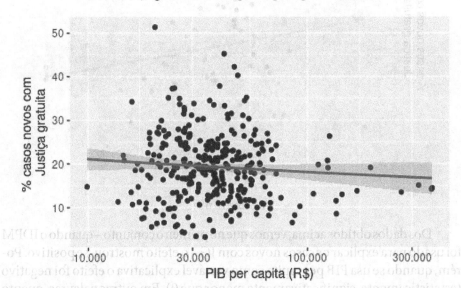

Fonte: DEPLAN TJ-SP

---

12. As tabelas com resultados numéricos (coeficientes) das regressões com dados de CJs não serão apresentados aqui.

Tabela 4.2 – Modelo de regressão linear com porcentagem de casos novos como variável resposta e PIB per capita como variável explicativa (unidades amostrais = comarcas)

Coeficiente	Estimativa	Erro padrão	Valor-t	Valor-p
Intercepto	33,117	8,911	3,716	0,000239
$\log_{10}$ PIB per capita	-3,022	1,947	-1,552	0,121597
R^2:	0,00752		R^2 ajustado:	0,004399

Fonte: DEPLAN TJ-SP

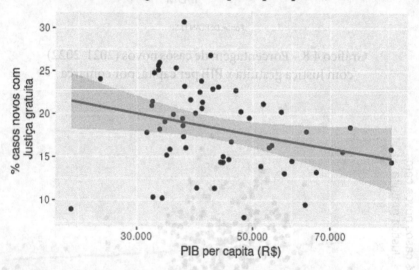

Gráfico 4.9 - Porcentagem de casos novos (2021-2022) com Justiça gratuita x PIB per capita, por CJ[13]

Fonte: DEPLAN TJ-SP

Dos dados obtidos acima, vemos que no primeiro conjunto – quando o IDPM foi usado para explicar os casos novos com JG – o efeito mostrou-se positivo. Porém, quando se usa PIB per capita como variável explicativa o efeito foi negativo (estatisticamente, significativamente menor que 0). Em outras palavras, quanto menor o PIB per capita, menor a porcentagem de processos com Justiça gratuita.[14]

---

13. Os resultados das regressões com dados de CJs não serão apresentados aqui.
14. O mesmo resultado foi observado usando-se grau de urbanização domo variável explicativa (vide relatório completo).

Diferenças entre Varas na concessão de gratuidade da Justiça

Como motivação para estudos futuros, exibimos abaixo o Grupo de Gráficos 4.10. É ilustrado como varia a concessão de Justiça gratuita entre as varas do TJSP para processos das principais combinações de competências, classes e assuntos. Um exemplo é o trio formado por competência "Cível", classe "Procedimento do Juizado Especial Cível" e assunto "Indenização por Dano Moral", para o qual podem ser observadas varas com menos de 20% de deferimento e outras, com mais de 90%. Em maior ou menor grau, o mesmo aspecto repete-se em quase todos os gráficos.

A interpretação é que, caso houvesse maior uniformidade no entendimento e na concessão da Justiça gratuita entre diversas varas, as barras estariam todas concentradas em torno de um mesmo valor. Tal parece ser mais o caso da combinação competência "Juizado Especial Cível", classe "Execução de Título Extrajudicial" e assunto "Nota Promissória" (com baixa concessão da gratuidade), e da combinação competência "Juizado Especial Cível", classe "Execução de Título Extrajudicial" e assunto "Duplicata" (também com baixa concessão, apesar de que aqui há algumas poucas varas com concessão da gratuidade de 100%, destoando de todo o resto).

Grupo de Gráficos 4.10 – Quantidade de varas por proporção de casos novos com Justiça gratuita[15]

---

15. Fonte de todo o Grupo de Gráficos 4.10: Fonte: DEPLAN TJ-SP.

Competência "Cível"
Classe "Procedimento Comum Cível"
Assunto "Defeito, nulidade ou anulação"

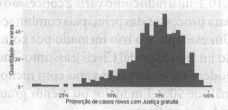

Competência "Família e Sucessões"
Classe "Alimentos – Lei Especial nº 5.478/68"
Assunto "Revisão"

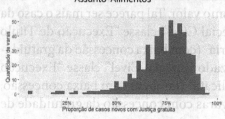

Competência "Família e Sucessões"
Classe "Procedimento Comum Cível"
Assunto "Alimentos"

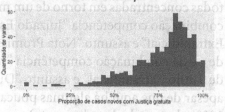

Competência "Família e Sucessões"
Classe "Divórcio Litigioso"
Assunto "Dissolução"

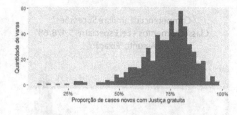

Competência "Família e Sucessões"
Classe "Procedimento Comum Cível"
Assunto "Guarda"

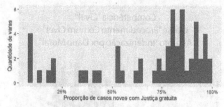

Competência "Acidente do Trabalho"
Classe "Procedimento Comum Cível"
Assunto "Auxílio-Acidente (Art. 86)"

Competência "Juizado Especial Cível"
Classe "Procedimento do Juizado Especial Cível"
Assunto "Indenização por Dano Moral"

Competência "Juizado Especial Cível"
Classe "Procedimento do Juizado Especial Cível"
Assunto "Indenização por Dano Material"

4 • O PARADOXO DO ACESSO À JUSTIÇA: PARTE 3

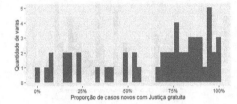
Competência "Acidente do Trabalho"
Classe "Procedimento Comum Cível"
Assunto "Benefícios em Espécie"

Competência "Cível"
Classe "Monitória"
Assunto "Cheque"

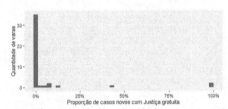
Competência "Juizado Especial Cível"
Classe "Execução de Título Extrajudicial"
Assunto "Nota Promissória"

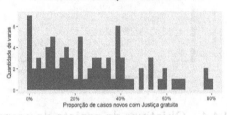
Competência "Juizado Especial da Fazenda Estadual"
Classe "Procedimento do Juizado Especial Cível"
Assunto "Gratificações e Adicionais"

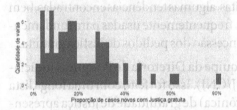
Competência "Juizado Esp. da Fazenda Estadual"
Classe "Proced. do Juizado Especial Cível"
Assunto "Obrigaçõ de Fazer / Não Fazer"

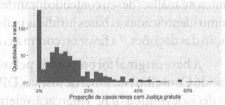
Competência "Cível"
Classe "Monitória"
Assunto "Pagamento"

Competência "Fazenda Pública Estadual"
Classe "Procedimento Comum Cível"
Assunto "Exame Psicotécnico / Psiquiátrico"

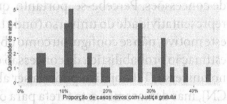
Competência "Fazenda Pública Estadual"
Classe "Mandado de Segurança Cível"
Assunto "Suspensão da Exigibilidade"

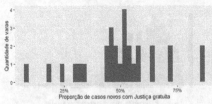
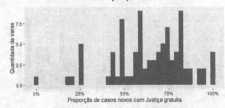

4.4.4 Objetivos do projeto de pesquisa e metodologia: frente qualitativa

Uma amostra de decisões feitas por tribunais de todo o país foi analisada, o conteúdo lido humanamente e partes do texto foram compiladas *ipsis literis*. Depois, sínteses e análises de seu conteúdo foram feitas, algumas tendências encontradas, bem como identificadas as bases jurídicas mais frequentemente usadas para fundamentação das decisões,[16] a favor ou contra a concessão dos pedidos de Justiça gratuita.

A base original foi preparada pela equipe da Diretoria de Pesquisas Judiciárias do Conselho Nacional de Justiça (DPJ/CNJ). Isso foi feito com uma longa lista de decisões onde a "flag" (marcação eletrônica) de gratuidade de justiça apresentava-se positiva. Havia decisões de 1º e 2º graus, das justiças estaduais, federais e trabalhistas, das 27 Unidades da Federação do país. Esta amostra original foi criada de forma que 50% dos casos eram de não concessões, e os outros 50% eram de concessões. Percebe-se, portanto, que tal amostra construída não apresenta representatividade do universo (onde tais frequências não são observadas). Por este motivo, não se configurou como objetivo desta frente da pesquisa, fazer uma estimação probabilística da concessão e não concessão da gratuidade de justiça no universo. Tal objetivo poderia ser alcançando com os dados já existentes no CNJ, mas deixaremos esta tarefa para outra oportunidade.

---

16. Não serão apresentadas aqui as bases jurídicas mais frequentemente citadas nas decisões para concessão ou não concessão da JG.

Da amostra original construída e cedida ao Insper pelo DPJ, foi analisada uma subamostra de 414 casos. Este número foi definido levando-se em conta o que seria um tamanho de amostra estatisticamente representativo, de um tamanho de universo "infinito" – que é o caso em tela, levando-se em conta provavelmente milhões de processos, ou mesmo centenas de milhares de processos, em que tal questão é levantado em toda a Justiça brasileira. Na verdade, qualquer amostra com tamanho igual ou acima de 360 casos seria suficiente para representar o que seria um universo infinito, mas a equipe decidiu por analisar um pouco além do mínimo necessário.

As variáveis analisadas foram as seguintes:

- Justiça julgadora (Estadual, Federal ou Trabalhista)
- Grau de decisão (1º ou 2º)
- Variáveis de identificação: id, número, classe processual.
- Houve deferimento da gratuidade?
- Solicitante da justiça gratuidade (pessoa física ou pessoa jurídica).
- Gênero do demandante (quanto pessoa física).
- Anotações e observações textuais qualitativas da decisão.

4.4.5 Resultados

Apresentamos a seguir alguns gráficos com sínteses estatísticas da coleta:

Gráfico 4.11 – Distribuição dos casos entre as Justiças (total = 414)

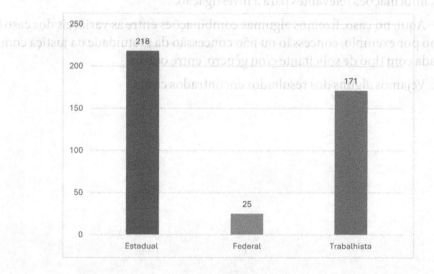

Fonte: Insper

Gráfico 4.12 – Concessão de gratuidade (total = 414)

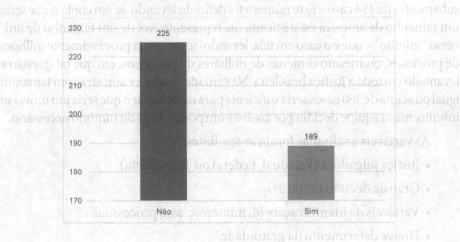

Fonte: Insper

Tendências

Já alertamos previamente que a amostra utilizada nesta pesquisa não representa a população real de casos judiciais com pedidos de gratuidade da justiça. No entanto, decidimos fazer algumas avaliações do que chamamos de "tendências" nos resultados da amostra analisada. Controlando-se pelo fato de que a frequência de concessão e não concessão no universo real é diferente da encontrada na amostra utilizada, a análise das outras tendências poderiam trazer, sim, informações relevantes para a investigação.

Aqui, no caso, fizemos algumas combinações entre as variáveis dos casos, como por exemplo, concessão ou não concessão da gratuidade da justiça combinada com tipo de solicitante e/ou gênero, entre outros.

Vejamos alguns dos resultados encontrados casos.

Gráfico 4.13 – Concessões da JG por Ramo de Justiça

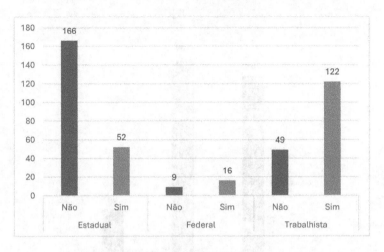

Fonte: Insper

Evidencia-se que a Justiça do Trabalho concedeu proporcionalmente muito mais a JG do que a Justiça Estadual, e mesmo a Justiça Federal. Em mais de 71% dos casos trabalhistas analisados onde houve pedido tal benesse foi concedida, enquanto na Justiça Federal essa parcela foi de 64%, e na Justiça Estadual – onde concentraram-se a maior parte dos casos analisados – somente 23,85% dos pedidos de JG foram deferidos.

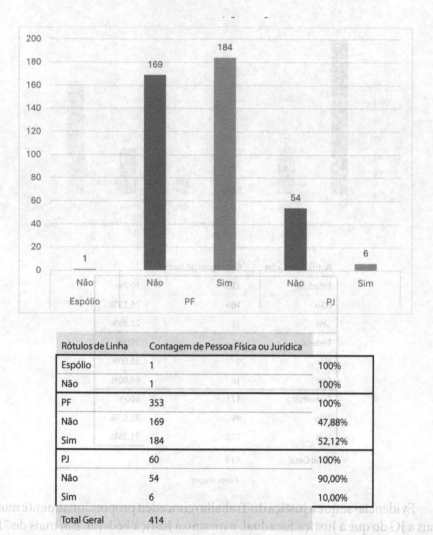

Gráfico 4.14 – Concessões da GJ por Tipo de Demandante

Fonte: Insper

Também é possível averiguar que, dentre os pedidos feitos por pessoas naturais (físicas) houve mais concessão do que não concessão (52% *versus* cerca de 48%). Porém, a maior parte (90%) dos pedidos de JG feitos por pessoas jurídicas – daí incluindo sindicatos, espólios, empresas grandes e pequenas etc. – foi indeferida. É natural então constatar que os magistrados adotam regras e exigências distintas no momento da decisão pela concessão ou não concessão da gratuidade da Justiça (apesar da diferença ser menos relevante segundo a visão de alguns julgadores).

Fundamentação da Decisão

Uma das hipóteses a serem testadas por esta pesquisa é que "existe preocupação dos magistrados(as) em sempre justificar suas decisões de conceder ou não conceder a gratuidade da justiça". A premissa disso é que, obviamente, não existe Justiça gratuita – não existe nenhum recurso em uma sociedade contemporânea que seja gratuita. No caso específico da utilização do sistema Judiciário, trata-se de uma atividade extremamente complexa, envolvendo profissionais de altíssima formação – magistrados(as) e servidores – sem contar com toda a ampla infraestrutura moderna, informatizada que prevalece no Judiciário brasileiro. Nada disso poderia ser efetivamente gratuito. Quando as custas judiciais não são cobradas, ou são cobradas em valor abaixo do necessário, é a sociedade – na figura de cidadãos pagantes de tributos (diretos e indiretos) – quem arca com o acesso ao serviço judicial. Portanto, a concessão do direito ao não pagamento deste serviço público deveria justificada, por mais simples que fosse o argumento. É uma prestação de contas de quem concede, para quem financia o direito.

No entanto, a Tabela 4.3 mostra que isso não ocorre. Em verdade, dos casos analisados, apenas 58,45% continham alguma fundamentação, por mais simples que fosse. E no caso da Justiça Trabalhista, apenas 34,4% dos casos tinham alguma fundamentação para a concessão ou não concessão (e já foi visto acima que a maioria dos casos trabalhistas foram de *conceder* o benefício). Dos 25 casos da Justiça Federal que foram analisados, apenas 5 fundamentaram a decisão sobre a JG.

Tabela 4.3 – Presença ou Ausência de Fundamentação na Decisão para (Não)Concessão de JG

Total	414	100%
Com fundamentação	242	58,45%
Sem fundamentação	172	41,55%
Justiça Estadual	218	100%
Estadual – Com fundamentação	173	79,36%
Estadual – Sem fundamentação	45	26,01%
Justiça Federal	25	100%
Federal – Com fundamentação	5	20,00%
Federal – Sem fundamentação	20	80,00%
Justiça Trabalhista	171	100,00%
Trabalhista – Com fundamentação	64	37,43%
Trabalhista – Sem fundamentação	107	62,57%

Gráfico 4.15 – Fundamentação da Decisão de Concessão da JG por Justiça

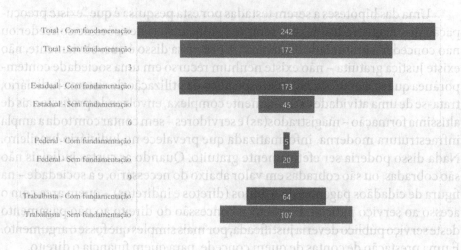

Fonte: Insper

Também foi de nosso interesse avaliar se a fundamentação ocorria de maneira mais frequente nas decisões que negavam o pedido da JG, e vice-versa. Efetivamente, quando separamos por resultado da decisão (Gráfico 4.12 e tabela respectiva) verifica-se claramente que nos casos em que o pedido foi indeferido, houve maior frequência na exposição da fundamentação da decisão (75% dos casos). Já quando a JG foi deferida, apenas 38% das vezes o(a) julgador(a) se deteve para explicar a fundamentação de sua decisão.

Gráfico 4.16 – Fundamentação da Decisão por Resultado da Concessão de JG

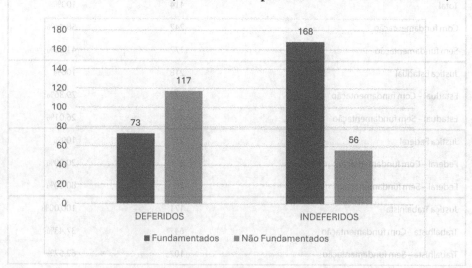

	Deferidos		Indeferidos	
Fundamentados	73	38,42%	168	75,00%
Não Fundamentados	117	61,58%	56	25,00%
Total	190	100%	224	100%

Fonte: Insper

Tabela 4.4 – Justificativas da Decisão pela Concessão

Justificativa Concessão	Frequência (n. de casos)
Declaração ("sendo este bastante para comprovar hipossuficiência"), presunção da veracidade	28
Comprovou insuficiência de recursos (mas não há documento mencionado)	7
Renda [$X] inferior a 40% do limite do RGPS	5
Não há provas de que esteja empregado atualmente	4
Salário relativo ao período contratual não ultrapassa o limite/Não há provas que renda supere 40% do teto do RGPS	3
"Declaro ser o autor beneficiário de gratuidade...", "Pagamento isento na forma lei" (sem fundamentação adicional)	2
Prova de desemprego (CAGED etc.)	2
Sindicato faz jus ao benefício da gratuidade da Justiça	2
Em face do princípio do amplo acesso à Justiça (defere gratuidade para PJ)	1
Entidade sem fins lucrativos (tem direito a JG)	1
Reclamada não provou que reclamante recebe salário superior a 40% do limite do RGPS (inversão do ônus da prova)	1

Fonte: Insper

A justificativa mais citada para a concessão da gratuidade da Justiça é a existência da autodeclaração, juntada aos autos iniciais. Frequentemente os(as) magistrados enfatizam a presunção da veracidade como base para avaliar aquela declaração, mesmo nos casos em que a renda da pessoa comprovou-se ser maior do que os limites legalmente estipulados. Em outros casos, há mera afirmação de que houve comprovação de pobreza – sem contudo mencionar os documentos que a comprovem. Há também declarações dos(as) magistrados para o direito ao benefício, sem menção a fundamentação legal ou mesmo doutrinária. Finalmente, há interpretações sobre o direito ou não direito à JG – interpretações essas que não são unânimes, como veremos mais adiante. Exemplo disso é o direito de sindicatos a terem acesso gratuito à Justiça, não concordada de maneira unânime.

Hachuramos em cinza as justificativas que representam fatos que podem ser comprovados. Somente em 7 dos casos analisados, havia objetiva e explicitamente provas de hipossuficiência da parte demandante da JG.

Tabela 4.5 – Justificativas da Decisão pela Não Concessão

Justificativa Não Concessão	Frequência (n. de casos)
Não há elemento comprobatório de hipossuficiência e insuficiência de recursos	98
Detém condições financeiras suficientes de custear as despesas do processo sem comprometer sua subsistência.	30
Renda [$Y] (superior aos limites da lei)	29
Contratou advogado particular e reside em região XYZ.../Mantem padrão de vida superior aos que de fato dependem do benefício da JG	15
Só o fato de estar em recuperação judicial/liquidação extrajudicial/situação deficitária não é suficiente para que seja concedido a JG	8
Autos indicam contrato com parcelamento mensal de X e entrada de Y/Valor cobrado na demanda não condizente ao benefício da JG/Transações bancárias incompatíveis/Indicam tratativas para aquisição de imóvel de alto valor	6
Baixo valor das custas judiciais com relação ao rendimento da recorrente	6
Capacidade de arcar com as despesas do processo com possibilidade de parcelamento (inclusive espólio)	4
Autor é servidor público, militar, médico, procurador, empresária, advogada etc. (qualificação da parte autora)	3
Considerando a sobredita característica da lide	3
Dedução do rendimento da parte pelo valor do financiamento do automóvel/transferências bancárias	3
Custas serão divididas por 5 pessoas/litisconsórcio	2
Demandante renunciou expressamente ao rito sumaríssimo, fatos que motivam o dever de arcar com as custas processuais./Interesse de agir	2
Deu garantia bem de alto valor para fins de suspensão do processo de execução/É cessionário de crédito de $1mi	2
Empresa SA de grande porte com grande capital social/Entidade de abrangência nacional de pensionistas	2
Fato de PJ não possuir fins lucrativos não enseja deferimento automático dos benefícios da GJ	2
Não apresentaram rendas dos cônjuges inviabilizando análise concreta da real situação familiar	2
Sentença coletiva, devem ser comprovados pressupostos de gratuidade para cada um dos exequentes	2

"O sindicato enquanto PJ detém renda própria capaz de cobrir os custos efetivos da demanda, não preenchendo os requisitos de hipossuficiência previstos na lei"	1
Afastada a presunção de pobreza pelos indícios dos autos, natureza e objeto da causa	1
Autor é advogado que patrocina diversas demandas no foro, com recebimento de vultosos valores	1
Incapacidade financeira dos herdeiros, somada ao alto valor do patrimônio deixado, não os isenta de pagar as custas decorrentes do inventário.	1
Litigância de má-fé	1
Mesmo microempresa não tem hipossuficiência presumida	1
Mora no litoral e contratou advogado particular com escritório localizado na capital, renunciando à prerrogativa do CDC	1
Natureza do negócio jurídico que subjaz elementos da demanda	1
Omissão da profissão	1
Só dívidas não são suficientes para comprovar hipossuficiência	1

A justificativa principal para a não concessão da JG foi a ausência de provas de insuficiência de renda. Dentre os 98 casos em que tal justificativa foi apresentada, há demandantes pessoas físicas e jurídicas, casos que foram levados à Justiça Trabalhista, Federal e Estadual. Portanto, as características destes quase 100 casos eram bem distintas umas das outras. Em diversas situações, explica-se que os critérios aplicados às pessoas físicas (PFs) não se são as mesmas das pessoas jurídicas e, por isso, essas deveriam apresentar provas de insuficiência de renda. Em outros, a negação foi justamente para PFs, e a decisão judicial afirmava que a mera declaração não era suficiente para a concessão da Justiça gratuita.

Hachurando-se as justificativas onde a apresentação de provas foi uma preocupação real do julgador, vemos que esses casos são poucos. E mesmo dentre os hachurados há situações em que a "prova" é apenas deduzida, e não materialmente comprovada.

Não há que se negar, contudo, que houve mais preocupação em fundamentar e apresentar justificativas aqui do que nos casos em que a JG foi concedida. Pensando em termos de sociedade que financia a Justiça gratuita, que espera pela prestação de contas para a concessão da benesse, esse resultado seria um contrassenso. Mas pela prática jurídica tradicional este fenômeno é compreensível.

4.4.6 Conclusões da parte qualitativa – análise das decisões

A análise realizada nesta segunda frente da pesquisa sobre a concessão judicial da gratuidade da Justiça mostrou-se bastante rica e esclarecedora. De maneira muito sucinta, tal como o curto prazo que este projeto nos permite, resumimos os achados da frente qualitativa nos dois pontos abaixo:

1) As justificativas apresentadas pelos(as) magistrados(as) tendem a ser mais elaboradas e "cuidadosas" quando a decisão é pela não concessão de gratuidade. O contrário parece acontecer quando os julgados deferem a gratuidade. Tal resultado é esperado, sabendo-se que existe prática, em diversos tribunais, e por diversos magistrados, de que o padrão da norma é a concessão. Se isso for corroborado, o CNJ deve posicionar-se oficialmente com relação a esta prática judicial. Mais preocupante são as poucas justificativas – tanto para a concessão quanto para a não concessão – que baseiam-se em pontos que possam ser provados.

2) Existe considerável heterogeneidade na argumentação tanto para a concessão quanto para a não concessão da gratuidade da justiça, e não existem critérios uniformes para a decisão de um lado ou de outro. Curiosamente, uma mesma norma pode ser usada tanto para se ser mais "rigoroso(a)" na concessão, quanto para ser mais "liberal". A presunção da veracidade das declarações pessoais ainda é tomada como pressuposto em muitos casos.[17]

4.4.7 Conclusões de ambas frentes: resultados das hipóteses inicialmente levantadas

Conforme apresentado no começo deste relatório, optamos por seguir a metodologia científica mundialmente adotada, que parte preliminarmente de hipóteses a serem testadas pelas evidências empíricas a serem coletadas no "mundo real". As hipóteses devem ser falseáveis, ou seja, corroboradas ou contrariadas pelas evidências que são coletadas a posteriori.

As hipóteses inicialmente colocadas neste projeto de pesquisa foram:

Hipótese 1: A concessão da gratuidade da justiça pelos tribunais brasileiros segue rigorosamente os critérios de necessidade financeira das partes litigantes demandantes.

Hipótese 2: Existe preocupação dos magistrados(as) em sempre justificar suas decisões de conceder ou não conceder a gratuidade da justiça.

---

17. Para acessar o conteúdo completo da pesquisa, bem como diversos trechos de decisões selecionadas, checar o relatório originaldisponível no site CNJ em: https://www.cnj.jus.br/wp-content/uploads/2023/11/pesq-gratuidade-insper.pdf.

Tanto a frente quantitativa, executada pela equipe da Deplan do TJ-SP, quanto a frente qualitativa, executada pela equipe do Insper, trouxeram evidências diversas de que *ambas as hipóteses não são corroboradas*. Isto quer dizer que, a concessão da gratuidade da justiça não está alinhada com a realidade socioeconômica dos demandantes ou das regiões em que o benefício é concedido. Ademais, existe pouca preocupação dos(as) magistrados(as) em apresentar fundamentos e/ou justificativas para suas decisões de concessão ou não concessão. Menos ainda é a preocupação em apresentar embasamentos que sejam passíveis de prova documental e objetiva.

A presente pesquisa trouxe inúmeros *insights* e reflexões, que inspiram novas ideias e motivações para pesquisas futuras sobre o tema. Esperamos que o Conselho Nacional de Justiça continue apoiando iniciativas neste sentido e, mais ainda, proponha recomendações de normas para melhorar o instituto aqui analisado.

****

4.5 CONCLUSÕES: O QUE FAZER PARA MITIGAR O PARADOXO DO ACESSO À JUSTIÇA?

Os trabalhos expostos neste capítulo talvez tenham trazidos frustrações para aqueles preocupados com o problema do super acesso à Justiça pelos mais ricos, e o pouco acesso pelos economicamente e socialmente vulneráveis, situação que cunhei de "paradoxo do acesso à Justiça" no começo desta obra. Ao que parece, os instrumentos criados pelo Direito e pelo Judiciário brasileiros não conseguem, nem de longe, resolver esse problema.

A razão disso estar acontecendo tem uma razão muito simples: a falta de tradição dos tomadores de decisões públicas no Brasil de fazerem políticas baseada em evidências, de olhar para dados empíricos para entender os fatos tal qual acontecem de fato no mundo real, de tentar prever as consequências de suas decisões políticas. As normas e os instrumentos normativos são criados com base somente em "achismos" (como já tive oportunidade de discutir em outras oportunidades[18]) e em boas intenções. O resultado é que os instrumentos tornam-se inócuos, bonitos apenas na teoria, mas sem resultado prático algum. A questão das custas e a gratuidade da Justiça são exemplos cabais disso. O que fazer nesse caso? A discussão do capítulo anterior traz dicas da resposta.

---

18. YEUNG, Luciana Luk Tai (2010). *Além dos "achismos", do senso comum e das evidências anedóticas*: uma análise econômica do judiciário brasileiro. Tese de Doutorado. São Paulo: Escola de Economia de São Paulo, Fundação Getúlio Vargas.

É preciso alterar os incentivos das pessoas – tanto hipossuficientes quanto hipersuficientes, de tal forma que, quando possível e quando não houver fortes desequilíbrios no poder de negociação, que o acordo e a negociação sejam incentivados. É preciso reduzir significativamente a assimetria de informação aos vulneráveis e menos escolarizados – tanto sobre matéria do conflito, quanto sobre acesso à Justiça. É preciso alterar o sistema de custas para que seja integralmente progressivo. É preciso alterar drasticamente a maneira e os critérios de concessão da Gratuidade da Justiça – que na prática inexistem atualmente, e seguem a vontade pessoal e idiossincrática dos magistrados(as). É preciso reavaliar as variáveis que afetam a tomada de decisão pela litigância ou pelo acordo pelas partes envolvidas. É preciso uma reflexão mais crítica, mas embasada cientificamente, de tudo o que está acontecendo no ambiente judicial no país.

Com relação à recente informatização do processo no Judiciário brasileiro, apesar de ir na direção correta, ainda tem um longo caminho até alcançar seu potencial de trazer melhorias para o funcionamento dos tribunais. A ela deveriam ser acopladas outras medidas para que a tão desejada melhoria na eficiência judicial realmente aconteça. Mas para que se preocupar com eficiência judicial? Discutiremos isso no capítulo que segue.

REFERÊNCIAS BIBLIOGRÁFICAS DESTE CAPÍTULO

ALVES DA SILVA, Paulo. E (2006). *Análise da Gestão e Funcionamento dos Cartórios Judiciais*. Brasília: Ministério da Justiça, 2006.

CEBEPEJ/IASP. Gerenciamento de Processos e Cartórios Judiciais. 2016. Disponível em: http://www.cebepej.org.br/admin/arquivos/0262d3b2a16fb72a17 0372fe73243e9f.pdf.

CONSELHO NACIONAL DE JUSTIÇA (2023). *O Perfil dos Jurisdicionados na Gratuidade de Justiça e da Isenção de Custas Processuais*. Brasília: DPJ/CNJ. Disponível em: https://www.cnj.jus.br/pesquisas-judiciarias/.

INSPER, Tribunal de Justiça do Estado de São Paulo e Conselho Nacional de Justiça (2023). *Gratuidade e Acesso à Justiça*. Brasília: DPJ/CNJ. Disponível em: https://www.cnj.jus.br/wp-content/uploads/2023/11/pesq-gratuidade-insper.pdf.

YEUNG, Luciana L. T. (2010). *Além dos "achismos", do senso comum e das evidências anedóticas*: uma análise econômica do judiciário brasileiro. Tese de Doutorado. São Paulo: Escola de Economia de São Paulo, Fundação Getúlio Vargas.

YEUNG, Luciana Alves da Silva, Paulo E. & Osse, Carolina (2020). *Informatização Judicial e Efeitos sobre a Eficiência da Prestação Jurisdicional e o Acesso à Justiça*. Projeto de Estudo Desenvolvido com o Apoio do Instituto Betty e Jacob Lafer – Relatório Final. São Paulo: Insper. (Disponível em: https://www.insper.edu.br/wp-content/uploads/2021/08/IBJL_relatório-final-revisAgo21-3.pdf).

5
EFICIÊNCIA JUDICIAL:
LIÇÕES APRENDIDAS ATÉ AGORA,
APLICAÇÕES E LIMITES

5.1 INTRODUÇÃO: EFICIÊNCIA JUDICIAL, POR QUÊ? PARA QUÊ?

Invariavelmente, quando economistas são atraídos para analisar o sistema judicial (em todo o mundo), a primeira questão que os preocupa é a sua eficiência. Isso nem sempre decorre pelo fato de os tribunais serem ineficientes (muitas vezes é de fato o caso...) mas também pela perspectiva metodológica e normativa que economistas têm e são treinados a ter. Da mesma maneira que juristas são treinados a se guiarem normativamente pelos conceitos de Justiça e Legalidade (por mais discussões que se possa ter sobre o que querem dizer essas definições), economistas são treinados, desde cedo, a avaliarem o mundo de acordo com critérios de eficiência. Afinal de contas, desperdícios são ruins em um mundo onde os recursos são limitados. Além disso, em um país de renda baixa como o nosso, usar os recursos públicos de maneira "não racional", não fazer melhor uso deles quando são destinados o Judiciário é facilmente condenável. Mais, prolongar desnecessariamente o tempo de processos judiciais quando há litigantes de baixa renda também é inaceitável. Mas a discussão sobre a eficiência judicial não é tão simples quanto parece, e ainda existem muitas situações em que é preciso defender que "[a busca por] eficiência é condição essencial para o funcionamento dos tribunais" e que "Justiça tarda é justiça falha, sim". Voltaremos a este ponto mais à frente.

E aqui começam as necessidades de clarificações. Quando se discute eficiência, estamos falando de celeridade? Ou de desperdício de recursos? Ou de produtividade e capacidade de "produção" dos tribunais? E produção de quê? É razoável fazer mensurações de capacidade de produção dos tribunais, sendo eles órgãos públicos, ou poderes públicos cuja função é garantir direitos das pessoas e justiça social?

Pragmaticamente, a resposta para as perguntas acima é simples. Eficiência judicial significa ter processos "razoavelmente" céleres, que minimizem o desperdício de recursos materiais e humanos, e que visem uma produção "razoável" de decisões. Celeridade implica não desperdiçar também o tempo dos litigantes – sejam eles pessoas físicas ou jurídicas – o tempo dos magistrados(as) e dos servidores, porque o tempo é certamente um dos recursos mais limitados no mundo contemporâneo. Quando o processo é célere, os recursos materiais e humanos também serão economizados e, necessariamente, com a mesma quantidade de recursos será possível "produzir" mais em um mesmo período de tempo.

Também não é absurdo abordar a produtividade dos tribunais, justamente porque são órgãos públicos, cuja função ansiada pela sociedade é garantidora dos direitos e deveres, da Justiça social. Oras, essa tarefa é feita – no caso do Judiciário – através de decisões judiciais, e somente por meio delas. Então, para que possa cumprir com sua função social, os tribunais precisam *produzir decisões judiciais*. Talvez seja uma maneira mais fria de se olhar para esse poder político que, na visão de muitos (sobretudo de juristas), ainda é coberto de uma aura sagrada. Mas, concretamente, é essa a maneira de enxergar o sistema de Justiça: é preciso saber o quanto de decisões são tomadas para saber se ela está efetivamente cumprindo com sua função.

Já sabemos, nem sempre essa discussão é unânime. Muitos juristas e magistrados ainda acreditam e argumentam que existe um *tradeoff*, uma incompatibilidade entre eficiência e justiça, ou mais concretamente, entre um sistema judicial que seja eficiente e um que seja justo ou promova decisões de boa qualidade (independentemente de como esse último quesito seja avaliado).

Eu argumento que a visão da eficiência como objetivo a ser alcançado (com metas quantitativas ou não) parte do pressuposto de que é importante dar atenção ao nível de satisfação dos usuários dos tribunais, ou seja, dos cidadãos que os acessam, ou que potencialmente podem acessar. Em sistemas democráticos é genuinamente defensável demandar um funcionamento mais célere, mais eficiente, ou mais produtivo dos tribunais, porque importa aumentar o bem-estar dos cidadãos. Enfatizar a *eficiência* das cortes significa buscar o máximo resultados (ou seja, o máximo de decisões judiciais tomadas), com o mínimo de recursos (sobretudo, sem desperdícios) e, também, o mínimo de tempo possível, já que o tempo é um dos recursos mais escassos na vida das pessoas hoje em dia.

Ainda argumento que é falsa a ideia de incompatibilidade entre eficiência e qualidade dos tribunais: Quando se abre mão da qualidade judicial em nome da eficiência, o que se tem é uma negação do devido processo legal, os indivíduos não obtêm mais decisões justas. Por outro lado, quando se renuncia à eficiência, o que se tem é uma decisão que pode até ser justa, mas que vem tarde, de maneira que a maioria dos cidadãos não pode por ela esperar. Em capítulos anteriores já mostramos como a ineficiência judicial impacta diferentemente cidadãos com quantidade de recursos diferentes, e invariavelmente os piores afetados são os mais pobres, que desistem de acessar o Judiciário – isso foi o que mostrei anteriormente, como uma das causas do "paradoxo do acesso ao Judiciário". Igualmente, Joaquim Falcão (2021) também mostra que existe uma grande quantidade de cidadãos brasileiros que não têm seus direitos garantidos pela Justiça por conta de sua falta de celeridade.

Assim, pode-se contestar a ideia do simples *tradeoff* ou incompatibilidade entre eficiência e qualidade das cortes. Entretanto, há ainda evidências empíricas nesse sentido. Por exemplo, o Centro Nacional para Cortes Estaduais dos EUA, realizou um trabalho de investigação sobre a qualidade do serviço judicial em nove cortes criminais durante os anos 1990. A conclusão a que se chegou é que celeridade – uma frequente medida para eficiência – e qualidade judicial não são mutuamente excludentes. Mais especificamente, uma corte eficiente é aquela em que existe alta qualidade e alta celeridade nos processos. Ou seja, se as cortes garantem o devido processo legal, mas o fazem de maneira morosa, não se pode dizer que a Justiça está sendo efetivamente garantida, nem que a qualidade do serviço seja efetivamente alta (Ostrom & Hanson, 1999).

Isso não é diferente para o Brasil. Seria bastante questionável o argumento de que a ineficiência judicial no Brasil não importa, pois é pelo Judiciário que se garante o devido processo legal; sem eficiência seria o mesmo que deixar de garantir os direitos básicos dos cidadãos. Vejamos:

> [O] Judiciário representa a última instância para que o cidadão possa valer seus direitos. Fracassando, fracassam os próprios direitos fundamentais[...] Por este prisma de análise, fica nítida a vinculação entre eficiência e qualidade do Judiciário, de um lado, e efetividade dos direitos fundamentais, de outro. (Tavares, 2005, p. 27).

É por este motivo que, cada vez mais, há esforços do Judiciário e de estudos acadêmicos em focar na melhoria da eficiência e da produtividade judicial.

A discussão é longa e pode trazer detalhes importantes. Mas não nos delongaremos por aqui. Nosso objetivo neste capítulo é avaliar como tem sido o desenvolvimento da literatura científica sobre avaliação e mensuração de eficiência judicial (aqui entendendo tanto como produtividade quanto celeridade) no Brasil e no mundo nas últimas décadas, expor os principais achados desta literatura que se tornou volumosa (sobretudo no Brasil!), avaliar efetivamente como está o retrato da eficiência nos tribunais brasileiros e, finalmente, fazer uma reflexão do futuro próximo desta discussão, não somente em termos de avanços na pesquisa acadêmica, mas também caminhos concretos possíveis de serem seguidos pelos gestores judicial com vistas à geração de impactos sociais mais positivos.

5.2 O QUE FOI INVESTIGADO NA LITERATURA CIENTÍFICA SOBRE EFICIÊNCIA JUDICIAL

Por muito tempo, a falta de trabalhos empíricos na área era justificada pela falta de dados, ou dados de qualidade. Mesmo internacionalmente, estudos consistentes e empíricos avaliando a eficiência judicial vieram em meados da década de 1990. No Brasil, de uma maneira geral (já com desculpas para os autores das poucas exceções), não havia estudos empíricos judiciais antes dos anos 2000. Argumentava-se que inexistia uma produção adequada de estatísticas que possibilitassem a realização de trabalhos quantitativos. Entretanto, sobretudo a partir da última década, isso não condiz mais com a realidade, e o que ocorre é justamente o contrário: sem medo de exagerar, pode-se dizer que existe atualmente uma grande abundância de dados, e que muitas vezes, o que falta é pesquisadores qualificados e interessados em trabalhar com eles. E isso é cada vez mais verdade, à medida que órgãos como o Conselho Nacional de Justiça (CNJ) almejam a informatização dos dados judiciais, incentivando tribunais a criarem bases de dados de jurisprudências digitais, de acesso aberto a toda a comunidade. Logo na virada do século XXI, o Banco Mundial já confirmava esta observação:

> [Em] comparação com outros países da América Latina, os brasileiros têm várias vantagens claras. Para começar, possuem a melhor série histórica de estatísticas agregadas do que as encontradas na maior parte dos outros países, e as instituições do setor parecem menos resistentes em compartilhar esses e outros dados com os que estejam interessados em estudá-los (2004, p. 70, tradução livre).

Podemos dizer, com muita confiança, que de lá para cá, a produção de estatísticas judiciais no Brasil melhorou de maneira significativa, em termos de quantidade e qualidade, em grande parte, devido à atuação do CNJ. No Brasil, temos uma abrangência de dados judiciais, de maneira aberta (ou, no limite, mediante solicitação ao próprio CNJ) que é comparável a poucos países do mundo. Não é à toa que pode ser observado um crescimento exponencial nas pesquisas empíricas jurídicas, realizadas por juristas, economistas, cientistas políticos, especialistas em gestão pública etc., brasileiros e estrangeiros interessados em olhar os dados brasileiros.

Uma das primeiras áreas de pesquisa empírica em direito que foram beneficiadas com a criação e organização das estatísticas oficiais foi justamente a que investiga a eficiência judicial. Como é muito comum, também fomos beneficiados por uma literatura emergente na literatura internacional, baseada sobretudo em cálculos de fronteiras de eficiência. Especificamente, os modelos utilizando a metodologia de análise envoltória de dados (DEA) foram os que mais receberam a preferência dos estudiosos, no exterior e no Brasil.

DEA e Eficiência Judicial

A DEA (*Data Envelopment Analysis* em inglês) é amplamente utilizada por estudiosos e por gestores das áreas de engenharia industrial e de produção como ferramenta de otimização de processos produtivos. Sua aplicação para setores não tradicionais, tais como os serviços públicos, também tem sido muito difundida. Na verdade, o primeiro trabalho que apresentou a metodologia da DEA foi o de Charnes, Cooper e Rhodes, em 1978, em que os autores tinham como objetivo "avaliar atividades de entidades sem fins lucrativos, que participavam de programas públicos" (p. 429, tradução minha). Depois disso, as aplicações da DEA têm sido bastante diversas: bancos, escolas/universidades, construção civil, polícia, hospitais, transportes, fundos de pensão, atletas etc.[1] O motivo para a ampla recepção são as diversas vantagens da DEA, principalmente, a capacidade de avaliar o desempenho de organizações sem fins lucrativos, e a possibilidade de analisar a eficiência de firmas multiproduto (discutiremos mais sobre isso mais à frente). Além disso, a DEA pode ser particularmente atraente se comparada a outros métodos estatísticos tradicionais, especialmente nas situações em que não se conhece bem a função de produção do setor avaliado. Este é o caso dos serviços públicos, incluindo o Judiciário. Para criação dos modelos tradicionais, como os econométricos, é muito importante saber (entre outras coisas) a chamada distribuição dos termos de erro – ou seja, saber como se comporta uma determina função de produção, suas variáveis, e conseguir prever, com certa acurácia, os erros com relação ao que foi observado no passado. Este tipo de atividade é quase uma profissão de fé no caso das "funções de produção" em órgãos públicos. Por este motivo, métodos semelhantes à DEA que se baseiam no conhecimento das funções de produção, por exemplo, as Fronteiras Estocásticas, podem não ser adequados para a análise. Sousa (2001) mostra duas outras vantagens da DEA quando empregada em setores não tradicionais: não há necessidade de se conhecer os preços de mercado dos *inputs* (recursos) e dos *outputs* (produtos), e não há necessidade de assumir hipóteses de maximização de lucros e/ou minimização de custos nas decisões das pessoas envolvidas. Sob estas condições a DEA é a metodologia mais apropriada. Podemos verificar que estas são exatamente as condições sob as quais funciona o sistema judicial: não há preço do "produto" produzido (serviços e decisões judiciais), e também é difícil avaliar o preço dos recursos empregados (apesar de que, nesses casos, eles poderiam ser calculados). Talvez por causa disso, a DEA é a metodologia mais comumente usada para

---

1. Alguns periódicos científicos têm se dedicado intensivamente à publicação de artigos aplicados usando a metodologia DEA. Entre eles está o *Journal of Productivity Analysis* e o *European Journal of Operational Research*. Nelas é possível observar a multiplicidade de assuntos passíveis de serem analisados através da DEA.

a mensuração de eficiência das cortes em vários países do mundo. Em Yeung (2010), fiz um levantamento dos principais trabalhos publicados nos cerca de primeiros 15 anos de estudos empíricos sobre o tema. A lista abaixo resume os principais títulos:

Tabela 5.1: Primeiros Trabalhos que Medem a Eficiência Judicial

Autor, Título do Artigo	Metodologia Empregada	País/Estado de Análise
Beenstock, M. & Haitovsky, Y. (2004), "Does the appointment of judges increase the output of the judiciary?", *International Review of Law and Economics*, 24: 351-369.	Regressão econométrica	Israel
Blank, J., van der Ende, M.; van Hulst, B. & Jagtenberg, R. (2004); "Bench Marking in an International Perspective – An International Comparison of the Mechanism and Performance of Judiciary Systems", *Commissioned by the Netherlands Council for the Judiciary, Rotterdam.*	Estatísticas descritivas, análise gráfica de correlação	11 países europeus
Dalton, T. & Singer, J.M. (2009); "A Matter of Size: An Analysis of Court Efficiency Using Hierarchical Linear Modeling".	Modelagem hierárquica linear	Cortes Distritais, EUA
Djankov, S.; La Porta, R.; Lopez de Silanes, F. & Schleifer, A. (2002), "Court: the Lexis Mundi Project", *NBER Working Paper Series, Working Paper 8890.*	Construção de índices, regressão econométrica	109 países
Hagstedt, K. & Proos, J. (2008); "Has the recent restructuring of the Swedish district courts improved efficiency? *A DEA analysis*"; Uppsala University, Department of Economics; Spring.	DEA	Suécia
Kittelsen and Førsund (1992) "Efficiency Analysis of Norwegian District Courts", *The Journal of Productivity Analysis*, 3: 277-306.	DEA	Noruega
Lewin, A.L., Morey, R.C., and Cook, T.C. (1982), "Evaluating the Administrative Efficiency of Courts", *Omega*, 10: 401-411.	DEA	Carolina do Norte, EUA
Ostrom, B. & Hanson, R. (2000); "Efficiency, Timeliness, and Quality: A New Perspective From Nine State Criminal Trial Courts", *Research in Brief*, June, National Institute of Justice, U.S. Department of Justice.	Análise Geral de Fronteiras	Cortes Criminais, EUA
Pedraja-Chaparro & Salinas-Jiménez (1996), "An assessment of the efficiency of Spanish Courts using DEA", *Applied Economics*, 28: 1391-1401.	DEA	Espanha
Schneider, M. (2005); "Judicial Career Incentives and Court Performance: an Empirical Study of the German Labour Courts of Appeal", *European Journal of Law and Economics*, 20: 127-144.	DEA	Tribunais Trabalhistas, Alemanha
Souza, Maria da Conceição Sampaio e Schwengber, Silvane Battaglin (2005), "Efficiency Estimates for Judicial Services in Brazil: Nonparametric FDH and the Expected Ordem-M Efficiency Scores for Rio Grande do Sul Courts", *Encontro da ANPEC 2005.*	FDH (Free Disposal Hull)	Rio Grande do Sul, Brasil
Tulkens, H. (1993), "On FDH Efficiency Analysis: Some Methodological Issues and Applications to Retail Banking, Courts, and Urban Transit", *The Journal of Productivity Analysis*, 4: 183-210.	FDH (Free Disposal Hull)	Bélgica

Fonte: Yeung (2010, Cap. 4)

Como já mencionado acima, a DEA difere de maneira significativa de outros métodos como os econométricos, pois ela não assume um conhecimento *a priori* da função de produção em questão. Além disso, a DEA identifica o(s) melhor(es) desempenho(s) dentre todas as unidades observadas, gera uma fronteira de eficiência com base nos melhores, e avalia o desempenho das outras unidades através da comparação dos desvios com relação à fronteira gerada. Isso é muito diferente do que fazem os modelos de regressão estatística, que calculam um comportamento médio, ou uma tendência central, de todas as unidades observadas. Como mostram Cooper, Seiford & Tone (2007), essa diferença de perspectiva além de gerar diferentes avaliações de eficiência, gera diferentes recomendações para melhorias. Especificamente, a DEA destacará o desempenho das melhores unidades e, os gestores das demais unidades poderão usar as melhores como *benchmarking*, ou seja, modelos a serem seguidos pelas demais. Já um gestor que utilizar modelos de regressão, perderá a informação das melhores unidades (e das piores), tendo em mãos apenas o resultado "médio" de todo o conjunto. Neste caso, não será possível identificar e nem saber exatamente qual é o melhor desempenho alcançado naquele conjunto de unidades. Outra diferença importante da DEA com relação aos modelos estatísticos refere-se à operacionalização: como é baseada em técnicas de programação matemática, ela pode lidar com grande número de variáveis – explicativas e dependentes – e também com um grande número de restrições. Isso será particularmente útil para lidar com firmas ou setores que produzem vários produtos ao mesmo tempo. A possibilidade de lidar com muitas restrições é um dos fatores que têm levado ao avanço ininterrupto da metodologia da DEA, já que os novos trabalhos tentam incorporar cada vez mais restrições no cálculo de otimização, permitindo espelhar melhor as especificidades de circunstâncias reais. É uma área rica em desenvolvimentos recentes, em grande parte, como reflexo da flexibilidade e adaptabilidade da metodologia.

Apesar de ter grande capacidade de adaptação, a DEA é uma metodologia com fundamentos teóricos muito rigorosos, partindo de uma análise microeconômica.[2] Assume-se um conjunto de possibilidades de produção (T) que consiste de combinações possíveis dos vetores de *inputs,* ou recursos (x), com vetores de *outputs, ou produto* (y). Pode-se dizer que T é representado pelos dois subconjuntos, Y(x) e X(y). A fronteira de T constitui a fronteira de produção e é a base de comparação objetiva para todas as unidades de tomada de decisão, em inglês, *Decision Making Units*, ou DMUs. Cada DMU é representada por uma combinação (x, y) e é cada uma das unidades observadas. As unidades eficientes

---

2. Em Yeung (2010), capítulo 4, eu faço uma derivação completa do modelo teórico da DEA, inclusive a derivação do seu modelo matemático original. Também mostro a relação de seu racional com a teoria microeconômica clássica.

estarão localizadas sobre a fronteira de produção, de forma a delimitá-las. Por outro lado, as unidades ineficientes estão localizadas dentro do conjunto T, mas fora da fronteira. Assim, a ineficiência medida é relativa, ou seja, de uma DMU em comparação com outra DMU.

Shephard (1970) define uma função distância (D) em *outputs* para uma DMU em relação à fronteira de T. A distância D mostra o máximo aumento possível em y, um vetor observado de *outputs*, mantendo-se x constante. As DMUs eficientes terão D = 1 (ou 100%), o que significa que elas estarão sobre a fronteira de T. Por outro lado, todas as outras DMUs, que são ineficientes, terão D < 1 (<100%). A DEA encontra uma combinação linear de DMUs sobre a fronteira que são efetivamente observadas, e criam, com isso, um ponto de projeção para a DMU_0, ou seja, a unidade que está sendo avaliada. O ponto de projeção representa uma unidade fictícia, mas realisticamente alcançável pela unidade avaliada, e que emprega, no máximo, a mesma quantidade de *inputs* da DMU_0. A diferença é que a unidade eficiente produz uma fração [1 – D] maior de *outputs* do que a unidade avaliada. É por esse motivo, que a DMU_0 é considerada ineficiente em comparação àquelas da fronteira. Com base nesta definição e neste cálculo fundamental entre DMUs eficientes (na fronteira de eficiência) e ineficientes, os índices da DEA são calculados, como varemos mais à frente.

Os estudiosos brasileiros, inspirados pelos estrangeiros, também logo se debruçaram na aplicação da DEA aos dados judiciais, beneficiados com o início da produção consistente das estatísticas judiciais pelo Conselho Nacional de Justiça. Os dois movimentos começaram em meados a fim da primeira década dos anos 2.000. Se os levantamentos feitos até agora não estiverem errados, os primeiros exercícios de cálculo de eficiência dos tribunais brasileiros utilizando DEA foram Yeung e Azevedo (2011 – publicado em periódico revisado por pares), Yeung (2010, tese de doutorado defendida) e Fochezatto (2010 – trabalho apresentado em congresso). Logo em seguida, outros trabalhos – publicados nacionalmente ou no exterior – utilizaram a mesma abordagem, por exemplo: Nogueira et al (2012), Yeung e Azevedo (2012), Botelho (2016). A partir desse período, houve uma explosão, literalmente um crescimento exponencial, da literatura DEA aplicada ao Judiciário no Brasil. Tal tendência reflete o mesmo movimento internacional, como mostraram Emrouznejad e Yang (2018). Mais importante, o CNJ passou a promover estudos com essa metodologia, realizando eventos, concursos e discussões em seus relatórios oficiais do "Justiça em Números". Finalmente, criou um indicador próprio, o IPC-Jus, baseado integralmente na metodologia DEA, como será discutido mais à frente.

Desta maneira, pode-se ver como a DEA acabou se tornando uma das principais metodologias, no Brasil e no mundo, a ser usada para a mensuração

de medidas de eficiência judicial. No entanto, como já discuti acima, esse crescimento só foi possível porque passamos a contar, como país, com uma produção
confiável e rica de estatísticas judiciais oficiais. É o que veremos em seguida.

5.3 O PANORAMA GERAL DA QUESTÃO: A FOTOGRAFIA DA SITUAÇÃO DE (IN)EFICIÊNCIA NOS TRIBUNAIS BRASILEIROS HOJE

À parte das medidas que foram feitas e continuam sendo feitas por pesquisadores e institutos de pesquisa, existem muitos dados oficiais sobre os níveis de
produtividade dos órgãos judiciais brasileiros, graças ao trabalho permanente
do Conselho Nacional de Justiça (CNJ). Seus relatórios anuais "Justiça em Números" apresentam perspectivas diversas e de evolução constante. Na verdade,
boa parte da produção de pesquisadores e institutos de pesquisa (salvo algumas
raras exceções, como por exemplo, aquela realizada pelo IPEA, o Instituto de
Pesquisas Econômicas Aplicadas) depende dos dados produzidos pelo CNJ.
Abaixo, traremos algumas das estatísticas do Justiça em Números que nos darão
ideia da fotografia da situação atual do Judiciário brasileiro. Depois, na seção
seguinte, mostrarei alguns trabalhos que sintetizaram as estatísticas descritivas
da subseção seguinte em forma de indicadores efetivos de eficiência.

5.3.1 Estatísticas gerais

De acordo com o relatório "Justiça em Números 2022",[3] com dados referentes a 2021, os magistrados brasileiros tiveram, em média, uma produtividade
de 1.588 processos baixados no ano, o que representa "uma média de 6,3 casos
solucionados por dia útil do ano, sem descontar períodos de férias e recessos"
(CNJ, 2022, p. 118). Esse valor já foi bem mais alto antes da pandemia da Co-
vid-19, chegando a 2.112 processos baixados por magistrado anualmente em
2019, em um ritmo que era crescente desde o começo dos anos 2010. Exceto
pelos casos das Justiças Eleitoral e Militar, existe pouca variância nesses números; também, apesar da aparente variabilidade entre as diferentes Unidades
da Federação, mesmo entre as "menos" produtivas, o valor é de mais de 800
casos por magistrado anualmente. No caso dos servidores, talvez porque em
cada gabinete de magistrado há normalmente uma equipe numerosa, os valores
são menores, mas mesmo assim, impressionantes, variando de cerca de uma
centena a duas centenas de processos baixados por servidor, mas chegando
a três vezes mais quando se leva em conta o que o CNJ denomina de "carga
de trabalho" (casos baixados mais acervo, recursos internos e incidentes em

---

3. Disponível em: https://www.cnj.jus.br/pesquisas-judiciarias/justica-em-numeros/.

execução). Por mais críticos que sejamos, e independentemente do parâmetro usado, é difícil argumentar que a produtividade nos tribunais brasileiros é baixa. Vimos desde o começo desta obra os grandes números da litigância no país; podemos perceber então que, se de um lado existe uma grande demanda pelo Judiciário, de outro, a oferta dos serviços também não se pode dizer que está baixa – pelo menos em termos absolutos.

Por outro lado, outros indicadores dão uma ideia mais "sombria" do quadro de eficiência no Judiciário. Ainda baseados nos dados do Justiça em Números, está por volta de 70% a taxa de congestionamento nos tribunais brasileiros (cerca de 75% o congestionamento total, e 70% o congestionamento líquido, quando se levam em consideração somente os casos que podem ser efetivamente baixados. Conforme o CNJ define, a taxa de congestionamento mede o percentual de processos que ficaram represados sem solução, em comparação ao total de processos que tramitaram judicialmente naquele ano: "Quanto maior o índice, maior a dificuldade do tribunal em lidar com seu estoque de processos" (p. 126). Por este motivo, mesmo que o chamado Índice de Atendimento à Demanda – medida da capacidade dos tribunais em "dar vazão" ao volume de casos ingressados – seja de 97%, e perto dos 100% em alguns casos (como na Justiça do Trabalho) esse esforço é "mitigado" pela taxa de congestionamento. Para a sociedade civil o que importa é se há efetiva resolução adequada (e final) aos casos trazidos às cortes; se não há, por causa do grande congestionamento (líquido ou não), o Judiciário não está cumprindo plenamente suas funções. A analogia é de um estudante que se esforça muito ao longo do ano acadêmico, mas depois não consegue ter bom desempenho nos exames: não adianta ao final ele alegar aos professores – ou mesmo "provar" – que se esforçou muito e merece ser aprovado, a decisão será tomada com base no resultado das provas, e não no esforço dispendido.

5.3.2 Medidas de eficiência

Existem maneiras de sintetizar as estatísticas "puras" como as trazidas acima em indicadores de eficiência. O próprio CNJ tem feito isso com o "IPC-Jus", apresentado nos relatórios recentes do Justiça em Números. Ele foi criado, como o próprio relatório explica, baseado na metodologia da análise envoltória de dados, DEA (CNJ, 2022, p. 252). Assim como o indicador da DEA, o IPC-Jus é apresentado em termos de percentuais, sendo o valor de 100% o máximo de eficiência possível. Também, a avaliação é feita de maneira relativa, onde tribunais são comparados uns com outros. Apenas para seguir a tradição adotada em outros trabalhos nossos, focaremos na análise da Justiça Estadual, e para isso trazemos as medidas do IPC-Jus dos tribunais estaduais brasileiros do ano de 2021:

Tabela 5.2: IPC-Jus Justiça Estadual 2021

Grande porte	
Rio Grande do Sul	1,000
Rio de Janeiro	0,990
Paraná	0,940
São Paulo	0,860
Minas Gerais	0,800
Médio porte	
Santa Catarina	1,000
Goiás	1,000
Distrito Federal	1,000
Bahia	0,970
Mato Grosso	0,950
Ceará	0,810
Maranhão	0,750
Espírito Santo	0,650
Pará	0,510
Pernambuco	0,470
Pequeno porte	
Rondônia	1,000
Amazonas	1,000
Roraima	0,990
Mato Grosso do Sul	0,880
Tocantins	0,770
Paraíba	0,770
Sergipe	0,760
Amapá	0,680
Piauí	0,650
Rio Grande do Norte	0,570
Acre	0,500
Alagoas	0,350

Fonte: Justiça em Números 2022

Em seguida, trazemos uma compilação de resultados usando a metodologia DEA, com medidas para 13 anos do Judiciário Estadual brasileiro feitas por Yeung (2010, 2020, 2022).

Tabela 5.3: DEA Justiça Estadual 2006 a 2018[4]

Tribunal	2006	2007	2008	2009	2010	2011	2012	2013	2014	2015	2016	2017	2018
Acre	0.518	0.429	0.573	0.400	0.451	0.526	0.320	0.381	0.307	0.313	0.230	0.237	0.283
Alagoas	0.458	0.325	0.214	0.527	0.418	0.323	0.502	0.524	0.360	0.622	0.345	0.599	0.428
Amapá	0.116	0.170	0.203	0.198	0.181	0.210	0.236	0.259	0.238	0.349	0.216	0.168	0.221
Amazonas	0.197	0.248	0.415	0.433	0.398	0.624	0.760	0.771	0.493	0.175	0.618	0.650	1.000
Bahia	0.264	0.247	0.290	0.214	0.263	0.295	0.298	0.261	0.255	0.228	0.293	0.397	0.384
Ceará	0.059	0.480	0.412	0.384	0.434	0.252	0.345	0.301	0.408	0.503	0.328	0.411	0.436
Distrito Federal	0.643	0.618	0.537	0.356	0.382	0.454	0.425	0.424	0.431	0.547	0.358	0.286	0.319
Espírito Santo	0.298	0.297	0.292	0.249	0.283	0.426	0.412	0.447	0.401	0.519	0.306	0.316	0.316
Goiás	1.000	0.937	0.620	0.606	0.434	0.564	0.769	0.694	0.663	0.539	0.355	0.313	0.360
Maranhão	0.174	0.241	0.245	0.206	0.164	0.290	0.380	0.277	0.271	0.600	0.364	0.366	0.310
Mato Grosso	0.286	0.373	0.778	0.353	0.274	0.379	0.406	0.417	0.538	0.558	0.354	0.301	0.369
Mato Grosso do Sul	0.515	0.454	0.467	0.956	0.849	0.665	0.670	0.567	0.555	0.643	0.447	0.420	0.502
Minas Gerais	0.444	0.433	0.457	0.491	0.476	0.551	0.625	0.548	0.529	0.689	0.516	0.488	0.479
Pará	0.589	0.288	0.265	1.000	0.991	0.614	0.472	0.734	0.752	0.333	0.317	0.326	0.288
Paraíba	0.457	0.332	0.338	0.319	0.302	0.436	0.315	0.275	0.317	0.302	0.251	0.273	0.215
Paraná	1.000	1.000	0.857	0.992	0.827	0.716	0.639	0.518	0.585	0.932	0.601	0.514	0.433
Pernambuco	0.293	0.251	0.213	0.365	0.378	0.448	0.400	0.589	0.429	0.350	0.442	0.346	0.351
Piauí	0.175	0.037	0.074	0.175	0.178	0.191	0.260	0.270	0.249	0.278	0.297	0.430	0.295
Rio de Janeiro	1.000	1.000	1.000	0.885	1.000	1.000	1.000	1.000	1.000	1.000	0.771	0.707	0.828
Rio Grande do Norte	0.291	0.322	0.415	0.290	0.292	0.276	0.293	0.286	0.317	0.287	0.300	0.339	0.285
Rio Grande do Sul	1.000	1.000	1.000	0.961	1.000	1.000	1.000	1.000	1.000	1.000	0.748	0.721	0.655

---

4. Pela disponibilidade de dados das várias edições do "Justiça em Números" que foram utilizadas para os cálculos acima, houve ligeira diferença nas variáveis utilizadas. Especificamente:

2006 a 2008: OUTPUTS: Processos julgados no 1º grau + processos julgados no 2º grau ponderados por (casos novos no ano + processos pendentes do ano anterior)

INPUTS: Magistrados de 1º grau + 2º grau, e número de pessoal auxiliar efetivo ponderados por (casos novos no ano + processos pendentes do ano anterior)

2009 a 2015: OUTPUTS: Processos julgados no 1º grau + processos julgados no 2º grau ponderados por (casos novos no ano + processos pendentes do ano anterior)

INPUTS: Magistrados de 1º grau + 2º grau, e número de pessoal auxiliar efetivo ponderados por (casos novo no ano + processos pendentes do ano anterior)

2016 a 2018: OUTPUTS: Sentenças de 1º grau + Decisões de 2º grau ponderadas por (casos novos do ano + casos pendentes do ano anterior)

INPUTS: Magistrados de 1º grau + 2º grau, e servidores ponderados por (casos novos do ano + casos pendentes do ano anterior)

Rondônia	0.786	0.706	0.740	0.476	0.306	0.475	0.494	0.524	0.543	0.543	0.403	0.374	0.423
Roraima	0.306	0.300	0.263	0.276	0.224	0.262	0.265	0.299	0.434	0.732	0.282	0.309	0.300
Santa Catarina	0.586	0.564	0.609	0.659	0.697	0.743	0.759	0.671	0.566	0.657	0.477	0.458	0.550
São Paulo	0.882	0.821	0.878	1.000	0.613	0.860	0.776	0.664	0.717	0.873	1.000	1.000	1.000
Sergipe	0.389	0.425	0.375	0.504	0.583	0.458	0.555	0.710	0.685	0.362	0.238	0.382	0.431
Tocantins	0.300	0.246	0.276	0.092	0.257	0.307	0.299	0.343	0.441	0.350	0.363	0.419	0.373

Fonte: Yeung (2010, 2020, 2022)

Como pode ser visto acima, o CNJ em suas avaliações com o IPC-Jus separa os tribunais de acordo com o porte, e em seguida, faz a análise comparativa de eficiência dentro de cada grupo. É como se, em verdade, fossem feitas três análises separadas (uma para cada porte) e, para cada uma delas, fossem escolhidas as unidades "modelo". Assim, há "tribunais modelo" em cada grupo, todos eles com nota 1,000 (ou 100%). Por este motivo (também por outros) percebe-se que os resultados do IPC-Jus são mais "otimistas", com notas mais altas do que aqueles encontrados pelos trabalhos de Yeung.

À primeira vista, parece ser razoável separar os tribunais por porte, afinal, como reflexo de diversas outras questões econômicas e sociais no país, os tribunais das diferentes regiões são muito diferenciados em termos de tamanho, apresentando forte concentração em alguns. No entanto, se voltarmos à definição original e à lógica da metodologia DEA (sobre a qual o IPC Jus se baseia, explicitamente), essa distinção de portes não faz sentido. A metodologia DEA, conforme discutido acima, faz a mensuração de eficiência relativa levando-se em consideração justamente as diferenças nas quantidades de *inputs* e *outputs* entre as unidades comparadas. O modelo matemático por trás faz uma estimativa do que seria o ideal de recursos a serem empregados e a produção a ser produzida por cada unidade avaliada, mas levando-se em conta os recursos efetivamente já empregados e a produção efetivamente já produzida. Não importa se uma unidade é 100 vezes maior o que a outra em termos de recursos empregados e/ou produção produzida – na verdade, a grande vantagem metodológica da DEA é exatamente ser capaz de comparar unidades que são distintas em porte, as similares em termos de tipo de recursos empregados e produtos gerados. E esse é o caso dos tribunais brasileiros. Tanto o Tribunal de Justiça de Roraima quanto o de São Paulo empregam, igualmente magistrados de 1º grau e 2º grau e servidores judiciais, e igualmente "produzem" sentenças de 1º grau e decisões no 2º grau. O Direito prevalecente entre eles é o mesmo, a Constituição ao qual seguem é a mesma, os códigos normativos etc. e excetuando-se eventuais regras ditadas nos seus respectivos regimentos internos e leis estaduais, a diferença no funcionamento entre tribunais é insignificante para os fins de cálculo de eficiência. Ademais, nos cálculos feitos em Yeung (2010, 2020 e 2022), eu adotei uma medida adicional para mitigar o efeito porte, que foi ponderar os valores de *inputs* e de *outputs* de cada tribunal pela sua respectiva carga de trabalho, ou seja, pela quantidade de casos novos do ano somada aos casos pendentes do ano anterior (vide nota de rodapé 69). Este passo extra garante que os valores utilizados para calcular os indicadores DEA fossem livres dos efeitos das diferenças na quantidade de ações entre os tribunais. Portanto, a meu ver, não faz sentido fazer o cálculo de eficiência de maneira separada entre grupos diferentes.

Com isso em mente, o que se repara é que, dentro de cada metodologia de cálculo mostrada acima, mesmo em termos comparados, existem grandes variações entre os tribunais, que se mantém ao longo do tempo – o que é bastante visível no painel com indicadores de 2006 a 2018. Mesmo na mensuração pelo IPC-Jus é possível ver que existem diferenças entre as unidades de um mesmo porte, porém, como acabamos de discutir, as diferenças são menores, com poucos casos tendo uma nota inferior a 0,500 (ou 50%). A interpretação direta disso é que, dentro de um grupo com mesmo porte, as unidades são bastante semelhantes entre si, a distância entre elas é pequena – pelo menos, menor do que apontam os cálculos de Yeung (2010, 2020 e 2022).

De toda forma, tanto o IPC-Jus quanto os indicadores DEA calculados por mim mostram grande variabilidade em termos de eficiência entre os 27 tribunais estaduais. Algumas implicações disso serão discutidas ao final deste capítulo, mas por ora podemos afirmar que, independentemente do efeito "porte", quantidade de recursos disponíveis, ou mesmo PIB per capita das unidades,[5] existem tribunais que conseguem se sobressair melhor em termos concretos, e isso faz com que possam/devam servir de "modelos" para as demais unidades. Voltaremos a discutir esse ponto.

5.3.3 Evolução ao longo do tempo: Índice Malmquist

Medir a eficiência judicial, por si só, já seria uma tarefa justificável, pelas discussões trazidas até agora. No entanto, seria ainda mais elucidativo o acompanhamento do que vem acontecendo com tal eficiência ao longo do tempo. Pela metodologia DEA isso é possível de se fazer através do cálculo do Índice de Malmquist, onde ainda é possível identificar determinantes relacionadas a mudanças tecnológicas. Aqui meu objetivo foi medir as mudanças na produtividade judicial atribuídas a mudanças tecnológicas. O exercício foi feito apenas para os últimos três anos dos cálculos DEA feitos, ou seja, de 2016 a 2018. Os resultados podem ser vistos abaixo:

---

5. Vide discussão que fiz em Yeung, 2020, p. 121.

Tabela 5.4: Evolução Média da Produtividade dos Tribunais de Justiça (2016 a 2018)

	Eficiência Técnica	Eficiência da Tecnologia	Eficiência de Escala	Produtividade Total de Fatores
Acre	1.640	0.786	1.030	1.288
Alagoas	1.352	0.878	1.229	1.187
Amapá	1.369	0.793	2.072	1.085
Amazonas	1.752	0.885	1.283	1.550
Bahia	1.545	0.881	1.153	1.362
Ceará	1.177	0.939	1.331	1.105
Distrito Federal	1.197	0.842	0.901	1.008
Espírito Santo	1.069	0.904	0.982	0.966
Goiás	1.182	0.880	1.028	1.040
Maranhão	1.233	0.832	0.923	1.025
Mato Grosso	1.335	0.833	0.889	1.113
Mato Grosso do Sul	1.135	0.911	1.026	1.034
Minas Gerais	0.943	0.877	0.997	0.827
Pará	1.077	0.893	1.134	0.962
Paraíba	1.211	0.821	0.982	0.994
Paraná	0.825	0.978	0.825	0.806
Pernambuco	0.992	0.840	0.989	0.834
Piauí	1.306	0.824	1.179	1.076
Rio de Janeiro	1.092	0.968	1.092	1.057
Rio Grande do Norte	1.405	0.831	1.115	1.167
Rio Grande do Sul	1.268	0.861	1.268	1.091
Rondônia	1.499	0.807	1.138	1.210
Roraima	1.025	0.930	1.445	0.954
Santa Catarina	1.375	0.898	1.098	1.235
São Paulo	1.000	0.879	1.000	0.879
Sergipe	1.803	0.861	1.033	1.551
Tocantins	1.260	0.854	1.062	1.076
Média	1.240	0.869	1.099	1.077

Fonte: Yeung (2022).

O Índice de Malmquist pode ser decomposto em cinco subindicadores, dos quais trago quatro. Um índice acima de 1.000 representa uma evolução no indicador, um índice abaixo de 1.000 representa uma involução, e 1.000 representa uma constância ao longo do tempo. Cada uma das colunas mostra um dos subindicadores: a eficiência técnica, a eficiência criada pela tecnologia, a eficiência de escala e, finalmente, a produtividade total de fatores, que mede o agregado de todos os impactos anteriores.

Com isso em mente, podemos interpretar os resultados da Tabela 5.4. Em primeiro lugar, a produtividade total de fatores teve, em média, uma evolução anual positiva de 7.7%, o que é bastante significativo. Segundo, houve uma evolução também bastante relevante na eficiência técnica, de 24% anuais em média, durante o período de três anos. Tal fato pode ser deduzido, talvez, pelo aumento incessante de demandas por serviços judiciais não acompanhado por aumento nos recursos humanos (magistrados, servidores e auxiliares). Pode-se observar também, a evolução na eficiência de escala de 9.9% ao ano.

No entanto, um indicador parece estar "puxando para baixo" o resultado da Produtividade Total de Fatores, a saber, a mudança de eficiência causada pela tecnologia. Este resultado está de acordo com resultados que encontrei em Yeung (2020), onde os resultados também foram negativos para este indicador no período de 2009 a 2015. Tal resultado é intrigante, dado o fato de que o Judiciário brasileiro, liderado pelo CNJ, acaba de passar por um intenso movimento de informatização de todo o processo judicial. Nos anos recentes, praticamente todos os tribunais do país adotaram o processo eletrônico e os sistemas de informação computadorizados. Quando se avalia o resultado da produtividade total de fatores acima, onde se lê que houve uma *involução* de 13.1% em média anualmente (com *score* de 0.869) parece que o esforço de mudança tecnológica no Judiciário brasileiro está trazendo efeitos contrários.

Sabe-se que é possível que durante o processo de adoção de novas tecnologias em um determinado ambiente de trabalho, a estrutura organizacional e os recursos humanos levam um certo tempo para assimilar esta mudança. Esse fenômeno já havia sido levantado por trabalhos empíricos anteriores, quando os pesquisadores observação pessoalmente o que ocorreu após a adoção de novas tecnologias nos tribunais (Ministério da Justiça, 2007). Talvez por esse motivo, trabalhos mais recentes indicam taxativamente que a informatização, ou adoção de tecnologia por si só não é suficiente para se aumentar a eficiência judicial (Yeung, Alves da Silva & Osse, 2020) Para avaliar essa questão de maneira mais aprofundada, seriam necessários mais trabalhos "de campo" para coletas de informação *in loco* e observações mais aprofundadas sobre os impactos da mudança tecnológica. Eis um tema para investigação em futuros trabalhos.

5.3.4 Tempo de tramitação

Não seria possível discutir eficiência judicial sem avaliar o que acontece com o tempo de tramitação dos processos. No entanto, a tarefa aqui é adicionalmente desafiadora. Na prática, é impossível saber quanto tempo dura exatamente um processo no Judiciário brasileiro. O que existe são tentativas aproximadas de se medir tal valor. É verdade que uma década atrás, no começo dos anos 2.000, a tarefa era bem mais desafiadora. Algumas medidas adotadas pelo CNJ recentemente, inclusive a melhoria nos seus sistemas de dados, têm possibilitado, por exemplo, o acompanhamento de um processo ao longo das instâncias (tarefa impossível antes). Com isso, as estimativas da duração total podem se tornar mais realistas.

Até poucos anos atrás, o Banco Mundial publicava anualmente um interessante relatório comparativo entre 190 países, o *Doing Business,* que fazia mensurações e ranqueamento entre eles de diversos indicadores de qualidade institucional. Nele, era apresentado um indicador de "cumprimento de contratos" (*"enforcement of contracts"*), onde se fazia uma estimativa de quanto tempo durava a resolução de um caso "ordinário" de quebra de contrato comercial pelas vias judiciais. A estimativa era baseada em impressões e opiniões de profissionais locais selecionados que atuavam com a questão. No último ano de publicação do relatório, no ano de 2020, o Brasil ficou em 124º colocado mundialmente (!!!) e especificamente no quesito "cumprimento de contratos", na 58ª posição; mais precisamente, o subindicador "tempo para cumprimento de um contrato (por vias judiciais)" mediu 801 dias.[6]

No Brasil, o "Doing Business" sempre sofreu críticas, sobretudo por advogados(as), e na maioria das vezes, exatamente por conta desse indicador. Em suas opiniões, o indicador era muito subestimado pois, segundo eles, claramente um processo de quebra contratual não é resolvido em tão pouco tempo. Independentemente das críticas, ele era umas das poucas iniciativas – se não a única – de tentativa de se medir a qualidade do ambiente institucional de negócios em cada um dos 190 países do mundo, de maneira uniforme e consistentemente por cerca de 15 anos. Infelizmente, no ano de 2021, devido a denúncias de manipulação de informações de alguns países, o relatório foi descontinuado, com a promessa de que outro viria substitui-lo. Alguns anos se passarem desde a última edição do Doing Business, e ainda não temos um substituto à sua altura, para muito prejuízo daqueles que estudam e pesquisam a qualidade do ambiente institucional de negócios ao redor do mundo.

Todavia, para a sorte dos brasileiros, internamente, foram iniciadas as estimativas de duração do processo feitas pelo Conselho Nacional de Justiça, que passaram também a fazer parte do relatório "Justiça em Números". No último relatório, de 2022 (com dados de 2021), o diagnóstico geral pode ser sumarizado abaixo:

---

6. Os relatórios ainda estão disponíveis nos arquivos do Banco Mundial no link abaixo: https://archive. doingbusiness.org/en/reports/global-reports/doing-business-reports. Apesar das críticas e dos problemas que levaram à sua interrupção, era sem dúvida uma riquíssima base de dados mundiais sobre dezenas de variáveis de qualidade institucional (cada um dos 10 grandes indicadores era subdividido em diversos outros subindicadores, totalizando cerca de 50 itens, que eram medidos país a país).

Em geral, o tempo médio do acervo (processos pendentes) é maior que o tempo da baixa. As maiores faixas de duração estão concentradas no tempo do processo pendente, em específico na fase de execução da Justiça Federal (8 anos e 6 meses) e da Justiça Estadual (5 anos e 9 meses) [exceto os processos penais] (CNJ, 2022, p. 209).

Mesmo considerando-se apenas o 1° grau, os dados também são surpreendentes. Tomando as varas estaduais, o processo pendente na fase de execução é de 5 anos e 11 meses; o tempo de baixa na fase de execução nessas mesmas varas é de 5 anos e 3 meses. Nas varas federais, pior ainda: 8 anos e 10 meses, e 6 anos e 11 meses, respectivamente. Nas varas trabalhistas, 3 anos e 10 meses, e 2 anos e 3 meses, respectivamente.[7]

De uma série de análises segmentadas por tipo de Justiça e por diferentes instâncias feitas pelo relatório, destaco aqui os dados calculados de "Tempo médio da inicial até a sentença no segundo grau e primeiro grau". A figura abaixo foi retirada diretamente do relatório:

Figura 5.1: "Tempo médio da inicial até a sentença no segundo grau e primeiro grau"

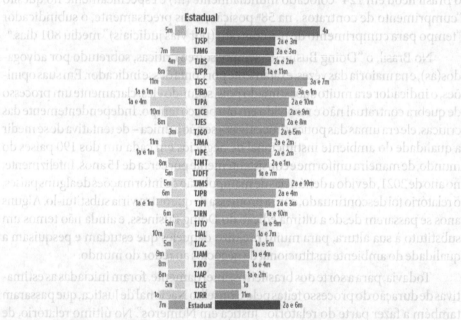

---

7. É muito claro para todos que existe um problema maior de falta de celeridade na fase de execução. Até por isso, o Justiça em Números de 2022 traz uma seção especial para discutir os dados dessa fase ("Gargalos da Execução" na seção 5.3 no capítulo 5, sobre "Gestão Judiciária"), com atenção especial para as execuções fiscais.

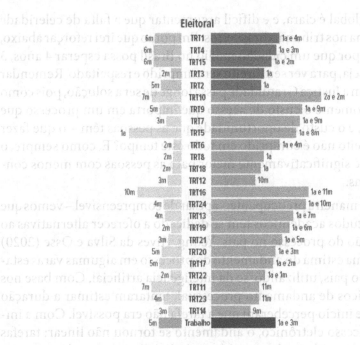

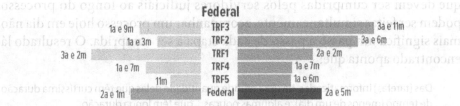

Fonte: CNJ (2022), Figura 151 (p. 217)[8]

Como padrão em todo o relatório, os dados estão agrupados por portes diferentes de tribunais (exceto, obviamente, para a Justiça Federal). Mas chama a atenção – para além das longas durações em praticamente todos os tribunais – de que essa medida não tem correlação direta e absoluta com o tamanho das unidades. Vê se tribunais pequenos ou médios que têm duração do processo tão longa ou maior do que de alguns grandes tribunais. Outros grandes tribunais têm duração média de pequenos. Na Justiça do Trabalho, o tempo médio até a decisão no segundo grau é consideravelmente menor nos tribunais de grande porte em comparação aos de porte médio e mesmo as de porte pequeno.

---

8. Os títulos dos gráficos referentes à Justiça do Trabalho e à Justiça Eleitoral foram trocados. Apesar da indicação, os dados que eu reproduzo acima são da Justiça trabalhista.

A imagem global é clara, e é difícil argumentar que a falta de celeridade não é um problema nos tribunais brasileiros. Em ponto que irei reforçar abaixo, não é razoável supor que um cidadão médio no Brasil possa esperar 4 anos, 3 anos, 2 anos que seja, para ver seu direito ser cumprido e respeitado. Remendar este problema com a Justiça Gratuidade passa longe de ser a solução, pois como sabemos, não é somente o custo de acesso que importa em um processo que dura anos e anos, é o custo de oportunidade que as pessoas têm – o que fazer enquanto seu direito não é cumprido em todo este tempo? E, como sempre, o ônus deste custo é significativamente maior para as pessoas com menos condições econômicas.

Também, de maneira preocupante – apesar de compreensível – vemos que pouquíssimos estudos acadêmicos têm se dedicado a oferecer alternativas ao cálculo da duração do processo no país. Yeung, Alves da Silva e Osse (2020) tentaram fazer uma estima do andamento do processo em algumas varas estaduais e federais do país, utilizando-se da inteligência artificial. Com base nos registros eletrônicos de andamento processual, tentaram estimar a duração total. Mas logo de início perceberam que a tarefa não era possível. Com a implantação do processo eletrônico, o andamento se tornou não linear: tarefas que devem ser cumpridas pelos servidores judiciais ao longo do processo podem ser feitas simultaneamente, acompanhar um processo hoje em dia não mais significa um passo a passo de cada etapa a ser cumprida. O resultado lá encontrado aponta que:

> Das [tarefas] informatizadas, há uma grande quantidade delas que têm curtíssima duração de tempo (menos de um dia), e algumas poucas ... que têm longa duração.
>
> O que também fica constatada é grande quantidade de [tarefas] no andamento do processo, centenas delas e, em alguns casos, mais de um milhar. Desta forma, mesmo que cada uma tenha curta duração, o processo acaba se tornando extremamente longo por causa da quantidade de andamentos, muitas vezes burocráticos e "desnecessários", que precisam ser cumpridos (Yeung, Alves da Silva e Osse, 2020, p. 77).

É claro que mais trabalhos acadêmicos são necessários. Enquanto pesquisas abundam nos cálculos de eficiência (pela facilidade já mencionada antes), existe um deserto inanimado neste outro tema tão relacionado.[9] Este fato, como afirmei acima, é compreensível, justamente pela dificuldade de dados e pelo difícil cálculo que acontecia até agora. Porém, muito em breve, talvez possamos começar a ter mais pesquisadores interessados em corroborar (ou não) os dados calculados pelo CNJ. Essa necessidade se coloca premente não porque duvidamos

---

9. Por outro lado, na literatura jurídica abundam trabalhos sobre (o direito a) a "razoável duração do processo", porém, todas dogmáticas e doutrinárias.

da acurácia do que nos já é apresentado pelo órgão, mas simplesmente porque a academia vive do contraditório: somente com estudos alternativos é que se avança a produção do saber científico. E precisamos saber mais sobre a questão da duração do processo no país.

5.3.5 Conciliação e métodos alternativos não judiciais de solução de conflitos

A ineficiência e falta de celeridade judicial não são explicadas unicamente pela alta litigância nos tribunais brasileiros, mas claramente esta impacta fortemente naquelas. Nos capítulos anteriores a este, debruçamo-nos longamente na discussão sobre o problema da super litigância, ou melhor, do paradoxo do acesso à Justiça, que acontece no nosso país. No capítulo 3, vimos alguns modelos analíticos que economistas têm apresentado para modelar as decisões de litígio pelas partes. A contrapartida de uma intensa busca por soluções pela via judicial seria a aceitação de soluções cooperativas, através da mediação, acordo e/ou conciliação judicial ou extrajudicial. Seria muito interessante como tema de pesquisa uma investigação empírica sobre esses métodos de solução de conflitos alternativos que ocorrem *fora* do sistema judicial. Mas por razões óbvias, esse estudo não é trivial (é como o que ocorre nos estudos sobre atividades informais: justamente por serem informais, é praticamente impossível ter a certeza de que algum estudo esteja cobrindo a representatividade do universo).

O que resta seria o estudo sobre as soluções cooperativas por meio do Judiciário, ou a chamada conciliação judicial. O Código do Processo Civil (CPC) brasileiro de 2015, no artigo 334, prevê explicitamente audiência de conciliação ou mediação em todo processo judicial:

> Art. 334. Se a petição inicial preencher os requisitos essenciais e não for o caso de improcedência liminar do pedido, *o juiz designará audiência de conciliação ou de mediação com antecedência mínima de 30 (trinta) dias,* devendo ser citado o réu com pelo menos 20 (vinte) dias de antecedência (grifos adicionados).

Entretanto, como acontece muitas vezes, o que é *de jure* não é *de facto*. O que está na lei e o que é cumprido de maneira burocrática poucas vezes tem efeito prático. Para quem já vivenciou situação pessoal (como cidadão usuário, como testemunha de fato, como advogado(a) ou outro profissional do Direito), sabe que tal iniciativa prevista no CPC, infelizmente, é apenas para "constar". Magistrados, partes envolvidas e, muito menos, advogados não têm interesse, incentivos ou conhecimentos para fazer valer conciliações efetivas, aquelas em que os modelos econômicos preveem gerariam resultados "ganha-ganha" (e tais resultados seriam cumpridos, caso houvesse informação mais perfeita). As audiências de conciliação, salvo poucas mas honrosas exceções,[10] são *pro forma*, mais uma etapa para fazer cumprir o devido processo legal. Prova disso são os dados sobre o grau de sucesso das conciliações judiciais, e mais uma vez, o relatório do "Justiça em Números" traz informações oficiais, colhidas diretamente dos tribunais. Abaixo, um gráfico que sintetiza o que vem ocorrendo com a conciliação na Justiça brasileira:

Figura 5.2: Evolução do Índice de Conciliação (Brasil)

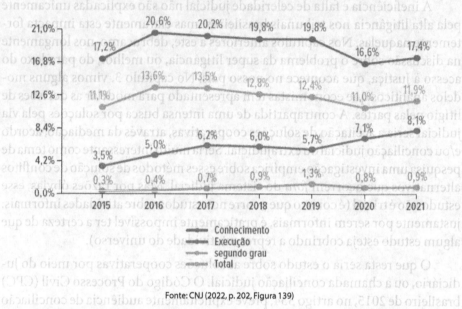

Fonte: CNJ (2022, p. 202, Figura 139)

É impossível não reparar que o índice de conciliação no 2º grau é de menos de 1%! Segundo avaliação do próprio relatório:

> Há de se destacar que, mesmo com o novo Código de Processo Civil (CPC), que entrou em vigor em março de 2016 e tornou obrigatória a realização de audiência prévia de conciliação e mediação, em quatro anos o número de sentenças homologatórias de acordo cresceu em apenas 4,2%, passando de 2.987.623 sentenças homologatórias de acordo no ano de 2015 para 3.114.462 em 2021. Em relação ao ano anterior, houve aumento de 539.898 sentenças homologatórias de acordo (21%). A redução vista em 2020, com a retomada gradativa em 2021, possivelmente decorre da pandemia da covid-19, que pode ter dificultado a realização de procedimento de conciliação e mediação presenciais ou das técnicas usuais de construção de confiança e espírito de cooperação entre as partes processuais empregadas em audiências presenciais (CNJ, 2022, p. 201-2).

---

10. Principalmente nas chamadas "Semanas de Conciliação" promovidas pelo Judiciário brasileiro, onde participam litigantes que, efetivamente, têm interesse em resolver logo o conflito. Ver por exemplo em: https://www.cnj.jus.br/programas-e-acoes/conciliacao-e-mediacao/semana-nacional-de-conciliacao/ (acesso em: 22 ago. 2023).

Quando destrinchamos os dados por tribunal e por instância, há figuras mais promissoras,[11] sobretudo nas instâncias superiores e na fase de execução (por motivos, ou incentivos, econômicos óbvios...) Porém, nada altera o fato de que este tema merece mais atenção sobretudo dos profissionais "na linha de frente": advogados, magistrados, servidores judiciais. Na academia, muitos têm discutido (mas talvez ainda não o suficiente), por exemplo, os trabalhos econômicos explicitando os incentivos ao litígio *vis a vis* os incentivos à negociação cooperativa. A análise econômica é taxativa na convicção de que incentivos importam (lembrar dos princípios da Economia discutidos no capítulo 3) e, enquanto houver muitos incentivos para o litígio e pouco incentivos efetivos para a cooperação, esta não ocorrerá. Por outro lado, na literatura acadêmica jurídica, tem aumentado a quantidade de estudos sobre o funcionamento dos CEJUSC – os Centros Judiciários de Solução de Conflitos. A maior parte aponta para resultados positivos que essas unidades judiciais já estão colhendo; porém, muito mais estudos são necessários, sobretudo aqueles que possam evidenciar que, efetivamente, essas instituições formais podem promover incentivos à conciliação, de maneira a poder, um dia talvez, reduzir a grande quantidade de conflitos esperando soluções pela via judicial. Sem isso (mas não somente), mantidos os níveis atuais de litígio, não será possível ter um Judiciário eficiente no país.

5.4 ONDE ESTAMOS E PARA ONDE DEVEMOS IR: LIMITES DOS ESTUDOS

Voltamos à questão inicial deste capítulo: para que discutir eficiência judicial? Com todos os dados que foram apresentados aqui, e fazendo uma relação com o que foi discutido nos capítulos anteriores, podemos argumentar que a ineficiência nos tribunais brasileiros é um dos fatores mais importantes na perpetuação do "paradoxo do acesso à Justiça". Dado que os tribunais são ineficientes e não céleres, é muito custoso manter um processo judicial – e agora já estamos todos cientes de que esse custo não será jamais mitigado pela gratuidade da Justiça (AGJ) pois não se relaciona com ela, mas sim com o custo de oportunidade do tempo das partes. Sendo o processo custoso, somente as pessoas e as organizações com mais recursos econômicos terão condições de acessar a Justiça. Também, somente aqueles a quem agrada a Justiça morosa – por exemplo, os devedores certos – terão interesse em manter uma ação judicial, unicamente como meio de protelar sua obrigação legal. Esses dois fenômenos são os conhecidos efeitos de *crowding out* (expulsão dos pequenos pelos grandes) e de seleção adversa dos litigantes, já tratados em capítulos anteriores. Enquanto esses dois efeitos não forem

---

11. Para dados detalhados, ver CNJ "Justiça em Números 2022", cap. 7.

extirpados do Judiciário brasileiro, não há esperanças de que ele será democrático e amplo – independentemente da vontade dos magistrados e servidores que lá atuam. O resultado disso é que, perante a ampla sociedade, o grau de confiança e credibilidade do Judiciário continuará baixa. O Índice de Confiança na Justiça Brasil (ICJ Brasil) calculado pela Fundação Getúlio Vargas de São Paulo[12] desde 2009, tem indicado a dificuldade que o Judiciário brasileiro tem tido, de maneira consistente, em gerar maior confiança pela sociedade brasileira. Mesmo em anos recentes, quando protagonismo do Judiciário na arena política e social tem se intensificado, o índice não alcança mais que 40%;[13] nos anos anteriores, o indicador foi ainda mais baixo.[14] Não se questiona que tal resultado é causado por uma série de fatores. Mas também é certo que, da maneira como funciona, sem conseguir atingir plenamente os cidadãos comuns (e não somente os abastados e informados), será difícil melhorar esse indicador – e qualquer que seja que reflita a imagem do Judiciário na sociedade brasileira.

Com tudo o que foi visto neste capítulo, o que se conclui em termos de aprendizado dos trabalhos acadêmicos e aplicados já feitos? Primeiro, eficiência importa – independentemente da maneira como é medida (produtividade, celeridade, não desperdício etc.) – e importa até mesmo levando-se em conta critérios de Justiça, ou seja, ela não se contrapõe a esta segunda. Segundo, a fotografia do Judiciário brasileiro, no geral, é bastante negativa, seja em termos de produtividade, seja em termos de celeridade, e poderíamos até nos limitar aos dados oficiais para chegar a essa conclusão. Mais, a quantidade de recursos humanos e materiais não é a única, e na verdade nem a principal razão para os resultados insatisfatórios.

Porém, a boa notícia é que existem bons exemplos a serem seguidos. A metodologia da DEA – intensamente adotada pelos estudiosos jurídicos nos últimos anos, mostra que existe uma ampla variedade de resultados na eficiência relativa entre os tribunais brasileiros. Isso é uma boa notícia até para aqueles tribunais que consistentemente têm tido problemas no funcionamento, pois é possível ir em busca de "*best practices*".

Em uma análise temporalmente mais dinâmica, pode-se dizer que há evidências de ganhos de eficiência ou produtividade no Judiciário brasileiro nos anos mais recentes. Pelo índice de Malmquist, derivado da metodologia DEA, é possível averiguar que, pelo menos para períodos mais recentes (por exemplo, de

---

12. Relatórios disponíveis em: https://bibliotecadigital.fgv.br/dspace/handle/10438/6618. (acesso em: 22 ago. 2023).

13. ICJBrasil 2021, vide: https://bibliotecadigital.fgv.br/dspace/handle/10438/30922 (acesso em: 22 ago. 2023).

14. Voltaremos a discutir sobre o ICJBrasil mais à frente.

2016 a 2018), houve evolução significativa da Produtividade Total de Fatores nos tribunais estaduais brasileiros. Por outro lado, ainda são necessárias evidências de que a informatização do processo, um dos grandes sucessos do Judiciário brasileiro da última década, tenha apresentado resultados efetivos sobre a eficiência judicial. Nos primeiros anos da ampla digitalização do processo no Brasil, o indicador de evolução de eficiência tecnológica chegou a regredir (Yeung, 2022). As causas de tal desempenho negativo merecem investigações aprofundadas e merecem uma análise cautelosa dos decisores de políticas públicas, a respeito do real alcance de iniciativas tomadas, por exemplo, a da digitalização do processo.

Uma análise mais aprofundada dos resultados acima discutidos traz outro ponto crítico. Quando avaliamos os *scores* da DEA, o que se observa é que os "casos de sucesso" continuam sendo os chamados tribunais de grande porte (na nomenclatura do CNJ). Dado que foi feita a ponderação dos *inputs* e *outputs* pela quantidade de novos casos e casos pendentes – uma aproximação ao tamanho do tribunal – pode-se deduzir que esses tribunais estão conseguindo responder melhor às suas demandas, mesmo que estas sejam significativamente maiores que as dos outros tribunais. Como consequência analítica e implicações desses resultados, podemos derivar uma explícita necessidade de compreender melhor os tribunais de menor porte, entender suas especificidades e sua natureza para poder melhorar efetivamente seu funcionamento. Sob quais medidas os tribunais de grande porte podem servir de boas práticas a aqueles? E *como*? Por ora, eu levanto apenas algumas hipóteses da razão disto acontecer, que poderiam ser investigadas em trabalhos futuros.

Primeiro, uma possível explicação é que, mesmo com demandas significativamente mais altas, a lei não permite tanta flexibilização para que cada tribunal defina a quantidade de recursos humanos e materiais que queira contratar. Assim, a pressão por maior produtividade e eficiência é consequência natural e imediata. Vale lembrar, mais uma vez, que todos os trabalhos já estão levando em conta a quantidade de casos novos e casos pendentes existentes, ou seja, cada tribunal já está tendo um "desconto" no seu *score* de eficiência proporcionalmente a esta carga.

Por outro lado, ainda com relação a esta questão, há indícios de que talvez possa haver *retornos crescentes de escala* nos tribunais. Ou seja, à medida que se vai aumentando a escala de operação (aumentando o número de casos), maior o retorno haverá. A discussão sobre qual tipo de retornos de escala é mais condizente com a realidade dos tribunais, sobretudo a dos tribunais brasileiros, é bastante longa (vide Yeung e Azevedo, 2011), apesar de haver um certo consenso – mas não unanimidade – pela hipótese dos retornos constantes de escala, como foi adotado nos trabalhos que apresentei neste capítulo. Talvez esta hipótese deva ser revista por trabalhos futuros.

Por tudo isso, observa-se que outros resultados e metodologias poderiam (e deveriam) ser combinados à análise dos resultados da DEA. Sabe-se que uma das maiores limitações desta metodologia – pela sua natureza não paramétrica – é a incapacidade de identificar relações de causalidade entre as variáveis. Então, por exemplo, ela deveria ser combinada com avaliações *in loco* que tentem identificar as causas de maior ou menor eficiência de um determinado tribunal. Ainda, indicadores de confiança e avaliação de qualidade pela população usuária, com relação aos serviços prestados pelas cortes locais. Esta é a minha recomendação para pesquisas futuras. Na minha humilde e respeitosa visão, trabalhos que visam unicamente mensurar a eficiência judicial – seja pela DEA seja por outras metodologias semelhantes – sem análise ou interpretações adicionais, já tem sua contribuição bastante limitada, dado o estágio em que a literatura acadêmica sobre o tema já conseguiu avançar no Brasil (e foi muito). Claro, o relatório do Justiça em Números tem outra natureza e objetivo (que é justamente de tirar fotografias descritivas do Judiciário brasileiro), mas trabalhos acadêmicos como artigos, teses e dissertações podem avançar mais do que a mera aplicação da metodologia de cálculo de eficiência.[15]

Apesar do longo caminho já trilhado pela pesquisa científica nacional e internacional sobre a evolução da produtividade judicial, e do longo caminho já trilhado pelos tribunais brasileiros na gestão de sua eficiência, muito ainda há o que se fazer. A combinação dos esforços, práticos e acadêmicos, para se garantir uma justiça eficiente, célere e justa, ao mesmo tempo em que se garante uma gestão profissional dos tribunais ainda pode gerar muitos frutos no futuro próximo.

REFERÊNCIAS BIBLIOGRÁFICAS DO CAPÍTULO

BOTELHO, M. M. (2016) "A eficiência judicial da justiça comum estadual no Brasil: uma análise jurimétrica pelo método DEA". *Revista de Processo, Jurisdição e Efetividade da Justiça*, v. 2, n. 1, p. 92-110.

CHARNES, A., COOPER, W. W., & RHODES, E. (1978). "Measuring the efficiency of decision making units". *European Journal of Operational Research*, v. 2, p. 429-444.

CONSELHO NACIONAL DE JUSTIÇA (CNJ) (2022). *Justiça em Números 2022*, Brasília: CNJ. (Disponível em: https://www.cnj.jus.br/pesquisas-judiciarias/justica-em-numeros/).

COOPER, W. W., SEIFORD, L. M., & TONE, K. (2007). *Data Envelopment Analysis: a Comprehensive Text with Models, Applications, References and DEA-Solver Software. Second Edition*. New York: Springer Science Business Media, LLC.

EMROUZNEJAD, A.; Yang, G. (2018). "A survey and analysis of the first 40 years of scholarly literature in DEA: 1978–2016". *Socio-economic planning sciences*, v. 61, p. 4-8.

---

15. Manifestei expressamente esta opinião em evento *online* realizado pelo CNJ sobre a questão da eficiência judicial, em outubro de 2022.

FALCÃO, J. (2021). "Competição" In: BOTTINI, P. C., Sadek, M. T., Khichfy, R., & Renault, S. R. T. *O judiciário do nosso tempo: grandes nomes escrevem sobre o desafio de fazer justiça no Brasil*. Rio de Janeiro: Globo Livros, p. 117-118

FOCHEZATTO, A. (2010). "Análise da eficiência relativa dos tribunais da justiça estadual brasileira utilizando o método DEA". *Anais do XXXVI Reunión de Estudios Regionales--AECR, 2010, Espanha.*

NOGUEIRA, J. M. M, Oliveira, K. M. M. D., Vasconcelos, A. P. D., & Oliveira, L. G. L. (2012). "Estudo exploratório da eficiência dos Tribunais de Justiça estaduais brasileiros usando a Análise Envoltória de Dados (DEA)". *Revista de Administração Pública*, 46, 1317-1340.

OSTROM, B. J., HANSON, R. A., & National Center for State Courts (1999). *Efficiency, Timeliness, and Quality: a New Perspective from Nine State Criminal Trial Courts.* Prepared for the National Institute of Justice and the State Justice Institute.

RAMOS, L. O.; CUNHA, L. G.; OLIVEIRA, F. L; SAMPAIO, J. O. (2021). "Relatório ICJBrasil 2021", Coleções FGV Direito SP – Índice de Confiança na Justiça Brasileira – ICJBrasil. (Disponível em: https://bibliotecadigital.fgv.br/dspace/handle/10438/30922).

SHEPHARD, R. W. (1970). *Theory of Cost and Production Functions*. Princeton: Princeton University Press.

SOUSA, G. S. (2001). "Statistical Properties of Data Envelopment Analysis Estimators of Production Functions". *Brazilian Review of Econometrics*, v. 21 (2), p. 291-322.

TAVARES, A. R. (2005). *Reforma do Judiciário no Brasil Pós-88*: (Des)estruturando a Justiça – Comentários completos à Emenda Constitucional n. 45/04. São Paulo: Editora Saraiva.

WORLD BANK (2004). "Brazil Making Justice Count – Measuring and Improving Judicial Performance in Brazil". *Report nº 32789-BR, Poverty Reduction and Economic Management Unit, Latin América and the Caribbean Region.*

YEUNG, L. L.(2010). *Além dos "achismos", do senso comum e das evidências anedóticas*: uma análise econômica do judiciário brasileiro, Tese de Doutorado, Escola de Economia da Fundação Getúlio Vargas, São Paulo.

YEUNG, L.L. (2020). "Measuring Efficiency of Brazilian Courts: one decade later", *Revista de Direito Administrativo*, v. 279, p. 111-134.

YEUNG, L.L. (2022). "Evolução recente da eficiência do judiciário brasileiro (2006-2018)". *Revista de Estudos Empíricos em Direito*, v. 9, p. 1-32.

YEUNG, L.; Alves da Silva, P. E.; Osse, C. L. (2020). *Informatização Judicial e Efeitos sobre a Eficiência da Prestação Jurisdicional e o Acesso à Justiça* – Projeto de Estudo Desenvolvido com o Apoio do Instituto Betty e Jacob Lafer. São Paulo: Insper. (Disponível em https://www.insper.edu.br/wp-content/uploads/2021/08/IBJL_relato%CC%81rio-final-revisAgo21-3.pdf).

YEUNG, L. L.; AZEVEDO, P. F. (2011). "Measuring efficiency of Brazilian courts with data envelopment analysis (DEA)". *IMA Journal of Management Mathematics*, v. 22, n. 4, p. 343-356.

YEUNG, L. L.; AZEVEDO, P. F. (2012). "Além dos 'achismos' e das evidências anedóticas: medindo a eficiência dos tribunais brasileiros". *Economia Aplicada*, v. 16, p. 643-663.

6
UM ESTUDO SOBRE O SUPERIOR TRIBUNAL DE JUSTIÇA (STJ)

6.1 STJ: UM GIGANTE "INVISÍVEL" (AOS OLHOS DA PESQUISA EMPÍRICA)

De acordo com as estatísticas oficiais do próprio Superior Tribunal de Justiça, no ano de 2022, foram julgados naquele tribunal 588.400 processos (incluindo processos interlocutórios como agravos e embargos), nada menos do que meio milhão de processos. Na virada do ano, no dia 31 de dezembro, tramitavam por lá quase 270 mil processos.[1]

Aos olhos brasileiros, anestesiados com a realidade da "super litigância" esses números parecem não comover. Porém, se olharmos para dados comparativos, percebemos logo o desvario. Vamos relembrar a referência feita no primeiro capítulo deste livro, sobre o estudo dos americanos Rasmeyer e Rasmusen (2013). Lá os autores encontraram que a taxa de litigância total para 100.000 habitantes era, respectivamente.[2]

Tabela 6.0 – Processos por 100.000 habitantes

Alemanha	12.300[3]
EUA	5.806
Inglaterra	3.681
França	2.416
Japão	1.768
Superior Tribunal de Justiça (Brasil)	2.942[4]

---

1. Fonte: Superior Tribunal de Justiça, Assessoria de Gestão Estratégica – Coordenadoria de Governança de Dados e Informações Estatísticas, *Relatório Estatístico 2022*. Disponível em: https://processo.stj.jus.br/processo/boletim (acessado em 06 de dezembro de 2023).
2. Todos esses dados (exceto o do STJ) estão referenciados em: LISBOA, Marcos; YEUNG, Luciana; AZEVEDO, PAULO F. (2021). "Entre intenção e consequência: os efeitos econômicos do Judiciário no Brasil". In: SADEK, Maria Tereza; BOTTINI, Pierpaolo; KHICHFY, Raquel; RENAULT, Sergio (Org.). *O Judiciário do nosso tempo*. Rio de Janeiro: Editora Globo S.A., p. 265-277.
3. Fonte: WOLLSCHLÄGEN, Christian. "Exploring Global Landscapes of Litigation Rates". Soziologie des Rechts: Fetschrift für Erhard Blankenberg zum 60 Geburstag, 577-582, 1998.
4. Processos julgados.

Se levarmos em conta somente os dados do STJ, teríamos uma taxa de litigância nacional de 2.942 ações para cada 100.000 brasileiros. Isso quer dizer que, sozinho, o Superior Tribunal de Justiça julga – relativamente à população – mais do que a Justiça francesa e japonesa, e somente um pouco menos que a Justiça inglesa.

A magnitude dos dados do STJ não para aí. O mesmo relatório de onde foram extraídas as estatísticas acima mostra ainda a movimentação processual incluindo dados de processos distribuídos, decididos, com vistas e publicações de cada um dos 33 Ministros do STJ, mais outros magistrados convocados. Além de ser uma demonstração de transparência singular (com poucos equivalentes nacionais e mesmo internacionais), revela cifras surpreendentes: livrando-nos de cálculo exatos (que seriam muito fácil de se fazer), vemos que a maioria dos Ministros decidiu mais de 10 mil decisões no ano, alguns deles chegando perto de 20 mil! Sabe-se que os Ministros(as) assumem diversas outras tarefas que não a judicante, o que torna isso tudo ainda mais surpreendente. Em termos de processos distribuídos o próprio relatório mostra: "Em 2022 foram distribuídos e registrados no STJ 430.991 processos, o que corresponde a 13.060 processos distribuídos por ministro em média [considerados todos os 33 Ministros]" (STJ, 2022, p. 12).[5]

Porém, apesar de tudo isso, o STJ continua relegado pelos estudos acadêmicos, sobretudo os empíricos e econômicos. Existe uma explicação possível: acadêmicos costumam se mirar nas práticas internacionais (felizmente) e, na literatura internacional um foco desproporcionalmente grande é colocado na Suprema Corte[6] – no caso brasileiro o Supremo Tribunal Federal – talvez por sua importância política, talvez por ser a instância final do sistema judicial, mas também porque em vários países existe apenas um único tribunal superior, que é exatamente a Suprema Corte. Esse não é o caso do Brasil, mesmo assim, a corte superior "secundária" continua injustamente fora do foco do olhar empírico, pelo menos para fins científicos e acadêmicos.[7]

---

5. Fonte: Superior Tribunal de Justiça, Assessoria de Gestão Estratégica – Coordenadoria de Governança de Dados e Informações Estatísticas, *Relatório Estatístico 2022*. Disponível em: https://processo.stj. jus.br/processo/boletim (acesso em: 06 de dezembro de 2023).

6. Vide os estudos de *judicial behavior*, área de estudos empíricos do Judiciário interessantíssima, sobre a qual discutiremos em capítulo mais à frente.

7. Pela sua importância na vida diária de pessoas e organizações, fazendo jus ao *moto* de "Tribunal da Cidadania", vários estudos técnicos e pareceres esmiuçam o funcionamento do STJ (apesar de nem sempre de maneira quantitativa). Mas esses estudos têm fins técnicos, "de mercado" (como se diz na academia) e muitas vezes usados em defesas de partes litigantes. Infelizmente, nem sempre tais estudos têm utilidade científica e acadêmica.

6 • UM ESTUDO SOBRE O SUPERIOR TRIBUNAL DE JUSTIÇA (STJ) — 157

O objetivo do presente capítulo é apresentar um estudo quantitativo cujo elemento principal é o STJ. Assim como no capítulo anterior com os trabalhos sobre a Justiça Trabalhista, esse tem também como propósito, além de divulgar os interessantes achados (totalmente inesperados ao início da pesquisa), gerar motivações para mais estudos empíricos similares. Seria muito bom contar com uma ampla literatura empírica e econômica sobre o funcionamento do STJ, para que possamos conhecer cada vez mais essa importantíssima instituição do Judiciário brasileiro.

6.2 UM ESTUDO SOBRE O STJ:[8] APRESENTAÇÃO

O estudo em questão foi feito para um artigo acadêmico que apresento (quase) na íntegra a partir da seção 6.2.1 (excluindo uma sessão escrita para audiência estrangeira, que deixarei de apresentar aqui). Tal artigo foi publicado em 2019 em um periódico internacional, e derivou de um trabalho inicial feito em 2010.[9] Porém, a base de dados foi ajustada para melhor focar na questão em análise: julgamento de processos de quebras contratuais comerciais envolvendo instituições financeiras.

Curiosamente, o estudo começou como uma análise empírica do STJ, porém, ao final, revelou diversas questões interessantes e importantes sobre alguns Tribunais de Justiça Estaduais. Não raro, as pesquisas empíricas possibilitam esse tipo de surpresa (agradável).

****

6.2.1 Introdução

Existe viés por parte dos juízes em suas decisões judiciais? Dada a função do judiciário nas democracias modernas (conforme, Acemoglu e Robinson, 2012; Gibler e Randazzo, 2011; Hammergren, 2007),[10] seu papel no equilíbrio de poderes do Estado e seus impactos na economia (vide, Sherwood, 2004; Weder, 1995), essa questão merece uma séria reflexão. E se as decisões dos juízes forem, no geral, "idiossincráticas",

---

8. YEUNG, LUCIANA L. (2019). "Bias, insecurity and the level of trust in the judiciary: the case of Brazil". *Journal of Institutional Economics*, v. 15, p. 163-188.

9. YEUNG, Luciana L. (2010). *Além dos "achismos", do senso comum e das evidências anedóticas*: uma análise econômica do judiciário brasileiro. Tese de Doutorado, Escola de Economia da Fundação Getúlio Vargas, São Paulo.

10. Nota *ex post* à publicação do artigo: a partir daqui até o fim da seção 6.2, as referências bibliográficas completas serão feitas pelo costume da literatura econômica, ou seja, não em notas de rodapé, mas somente ao fim do artigo/capítulo. Todas as demais referências também serão incluídas na lista ao fim do presente capítulo.

baseadas principalmente em aleatoriedade ou ideologia, e não na "interpretação rigorosa da lei"? Muitos argumentam que sistemas judiciais incertos e inseguros podem ser especialmente prejudiciais para as economias (mesmos autores acima).

Alguns atestam que esse é o caso no Brasil: "A qualidade da aplicação de garantias é baixa porque tanto a lei quanto a jurisprudência são enviesadas a favor do devedor" (Arida et al., 2005, p. 16). De acordo com esses autores, esse viés é a principal razão para a ausência de um mercado de crédito de longo prazo e a presença de altas taxas de juros no país.

Outros artigos seguiram a Arida et al. (2005). Alguns forneceram evidências de viés a favor do devedor por parte dos juízes brasileiros (por exemplo, Castelar Pinheiro, 2005); outros negaram e mostram resultados contrários (por exemplo, Gonçalves et al., 2007; Ribeiro, 2006). No entanto, nenhuma dessas discussões foi acompanhada por evidências empíricas robustas.

O presente artigo tem como objetivo oferecer contribuições para essa discussão. Nosso primeiro objetivo é encontrar mais evidências do chamado viés pró-devedor, analisando uma amostra maior do que aquelas encontradas em trabalhos anteriores. Em segundo lugar, fornecemos mais evidências de que o judiciário brasileiro é altamente inseguro, visto que as chances de reformas das decisões são significativas quando um caso avança nos tribunais. A combinação desses dois fenômenos – viés e insegurança – juntamente com a ineficiência judicial resulta em perdas sociais e também em desconfiança elevada no poder Judiciário. Para demonstrar esse processo, adotamos um modelo conceitual no qual apresentamos os resultados sociais estimados. Combinado com evidências empíricas, relacionamos isso aos resultados de uma pesquisa nacional e estatísticas oficiais do Conselho Nacional de Justiça. Tentamos mostrar que os tribunais caracterizados por viés, insegurança e ineficiência tendem a ter baixos níveis de confiabilidade pela população.

Este artigo possui oito seções, incluindo esta introdução. Iniciamos a seção 2 apresentando algumas literaturas sobre o impacto do judiciário na economia. É dada atenção especial à evidência empírica, bem como à literatura de "Origens Legais" (*Legal Origins*) e, posteriormente, "Direito e Finanças" (*Law and Finance*). A discussão nesta seção estabelece as relações entre tribunais e juízes com os resultados socioeconômicos. Na segunda parte desta seção, discutimos brevemente algumas teorias sobre a tomada de decisões judiciais que tentam responder a perguntas como "Como os juízes julgam?" e "O que afeta as decisões judiciais?". Na seção 3, apresentamos nosso modelo conceitual, baseado em uma abordagem institucional. Explicamos as consequências, em termos de perdas sociais e (não) confiabilidade. Com esse modelo em mente, partimos para a análise empírica de decisões do Superior Tribunal de Justiça (STJ) no Brasil. Antes disso, na seção 4, descrevemos a estrutura e o funcionamento do judiciário brasileiro, especificamente o papel do STJ.[11] Na seção 5, revisamos as hipóteses a serem testadas e apresentamos a metodologia e o banco de dados utilizados na análise empírica. Na seção 6, apresentamos e discutimos os resultados de nossa análise empírica. Na seção 7, trazemos uma fonte secundária de dados, o Índice de Confiança na Justiça (ICJBrasil), que oferece confirmação preliminar dos resultados previstos pelo modelo conceitual apresentado anteriormente. Finalmente, a seção 8 encerra o artigo com algumas observações finais.

6.2.2 Revisão da Literatura

A ampla literatura – tanto teórica quanto empírica – traz evidências de que o judiciário impacta a economia. Por outro lado, o que impacta as decisões judiciais? Discutimos esses dois temas abaixo.

Como juízes e instituições legais impactam a economia?

O judiciário ocupa um lugar especial na análise econômica. Coase (1960) e outros fundadores do movimento Direito e Economia (*Law and Economics*), como Aron Director, Guido Calabresi e Henry Manne, entre outros, mostraram como os tribunais e as atividades econômicas estão diretamente relacionados. Inúmeros trabalhos teóricos e empíricos surgiram, oferecendo evidências da interconexão entre o mundo jurídico e o econômico.

Porém, se juízes e tribunais são importantes para a economia, o que seria considerado um "bom judiciário"? Linn Hammergren o define:

> Sistemas judiciais bem funcionantes são supostos controlar abusos governamentais e proteger direitos humanos e civis básicos; *criar um ambiente que promova o desenvolvimento de economias baseadas no mercado*; dissuadir crimes e violência civil; reduzir níveis de conflito societal; apoiar o desenvolvimento de governança democrática legítima; e reduzir desigualdades sociais ajudando a distribuir os benefícios do desenvolvimento a grupos marginalizados (2007, p. 4, ênfases adicionadas).

É claro que os tribunais em muitos países subdesenvolvidos não atendem a alguns desses requisitos (ou mesmo a nenhum deles). A ideia de que falhas no funcionamento do judiciário são uma das principais causas do subdesenvolvimento tornou-se cristalizada no movimento conhecido como Direito e Desenvolvimento (*Law and Development*). Embora não relacionadas, as ideias desse movimento estão vinculadas às do movimento das "Origens Legais" – que discutiremos posteriormente – já que ambas afirmam que instituições legais são cruciais para o desempenho econômico de longo prazo.

---

11. Essa seção não será apresentada aqui nesta obra, pois o objetivo principal era introduzir leitores estrangeiros ao sistema judicial brasileiro.

Desde o início da década de 1990, com o avanço de metodologias empíricas e outros campos de estudo, como Direito e Economia (*Law and Economics*), a discussão sobre o papel do judiciário em economias em desenvolvimento ganhou impulso adicional com o surgimento de mais e mais trabalhos empíricos. Por exemplo, o foco de Buscaglia e Ulen (1997) nos países da América Latina mostrou que um judiciário forte foi um complemento crítico nos processos pós--democratização e pós-privatização pelos quais muitos desses países passaram durante as décadas de 1980 e 1990. Cidadãos e entidades privadas passaram a exigir maior clareza na definição de seus direitos e deveres, bem como a efetiva e eficiente aplicação dessas novas regras.

Com base em dados coletados em entrevistas com empreendedores na América Latina, Weder (1995) demonstra que 23% da variação no crescimento per capita pode ser explicada pela qualidade das regras judiciais e sua aplicação em um país. Por outro lado, Sherwood (2004) conduziu uma pesquisa em sete países (Argentina, Brasil, Canadá, Peru, Filipinas, Portugal e Espanha), entre 1996 e 2002. Seus resultados mostram que o mau funcionamento do judiciário foi responsável por 20% da falta de crescimento e por 10% na redução do crédito nesses países. Se o judiciário tivesse funcionado adequadamente (usando países desenvolvidos como parâmetro), esses países teriam observado um aumento adicional de 14% nos investimentos, 12% no emprego e 18% nas vendas.

Uma literatura específica e bem conhecida também forneceu uma vasta quantidade de evidências sobre os impactos do judiciário nos mercados financeiros e, indiretamente, nos resultados econômicos de longo prazo. Vamos ver isso a seguir.

Origens Legais (Legal Origins)

A questão de saber se certas categorias de famílias legais (ou tradições legais) são superiores a outras – em termos de resultados econômicos e sociais derivados – não é nova. Garoupa e Pargendler (2014) rastreiam essa questão até o opus de Fortescue em 1475, depois a Jeremy Bentham, Max Weber e Friedrich Hayek, entre outros. Richard Posner, um dos fundadores da Análise Econômica do Direito, também contribuiu para esse debate na década de 1970. Em seu trabalho clássico (2003[1973]), Posner chegou à conclusão de que o sistema jurídico anglo-americano tende, historicamente, a alcançar eficiência econômica:

A *common law* ajudou a promover o desenvolvimento econômico no século XIX ao adotar uma postura permissiva, até facilitadora, em relação à atividade empreendedora [...] subsidiou o crescimento ao não fazer com que a indústria suportasse todo o ônus que um compromisso genuíno com a eficiência teria exigido que ela suportasse [...] *há um senso, mas um senso bastante incontroverso, de que a common law, na medida em que foi moldada por uma preocupação com a eficiência, pode ser dita ter fomentado o crescimento* (2003, p. 253, ênfases adicionadas).[12]

Outras pesquisas seguiram, apresentando argumentos a favor ou contra essa tese. No entanto, um (ruidoso) ressurgimento dessa discussão ocorreu no final da década de 1990, na chamada literatura "Direito e Finanças" (*Law and Finance*). Desta vez, diferentemente do passado, foram os economistas, e não os estudiosos do direito, que lideraram a discussão e apresentaram evidências empíricas para sustentar seus argumentos. Keefer (2007) resume os resultados e impactos do movimento Direito e Finanças:

> Uma abordagem proeminente, especialmente na literatura financeira, é rastrear o desenvolvimento financeiro de países até suas origens legais. A literatura de direito e finanças (cujos contribuidores seminais são La Porta, Lopez-de-Silanes, Shleifer e Vishny, por exemplo, 1998) apresentou evidências substanciais de que a origem legal está significativamente associada a vários aspectos do desempenho governamental e que, especificamente, países de origem legal inglesa, alemã ou escandinava têm desempenho significativamente melhor em muitas dimensões do que países com sistemas legais enraizados em tradições legais francesas ou socialistas. Para explicar esses resultados, esta literatura argumenta que, ao contrário dos sistemas legais franceses ou socialistas, a tradição da *common law* inglesa oferece proteção judicial dos direitos de propriedade privada contra predação pelo Estado. O sistema legal alemão, embora também na tradição da *civil law* adotada pelos franceses, foi conscientemente destinado a ser mais flexível à mudança do que o francês... (Keefer, 2007, p. 4-5).

Posteriormente, os mesmos autores publicaram um resumo das descobertas feitas ao longo dos anos (La Porta et al., 2008). Com metodologias mais avançadas, os autores reafirmam suas descobertas originais, principalmente que "diferenças nas regras legais importam para resultados econômicos e sociais" (p. 326).

Duas décadas depois, uma vasta literatura especificamente dedicada a apoiar ou negar as descobertas de Direito e Finanças foi criada, mas a pergunta permanece: as origens legais são determinantes críticos dos resultados econômicos? Por um lado, muito trabalho continua a surgir, oferecendo evidências de que países de *common law* têm instituições legais mais propícias à independência judicial, proteção dos direitos de propriedade e, consequentemente, mais desenvolvimento financeiro e econômico. Por outro lado, vários autores negam esses resultados, apontando para erros metodológicos de medição. De acordo com esse segundo grupo de pesquisadores, outros fatores podem complementar ou até substituir as explicações oferecidas acima. Eles afirmam, por exemplo, que se deve (também) observar a maneira como os juízes tomam decisões.

---

12. No original: "The common law helped promote economic development in the 19th century by adopting a permissive, even facilitative, stance toward entrepreneurial activity [...] it subsidized growth by failing to make industry bear all the cross that a genuine commitment to efficiency would have required it to bear [...] *there is a sense, but a rather uncontroversial one, in which the common law, insofar as it has been shaped by a concern with efficiency, may be said to have fostered growth* [...]" (Posner, 2003, p. 253).

O que explica o comportamento judicial?

Como pioneiro nesse estudo, Pritchett (1968) desenvolveu na década de 1950 várias metodologias para analisar o comportamento judicial. A "análise de blocos" utilizava legislaturas da Suprema Corte para avaliar as razões que levavam a votações não unânimes. Pritchett, por outro lado, tentou através da "análise de atitudes" incluir características pessoais (ou "atitudes de política pessoal") como determinantes dos padrões de votação dos juízes.

Posteriormente, Tate (1983) desenvolveu ainda mais metodologias para o estudo da tomada de decisões judiciais, incluindo abordagens qualitativas e quantitativas. Desde então, o autor acreditava no potencial de "métodos estatísticos padrão, como análise de regressão" (p. 74) para esse tipo de análise.

Posner (2008) explica o comportamento pessoal dos juízes em termos de "preferências bayesianas", conforme definido pelo teorema estatístico de Bayes: isso mostra que as probabilidades futuras de um certo tipo de comportamento (ou decisão) podem ser explicadas pelas probabilidades anteriores desse mesmo comportamento. Assim, para prever a ocorrência de um certo tipo de comportamento, os pesquisadores devem avaliar como as decisões anteriores foram tomadas no passado.

Evidências empíricas corroboram a tese de que os juízes não "simplesmente" interpretam a lei, como argumentariam os legalistas. Fatores internos – como a ideologia – e fatores externos – como pressões da opinião pública – impactam fortemente suas decisões. Alguns desses fatores podem mudar ao longo da carreira (novamente, a ideologia seria um exemplo), e outros são constantes (como gênero ou raça).

O resultado – ou seja, como os juízes efetivamente julgam – é uma combinação complexa de todos esses fatores. Por essa razão, medir empiricamente o impacto de um determinado fator não é uma tarefa fácil. Dados os objetivos deste artigo, concentramos nossa discussão na literatura que relaciona a ideologia dos juízes com suas tomadas de decisão.

Como mencionado acima, desde a primeira metade do século XX, Pritchett tentou estudar os fatores que afetam o comportamento judicial. Ele encontrou evidências de que os Justices da Suprema Corte dos EUA eram influenciados por ideologias políticas. Posteriormente, Epstein, Landes e Posner (2013) deram continuidade a esse exercício, mostrando que a "autocontenção judicial [em relação à ideologia pessoal] tem declinado há muito tempo [desde a década de 1960]" para os Justices da Suprema Corte dos EUA. Em outras palavras, o impacto da ideologia tem crescido ao longo do tempo. Além disso, os impactos da ideologia política não se limitam aos Justices da Suprema Corte.

Onde este artigo se situa nesta literatura?

Certamente, a discussão sobre como os juízes impactam a economia e como a ideologia e outras variáveis impactam a tomada de decisões judiciais engloba diversas e amplas literaturas diversas. Apresenta diferentes perspectivas, abordagens e antecedentes. O objetivo do nosso artigo não é revisar nem testar as hipóteses apresentadas nesses trabalhos. Primeiro, tentamos contribuir para a literatura empírica muito limitada sobre a tomada de decisões judiciais no Brasil. Em segundo lugar, sabendo que o comportamento judicial impacta a economia – como a literatura acima nos mostra – tentamos vincular as tendências observadas no comportamento judicial à discussão de alguns resultados socioeconômicos: "Decisões judiciais tendenciosas levam a um aumento na insegurança jurídica? Essa combinação aumenta a desconfiança social por parte dos cidadãos?" Finalmente, se a tomada de decisões judiciais pode ser explicada por fatores além da interpretação estrita da lei, tentamos acessar o que mais a determina. Antes disso, apresentamos um modelo conceitual na próxima seção.

6.2.3 Um modelo conceitual: tomada de decisões judiciais em uma abordagem institucional

Nossa análise começa com o Teorema de Coase, conforme indicado por (1) na Figura 1. Coase prevê que, sob custos de transação insignificantes, as partes podem alcançar cooperação e eficiência independentemente da alocação legal de direitos. Esta é a melhor das situações: as perdas sociais são minimizadas, e a eficiência é maximizada nesse caso. No entanto, os custos de transação geralmente são altos no mundo real, e a alocação legal de direitos realmente impacta a economia. Assim, na presença de um custo de transação, a lei é necessária para alocar direitos de propriedade; mas a qualidade da lei não é garantida, como indicado por (2). Se a lei for boa e as regras legais forem claras, ainda é possível alcançar um alto nível de ganhos econômicos. Esta é uma situação em que os direitos de propriedade são garantidos, os contratos são legalmente executados e a liberdade econômica está disponível. Acemoglu e Robinson (2012) imaginaram esse cenário como sendo caracterizado por "instituições inclusivas". Se a eficiência não for maximizada, e se a lei (legislada) não for boa ou for pouco clara, resultados mais sombrios surgirão. Conforme indicado por (3), haverá uma grande dependência dos tribunais, porque os juízes são solicitados a ajudar na interpretação de leis pouco claras. As taxas de litígio serão altas, o que leva a níveis significativos de perdas sociais. Em tais circunstâncias, é fundamental entender como a tomada de decisões judiciais é feita, pois isso influencia diretamente o nível de perdas sociais.

Figura 6.1. Impactos das instituições legais e da tomada de decisões judiciais nas perdas sociais e nos níveis de confiabilidade do judiciário

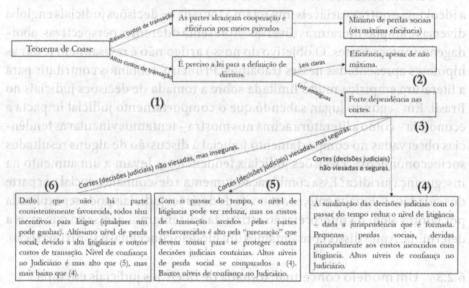

Sob este modelo conceitual, a confiabilidade na Justiça é determinada por dois fatores: a presença ou ausência de viés e a segurança ou insegurança das decisões tomadas pelos juízes. Embora o viés possa ser difícil de definir, assumimos que decisões que consistentemente favorecem certos tipos ou grupos de indivíduos são consideradas "tendenciosas" ou enviesada a favor desses grupos. Além disso, afirmamos que essa definição é válida mesmo quando pode haver viés de seleção de casos levados aos tribunais. Assim, chamamos de "viés" qualquer tendência consistente observada em decisões efetivamente tomadas pelos juízes – não importando se os casos levados aos tribunais devem ou não "por justiça" ser ganhos por um grupo específico de pessoas. Dado o conjunto de processos judiciais com os quais os juízes lidam, toda vez que houver uma tendência consistente em suas decisões, consideraremos isso como evidência de "viés". Do ponto de vista social, essa definição também é válida, pois os litigantes observam as decisões efetivamente tomadas nos tribunais. O sinal judicial não vem de estimativas de contrafactuais (casos inexistentes na realidade), uma vez que os agentes observam casos reais decididos nos tribunais, avaliam as chances de ganhar e tomam suas próprias decisões de litigar ou não com base nessas observações.

Portanto, sob este modelo conceitual, se não houver tendências claras nas chances de certos tipos de litigantes ganharem casos, assumiremos que não há viés judicial.[13]

---

13. No entanto, para a nossa análise empírica, a definição de viés pode, de fato, impor algumas limitações significativas aos nossos resultados. Discutimos esse problema importante mais detalhadamente no Apêndice.

6 • UM ESTUDO SOBRE O SUPERIOR TRIBUNAL DE JUSTIÇA (STJ)

Quanto à segurança ou previsibilidade das decisões judiciais, nossa definição é menos controversa: tribunais seguros tomam decisões consistentes ao lidar com assuntos semelhantes. Tribunais inseguros, por outro lado, decidem de maneira aleatória: diferentes tribunais ou juízes tomam decisões diametralmente diferentes sobre questões muito semelhantes. Mesmo dentro do mesmo período de tempo, justificativas diferentes podem ser usadas para conceder resultados judiciais diferentes. Isso caracteriza um ambiente permeado por "insegurança judicial".

Pode-se prever os resultados alcançados pela combinação de diferentes níveis desses dois fatores. Em uma combinação "não tão ruim" (4), mesmo quando uma sociedade dependa muito dos tribunais para definir a alocação de direitos de propriedade, os juízes decidem de maneira imparcial e consistente, e as perdas sociais não serão tão significativas. Como consequência, a jurisprudência é consolidada. A decisão serve como um sinal claro para a sociedade, e as taxas de litígio tendem a diminuir ao longo do tempo com a pacificação do conflito: aas partes aprendem com os sinais e se envolvem em mais negociações privadas. A previsibilidade e imparcialidade dos tribunais trazem resultados eficientes, então os cidadãos têm níveis mais altos de confiança no judiciário, pois ele está "cumprindo seu papel" de resolver conflitos e trazer previsibilidade ao ambiente.

Se as decisões judiciais são marcadas por viés judicial, ao longo do tempo, os indivíduos aprendem quem os tribunais geralmente favorecem; aqueles que fazem parte de grupos que são consistentemente desfavorecidos evitarão litígios e tentarão negociações privadas para resolver disputas. Mas isso pode levá-los a se envolver em negociações ineficientes apenas para obter aceitação pela outra parte e evitar os tribunais a todo custo. Essas partes, que são discriminadas por decisões judiciais tendenciosas, devem incorrer em custos de transação mais altos. Mais importante ainda, embora segurança e previsibilidade sejam geralmente desejadas na sociedade, nesta situação, a existência de um viés judicial consistente traz altos níveis de desconfiança social nos tribunais (5). Afirmamos que as perdas sociais serão altas – embora não as mais altas possível – e a desconfiança nos tribunais será a maior nessa situação. Finalmente, temos uma situação em que os tribunais são inseguros (imprevisíveis), mas imparciais, ou seja, não há tendências claras na maneira como os juízes tomam suas decisões (6). Devido à falta de consistência, qualquer parte acredita ter chances muito altas de ganhar; isso é o que Cooter (1983) denomina a "teoria otimista dos julgamentos", na verdade, o comportamento otimista de ambas as partes do litígio. Em tais circunstâncias, o nível de litígio será muito alto, e por causa disso, as perdas sociais também são altas. Além disso, há insegurança judicial. O Teorema de Coase prevê que a alocação legal é necessária para resolver conflitos envolvendo altos custos de transação: se a lei não for clara, o judiciário precisa preencher essa lacuna. Mas se nem mesmo os tribunais são capazes de oferecer sinais claros do que a lei significa ou implica, os agentes devem tomar decisões sob altos níveis de incerteza. Assim, as perdas sociais e a ineficiência são as mais altas. Porém, dado que os juízes não são percebidos como tendenciosos para tipos específicos de indivíduos, a desconfiança social neles não atinge o nível máximo. Tribunais inseguros – e até mesmo ineficientes – são "ruins", mas não são tão "ruins" quanto tribunais tendenciosos ou enviesados.

Um Caso Especial: tribunais viesados e inseguros

Pela nossa definição, tribunais tendenciosos ou enviesados, ou decisões judiciais tendenciosas, são aqueles que favorecem consistentemente tipos específicos de indivíduos. Devido a essa consistência no favorecimento, todos podem supor quem será o vencedor. Conceitualmente, o viés implica consistência e segurança, embora seja "ruim" (1). No entanto, na prática, é possível ter tribunais tendenciosos e inseguros. A razão é que um tribunal tendencioso (ou um juiz tendencioso) pode enfrentar uma alta probabilidade – embora não uma certeza – de ter suas decisões reformadas por outros tribunais, especialmente os de instâncias superiores. Se este for o caso, as perdas sociais e a desconfiança social serão as mais altas de todas as situações previstas pelo nosso modelo conceitual.

Com isso, combinamos as previsões do Teorema de Coase e associamos a outros fatores relacionados ao funcionamento dos tribunais. Adotando uma perspectiva normativa, pode-se sugerir que, para inovações institucionais potenciais, os tribunais deveriam buscar decisões seguras (previsíveis) e imparciais, pois esta é a situação em que as perdas sociais são minimizadas e a confiança judicial é maximizada na sociedade.

6.2.4 Estrutura e funcionamento do judiciário brasileiro

(Deixarei de expor essa seção nesse capítulo.)

6.2.5 Hipóteses, metodologia, banco de dados e variáveis

Hipóteses

Nosso primeiro objetivo neste artigo é encontrar evidências da existência de viés pró-devedor por parte dos juízes brasileiros. Em segundo lugar, tentamos fornecer evidências de insegurança judicial ou imprevisibilidade. Finalmente, tentamos mostrar que, quando existe viés judicial, a confiança nos tribunais será muito baixa, em comparação com situações em que a insegurança está associada a decisões judiciais imparciais. Assim, temos as seguintes três hipóteses em mente:

Hipótese #1: "As decisões judiciais no Brasil têm viés a favor dos devedores."

Hipótese #2: "Existem altos níveis de insegurança judicial nos tribunais brasileiros."

Hipótese #3: "O viés judicial, se associado à insegurança e ineficiência, diminui o nível de confiança no judiciário."

Base de dados

A amostra analisada é composta por casos judiciais nos quais houve um conflito sobre uma dívida comercial contratual privada; assim, apenas litigantes privados estão envolvidos na amostra. Uma exceção refere-se a empresas públicas (empresas ou instituições financeiras), porque suas atividades estão relacionadas a empresas privadas e porque muitas delas foram privatizadas em algum momento no passado recente. A amostra é de casos julgados entre 6 de outubro de 1998 a 5 de outubro de 2008. Essas datas não foram estipuladas aleatoriamente: a atual constituição no Brasil foi promulgada em 5 de outubro de 1988, e a criação do STJ resultou disso. Decidimos iniciar a análise dez anos após a promulgação da nova constituição, pois geralmente é necessário um intervalo de tempo para que novas leis e novas organizações se consolidem completamente.

Neste período de dez anos, 1.412 casos judiciais, com as características descritas acima, foram decididos pelo STJ. Mais precisamente, esta é a população inteira de recursos especiais ou conflitos sobre a matéria de dívidas comerciais e contratuais privadas resolvidos pelo STJ neste período de tempo (pelo menos aqueles que estão disponíveis publicamente *online*). Este é o banco de dados utilizado neste artigo.

Construção das variáveis e explicação adicional

As variáveis independentes são qualitativas e/ou binárias:

- Tipo de litigante envolvido no caso (ou seja, se os litigantes são indivíduos, empresas ou instituições financeiras);
- Estado em que a ação foi originada;
- Presidente que indicou o ministro relator;
- Ano em que a decisão foi proferida.

Criamos variáveis categóricas e as registramos preenchendo um formulário. Litigantes (autores e réus) foram classificados em três grupos distintos: indivíduos, empresas não financeiras e instituições financeiras (bancos comerciais e instituições de concessão de crédito como empresas de cartão de crédito, bancos de investimento, cooperativas de crédito etc.). Empresas não financeiras de qualquer tipo, associações privadas, associações profissionais e sindicatos foram classificados como "empresas". "Indivíduos" foram definidos como a base para este grupo de variáveis *dummies*.[14]

---

14. A metodologia que usa variáveis qualitativas/categóricas ou *dummy* requer que uma das categorias seja considerada como base. As análises de todas as outras categorias serão sempre feitas com relação a essa categoria base.

Tabela 6.1 Variáveis

Variáveis Dependentes		
A decisão do STJ favoreceu o(a) devedor(a)?		
A decisão do STJ reformou a decisão do TJ de origem?		

Variáveis Independentes		
Grupos de Variáveis	Detalhes	Variáveis
Tipos de litigantes envolvidos no caso.	*Instituições financeiras*: podem aparecer como reclamante ou reclamada no caso.	"bank_plaintiff" e "bank_defedant"
	Empresas: podem aparecer como reclamante ou reclamada no caso.	"firm_plaintiff" e "firm_defendant"
	Uma variável de interação foi criada para capturar casos em que a parte mais "fraca" era a devedora.	"weakpart_debtor"
	Uma vaiável de interação foi criada para capturar casos em que o banco era reclamante e credor.	"bank_plt_credt"
	Uma variável de interação foi criada para capturar casos em que a empresa era reclamante e devedora.	"firm_plt_debt"
Estado em cujo TJ o REsp originou[a]	São Paulo (SP)	"originalstate_SP"
	Rio Grande do Sul (RS)	"originalstate_RS"
	Rio de Janeiro (RJ)	"originalstate_RJ"
	Minas Gerais (MG)	"originalstate_MG"
Presidente em cujo mandato foi indicado o Ministro Relator(a) para STJ[b]	Sarney	"president_Sarney"
	Collor	"president_Collor"
	Itamar	"president_Itamar"
	Lula	"president_Lula"
Ano em que o caso foi julgado no STJ	1999 a 2008	"year_1999"
		"year_2000"
		"year_2001"
		"year_2002"
		"year_2003"
		"year_2004"
		"year_2005"
		"year_2006"
		"year_2007"
		"year_2008"

[a] Devido à forte concentração das ações em alguns poucos TJs, focamos osmente em quatro dos maiores estado, coo indicado pelas variáveis categóricas *dummy* aqui indicadas. O "resto" do país serve como base desse grupo de variáveis *dummy*.

[b] Presidente Fernando Henrique Cardoso foi usado como base para esse grupo de variáveis *dummy*.

Tabela 6.2 – Frequência dos Dados (n = 1.412)

Tipo de reclamante	Indivíduos (pessoas naturais)	32,66%
	Empresas (exceto instituições financeiras)	25,90%
	Instituições financeiras	41,43%
Tipo de reclamado(a)	Indivíduos (pessoas naturais)	46,12%
	Empresas (exceto instituições financeiras)	29,46%
	Instituições financeiras	24,42%

Fonte: Dados do STJ e resultados da autora.

6.2.6 Resultados e análises

Estatísticas descritivas

Os resultados preliminares indicam que 44,2% do total de casos foi decidido a favor do devedor, e 53,6% foi decidido a favor do credor. Assim, à primeira vista, não parece haver evidência de um viés judicial forte – ao nível do STJ – a favor dos devedores, como argumentado por Arida et al. (2005), mas também nenhum viés contra eles, como argumentado, por exemplo, por Ribeiro (2006).

A segunda parte da evidência também pode ser avaliada pelos resultados descritivos. O STJ alterou, parcial ou totalmente, 54,3% das decisões tomadas pelos tribunais de segunda instância. Em outras palavras, apenas 45,7% das decisões tomadas pelos tribunais estaduais e federais regionais foram totalmente mantidas pelos Ministros do STJ. Aparentemente, parece haver uma variabilidade significativa nas decisões judiciais, pelo menos quando elas se movem de baixo para cima, do segundo para o terceiro (mais alto) nível nos tribunais. Infelizmente, em nosso banco de dados, não é possível inferir o que acontece com as decisões quando os processos movem-se do primeiro para o segundo grau.

Essas são apenas estatísticas descritivas. Para avaliar a significância econômica, devemos analisar os resultados de regressão dos modelos *logit*.

Resultados econométricos – Hipótese #1: "Decisões judiciais no Brasil têm viés a favor dos devedores"

O primeiro conjunto de resultados econométricos é mostrado na Tabela 6.3. Y, a variável dependente na Tabela 6.3, representa se os Ministros do STJ consistentemente favorecem os devedores, ou seja, a variável dependente neste caso é "A decisão do tribunal favorece o credor (y = 0) ou o devedor (y = 1)?".

Tabela 6.3. Y = A decisão do STJ favoreceu o(a) devedor(a)?

	Modelo A1	Modelo A2	Modelo A3	Modelo A4
constante	0.9379**	0.5510*	− 0.5122***	− 0.3229*
	(0.035)	(0.078)	(0.002)	(0.059)
bank_plaintiff	− 0.3147*	− 0.3128*	− 0.3972**	− 0.0596
	(0.075)	(0.074)	(0.020)	(0.704)
firm_ plaintiff	0.0996	0.1112	0.0758	0.1309
	(0.511)	(0.458)	(0.610)	(0.379)
bank_defendant	0.1496	0.1427	0.1632	0.4260***
	(0.424)	(0.440)	(0.374)	(0.009)
firm_defendant	− 0.3821***	− 0.3707***	− 0.3167**	− 0.3229**
	(0.006)	(0.007)	(0.019)	(0.017)
president_Sarney	− 0.2344	− 0.2368*	− 0.2237	− 0.2300*
	(0.117)	(0.091)	(0.108)	(0.099)
president_Collor	− 0.1194	0.0058	0.0462	0.02943
	(0.592)	(0.978)	(0.829)	(0.891)
president_Itamar	0.5350***	0.5241***	0.5468***	0.05120***
	(0.005)	(0.004)	(0.002)	(0.005)
president_Lula	− 0.1146	0.2877	0.1873	0.3629
	(0.749)	(0.383)	(0.568)	(0.268)
weakpart_debtor	− 0.5493***	− 0.5446***	0.4730***	
	(0.001)	(0.001)	(0.003)	
originalstate_SP	0.2417	0.2236		0.2070
	(0.112)	(0.133)		(0.162)
originalstate_RS	− 0.3379**	− 0.3468**		− 0.2910*
	(0.027)	(0.022)		(0.052)
originalstate_RJ	− 0.1234	− 0.1655		− 0.1745
	(0.622)	(0.504)		(0.479)
originalstate_MG	− 0.1008	− 0.1088		− 0.0942
	(0.608)	(0.574)		(0.625)
year_1999	− 0.2222			
	(0.510)			
year_2000	− 0.3877			
	(0.241)			
year_2001	− 0.5632*			
	(0.097)			
year_2002	− 0.4509			
	(0.173)			
year_2003	− 0.4697			
	(0.166)			
year_2004	− 0.7033*			
	(0.052)			
year_2005	− 0.3543			
	(0.327)			
year_2006	− 0.3487			
	(0.356)			
year_2007	0.3811			
	(0.351)			

Tabela 6.3 (cont.)

	Modelo A1	Modelo A2	Modelo A3	Modelo A4
year_2008	0.0629			
	(0.888)			
Pseudo R^2	0.0441	0.0357	0.0291	0.0298
n	1,412	1,412	1,412	1,412

*10% nível de significância, **5% nível de significância, ***1% nível de significância.
Obs.: Decimais separados por ponto (".") e milhar separados por vírgula (",").

Quatro modelos, com diferentes conjuntos de variáveis independentes, foram testados (A1, A2, A3 e A4). Os casos nos quais instituições financeiras eram reclamantes ("bank_plaintiff") e empresas eram reclamadas ("firm_defendant") tendem a ser decididos contra o devedor (ou seja, a favor do credor). No modelo A4, casos nos quais os bancos eram reclamados foram fortemente e significativamente decididos a favor do devedor. Variáveis *dummy* indicando os presidentes que nomearam o ministro líder mostram que aqueles nomeados pelo Presidente José Sarney ("president_Sarney") tendem a prejudicar os devedores (em comparação com aqueles nomeados pelo Presidente Fernando Henrique Cardoso, que foi o grupo base), embora os resultados tenham sido estatisticamente significativos em apenas dois modelos, e no nível de 10%. Nomeações por Itamar Franco ("president_Itamar") resultam em impactos altamente significativos, e a direção do impacto é a favor do devedor. Isso significa que os ministros nomeados pelo Presidente Itamar decidem consistentemente a favor dos devedores. Por fim, os ministros nomeados pelo Presidente Lula ("president_Lula") parecem ter uma leve inclinação a favor dos devedores, pelo menos em três dos quatro modelos (novamente em comparação com aqueles nomeados por FHC).

Variáveis *dummy* que identificam o estado de origem dos processos judiciais também apresentaram coeficientes interessantes. Comparados aos de outros estados, casos oriundos de São Paulo ("originalstate_SP") tendem a ser decididos a favor dos devedores. Em outras palavras, os ministros do STJ tendem a favorecer os devedores quando o processo vem de São Paulo. O oposto parece acontecer com casos originados no Rio de Janeiro ("originalstate_RJ") e em Minas Gerais ("originalstate_RJ"). No entanto, o único resultado estatisticamente significativo vem do Rio Grande do Sul ("originalstate_RS"). Este resultado é interessante pelos seguintes motivos: (1) este é o estado, junto com São Paulo, de onde vem o maior número de processos, embora não esteja entre os estados mais economicamente ativos do país; (2) todos os coeficientes para o Rio Grande do Sul foram significativos, e todos eles eram contrários ao devedor. Em outras palavras, os ministros do STJ tendem a decidir contra os devedores e a favor dos credores quando o processo vem desse estado do sul. Esse resultado se torna mais interessante quando se recorda que este é o estado no Brasil com o movimento de ativismo judicial mais forte. Independentemente das questões de independência judicial e nomeações de presidentes populistas, existem fundamentos teóricos mostrando que os juízes no Rio Grande do Sul são mais inclinados ideologicamente a questões sociais. Ballard conta a história:

> Dentro do contexto da desigualdade, juízes na região sul do país formaram a Associação de Juízes para a Democracia, conhecida como o "movimento de juízes alternativos". Esse grupo, criado na segunda metade da década de 1980, coalesceu em torno do princípio do "uso alternativo do direito", que preconizava a interpretação das leis para servir aos interesses das classes oprimidas. O movimento tornou-se mais conhecido no início da década de 1990, e os adeptos atribuíram uma variedade de significados diferentes à prática. Um princípio fundamental compartilhado pelo movimento era considerar a imparcialidade e neutralidade judiciais como um mito. Uma interpretação mais suave sugere que o direito alternativo aconselha os juízes a considerar o contexto social e histórico em que estão aplicando a lei... Uma interpretação mais dogmática postula que o poder judicial deve ser mobilizado a serviço das massas pobres em suas lutas (1999, p. 244-5).

Levando isso em consideração, pode-se interpretar os resultados acima como uma tentativa do STJ de "corrigir" qualquer viés político que possa eventualmente derivar dos juízes do Rio Grande do Sul. Vamos discutir mais esse caso na Tabela 6.4.

As variáveis ano não tiveram muita significância estatística. No entanto, pode-se observar uma leve tendência a desfavorecer os devedores até o ano de 2006, e a partir de 2007 as decisões tendem a favorecê-los. Provavelmente, isso é resultado da maior politização no segundo mandato do Presidente Lula, no qual o Ministro da Justiça passou de ser um técnico, um advogado (Márcio Bastos), para um político, um ex-governador estadual e deputado (Tarso Genro).

Portanto, com os resultados obtidos pelo primeiro conjunto de regressões, conforme apresentado na Tabela 6.3, temos algumas evidências preliminares para apoiar nossa primeira hipótese. Algumas variáveis adicionais parecem afetar de maneira consistente e significativa a forma como os juízes julgam, em particular: quem atua como autores e réus, e o estado de origem da ação judicial.

Resultados econométricos – Hipótese # 2: "Existem altos níveis de insegurança judicial nos tribunais brasileiros"

Vamos agora analisar outro aspecto das decisões judiciais proferidas pelos ministros do STJ. A variável dependente, Y, na Tabela 6.4 é se os ministros do STJ reformaram casos oriundos dos tribunais estaduais de segunda instância: a variável dependente neste caso é "O STJ reformou o caso (y = 1) ou não (y =

0)?" Três modelos, com diferentes conjuntos de variáveis independentes, foram testados (B1, B2 e B3).

Casos em que as reclamantes são empresas ("firm_plaintiff") e em que os reclamados são instituições financeiras ("bank_defendant") tendem a receber alterações pelo STJ, com significância estatística.

Ministros nomeados pelo presidente Itamar Franco tendem a alterar decisões de segunda instância, e esse impacto é estatisticamente significativo. Aparentemente, eles tendem a discordar mais dos magistrados de instâncias inferiores.[15] Os ministros nomeados por outros presidentes não mostram tendências significativas ou consistentes em alterar (ou não) casos de tribunais inferiores.

---

15. Assim como na Tabela 6.1, o grupo de Ministros indicados por FHC foi usado como base de comparação do grupo de variáveis *dummy* de Presidentes.

Tabela 6.4 Y = A decisão do STJ reformou a decisão do TJ de origem?

	Modelo B1	Modelo B2	Modelo B3
constante	− 0.7945**	− 0.6985***	− 0.5333***
	(0.025)	(0.000)	(0.000)
bank_plaintiff	− 0.3116	− 0.3240	− 0.3368
	(0.369)	(0.344)	(0.323)
firm_plaintiff	0.5960***	.6031***	0.6380***
	(0.005)	(0.005)	(0.002)
bank_defendant	0.6627***	.6681***	0.6508***
	(0.000)	(0.000)	(0.000)
firm_defendant	0.1204	0.1235	0.0819
	(0.380)	(0.363)	(0.541)
bank_plt_credt	1.2322***	1.2535***	1.3316***
	(0.000)	(0.000)	(0.000)
firm_plt_debt	− 0.6380***	− 0.6490***	− 0.6846***
	(0.008)	(0.006)	(0.004)
president_Sarney	0.0225	− 0.0352	− 0.0291
	(0.878)	(0.797)	(0.830)
president_Collor	− 0.0277	− 0.0659	− 0.0723
	(0.901)	(0.758)	(0.734)
president_Itamar	0.8406***	0.8256***	0.8145***
	(0.000)	(0.000)	(0.000)
president_Lula	− 0.5450	− 0.7800**	− 0.7283**
	(0.144)	(0.026)	(0.036)
originalstate_SP	0.1922	0.1992	
	(0.208)	(0.183)	
originalstate_RS	0.5194***	0.5280***	
	(0.001)	(0.000)	
originalstate_RJ	0.0355	0.0798	
	(0.886)	(0.744)	
originalstate_MG	− 0.0423	− 0.0364	
	(0.829)	(0.850)	
year_1999	− 0.1737		
	(0.606)		
year_2000	− 0.0648		
	(0.844)		
year_2001	0.0898		
	(0.791)		
year_2002	0.3102		
	(349)		
year_2003	0.4200		
	(0.218)		
year_2004	− 0.023		
	(0.949)		
year_2005	0.0441		
	(0.902)		
year_2006	0.3550		
	(0.347)		
year_2007	− 0.1517		
	(0.711)		

Tabela 6.4 (cont.)

	Model B1	Model B2	Model B3
year_2008	− 0.5000		
	(0.276)		
Pseudo R^2	0.0589	0.0507	0.0433
n	1,412	1,412	1,412

*10% nível de significância, **5% nível de significância, ***1% nível de significância.
Obs.: Decimais separados por ponto (".") e milhar separados por vírgula (",").

Em relação às variáveis *dummy* geográficas, novamente há resultados interessantes. Casos originários do Rio Grande do Sul ("originalstate_RS") tendem a ser alterados pelos ministros do STJ, e o efeito é muito significativo. Aparentemente, os ministros tendem a discordar da maneira como os magistrados desse estado interpretam a lei. Provavelmente, eles acreditam que há algum tipo de viés político nesse estado e tentam mitigá-lo alterando suas decisões. Já discutimos acima a história que muito provavelmente está por trás desse resultado: se o compararmos com os resultados encontrados na Tabela 6.3, fica claro que os ministros do STJ tendem a alterar as decisões no sentido de minimizar os "efeitos distributivos" causados pelos juízes do Rio Grande do Sul.

Por fim, as variáveis *dummy* referentes ao ano do julgamento não indicaram nenhuma tendência clara de aumento ou diminuição da probabilidade de alterações pelos ministros do STJ ao longo do tempo.

6.2.7 Vinculando os resultados empíricos e alguns dados secundários ao modelo conceitual

Agora, voltamos ao modelo conceitual descrito na seção 6.2.3 e o relacionaremos com as estatísticas e os resultados econométricos encontrados na seção anterior. Sob esse modelo, se as leis não forem claras, a sociedade depende fortemente dos tribunais, pois os juízes são necessários para interpretá-las. As taxas de litígio são altas e a qualidade da tomada de decisão judicial – medida pela presença ou ausência de viés e pela previsibilidade das decisões – tem um impacto direto no nível de perdas sociais e na confiança que a sociedade tem no sistema judiciário. Existem três resultados possíveis. Primeiro, as decisões são imparciais e previsíveis: as perdas sociais são baixas e os cidadãos têm um alto nível de confiança nos tribunais e nos juízes. Segundo, as decisões judiciais são tendenciosas para tipos específicos de litigantes ou questões, mas de maneira previsível e segura: as perdas sociais são altas (mas não as mais altas) e a desconfiança nos tribunais será a mais alta. Finalmente, há a situação em que as decisões judiciais são inseguras (imprevisíveis), mas imparciais, ou seja, não há tendências claras na maneira como os juízes tomam suas decisões: devido à "teoria do otimismo dos julgamentos", as taxas de litígio e as perdas sociais são altas, mas a confiança social no sistema judiciário é maior do que na segunda situação, em que há viés judicial. Também discutimos um caso especial em que, embora parecesse paradoxal, um tribunal tendencioso também poderia ser considerado inseguro, porque, embora favorecesse consistentemente certos tipos de litigantes, suas decisões tinham uma alta probabilidade de serem alteradas por tribunais superiores.

Com isso em mente, e antes de prosseguirmos, vamos discutir brevemente o "Índice de Confiança na Justiça".

Fontes de dados secundárias: Índice de Confiança na Justiça ("ICJBrasil") e Justiça em Números

O ICJBrasil foi criado pela Fundação Getúlio Vargas como um indicador da confiabilidade do poder judiciário brasileiro. É uma pesquisa respondida por cidadãos com 18 anos ou mais, residentes nas áreas metropolitanas de oito capitais: Manaus (estado do Amazonas), Recife (estado de Pernambuco), Salvador (estado da Bahia), Belo Horizonte (estado de Minas Gerais), Rio de Janeiro (no mesmo estado), São Paulo (no mesmo estado), Porto Alegre (estado do Rio Grande do Sul) e o Distrito Federal. A população dessas cidades compreende 60% de todas as populações metropolitanas do Brasil (de acordo com o censo de 2010). Basicamente, esta pesquisa avalia as percepções dos cidadãos sobre o sistema judiciário e também seu comportamento ao lidar com disputas, ou seja, sua disposição para resolver esses conflitos nos tribunais. Assim, mede a confiabilidade dos tribunais judiciais na visão dos cidadãos brasileiros.

O ICJBrasil foi publicado pela primeira vez no quarto trimestre de 2009. Inicialmente, era suposto ser uma publicação trimestral. Infelizmente, devido a dificuldades financeiras e operacionais, não foi publicado regularmente; em 2015, tornou-se oficialmente uma publicação semestral, mas sua última publicação foi durante o primeiro semestre de 2016.[16] Além disso, embora os organizadores tenham aplicado as mesmas regras para garantir a aleatoriedade estatística da amostra, seu tamanho variou significativamente ao longo do tempo: na maior parte do período observado, os tamanhos das amostras variavam de 1.500 a 1.600 respondentes. No entanto, em algumas edições, atingiu mais de 6.600 responden-

---

16. Observação *ex post* à publicação do artigo: Em anos mais recentes, a FGV voltou a publicar alguns relatórios do ICJBrasil, de maneira irregular e inconstante. No momento em que este livro está sendo escrito (dezembro de 2023), haviam sido publicados dois outros relatórios: do 1º semestre de 2017 e do ano de 2021.

tes (por exemplo, no segundo trimestre de 2012) e atingiu o pico de quase 7.200 respondentes no segundo trimestre de 2013. Não foram oferecidas explicações claras sobre porquê essas variações ocorreram.

No entanto, apesar dessas deficiências, continua sendo uma das únicas tentativas de medir quantitativamente as percepções dos cidadãos brasileiros sobre o sistema judiciário e seu comportamento em relação a ele, de maneira estatisticamente significante.

Podemos trazer ainda algumas estatísticas coletadas pelo Conselho Nacional de Justiça (CNJ) e reunidas em seu relatório anual "Justiça em Números". Esta é uma publicação oficial detalhada com a maioria das estatísticas nacionais coletadas nos tribunais judiciais relacionadas à sua produtividade, recursos e organização geral. Assim, combinando os dados encontrados nessas duas fontes de dados secundárias com as evidências econométricas encontradas na seção 6, podemos lançar alguma luz sobre nosso modelo conceitual original.

Resultados e Modelo

Alta dependência dos tribunais

O relatório "Justiça em Números" nos informa que, até o final de 2015, havia mais de 101 milhões de processos em andamento nos tribunais brasileiros. Naquela época, o número oficial da população era de 206 milhões. Em outras palavras, havia aproximadamente um processo para cada dois habitantes no Brasil – uma cifra que dificilmente pode ser considerada baixa sob quaisquer perspectivas. O ICJBrasil também mostra que, entre seus respondentes em 2016, aproximadamente 40% já haviam tido a oportunidade de litigar em tribunal (ou tinham alguém em sua casa que o fez). Curiosamente, esse número não muda muito de acordo com o nível educacional (31% para níveis mais baixos), idade, gênero ou raça.

Isso é ilustrado pela situação (3) em nosso modelo conceitual, Figura 1, na qual a sociedade depende fortemente dos tribunais para interpretar leis obscuras.

Resultados Econômicos – Hipótese #3: "Viés judicial, quando combinado com insegurança e ineficiência, diminui o nível de confiança no Judiciário"

As estatísticas descritivas da seção 6 mostram que mais de 54% de todos os casos que chegam ao STJ são alterados de alguma forma por seus ministros. Sendo essa uma corte de instância superior, esperaríamos que as taxas de reforma fossem menores do que isso. É como se, apesar de já terem sido decididos por duas instâncias, 54% desses casos ainda contivessem algum tipo de erro de julgamento. Isso é uma indicação de alta inconsistência na tomada de decisões judiciais.[17] Essa evidência, aliada às altas taxas de litígio conforme indicado pelo Conselho Nacional de Justiça acima mencionado, nos leva a concluir que o sistema judicial brasileiro não está na situação indicada em (4) em nosso modelo conceitual (Figura 1), ou seja, com tribunais seguros e imparciais onde o litígio é gradualmente reduzido ao longo do tempo.

Outra importante evidência corrobora essa visão: os baixos níveis de confiança no Poder Judiciário brasileiro, conforme indicado pela pesquisa ICJBrasil. Quando perguntados diretamente se confiavam no Judiciário, apenas 29% dos entrevistados responderam afirmativamente – uma pontuação menor do que para o exército, a Igreja Católica, o Ministério Público e várias outras instituições na sociedade.

Figura 6.2 – Nível de Confiança dos Brasileiros com Relação às Instituições

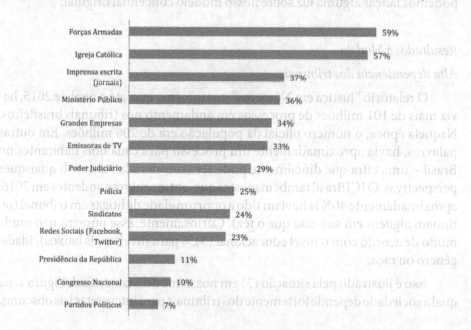

Fonte: ICJ Brasil 2016[18]

---

17. Infelizmente, devido à forma como uma ação é identificada ao longo do processo judicial, não foi possível verificar se a decisão já havia sido modificada quando passou da primeira para a segunda instância. Em alguns casos, pelo processo, foi possível identificar que a decisão foi alterada ao passar da primeira para a segunda instância e foi modificada mais uma vez ao passar da segunda para o nível do STJ.
18. Disponível em: https://repositorio.fgv.br/items/61050e37-dff3-4447-9a12-e0f00e7a82d0.

Além disso, as pontuações do ICJBrasil variam de 0 a 10 (absolutamente não confiável a totalmente confiável); na pesquisa de 2016, a média brasileira foi de 4,9. Novamente, esta é uma pontuação baixa, que está em conformidade com nosso modelo conceitual original: devido aos altos níveis de perdas sociais e insegurança incorridos, os tribunais são vistos como não confiáveis pelos cidadãos.

O caso do Rio Grande do Sul: viés e insegurança

No entanto, o resultado mais interessante é aquele que avaliou o ICJBrasil para as diferentes cidades capitais/estados. Enquanto a média nacional foi de 4.9, o estado com a pontuação mais baixa foi o Rio Grande do Sul, com uma pontuação de apenas 4.4. Nossos resultados econométricos apresentados na seção 6.2.6, mais precisamente nas Tabelas 3 e 4, indicam que o Rio Grande do Sul é o único estado em que o tribunal estadual foi consistentemente tendencioso a favor dos devedores e cujas decisões foram consistentemente alteradas pelos ministros do STJ. Em outras palavras, é um caso especial de um tribunal tendencioso e inseguro. Conforme discutido anteriormente, nesses casos, as perdas sociais serão as mais altas de todas as situações previstas no modelo conceitual, resultando em níveis de desconfiança mais altos do que aqueles encontrados em tribunais inseguros, mas imparciais. Este é o resultado socioeconômico mais indesejado de todos.

Figura 6.3 – Evolução do ICJBrasil para o Rio Grande do Sul (2009 a 2016)

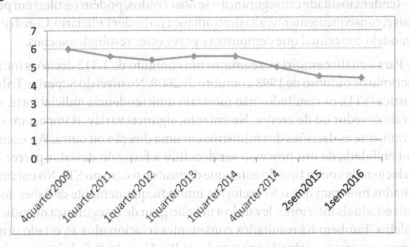

Assim, os resultados econométricos aliados aos números trazidos pelo ICJBrasil e Justiça em Números corroboram preliminarmente o modelo conceitual apresentado na seção 6.2.3 e a hipótese número 3, conforme definida na seção 6.2.5.

Caveats (cuidados)

A ligação entre os resultados econométricos e o modelo conceitual é muito preliminar. Alguns cuidados nos tornam cautelosos sobre a confirmação descrita acima. Mais importante ainda, as medidas do ICJBrasil têm alguns problemas de consistência no tamanho da amostra (como mencionado acima), pontuações médias e outros aspectos. Mesmo os resultados para o Rio Grande do Sul, como o tribunal menos confiável, ainda são inconsistentes. Ao longo do tempo, as pontuações dos tribunais neste estado caíram quase consistentemente, mas não é certo que permanecerá o menos confiável de todos os tribunais do país, como nossos resultados e modelo sugeririam. Mais resultados são aguardados no futuro para confirmar isso.

6.2.8 Conclusões

Os juízes podem ser tendenciosos em suas decisões judiciais? Arida, Bacha e Lara-Resende (2005) lançaram uma controvérsia acadêmica no Brasil ao afirmar que os juízes no Brasil são tendenciosos ao julgar processos envolvendo quebra de contratos e dívidas. Este artigo tem como objetivo oferecer contribuições empíricas para essa discussão. Além disso, ele tentou avaliar a insegurança judicial, medida como a probabilidade de uma decisão de um tribunal inferior ser reformada por tribunais superiores. Resultados empíricos desses dois fenômenos – tendenciosidade e insegurança – se observados, podem resultar em perdas sociais e, consequentemente, alta desconfiança no poder judiciário. Construímos um modelo conceitual que demonstra e prevê esses resultados sociais.

Para a análise empírica, reunimos um conjunto de 1.412 decisões tomadas no período de outubro de 1998 a outubro de 2008. No nível do Superior Tribunal de Justiça (STJ), os resultados não mostram uma tendência judicial forte, seja a favor do devedor ou do credor. No entanto, algumas variáveis impactam significativamente as decisões dos ministros em uma direção ou outra. Por exemplo, a probabilidade de um processo ser decidido a favor do devedor parece estar correlacionada com o tipo do autor que depositou o caso no STJ. No entanto, os resultados mostram que o STJ reforma muito frequentemente decisões dos tribunais estaduais inferiores, levando a um alto grau de insegurança no judiciário brasileiro. Também há resultados consistentes relacionados ao estado original do processo: casos originados no estado do Rio Grande do Sul têm uma chance maior de serem reformados, implicando taxas significativamente mais altas de imprevisibilidade.

Ao confrontar os resultados do Índice Nacional de Confiança na Justiça, ICJBrasil, temos alguma confirmação preliminar de nosso modelo conceitual.

Porque os tribunais brasileiros são imprevisíveis, com altos níveis de insegurança, em média, recebem pontuações baixas em confiabilidade. No entanto, a pior pontuação vai para o tribunal estadual que é inseguro e tendencioso ao mesmo tempo: o Rio Grande do Sul.

Este artigo é uma das primeiras tentativas de analisar o comportamento judicial no Brasil de maneira empírica, por meio da análise de um conjunto significativo de decisões judiciais reais. Ele também está associado a um modelo conceitual para o qual foi encontrada alguma confirmação preliminar, como mostrado por pesquisas nacionais sobre confiabilidade judicial. No entanto, pesquisas futuras devem abordar a consistência desses resultados de pesquisa, a fim de obter uma confirmação mais robusta do modelo conceitual apresentado aqui. Quanto à parte empírica, parece haver evidências claras de que a insegurança judicial é um problema no judiciário brasileiro, embora a tendenciosidade pareça estar mais localizada em certos tipos de variáveis e, em particular, tribunais. Trabalhos futuros devem continuar avaliando os resultados encontrados neste artigo. Há todo um novo mundo no campo do comportamento judicial a ser evidenciado em estudos empíricos. Esperamos que outros se juntem a nós nesse desafio.

Apêndice: viés judicial e viés de seleção

Na seção 6.2.3, mostramos que "viés judicial" é um conceito difícil de definir e suscetível a visões conflitantes. Lá, em prol da simplificação (mas presumindo a não perda de generalização), adotamos uma definição direta na qual decisões que consistentemente favoreciam certos tipos de litigantes foram consideradas "tendenciosas". Não verificamos a imparcialidade das decisões e assumimos que, dada a totalidade dos processos levados aos tribunais, tendências consistentes a favor de algum tipo específico de parte seriam evidências de viés judicial. No entanto, entendemos que essa pode ser uma definição estreita que impõe limitações à abrangência de nossos resultados empíricos.

O maior problema relacionado a essa questão é a possibilidade de viés de seleção nos casos que analisamos, uma vez que os casos podem não chegar ao STJ de maneira aleatória. Espera-se que tipos específicos de litigantes (que não conhecemos) tenham maiores chances de chegar ao STJ em comparação com outros litigantes e, como consequência, tenham uma chance maior de serem favorecidos pelos ministros.

Econometricamente, esse problema foi resolvido há muito tempo (teoricamente) pelo modelo de seleção de amostra de James Heckman. A ideia, se aplicada ao nosso problema, é executar um modelo de regressão *probit* em duas etapas: na primeira etapa, executaríamos um modelo de regressão *probit* para calcular as chances de tipos específicos de litigantes chegarem ao STJ; apenas na segunda etapa, após conhecermos os coeficientes para os diferentes tipos de litigantes, executaríamos a estimativa, como fizemos neste artigo.

A maior dificuldade na implementação do modelo de duas etapas de Heckman reside na primeira etapa: atualmente não existem bancos de dados, ou mesmo pesquisas, que avaliem as variáveis necessárias para executar a função de probabilidade de alcançar o STJ para os diferentes tipos de litigantes no Brasil. Espera-se que essa função dependa de várias características pessoais dos litigantes (por exemplo, idade, sexo, renda, escolaridade etc.). Portanto, uma pesquisa nacional poderia ser apropriada para realizar esse trabalho. Propomos que o ICJBrasil, utilizado para a análise apresentada na seção 6.2.7 seja uma candidata para isso.

Levando essas limitações em consideração, os resultados e análises que apresentamos neste artigo podem ser lidos com otimismo cauteloso.

****

6.3 APRENDIZADOS DO ESTUDO

O artigo acima foi um exercício de análise empírica e econômica sobre o Superior Tribunal de Justiça. Com ele, foi possível de se verificar que, ao contrário do que mostravam algumas evidências anedóticas e afirmavam alguns estudiosos – mesmo em contextos acadêmicos – o Judiciário, pelo menos parcela dele, representado por essa corte superior, não apresentou tendencias de favorecimento ou viés para um lado ou outro em casos de conflitos contratuais envolvendo instituições financeiras. Porém, a taxa de reforma para os Recursos Especiais oriundos de tribunais de segunda instância foi de mais de 50%.

Como resultado inesperado, foram aprendizados sobre tribunais estaduais, que foi possível com os modelos de regressão de causalidade. Enquanto alguns grandes tribunais (SP, MG e RJ) não apresentaram tendências estatisticamente significativas de favorecimento de uma ou outra parte e também não tiveram seus julgados reformados de maneira significativa pelo STJ, esse não foi o caso do tribunal do Rio Grande do Sul. Suas decisões foram significativamente reformadas pelo STJ, e em direção a contrariar seus julgados que favoreciam os devedores. Repito que esse elemento estava totalmente fora das intenções da pesquisa inicial, e somente se revelou nos resultados com a aplicação dos modelos de regressão econométrica, em que variáveis de Estados foram incluídas como independentes ou explicativas. De fato, a variável "originalstate_RS" mostrou-se significativa para explicar a probabilidade de ter a decisão reformada pelo STJ, e de ter a decisão do STJ decidida favoravelmente ao credor.

6 • UM ESTUDO SOBRE O SUPERIOR TRIBUNAL DE JUSTIÇA (STJ) | 183

A coleta de dados para aquela pesquisa foi feita no ano de 2009, de maneira manual (!). Nessa quase uma década e meia, muita coisa mudou, mas muita coisa permanece pouco alterada. Dentre as mudanças, o Relatório Estatístico de 2022,[19] acima já mencionado, relata:

> O STJ é a corte responsável por uniformizar a interpretação da lei federal em todo o Brasil. As principais classes de feitos enviadas ao STJ contestando decisões proferidas em instâncias inferiores são o REsp e o AREsp, que somados compõem 72,43% (320.048) das decisões julgadas em processos principais no ano. Portanto, ao analisar o teor dessas classes é possível verificar a proporção de julgamentos no país que estão seguindo a interpretação do Tribunal. Analisando os gráficos abaixo, dos processos que tiveram o seu mérito analisado, 28,13% (41.299) dos REsps e AREsps julgados pelo STJ em 2022 foram concedidos, *ou seja, 71,87% dos processos analisados pelo tribunal não tiveram o teor da decisão do tribunal de origem alterada, indicando que a jurisprudência do STJ tem sido aplicada na maioria dos casos* (p. 16, ênfases adicionadas).

Essa mudança é significativa e inspira otimismo. Ela também alteraria notavelmente os resultados do modelo conceitual discutido na Figura 6.1, no início do artigo, naquilo que melhor descreve a situação do STJ, ou mesmo de uma grande parcela da Justiça Estadual brasileira.

Porém, precisamos de mais estudos empíricos, muito mais, sobre o STJ e sobre todo o sistema Judiciário brasileiro. É por essa razão que esse capítulo e essa obra foram escritos: na esperança de que mais e mais estudiosos se debrucem sobre os dados – muito fartos hoje em dia, e ainda com as grandes vantagens das grandes bases de dados (*big data*) e das metodologias de mineração de dados (*webscrapping*), sobre os quais falaremos em capítulo posterior.

REFERÊNCIAS BIBLIOGRÁFICAS DESTE CAPÍTULO

ACEMOGLU, D. and J. A. Robinson (2012). *Why Nations Fail*: The Origins of Power, Prosperity, and Poverty. New York: Crown Publishers.

ARIDA, P., E. L. BACHA, and A. Lara-Rezende (2005). Credit, Interests, and Jurisdictional Uncertainty: Conjectures on the Case of Brazil. In: F. Giavazzi, I. Goldfajn, and S. Herrera (Ed.). *Inflation Targeting, Debt, and the Brazilian Experience, 1999 to 2003* (p. 265-93). Cambridge, MA: MIT Press.

BALLARD, M. (1999). The Clash between Local Courts and Global Economics: The Politics of Judicial Reform in Brazil. *Berkeley Journal of International Law*, 17(2), 230–76.

---

19. Fonte: Superior Tribunal de Justiça, Assessoria de Gestão Estratégica – Coordenadoria de Governança de Dados e Informações Estatísticas, *Relatório Estatístico 2022*. Disponível em: https://processo.stj.jus.br/processo/boletim (acessado em 06 de dezembro de 2023).

BOYD, C. L., L. EPSTEIN, and A. D. Martin (2010). Untangling the Causal Effects of Sex on Judging. *American Journal of Political Science*, 54(2), 389–411.

BUSCAGLIA, E., and T. Ulen (1997). A Quantitative Assessment of the Efficiency of the Judicial Sector in Latin America. *International Review of Law and Economics*, 17(2), 272-91. Calabresi, G. (2016). *The Future of Law and Economics: Essays in Reform and Recollection*. New Haven and London: Yale University Press.

CAMBRIDGE, MA: Harvard University Press.

CASILLAS, C. J., P. K. ENNS, and P. C. Wohlfarth (2011). How Public Opinion Constrains the US Supreme Court. *American Journal of Political Science*, 55(1), 74-88.

CASTELAR PINHEIRO, A. (2005). Segurança Jurídica, Crescimento e Exportações. *Texto para Discussão nº 1125*. Rio de Janeiro: IPEA.

COASE, R. H. (1960). The Problem of Social Cost. *Law and Economics*, 3, 1-44.

COOTER, R. D. (1983). The Objectives of Private and Public Judges. *Public Choice*, 41, 107-32.

EPSTEIN, L., W. M. LANDES, and R. A. Posner (2013). *The Behavior of Federal Judges*.

EPSTEIN, L., and A. D. Martin (2010). Does Public Opinion Influence the SUPREME Court? Possibly Yes (But We're Not Sure Why). *Journal of Constitutional Law*, 12(2), 263-81.

EPSTEIN, L., and J. F. Kobylka (1992). *The Supreme Court and Legal Change*: Abortion and the Death Penalty (Thornton H. Brooks Series in *American Law & Society*). Chapel Hill, NC: University of North Carolina Press.

FARHANG, S., and G. Wawro (2004). Institutional Dynamics on the US Court of Appeals: Minority Representation under Panel Decision Making. *Journal of Law, Economics, and Organization*, 20(2), 299-330.

GAROUPA, N. and M. Pargendler (2014). A Law and Economics Perspective on Legal Families. *European Journal of Legal Studies*, 7(2), 33.

GIBLER, D. M., and K. A. Randazzo (2011). Testing the Effects of Independent Judiciaries on the Likelihood of Democratic Backsliding. *American Journal of Political Science*, 55(3), 696-709.

GILES, M. W., B. Blackstone, and R. L. Vining (2008). The Supreme Court in American Democracy: Unraveling the Linkages between Public Opinion and Judicial Decision Making. *Journal of Politics*, 70(2), 293-306.

GONÇALVES, F. M., M. HOLLAND, and A. Spacov (2007). Can Jurisdictional Uncertainty and Capital Controls Explain the High Level of Real Interest Rates in Brazil? Evidence from Panel Data. *Revista Brasileira de Economia*, 61(1), 49-75.

HAMMERGREN, L. (2007). *Envisioning Reform* – Improving Judicial Performance *in Latin America*. University Park: Pennsylvania State University Press.

KEEFER, P. (2007). *Beyond Legal Origin and Checks and Balances*: Political Credibility, Citizen Information and Financial Sector Development. World Bank Policy Research Working Paper WPS 4154.

KING, K. L., and M. Greening (2007). Gender Justice or Just Gender? The Role of Gender in Sexual Assault Decisions at the International Criminal Tribunal for the Former Yugoslavia. *Social Science Quarterly*, 88(5), 1049-71.

LA PORTA, R., F. Lopes-de-Silanes, and A. Schleifer(2008). Economic Consequences of Legal Origins. *Journal of Economic Literature*, 46(2), 285-332.

LA PORTA, R., F. Lopez-de-Silanes, A. Schleifer, and R. W. Vishny (1998). Law and Finance. *Journal of Political Economy*, 106(6), 1113-55.

LISBOA, M.; L. Yeung; P. F. Azevedo (2021). "Entre intenção e consequência: os efeitos econômicos do Judiciário no Brasil". In: Maria Tereza Sadek; Pierpaolo Bottini; Raquel Khichfy; Sergio Renault. (Org.). *O Judiciário do Nosso Tempo*. Rio de Janeiro: Editora Globo S.A., p. 265-277.

MANNE, H. G. (1965). Mergers and the Market for Corporate Control, *Journal of Political Economy*, 73(2), 110-20.

PELTZMAN, S. (2005). Aaron Director's Influence on Antitrust Policy, *Journal of Law and Economics*, 48(2), 313-30.

PERESIE, J. L. (2005). Female Judges Matter: Gender and Collegial Decision-making in the Federal Appellate Courts, *Yale Law Journal*, 114(7), 1759-90.

POSNER, R. A. (2003[1973]). *Economic Analysis of Law* (6th edn). New York: Aspen Publishers.

POSNER, R. A. (2008). *How Judges Think*. Cambridge, MA: Harvard University Press.

PRITCHETT, C. H. (1968). Public Law and Judicial Behavior. *Journal of Politics*, 30(2), 480-509.

RIBEIRO, I. C. (2006). Robin Hood vs. King John Redistribution: How Local Judges Decide Cases in Brazil? *Paper presented in the European School on New Institutional Economics*. Corsega, Spain.

SHERWOOD, R. M. (2004). Judicial Performance: Its Economic Impact in Seven Countries. Paper presented in the 8th Annual Conference da International Society for New Institutional Economics (ISNIE), Tucson, USA. Available at: https://www.sioe.org/conference/past (accessed 20 November 2017).

SUPERIOR TRIBUNAL DE JUSTIÇA, Assessoria de Gestão Estratégica – Coordenadoria de Governança de Dados e Informações Estatísticas, *Relatório Estatístico 2022*. Disponível em: https://processo.stj.jus.br/processo/boletim (acesso em: 06 dez. 2023).

TATE, C. N. (1983). The Methodology of Judicial Behavior Research: A Review and Critique. *Political Behavior*, 5(1), 51-82.

WEDER, B. (1995). Legal Systems and Economic Performance: The Empirical Evidence. In M. Rowat, W. H. Malik, and M. Dakolias (Ed.). *Judicial Reform in Latin America and the Caribbean* – Proceedings of a World Bank Conference. World Bank Technical Paper Number 280. Washington, DC: World Bank.

WOLLSCHLÄGEN, C. (1998). "Exploring Global Landscapes of Litigation Rates". *Soziologie des Rechts: Fetschrift für Erhard Blankenberg zum 60 Geburstag*, 577-582.

WORLD BANk (2004). Brazil Making Justice Count – Measuring and Improving Judicial Performance in Brazil. Report No. 32789-BR, Poverty Reduction and Economic Management Unit, Latin America and the Caribbean Region.

YEUNG, L. L. (2019). "Bias, insecurity and the level of trust in the judiciary: the case of Brazil". *Journal of Institutional Economics*, v. 15, p. 163-188.

YEUNG, L. L. (2010). *Além dos "achismos", do senso comum e das evidências anedóticas: uma análise econômica do judiciário brasileiro*. Tese de Doutorado, Escola de Economia da Fundação Getúlio Vargas, São Paulo.

7
FOTOGRAFIAS
DA JUSTIÇA DO TRABALHO

7.1 INTRODUÇÃO: ANÁLISE ECONÔMICA E EMPÍRICA DA JUSTIÇA DO TRABALHO

É inconteste que, no Brasil, a Justiça do Trabalho tem uma grande presença, importância social e magnitude. Segundo o "Justiça em Números 2022"[1] 19% das despesas totais do Judiciário brasileiro foram dedicadas a ela, na JT ingressaram quase 3 milhões, ou 10.6% dos novos processos do ano de 2021, ela abriga 20% dos magistrados no país. Nossos olhos, acostumados com o "extraordinário", podem talvez não se sensibilizar com esses números, mas é importante sempre relembrar que o trabalho é apenas um dos fenômenos sociais – dentre centenas ou milhares outros que existem em uma sociedade moderna. Em alguns países, inclusive, esse fenômeno não merece um sistema de justiça especial, está inserido na justiça comum.

Por tudo isso, surpreende a pouca quantidade de trabalhos empíricos sobre a Justiça do Trabalho no Brasil. Algumas esparsas iniciativas para analisar seus dados,[2] mas de resto, em quase sua integralidade, o pouco interesse em saber de fato – e não somente no campo das ideias, da dogmática e dos desejos – como funciona a suposta Justiça em favor dos hipossuficientes. Certamente isso está relacionada à formação dos profissionais deste ramo do Direito – acadêmicos, advogados, magistrados, defensores, procuradores: imersos mais no mundo ideal e pouco no mundo real.[3] A consequência disso é uma Justiça que olha para um mundo que

---

1. Disponível em: https://www.cnj.jus.br/pesquisas-judiciarias/justica-em-numeros/.
2. Cito dois exemplos: o trabalho de Lourival Barão Marques Filho, magistrado trabalhista do TRT-9 com sua obra *Litigantes em Fuga* – o ocaso da Justiça do Trabalho (2022) Dialética Editora; também, o TRT-18 (do estado do Rio Grande do Norte), tem tido uma preocupação em abrir e olhar, ele mesmo, os seus dados judiciais. Espero que a tendência se propague rapidamente por todos os tribunais trabalhistas do país.
3. Outras ciências humanas e sociais no Brasil também têm essa tradição de mirarem mais no "mundo ideal" do que no "mundo fático", de terem uma visão mais normativa do que positiva dos fenômenos e eventos sociais. Há explicações relacionadas à história da formação científica em nosso país e afins, mas deixarei essa discussão para outros fóruns. O que preocupa é que não haja confusão – consciente ou inconsciente – entre o que é o mundo ideal e o que é o mundo real. Quando isso acontece, o saber

supõe ser real mas não é, que não cumpre efetivamente o que diz cumprir, que não enxerga a realidade do todo. A análise empírica ajuda com isso tudo.

Um dos primeiros estudos empíricos sobre a Justiça do Trabalho foi de Lamounier, Sadek e Castelar Pinheiro, em uma obra organizada por este último em 2000,[4] e republicado depois em 2009.[5] Era o resultado de uma pesquisa junto a mais de 500 empresas, de portes, atuações e origens de capital diferentes no país. Diversas perguntas foram colocadas a elas com relação às suas interações com o Judiciário de maneira geral nos 10 anos precedentes à pesquisa. Os resultados no geral foram bastante reveladores, naquele que foi um dos primeiros trabalhos empíricos sobre o Judiciário brasileiro. Mas uma tabela especialmente chama a atenção pelos números impactantes. Tomo a liberdade de reproduzi-la integralmente aqui:

Tabela 7.1[6] – Ações em que as empresas foram parte nos 10 anos anteriores à pesquisa, por área

Áreas	Como autora		Como ré		Total	
	Concluídas	Em andamento	Concluídas	Em andamento	Concluídas	Em andamento
Trabalhista	957	947	66865	38888	67822	39835
Tributária Esfera Federal	2354	4071	532	853	2886	4924
Tributária Esfera Estadual	553	1138	360	683	913	1821
Tributária Esfera Municipal	85	193	100	499	185	692
Comercial Econômica em Geral	6383	4688	1040	2056	7423	6744
Propriedade Industrial Marcas e Patentes	87	112	11	12	98	124
Direitos do Consumidor	26	11	441	479	467	490
Meio Ambiente	7	5	31	37	38	42

Fonte: Lamounier, Sadek e Castelar Pinheiro (2009)

---

científico e sobretudo a sociedade como um todo perdem, porque se assume que algo é o que não é, assume-se como real aquilo que é apenas a vontade dos estudiosos e pesquisadores. Infelizmente, como argumento, isso acontece muito no Direito, e sobretudo no Direito do Trabalho brasileiro.

4. LAMOUNIER, Bolivar; SADEK, Maria Tereza; PINHEIRO, Armando Castelar (2000). O Judiciário brasileiro: a avaliação das empresas. In: CASTELAR PINHEIRO, A. (Org.) *Judiciário e Economia no Brasil*. São Paulo: Editora Sumaré, p. 75-95.

5. LAMOUNIER, Bolivar; SADEK, Maria Tereza; PINHEIRO, Armando Castelar (2009). O Judiciário brasileiro: a avaliação das empresas. In Castelar Pinheiro, A. (Org.). *Judiciário e economia no Brasil*, [online]. Rio de Janeiro: Centro Edelstein de Pesquisas Sociais, p. 41-53. Na verdade, o trabalho não tinha como objetivo olhar para a Justiça Trabalhista de maneira específica, a JT era apenas um dos elementos da Justiça brasileira como um todo, que era o objeto do estudo dos autores.

6. Referida Tabela 2.7 na publicação original dos autores.

7 • FOTOGRAFIAS DA JUSTIÇA DO TRABALHO

O que chama a atenção é o comparativo entre as áreas em que as empresas se envolveram em litígios. Na área trabalhista foram quase 108 mil ações, o 2º lugar, na área comercial e econômica (tema bastante amplo e abrangente) foram somente um pouco mais de 14 mil. Desses números simplesmente não é possível saber quem tem "culpa", quem não tem, qual ou quais foram os motivos de tantas ações trabalhistas enfrentadas pelas empresas, tão mais à frente do que litígios comerciais e mesmo tributários (com tantas reclamações que as empresas normalmente têm sobre o sistema tributário nacional). Porém, o simples fato de que a esfera trabalhista gera quase 8 vezes mais litígios do que a segunda colocada já nos traz certo incômodo. A pergunta provocadora que se faz é: que tipo de Justiça e de Direito são esses se geram essa magnitude de processos? Será que a culpa é sempre das empresas? Elas são tão mais negligentes com os trabalhadores do que com consumidores, com parceiros, com o Fisco? E se realmente for o caso, por quê? Que tipos de incentivos perversos estão sendo criados para que haja empregadores tão piores do que fornecedores de bens e serviços e do que de parceiros comerciais?

Mas se não é o caso de as empresas serem piores empregadores do que fornecedores e parceiros, o que está acontecendo no âmbito da Justiça Trabalhista para gerar tanto mais conflitos do que nas outras áreas? Que ambiente está sendo criado pelas leis, pela jurisprudência, pelas ações do Ministério Público? Nós já tivemos oportunidade de delongar bastante sobre os conceitos econômicos de tomada de decisão, comportamento humano e organizacional, incentivos. Sabemos que pela análise econômica, boa parte dos comportamentos e decisões são consequência de incentivos e regras postas. Se há tantos conflitos assim, incentivos errados estão sendo colocados que os geram. Não nos preocuparíamos se estivermos tranquilos com tudo isso, com essa quantidade de conflitos nos tribunais. A análise econômica e empírica se diferencia da visão "tradicional" do Direito do Trabalho porque se incomoda com isso e sabe que existem formas de alterar esse quadro aplicando-se corretamente os incentivos para todas as partes envolvidas (não é meramente uma questão da "empregadora malvada", ou eventualmente até, do "empregado malvado"). Precisamos de fatos, de dados concretos da realidade, precisamos de modelos que sejam bem-sucedidos em prever e "moldar" o comportamento das pessoas e das organizações compostas por pessoas, para com isso, criar políticas públicas que sejam eficazes na geração de resultados positivos e de maximização de bem-estar na sociedade. Não bastam idealismo ou dogmas.

Precisamos da análise empírica e econômica da Justiça e do Direito do Trabalho.

Nas próximas seções deste capítulo, apresento alguns de meus trabalhos passados[7] com um olhar econômico e/ou empírico sobre questões da Justiça Trabalhista brasileira. Obviamente, não pretendo cobrir tudo, nem ao menos pretendo ser representativa ou generalista sobre o tema.[8] São contribuições de alguém que tem se debruçado há alguns anos sobre essa perspectiva. O propósito é servir de motivação para mais (muito mais!) trabalhos futuros nessa linha.

7.2 O "JUDICIÁRIO (TRABALHISTA) DESTRINCHADO PELO BIG DATA"

No capítulo 3, apresentei um modelo analítico de litigância. Como nos modelos econômicos clássicos, a decisão das partes pelo litígio ou pelo acordo cooperativo entre ela depende de uma série de fatores – variáveis – e, conhecendo-se tais variáveis, seria possível prever qual seria a estratégia escolhida pelas partes. Vimos lá que, pelos valores efetivamente encontrados na Justiça Trabalhista brasileira, era "interessante" tanto para empregados quanto para empregadoras continuarem um litígio, sem se esforçar para um acordo privado. Talvez aquele modelo e dados expliquem os resultados encontrados por Lamounier, Sadek e Castelar Pinheiro acima.

Aquele trabalho foi o primeiro de uma série de três, que escrevi em coautoria com Bruno Salama e Danilo Carlotti.[9] Foi o primeiro exercício com *web crawling* (rastreador de web) e *data scrapping* (raspagem de dados) que tive experiência e, no caso, aplicado direto a dados da Justiça do Trabalho. Seguido àquele artigo, escrevemos mais dois derivados, cujos resultados principais exponho abaixo.

****

---

7. Por motivos de espaço, trarei um resumo de cada trabalho, sempre acompanhado das referências completos para os leitores interessados em conhecê-los na íntegra.

8. Deixo ainda de trazer diversos trabalhos de análise econômica do Direito do Trabalho que não tratavam especificamente de questões litigiosas, dado que o presente volume tem como objetivo especial investigar o sistema judicial. Deixarei a discussão dos trabalhos mais normativos para outra oportunidade.

9. (i) SALAMA, Bruno; CARLOTTI, Danilo; YEUNG, Luciana (2018). "As decisões da Justiça Trabalhista são imprevisíveis?" *Série "O Judiciário destrinchado pelo 'Big Data'"*, n. 1, 2018. Disponível em: https://images.jota.info/wp-content/uploads/2019/07/3766fe23a027a8d593f98a85f29f1672.pdf.

(ii) SALAMA, Bruno; CARLOTTI, Danilo; YEUNG, Luciana (2019). "Quando Litigar Vale Mais a Pena do que Fazer Acordo: os grandes litigantes na Justiça Trabalhista" *Série "O Judiciário destrinchado pelo 'Big Data'"*, n. 2, 2019. Disponível em: https://images.jota.info/wp-content/uploads/2019/07/3766fe-23a027a8d593f98a85f29f1672.pdf.

(iii) YEUNG, Luciana; CARLOTTI, Danilo (2019). "Padrões de Litigância na Justiça Trabalhista" *Série "O Judiciário destrinchado pelo 'Big Data'"*, n. 3, Disponível em: https://works.bepress.com/luciana_yeung/22/.

7.2.1 Quando litigar vale mais a pena do que fazer acordo[10]

Introdução

Convivemos no Brasil com a super-litigância. Como explicar a existência de mais de 100 milhões de processos? Começamos a discutir o problema olhando para a Justiça Trabalhista – não porque a consideramos a mais problemática, mas porque é a aquela em que nos foi mais fácil extrair milhares de processos da internet para análise com ferramentas de *text mining*.

Exploramos uma hipótese bastante popular: a de que haja muitos processos na Justiça Trabalhista por causa da sua imprevisibilidade. Se o acesso é barato e o resultado é imprevisível, por que não tentar a sorte? Muita gente acredita que isso explique a super-litigância trabalhista. Mas nossos dados[11] não parecem confirmar a hipótese. Nas cerca de 130 mil decisões do TRT-2 analisadas, 89% delas deram procedência total ou parcial aos reclamantes trabalhadores. Dito de forma simples, parece que os empregados quase sempre ganham pelo menos algo que pedem.

Ora, se os empregadores já sabem que muito provavelmente perderão as ações, cabe perguntar: por que não propõem um acordo? E por que os empregados não aceitam? Uma extensa literatura internacional sugere que quando o desfecho do litígio é previsível, é irracional continuar litigando. Por que gastar tempo e dinheiro com advogados se as partes já sabem onde a novela irá terminar? Não valeria mais a pena para as partes se comporem?

É disso que nos ocupamos aqui. Queremos entender quais incentivos econômicos fazem com que empregados e empregadores sigam litigando em um ambiente de relativa previsibilidade judicial.

Cultura, a culpada por tudo (que não explica nada)

Talvez a super-litigância em ambiente de relativa previsibilidade possa ser explicada pela "cultura" brasileira, e em particular pela "cultura bacharelesca" tão decantada na historiografia brasileira. Os brasileiros seriam, então, seres curiosos: litigam porque são turrões, porque são teimosos, porque não sabem se compor, porque são atrasados, e porque são naturalmente apegados à burocracia, aos carimbos e às decisões judiciais. Claro que há pessoas assim, mas será que isso explica os números de processos que se põem aos milhões?

---

10. SALAMA, Bruno; CARLOTTI, Danilo; YEUNG, Luciana (2019). "Quando Litigar Vale Mais a Pena do que Fazer Acordo: os grandes litigantes na Justiça Trabalhista" *Série "O Judiciário destrinchado pelo 'Big Data'"*, n. 2, 2019. Disponível em: https://images.jota.info/wp-content/uploads/2019/07/3766fe-23a027a8d593f98a85f29f1672.pdf.

11. Apresentados no primeiro relatório da série, e que eu expus sucintamente no capítulo 3 desta obra.

Não nos parece o caso. Primeiro porque as ações trabalhistas são tocadas por advogados profissionais que conhecem o funcionamento do Judiciário. Os clientes não sabem, mas os advogados no geral sabem avaliar, mesmo que intuitivamente, se fazer um acordo vale a pena ou não. Além disso, para os advogados, as ações são o "ganha pão". O que um advogado obtém de honorários é necessariamente uma fração do ganho do seu cliente. É claro que, alguns dirão, quanto mais durar o processo, por tanto mais tempo o honorário será pago. Mas especialmente na Justiça Trabalhista o mais comum é que o advogado cobre honorários com base no sucesso, especialmente no caso do advogado do reclamante.

Essa "hipótese culturalista" tampouco se sustenta se contrastamos a situação do Brasil com a de Portugal, que, em tese pelo menos, teria que ser o centro irradiador de tal cultura bacharelesca. Aqui os números ajudam. De acordo com o Justiça em Números, em 2016 foram ajuizadas 4,3 milhões de novas ações trabalhistas no Brasil; em Portugal, o número gira em torno de 50 mil.[12] Podemos então descartar a hipótese culturalista. Na seara dos conflitos trabalhistas, como em praticamente qualquer outra, os incentivos importam.

Que características do nosso sistema historicamente incentivaram a super--litigância na Justiça do Trabalho? A nosso ver, principalmente a combinação de dois fatores: (i) o baixo custo de litigar e (ii) o nível dos juros que corrigem o débito trabalhista.

Incentivos à Super Litigância na Justiça do Trabalho (1): Baixo custo de litigar

É fácil ver que o custo de litigar impacta o nível de litigância. Mover a máquina do Judiciário custa dinheiro – e não é pouco: $17 bilhões de reais e, em 2016, somente com gastos da estrutura pública (Justiça em Números 2017). De onde vêm os recursos? Vêm de duas fontes: das partes, e dos contribuintes. Quanto maior o subsídio estatal, menor o custo para as partes e vice-versa.

Trocando em miúdos, quando o contribuinte financia uma parcela maior do custeio da máquina judicial, acessá-la fica mais barato para reclamantes e reclamados. Esse é o caso brasileiro. Foi uma política brasileira a de baratear o acesso ao Judiciário. Na Justiça do Trabalho, historicamente os principais mecanismos foram as baixas custas judiciais e a extensão do benefício da justiça gratuita, como documentado no Relatório 1. A recente reforma trabalhista de 2017 trouxe uma série de mudanças destinadas a alterar a combinação de custeio

---

12. A população brasileira é aproximadamente 20 vezes maior que a lusitana. Ainda assim, o número de ações trabalhistas per capita é aproximadamente 4 vezes maior no Brasil.

público e privado, reduzindo o subsídio estatal. Alguns resultados preliminares divulgados na mídia indicam uma redução do nível de litigância.

Um fator adicional a baratear o acesso ao Judiciário é o número de cursos de direito. Segundo a OAB, o Brasil é o país com o maior número de cursos de direito no mundo (1.174). Apenas para comparação, cursos de graduação na área. Nos Estados Unidos são 280, e no Reino Unido, 95, segundo a OAB. O Brasil é também o país do mundo com a maior densidade de advogados, isto é, número de advogados como proporção da população (somos, aliás, seguidos de perto pela Venezuela neste quesito, e um pouco depois pela Itália). Quanto maior o número de advogados, maior o acesso das pessoas a alguém que lhe ajude a formular (ou responder) a um pleito judicial, e – quer se goste ou não – a menor custo. A advocacia é também um mercado.

Em suma: quanto maior o subsídio estatal e a oferta de advogados, tanto menor tende a ser o custo de acessar o Judiciário para as partes, e, adicionalmente, tanto menor tende a ser o custo de permanecer litigando em vez de fazer um acordo.

Incentivos à super-litigância na Justiça do Trabalho (2): O nível dos juros que corrigem o débito trabalhista

O segundo fator a impactar o nível de litigância é o nível da taxa de juros que corrige os débitos trabalhistas. O tema é mais técnico e sutil.

Uma aproximação inicial do problema pode ser descrita assim. Quando o débito trabalhista é corrigido a uma taxa de juros muito alta, convém ao devedor realizar um acordo o mais rapidamente possível. Quando o débito trabalhista é corrigido a uma taxa de juros muito baixa, o credor estará interessado em realizar um acordo para receber o mais rapidamente possível. É como numa partida de xadrez. Com taxa de juros alta, o relógio está correndo para um jogador (o devedor); com taxa de juros baixa, o relógio está correndo para o credor. Em cada um dos casos, uma das partes tem pressa para acabar com o litígio o mais rapidamente possível. Há, por isso, boa chance de um acordo ocorrer.

Mas e se houver uma taxa de juros que seja convidativa para ambas as partes? Nesse caso, a taxa de juros que remunera a dívida trabalhista não é nem tão alta a ponto de pressionar devedores a fazerem um acordo, nem tão baixa a ponto de pressionar os reclamantes a fazerem um acordo. Nesse caso, o relógio está parado para os dois lados. Ninguém tem pressa em fazer acordo, e o litígio segue. A nossa hipótese é a de que esta dinâmica explica boa parte da litigância trabalhista.

Como isso é possível? A resposta é que o custo de oportunidade de devedores e credores seja estruturalmente diferente. A intuição é a seguinte:

- Para os devedores – no geral, empregadores – a taxa de juros que corrige o débito trabalhista é mais baixa do que o seu custo de oportunidade. Vale mais a pena quitar outras dívidas, realizar investimentos ou consumir recursos do que quitar as dívidas trabalhistas.

- Inversamente, para os credores – no geral, empregados – essa mesma taxa de juros que corrige o débito trabalhista é mais alta do que o seu custo de oportunidade. É um bom investimento esperar a execução terminar.

A taxa de correção da dívida trabalhista como indutora do litígio – exemplo estilizado

De acordo com o "Justiça em Números 2017", o tempo de sentença na Justiça do Trabalho é de 2 anos e 9 meses, e o tempo da execução de 1º grau é de 4 anos e 10 meses. Por que o trabalhador está disposto a esperar por todo este tempo, e não aceitar – de imediato – um acordo?

A explicação pode residir no valor médio da condenação. Pelas análises aplicando o *text mining* às quase 130 mil ações do TRT-2, observamos que a condenação média encontrada foi de R$28.493,54. A uma taxa de juros de 0,5% ao mês (equivalente a um bom rendimento da caderneta de poupança), vale a pena para o reclamante esperar judicialmente por 4 anos e 10 meses se o valor ofertado pela empresa através de uma proposta de acordo for de até R$21.340;[13] somente nos casos em que a oferta da empresa for acima disso é que vale a pena aceitar o acordo instantaneamente.

Já para a reclamada, se em vez de oferecer imediatamente R$ 21.340 num acordo, ela aplicar este dinheiro a uma taxa de juros mais alta, de suponhamos 1% ao mês (e é bastante razoável supor que grandes empresas tenham acesso a opções de investimento mais rentáveis que a poupança), ao final de 4 anos e 10 meses, esta aplicação terá rendido R$ 38.006. Ou seja, a empresa reclamada pode pagar a condenação judicial e ainda lhe sobrarão R$ 9.500. Um bom negócio.

Se bem que à primeira vista pode até parecer pouco dinheiro. E seria, mesmo, pouco dinheiro, não fosse pelo fato de as grandes empresas enfrentam milhares de processos na Justiça Trabalhista ao mesmo tempo. Quando levamos em conta a existência do litígio em massa, daí fica fácil ver como seguir litigando em vez de fazer acordo pode representar grandes economias. Por exemplo, este litígio meramente ilustrativo, em que se obtém economia de R$ 9.500, representará nada

---

13. $ 21.340 reais aplicados por 4 anos e 10 meses a uma taxa de 0,5% ao mês rende exatamente $28.500 reais.

7 • FOTOGRAFIAS DA JUSTIÇA DO TRABALHO

menos do que R$ 9,5 milhões se a empresa reclamada tiver 1000 ações em curso. E para grandes empresas, como vimos no Relatório 1, isso não é nada incomum.

A *conclusão* é a de que, diante da diferença de custo de oportunidade, tanto para a empresa reclamada quanto para o empregado reclamante vale a pena seguir litigando em vez de fazer um acordo sempre que os custos de litigar (advogados, custas etc.) forem baixos.

E quem está pagando a conta? A resposta é clara: o contribuinte, na forma de impostos.

Custos administrativos

Um ponto até aqui deixado de lado são os custos administrativos (com advogados, pessoal, *compliance* etc.) para acompanhamento de milhares de processos judiciais. Sem dúvida esses custos não são nada desprezíveis, especialmente se tomados pelo seu valor agregado. Contudo, há grandes economias de escala no gerenciamento de um número muito grande ações judiciais parecidas. Com os avanços da tecnologia, aliás, essas economias de escala não param de crescer. Isso confere realismo aos exercícios numéricos acima.

7.2.2 Padrões de litigância na Justiça Trabalhista[14]

Introdução

Este terceiro relatório (1) identifica os principais pedidos feitos em ações trabalhistas e (2) analisa as diferenças destes pedidos entre varas localizadas em regiões próximas geograficamente. Mostraremos que, mesmo quando controladas pela empresa ré, os padrões dos pedidos diferenciam significativamente. Surge então um aparente enigma: por que as demandas trabalhistas se diferenciam tanto em regiões próximas?

O material analisado é composto pelas mesmas sentenças de primeira instância do TRT02 que foram passíveis de download e objeto dos primeiros dois relatórios desta série de estudos. Recentemente, houve uma atualização da ferramenta de pesquisa no portal do tribunal impossibilitando novos estudos semelhantes, ao menos com a mesma metodologia de coleta de dados. A restrição ao acesso pelo público a informações agregadas é, a nosso ver, lamentável, pois é incompatível com a transparência que se espera do Poder Judiciário, inclusive

---

14. YEUNG, Luciana; CARLOTTI, Danilo (2019). "Padrões de Litigância na Justiça Trabalhista" *Série "O Judiciário destrinchado pelo 'Big Data'"*, n. 3, Disponível em: https://works.bepress.com/luciana_yeung/22/.

conforme determina a Constituição Federal. De qualquer forma, apesar das novas dificuldades operacionais, conseguimos coletar mais algumas milhares de sentenças, que agora se somam às aproximadamente 130 mil sentenças já coletadas anteriormente.

O objetivo deste terceiro exercício é, então, avaliar os padrões de demandas apresentadas na ações contra grandes empresas: busca-se observar se as reclamações trabalhistas são homogêneas em comarcar próximas, ou seja, se tratam dos mesmos temas e têm perfis semelhantes.

Estratégia de pesquisa

O primeiro passo foi tentar identificar os tipos de pedidos realizados em cada comarca. A partir da leitura manual das decisões catalogadas foi possível identificar os marcadores textuais com que os pedidos eram geralmente expostos nas sentenças. Com esses marcadores foi possível extrair os pedidos automaticamente das sentenças. Neste primeiro momento, detectamos os principais pedidos, por temas.

Foram os seguintes os principais pedidos encontrados:

- Adicionais
- Danos morais
- FGTS
- Honorários advocatícios
- Horas extras
- Insalubridade
- Prescrição
- Recolhimentos previdenciários e fiscais
- Verbas rescisórias

Cada sentença foi submetida a uma análise automatizada para extração das seguintes variáveis:

1. Menção expressa dos pedidos na sentença. Cada pedido corresponde a uma coluna na tabela final, preenchida com 0 caso o pedido não tivesse sido identificado na sentença e 1 caso contrário.

2. Procedência da sentença, dividida em quatro colunas *dummies*:[15]

---

15. Variáveis *dummies* utilizam os valores 0 ou 1 para indicar a ausência ou presença de algum efeito que se espera possa alterar o resultado.

- Coluna r0: Improcedência total da ação;
- Coluna r1: Procedência parcial da ação;
- Coluna r2: Procedência total da ação;
- Coluna r3: Extinção do processo.

3. *Código de origem*. Corresponde à localidade onde o processo transcorreu[16] de acordo com as regras do tribunal.

4. *Valor da condenação* encontrado no processo.

Frequência

Também foi levantada a frequência com que cada pedido é feito:

Tabela 7.2.1 – Frequência de Pedidos nas Ações Trabalhistas

Pedido	Frequência
Adicionais	0.55%
Danos Morais	7.01%
FGTS	24.95%
Honorários Advocatícios	24.03%
Horas Extras	14.65%
Insalubridade	5.96%
Prescrição do Pedido	13.53%
Recolhimentos Previdenciários e Fiscais	4.9%
Verbas Rescisórias	8.67%

É importante ressalvar que a coluna da direita não representa necessariamente a frequência de pedidos, pode indicar apenas que aquele tema é mencionado nas decisões com aquela frequência. Como não há um padrão através do qual os juízes expõem os pedidos feitos, sejam eles deferidos ou indeferidos, há naturalmente uma margem de erro nesta detecção. Estes resultados representam o melhor modelo possível de detecção dos pedidos a partir da leitura automatizada das sentenças.

---

16. "OOOO – 4 dígitos identificadores da unidade de origem do processo, seguindo regras diversas para cada um dos segmentos do Judiciário, à exceção dos tribunais e conselhos, que terão esses dígitos preenchidos com zero (0000); esses códigos foram fornecidos pelos tribunais e estão à disposição para consulta no sítio do CNJ.(...). Para a Justiça Estado e do Distrito Federal e Territórios, o campo OOOO identifica o prédio (fórum) em que está instalada a vara para a qual foi distribuído o processo". Texto disponível em: http://www.cnj.jus.br/programas-e-acoes/pj-numeracao-unica/perguntas-frequentes.

Teste

Os dados foram agrupados pelas diferentes "origens" – ou seja, o local da petição inicial do processo. Cada uma delas é obtida pelo número do processo, definido pelo CNJ. Consideramos que os magistrados das respectivas origens foram estáveis no período, dado que o período é relativamente curto e os magistrados gozam de relativa estabilidade.

A partir deste agrupamento foram gerados histogramas, em que o eixo horizontal corresponde ao número da origem e o eixo vertical a frequência com que cada pedido foi apresentado na respectiva origem.[17] A título de ilustração, são comparadas três origens diferentes. Nas sentenças referentes a cada uma destas origens foram encontradas entre 8 e 9 mil ocorrências dos pedidos cuja frequência nos processos é apresentada abaixo. As origens analisadas foram 0465, 0511 e 0323, respectivamente, correspondentes às localidades de São Bernardo do Campo, Itapevi e Guarulhos.[18] Quanto ao número absoluto de processos em cada origem, eles variaram de 1488 ações em Itapevi, 1670 processos em São Bernardo e 1859 em Guarulhos.

Tabela 7.2.2 (a, b, c) – Frequência de pedidos por localidade

(a) São Bernardo do Campo

Origem: 465 (São Bernardo do Campo)	Frequência
Adicionais	10.70%
Danos Morais	39.64%
FGTS	68.29%
Honorários Advocatícios	74.47%
Horas Extras	55.02%
Insalubridade	21.95%
Prescrição	42.81%
Recolhimentos Previdenciários e Fiscais	58.29%
Verbas Rescisórias	47.13%

---

17. Disponíveis sob demanda direto com os autores.
18. Dependendo da localidade, uma origem é igual a uma vara; no entanto, para outras maiores, uma origem pode contar com múltiplas varas.

(b) Itapevi

Origem: 511 (Itapevi)	Frequência
Adicionais	30.30%
Danos Morais	44.78%
FGTS	71.09%
Honorários Advocatícios	84.62%
Horas Extras	65.99%
Insalubridade	26.48%
Prescrição	17.78%
Recolhimentos Previdenciários e Fiscais	62.34%
Verbas Rescisórias	68.18%

(c) Guarulhos

Origem: 323 (Guarulhos)	Frequência
Adicionais	17.94%
Danos Morais	21.02%
FGTS	76.54%
Honorários Advocatícios	74.94%
Horas Extras	53.14%
Insalubridade	27.35%
Prescrição	37.49%
Recolhimentos Previdenciários e Fiscais	30.21%
Verbas Rescisórias	48.85%

Além do perfil de pedidos em cada localidade ser muito diferente, temos que a média de condenações de cada localidade também é diferente. Enquanto em Guarulhos a média de valores das condenações encontrado foi R$26.593,99, em São Bernardo do Campo a média foi R$19.455,36. A comparação entre essas cidades é importante tendo em vista o tamanho das cidades, a população e a proximidade em relação a São Paulo.

Perfil das ações por diferentes empresas

Dentre as empresas com o maior número de ações foram selecionadas três: "Via Varejo S.A.", "Companhia Brasileira de Distribuição" e "Telefonica Brasil S.A.". Para cada uma destas empresas, verificamos o perfil dos pedidos que são feitos em cada uma das comarcas respectivas. Para normalizar e melhor comparar a quantidade de pedidos, considerou-se a proporção, em relação ao total de pedidos encontrados, de cada respectivo tipo de demanda.

Cada conjunto de pedidos nas diferentes comarcas se tornou, assim, um vetor numérico. Cada posição do vetor corresponde ao percentual de ações que contém determinado pedido. Para melhor comparar os diferentes vetores de pedidos das diferentes comarcas, medimos a distância euclidiana entre os diferentes vetores e os resultados são apresentados abaixo. Quanto maior a distância entre vetores, ou seja, quanto mais próximos estes números de 1, maior a diferença entre o perfil de pedidos feitos nas diferentes origens. De forma análoga, quanto menor o número, mais parecidos os perfis de demandas apresentadas nas diferentes origens.

Tabela 7.2.3 – Distância entre as Origens (semelhança no perfil de pedidos)

Distância entre Origens	Via Varejo S.A.	Banco Bradesco SA	Telefonica Brasil S.A.
511 e 323	0.1273	0.2835	0.4082
511 e 465	0.1260	0.2725	0.3762
465 e 323	0.1137	0.2474	0.2074

Quanto maior a distância, maior é a diferença no perfil de pedidos que é feito em cada comarca. Por exemplo, percebe-se que a diferença dos pedidos entre as origens 465 e 323 – ou seja, São Bernardo do Campo e Guarulhos – para a Via Varejo é muito pequena, dado o pequeno valor do vetor numérico (igual a 0.113). Já as ações trabalhistas feitas nas origens 511 e 323 – ou seja, Itapevi e Guarulhos – da Telefônica tinham demandas relativamente diferentes, dado o maior valor do vetor numérico (no caso, equivalente a 0.4082).

Evidências preliminares

Ao contrário do que esperávamos inicialmente, quando controlamos por empresa, não observamos perfil homogêneo nos pedidos trabalhistas nas diferentes origens, mesmo que elas estejam geograficamente próximas. Algumas hipóteses podem ser levantadas, todas merecedoras de investigação mais aprofundada no futuro.

A primeira é que, as empresas que possuem um perfil de pedidos muito semelhante nos diversos locais sejam aquelas que possuem política de gestão de pessoas uniforme e estável em todas as localidades onde atua. Esta uniformidade e constância reflete nos pedidos feitos na Justiça, e em baixos valores de vetores, como calculamos e exemplificamos acima.

Em segundo lugar, existem empresas que são demandadas por diferentes questões em diferentes localidades; ou seja, pelo nosso exercício empírico, apresentaram distâncias vetoriais relativamente altas. Isso pode ocorrer porque as políticas de gestão de pessoas das empresas não é uniforme nas diferentes localidades de atuação e/ou por diferenças de especialidade dos advogados que defendem os litigantes.

Finalmente, pode ser que a diferença de pedidos nas diferentes origens seja consequência na diferença dos padrões de julgamento dos juízes, e gere expectativas de diferenças nos índices de procedência/deferimento. Ou seja, e aqui resta grande parte de nossa reflexão – e provocação para o debate – isso pode ocorrer tendo em vista as diferenças na propensão dos juízes das diferentes comarcas de concederem os pedidos das partes. Essa heterogeneidade pode ser percebida e explorada pelos advogados na medida em que, dependendo da comarca, eles podem solicitar diferentes pedidos. Isso seriam evidências do que se chama de *forum shopping*: autores das ações (conjuntamente com seus respectivos advogados(as)) escolhem estrategicamente a localidade onde depositar suas demandas judiciais, conhecendo-se de antemão, as maiores ou menores chances de vencer aquela ação, dado o tipo de pedido, e dados os padrões de julgamento pelos juízes.

É lançado o debate!

****

7.3 ESTUDO EMPÍRICO SOBRE A TERCEIRIZAÇÃO DA MÃO DE OBRA NO BRASIL

O próximo trabalho foi realizado em 2016, quando as regras de terceirização de mão de obra eram outras – era considerado lícito as empresas terceirizarem as chamadas "atividades-meio", mas era ilícito terceirizar "atividades-fim". Logo depois disso, houve mudanças nas regras, e em seguida, houve a própria Reforma Trabalhista de 2017, que também abordou a questão da terceirização. O trabalho tornou-se doutrina citada em pelo menos dois julgados do Supremo Tribunal Federal sobre o tema: o RE 958.252, em Tribunal Pleno, Relator Ministro Luiz Fux, em 30.08.2018, com repercussão geral, e o ADPF 324, em Tribunal Pleno, Relator Ministro Roberto Barroso, em 30.08.2018.

O objetivo do trabalho foi demonstrar que, apesar de uma regra aparentemente clara e direta – terceirizar atividade-meio mas não atividade-fim – a insegurança jurídica gerada por essa regra era significativa, pois os próprios magistrados não entendiam o que se tratava atividade fim ou atividade meio para cada setor. Não à toa, milhares de processos sobre a questão chegavam aos tribunais todos os anos, mas sem que magistrados e magistradas chegassem em um acordo sobre a questão.

O Ministro Fux, na ocasião de seu voto, resumiu os achados do trabalho:

> Em pesquisa elaborada pela ex-Presidente da Associação Brasileira de Direito e Economia (ABDE) e professora do Insper-SP Luciana Yeung, constatou-se que não há qualquer uniformidade na jurisprudência da Justiça do Trabalho sobre quais categorias de atividades seriam consideradas 'meio' para fins de ilicitude da terceirização. Concluiu a estudiosa que o 'regramento normativo existente sobre a questão da terceirização da mão de obra está longe de gerar orientações claras e segurança jurídica', que a 'pacificação não está acontecendo com o passar do tempo' e que as 'justificativas dos magistrados para defender ou atacar a terceirização são praticamente idiossincráticas' (YEUNG, Luciana. "Terceirização de Mão de Obra no Brasil: para quê a PL 4.330/2004?". Disponível em: http://www.cedes.org.br/downloads.html). Por essas razões, além do déficit democrático e das deficiências nos fundamentos de fato invocados pelos órgãos a quo, a orientação proibitiva, ante a falta de parâmetros objetivos, gera nefasta insegurança jurídica para empresas e trabalhadores.

****

Terceirização da Mão de Obra no Brasil[19]

73.1   Introdução

No dia 22 de abril de 2015 – onze anos após a sua propositura – a Câmara dos Deputados aprovou, por 230 votos a favor e 203 votos contra, o Projeto de Lei 4330. Diversos são os pontos tratados pelo PL, mas em linhas gerais, permitir-se-ia às empresas contratar mão de obra terceirizada para as suas atividades fins, algo que, pelo regramento legal presente, não é permitido.

Enquanto isso, dentro e fora das galerias do Congresso Nacional, em Brasília e praticamente todas as capitais do país, a movimentação era grande. Sindicatos e centrais sindicais faziam muitos protestos, entoavam palavras de ordem, e carregavam faixas com dizeres tais como: "Se o Congresso votar, a CUT vai parar o Brasil", "A terceirização faz mal à saúde", "Terceirização: escraviza, mutila e mata". A discussão de mudanças na legislação trabalhista normalmente gera ânimos acirrados, mas no caso da terceirização, a polêmica parece estar no ponto extremo.

O objetivo deste trabalho é fazer uma análise objetiva e imparcial da questão da terceirização no Brasil de hoje, focada numa avaliação do que tem sido o entendimento judicial sobre o tema. Usaremos ainda o instrumental da Análise Econômica do Direito para análise dos fatos e conceitos envolvidos.

---

19. YEUNG, Luciana (2016). *Terceirização de mão de obra no Brasil*. São Paulo: CEDES Centro de Estudos de Direito Econômico e Social. Disponível em: https://www.cedes.org.br/publicacoes.

7.3.2 Teoria econômica, críticas e literatura

Pela teoria econômica, a terceirização é fenômeno trivial e natural, previsto em qualquer processo de dinamização das atividades de livre mercado. Na realidade, a Revolução Industrial e o início da Idade Moderna na Europa foram marcados por avanços e reorganizações do trabalho que permitiram a especialização das atividades produtivas, o que gerou um salto nunca antes observado na humanidade. Neste processo, justamente, firmas e organizações econômicas passaram a terceirizar suas atividades – a outras empresas ou a outros indivíduos. A divisão do trabalho, descrita por Adam Smith como sendo um dos maiores avanços na organização das atividades humanas, somente pôde ser plenamente materializada com este fenômeno. Assim, segundo a visão econômica (atente-se que não estamos falando de uma visão empresarial), ao contrário de uma visão jurídica doutrinária ou dogmática, a terceirização não deve ser entendida como uma "anomalia do mundo contemporâneo", mas um processo inerente ao sistema econômico moderno, e que certamente será cada vez mais.

No entanto, é fato que, independente das suas origens e evolução históricas, existem diversas críticas ao fenômeno da terceirização da mão de obra. Podemos resumi-las em dois principais pontos:

1) "A terceirização gera 'precarização do trabalho'": trabalhadores terceirizados se defrontariam com salários mais baixos (comparados a trabalhadores próprios), condições de trabalho mais adversas, ambiente de trabalho mais hostil.

2) "A PL 4.330 é desnecessária": o Brasil já conhece o fenômeno da terceirização há algum tempo, existindo inclusive diversas normas específicas sobre o tema (através de Portarias, Leis, Súmulas etc.), então não haveria necessidade de mais uma regulação para a terceirização. Além disso, defensores deste argumento afirmam que a PL 4.330, ao contrário das outras normas sobre o tema, piora a situação dos trabalhadores terceirizados.

Esses temores são justificados pelas observações empíricas dos fatos?

Com relação ao primeiro ponto, o curioso é observar que o pressuposto é de que a terceirização se igualaria à condição de trabalho informal, fora do monitoramento e fiscalização de qualquer legislação trabalhista, o que não é verdade. Se um projeto de lei que permite maior flexibilidade na terceirização for acompanhado *pari passu* de uma legislação abrangente que regule esta atividade, ou que atrele corresponsabilidade às empresas que contratam terceirizados, não há porquê imaginar que o mundo da terceirização seria uma "terra de ninguém" ou somente de "foras da lei". Regular a terceirização é justamente trazê-la para dentro da supervisão e monitoramento estatal. Nestas condições, não há porquê a precarização acontecer (a não ser por uma deficiência na fiscalização do Estado, mas aí seria outra questão).

Se observamos trabalhos empíricos sobre o tema podemos perceber que a relação terceirizaçãoàpiora nas condições de trabalho não é corroborada como se argumenta. Artigo de Author (2003)[20] mostra que a presença de sindicatos nas empresas norte-americanas gera maior terceirização, fato aparentemente paradoxal, mas que indica que em ambientes onde os trabalhadores têm mais voz, nem sempre ocorre menos terceirização. Outro estudo estrangeiro, de Aubuchon et al (2012),[21] mostra que a terceirização nas indústrias de manufatura na Alemanha teve efeitos positivos e estatisticamente significativos na produtividade das plantas fabris. Em outras palavras, a terceirização não é acompanhada por condições degradantes de trabalho, nem é associada com ambientes precários, de sub produção. Ao contrário, pode estar associado a estágios mais modernos e avançados da empresa. Mas a pergunta que talvez persista é: se a terceirização traz efeitos positivos para as empresas em termos de produtividade, ela pode trazer resultados negativos aos trabalhadores? É possível que, ao mesmo tempo em que gere ganhos para as empresas, ela gere perdas para os trabalhadores?

Recente trabalho de Stein, Zylberstajn e Zylberstajn (2015)[22] trata perfeitamente sobre esta questão usando dados da RAIS, e cobrindo cerca de 8 milhões de indivíduos brasileiros. Diferentemente do que fazem sindicatos e centrais sindicais, os autores não se baseiam em uma comparação simplista de média salarial de trabalhadores próprios com a média salarial de terceirizados. Eles empregam uma metodologia econométrica chamada "dados em painel com efeitos fixos", que faz um exercício de observar *o que ocorreria com um mesmo indivíduo quando ele (a) passa da condição de terceirizado para próprio*, ou vice-versa. Ou seja, aqui, controlam-se não somente as características pessoais de cada trabalhador,[23] mas também as características das empresas onde se trabalha. Os resultados deste trabalho são interessantes:

---

20. AUTHOR, D. H. (2003) "Outsourcing at Will: The Contribution of Unjust Dismissal Doctrine to the Growth of Employment Outsourcing", *Journal of Labor Economics*, 21 (1), p. 1-42.

21. AUBUCHON, C.; BANDYOPADHYAY, S.; BHAUMIK, S. K. (2012). "The Extent and Impact of Outsourcing: Evidence from Germany". *Federal Reserve Bank of St Louis Review*, July/August, 94(4), p. 287-304.

22. STEIN, G.; ZYLBERSTAJN, E.; ZYLBERSTAJN, H. (2015). "Diferencial de Salários da Mão de Obra Terceirizada no Brasil", Working Paper 400, São Paulo School of Economics, FGV, CMICRO – n° 32, Working Paper Series, 07 de agosto. Disponível em: http://bibliotecadigital.fgv.br/dspace/handle/10438/13883).

23. Importante observar que não somente as características observáveis dos trabalhadores foram controladas, mas também suas características não observáveis.

7 • FOTOGRAFIAS DA JUSTIÇA DO TRABALHO

- Uma vez controladas as características de cada indivíduo e de cada empresa – os chamados efeitos fixos, no jargão econométrico – a diferença salarial entre trabalhadores próprios e terceirizados é de apenas 3%.

- O que gera grandes diferenciais nos salários é, efetivamente, o nível de qualificação dos trabalhadores em questão. Trabalhadores não qualificados, quando terceirizados ganham 12% menos do que trabalhadores próprios. Por outro lado, trabalhadores terceirizados de alta qualificação não têm diferencial de salário com relação aos próprios e, em algumas categorias, têm diferencial positivo (ganham mais do que próprios).

- Mesmo nos casos onde houve pequeno diferencial negativo (terceirizados ganhando menos), este diferencial vem reduzindo durante o período de 2007 a 2012.

Assim, observa-se que, dos (poucos) trabalhos empíricos realizados, não há evidências factuais que apontam precarização das condições de trabalho uma vez que a terceirização seja flexibilizada.

7.3.3   O que diz a regra atual?[24]

A segunda grande crítica à PL 4.330 refere-se à sua "desnecessidade". Advogados trabalhistas e representantes dos trabalhadores perguntam: com as diversas normas existentes sobre o tema, para quê mais uma lei (que é ainda "pior")? Vale então rever as regras atuais. Presentemente, a norma mais abrangente sobre o tema de terceirização da mão de obra é, sem dúvida, a Súmula 331, divulgada pelo Tribunal Superior do Trabalho, em maio de 2011. Ali se lê:

- "I – A contratação de trabalhadores por empresa interposta é ilegal, formando-se o vínculo diretamente com o tomador dos serviços, salvo no caso de trabalho temporário (Lei nº 6.019, de 03.01.1974) ...

- III – Não forma vínculo de emprego com o tomador a contratação de serviços de vigilância (Lei nº 7.102, de 20.06.1983) e de conservação e limpeza, bem como a de serviços especializados ligados à atividade-meio do tomador, desde que inexistente a pessoalidade e a subordinação direta".

De fato, a redação parece clara e bastante norteadora e, aparentemente, seria suficiente para regrar as decisões de terceirização pelas empresas no país. É fato? Novamente, vale a pena olhar para as evidências empíricas.

---

24. "Atual" quando o artigo foi escrito, em meados de 2016.

Em trabalho bastante recente, Maria Teresa Sadek (2016)[25] mostra que, entre 24% e 46% de todos os processos judiciais defrontados pelas empresas brasileiras são referentes, de maneira específica, à questão da terceirização de mão de obra.

Usando-se recursos computacionais modernos em sítios da internet,[26] quando se faz uma busca de jurisprudência usando os termos "terceirização" e "ilegalidade", limitados aos anos de 2012 a 2014, o resultado são 5.201 processos julgados em TRT's e pelo TST somente sobre este tema.

Com os números acima mencionados, é difícil de sustentar que as regras atuais sobre a terceirização de mão de obra estejam consolidadas e bem sinalizadas para trabalhadores e empresas. As evidências apontam para a necessidade de um regramento legal mais claro e definitivo sobre o tema.

7.3.4 Contribuições deste trabalho

O presente trabalho não pretende dar recomendações normativas de como legislar sobre o tema da terceirização. O intuito é aprofundar na análise positiva, provendo mais evidências da situação fática atual. Especificamente, o objetivo é de responder, com base em dados empíricos, se a atual legislação e o Judiciário trabalhistas estão sendo capazes de orientar trabalhadores e empresas com relação a este tema. Ou seja, pretendemos, ao final do trabalho, colher evidências que indiquem se há necessidade de legislação adicional, ou se o tema está pacificado como tal existe hoje.

Com base na Análise Econômica do Direito, o regramento jurídico e judicial são elementos essenciais no ambiente econômico de atuação de empresas, organizações, trabalhadores, consumidores, cidadãos etc. São as regras – formais e informais – que definem como os agentes irão se comportar e tomar decisões. Quanto mais coerentes e consistentes forem as regras, maior segurança agentes terão para suas decisões e ações, e os resultados sociais e econômicos serão mais estáveis e superiores. O contrário ocorre quando estas regras, principalmente as formais e legais, forem incoerentes e inconsistentes. Para efeitos de resultados econômicos para a sociedade, pior do que uma regra "ruim" é ter regras que são incoerentes e incertos.

---

25. SADEK, M.T. (2016) "Aspectos do contencioso jurídico de empresas no Brasil em contraste com Argentina e Chile". Relatório apresentado e divulgado pelo CEDES (Centro de Estudos de Direito Econômico e Social), São Paulo. Disponível em: https://www.cedes.org.br/publicacoes.
26. Existem diversos sítios na internet e empresas especializadas na busca de jurisprudência. O consultado para este presente artigo foi o da empresa Digesto, acessível gratuitamente através do *link* www.digesto. com.br (consulta realizada em: 06 nov. 2016).

Metodologia, amostra e variáveis analisadas

A metodologia empregada neste trabalho é integralmente de análise jurisprudencial. Foram analisadas decisões judiciais feitas pelo TRT-2 (São Paulo capital) e TRT-4 (estado do Rio Grande do Sul)[27] sobre a questão da terceirização. Para melhor controlar a heterogeneidade dos diversos setores econômicos da complexa economia brasileira, focamos somente em um tipo de setor: o bancário.

A amostra final de observação foi:

Tabela 7.3.1: Origem e número de amostra.

Região	Casos analisados	Período coberto
TRT2 (Grande SP)	401	Ago. 2002 a Ago. 2016
TRT4 (RS)	49	Mar. 2000 a Maio. 2011
TOTAL	450	Mar. 2000 a Ago. 2016

No entanto, mesmo focando no setor bancário, ainda havia grande heterogeneidade nas atividades exercidas neste setor. Assim, foi-se necessário delimitar uma relação de atividades que abrangeriam razoavelmente todas as ocupações presentes em um banco, que poderiam ser questionadas pelos empregados com relação à licitude da terceirização. Em um primeiro momento, o trabalho foi de leitura para compilação das principais atividades questionadas nos tribunais; no segundo momento, a presente autora fez a compilação das principais atividades questionadas:

Tabela 7.3.2: Categorias de atividades, por frequência na amostra[28]

Atividade	N	%
Atendimento	53	11,8%
Auxiliar administrativo	74	16,4%
Crédito/Compensação/Cobrança/Financiamento	83	18,4%
Informática/Sistemas/Digitalização	46	10,2%
Manutenção, Conservação e Limpeza	22	4,9%
Segurança e Vigilância	32	7,1%
Telemarketing	63	14,0%
Transporte	9	2,0%
Vendas (incluindo câmbio)	36	8,0%
Outros, N/C	32	7,1%

---

27. A escolha destes dois TRT's foi baseada na importância econômica da região – no caso do TRT-2 – e também para efeitos de comparação com outros estudos realizados por esta autora (eg., Yeung e Azevedo, 2015).

28. Estas foram as atividades questionadas pelos autores do processo, com relação à licitude da terceirização pelo banco.

Além do rol de atividades bancárias que foram eventualmente questiona-das, avaliamos também as seguintes informações de cada um dos 450 processos judiciais na amostra:

Tabela 7.3.3: Variáveis analisadas

Vara de Origem
ID (Número do processo)
Mês, dia e ano do julgamento em 2ª instância
Relator
Banco
Sexo do empregado
Decisão: Houve terceirização ilícita pelo banco?
Houve reforma da decisão da 1ª instância?
Outas informações qualitativas

Resultados

Passamos agora a os resultados da análise empírica. Separaremos os de acordo com o tipo de atividade questionada. Iniciaremos com a atividade mais frequentemente encontrada na amostra:

Tabela 7.3.4: Decisões sobre terceirização – "Crédito, compensação, cobrança e financiamento"

N. de casos	Casos julgados como terceirização ilícita	% de casos julgados como terceirização ilícita
83	55	66,3%

Fonte: Cálculo da autora

Talvez a categoria mais "inerentemente" relacionada à atividade-fim dos bancos seria aquela relacionada a serviços de crédito, compensação, cobrança, financiamentos e afins. Esperar-se-ia, portanto, que toda atividade exercida neste rol, fosse considerada atividade-fim e, portanto, proibida de ser terceirizada pelos bancos. No entanto, de maneira um tanto quanto surpreendente, em 33,7% dos casos, os magistrados nos TRT's consideraram a terceirização destas atividades como sendo lícita. Mesmo nessas atividades consideradas, de maneira geral, "genuinamente bancárias", houve consenso apenas em 55 dos 83 casos, de que se tratava de contratação ilícita de empregados terceirizados.

7 • FOTOGRAFIAS DA JUSTIÇA DO TRABALHO

Tabela 7.3.5: Decisões sobre terceirização – "Auxiliar administrativo"

N. de casos	Casos julgados como terceirização ilícita	% de casos julgados como terceirização ilícita
74	30	40,5%

Fonte: Cálculo da autora

A segunda categoria de atividade mais questionada nos TRTs foi a de "auxiliar administrativo". Neste rol, foram incluídos os casos de auxiliares de *backoffice*, sem contato direto com clientes, assistentes burocráticos, sem funções muito claramente definidas. Não foi possível averiguar diretamente, mas claramente, tratavam-se de empregados com salários não muito elevados, e nem qualificação muito alta.

Neste sentido, vê-se uma grande heterogeneidade na interpretação dos magistrados sobre a licitude ou não da contratação terceirizada de empregados exercendo estas atividades. Do total de casos, o equivalente a 40,5% considerou a terceirização ilícita, enquanto 59,5% considerou a terceirização legal.

Tabela 7.3.6: Decisões sobre terceirização – "Telemarketing"

N. de casos	Casos julgados como terceirização ilícita	% de casos julgados como terceirização ilícita
63	21	33,3%

Fonte: Cálculo da autora

Outra categoria com definição problemática de terceirização é a de telemarketing. Para este setor em particular, existem algumas considerações específicas. Primeiro, há a Lei 9.472/97, que regula a terceirização de operadores de telemarketing (precisamente no âmbito de empresas de telefonia, não de bancos). Outra questão relacionada foi a decisão do Ministro Teori Zavascki, no STF, em setembro de 2014, suspendendo todos os processos relacionados a este tema que estavam em tramitação na Justiça do Trabalho. Curiosamente, a despeito da ARExt 791.932 do Ministro Zavascki, os casos continuaram a ser julgados, pelo menos no TRT-2, como esta pesquisa pôde constatar.

E, apesar de haver evidências de um entendimento mais homogêneo com o passar do tempo, ainda existem divergências significativas com relação à licitude da contratação de operadores terceirizados. Em 33,3% dos casos, ou seja, um terço desta subamostra, houve entendimento de que a terceirização feita pelos bancos era ilícita.[29]

---

29. Em um estágio inicial desta pesquisa, quando a análise dos casos parou no ano de 2013, mais de 48% das decisões sobre telemarketing consideraram a terceirização ilegal. Quando os casos de 2014, 2015 e 2016 foram incluídos, a ilicitude passou a compor apenas 33.3%. Isso pode ser entendido como

Tabela 7.3.7: Decisões sobre terceirização – "Atendimento"

N. de casos	Casos julgados como terceirização ilícita	% de casos julgados como terceirização ilícita
53	24	45,3%

Fonte: Cálculo da autora

Nesta categoria, foram contempladas todas as atividades de atendimento físico aos clientes nos bancos. Também é uma categoria com funções de pouca qualificação, sem definição de atividade muito clara, apenas com o ponto comum de serem apoio para clientes quando estes têm dúvidas básicas no momento em que se dirigem às agências bancárias.

Dos 53 julgamentos analisados, 24 foram considerados pelos magistrados como sendo casos de terceirização ilícita.

Tabela 7.3.8: Decisões sobre terceirização – "Informática, Sistemas, Digitalização"

N. de casos	Casos julgados como terceirização ilícita	% de casos julgados como terceirização ilícita
46	22	47,8%

Fonte: Cálculo da autora

Esta é uma categoria de atividades relativamente especializadas e específicas. Aqui estão incluídas as atividades de manutenção de redes, sistemas de informática, além de eventuais casos de digitalização e microfilmagem de documentos, tais como cheques. São atividades sem contato direto com os clientes dos bancos, servindo apenas de apoio interno. No entanto, apesar do alto grau de definição, essas atividades geraram um quase perfeito grau de não concordância entre os magistrados: 47,8% dos casos de terceirização foi considerada ilícita pelos julgadores, e 52,2% foi considerada lícita.

Tabela 7.3.9: Decisões sobre terceirização – "Vendas"

N. de casos	Casos julgados como terceirização ilícita	% de casos julgados como terceirização ilícita
36	24	66,7%

Fonte: Cálculo da autora

Aqui estão incluídas as atividades de venda de produtos bancários: cartões de crédito, seguros e câmbio. De todos os casos analisados até agora, foi o que

---

uma pacificação gradual no sentido de considerar este tipo de terceirização lícita. A conclusão final só poderá ser claramente e rigorosamente definida com mais alguns anos de observação.

obteve maior índice de concordância entre os magistrados de se tratar de uma atividade-fim do banco, tendo dois terços de julgamentos favoráveis à condenação de ilicitude da terceirização.

Tabela 7.3.10: Decisões sobre terceirização – "Transporte (exceto de valores)"

N. de casos	Casos julgados como terceirização ilícita	% de casos julgados como terceirização ilícita
9	1	11,1%

Fonte: Cálculo da autora

A categoria com o menor número de observações nesta pesquisa foi a de transportadores de documentos, malotes etc. Na maior parte dos casos, tratavam--se de *motoboys*. Há entendimento amplo de que se trata de atividade-meio, não relacionada diretamente à atividade bancária; curioso observar, no entanto, que houve um julgado em que se considerou o *motoboy* como executante de atividade-fim do banco, tendo como resultado a condenação para a contratação direta deste empregado pelo banco. Nesta categoria não foram incluídos o transporte de numerário e/ou outros valores (e.g., caixa forte), sendo este tipo de atividade incluído na categoria que analisaremos em seguida, relacionado a Segurança.

Tabela 7.3.11: Decisões sobre terceirização – "Segurança e Vigilância"

N. de casos	Casos julgados como terceirização ilícita	% de casos julgados como terceirização ilícita
32	0	0,0%

Fonte: Cálculo da autora

Tabela 7.3.12: Decisões sobre terceirização – "Manutenção, conservação e limpeza"

N. de casos	Casos julgados como terceirização ilícita	% de casos julgados como terceirização ilícita
22	1	9,1%

Fonte: Cálculo da autora

Finalmente, tem-se duas categorias de atividades em que a pacificação está garantida. Claramente, nesses casos, a Súmula 331 do TST trouxe segurança jurídica para a sociedade e para as cortes inferiores. Nos casos de atividades relacionadas a "Segurança e Vigilância" (Tabela 9.3.11), houve entendimento integral de 100% de que se tratam de atividades-meio dos bancos, cuja terceirização é lícita. Até mesmo as partes envolvidas – trabalhadores e bancos – entenderam bem a lição e, quando aparecem nos litígios, é para questionar a corresponsabilidade dos bancos.

O mesmo se refere às atividades de "Manutenção, Conservação e Limpeza": já há entendimento consolidado de que se tratam de atividades-meio, passíveis de terceirização pelos bancos. O único caso contra a terceirização é de um julgado ocorrido antes da edição da Súmula 331, no ano de 2003.

Outros resultados

Outros dois resultados foram observados ao longo da pesquisa:

- Ilicitude da terceirização mais por contratação de atividade fim, do que por criação de vínculo de emprego: Pela amostra empírica avaliada, pôde ser constatado que a preocupação principal dos magistrados quando decidem sobre a licitude da terceirização é em avaliar se a atividade questionada constitui-se atividade-fim ou atividade-meio da empresa. A observância da formação de vínculo de emprego com o banco através de relação de subordinação direta e pessoalidade foi apenas preocupação secundária. Em todos os casos houve interpretação sobre a natureza da atividade envolvida; em 80% dos casos também houve avaliação da formação de vínculo de emprego, mas em 20% dos casos, esta última questão não foi mencionada pelo julgador.

- Em cerca de 20% dos casos analisados, a questão era sobre a corresponsabilidade do banco na terceirização de atividades-meio (principalmente segurança e manutenção/limpeza). Praticamente há unanimidade de que banco tem responsabilidade subsidiária e não solidária. Mas em pelo menos um caso houve condenação por responsabilidade solidária, e em dois casos houve *isenção* de responsabilidade subsidiária. Ou seja, a pacificação sobre este tema ainda não é integral.

7.3.5 Conclusões preliminares

O presente trabalho teve como objetivo prover evidências empíricas sobre o entendimento da questão da terceirização da mão de obra pela Justiça do Trabalho. Com base em análise de decisões judiciais, tentou-se responder se a atual legislação e o Judiciário trabalhistas estão sendo capazes de orientar trabalhadores e empresas com relação a este tema.

Percebe-se que, de maneira geral, existe atualmente grande divergência e não consistência no entendimento judicial sobre esta questão. Após a análise de 500 decisões sobre o tema, chegamos às seguintes conclusões:

- A Súmula 331 do TST trouxe pacificação apenas na questão da licitude de terceirização em atividades relacionadas a limpeza, vigilância e segurança.

7 • FOTOGRAFIAS DA JUSTIÇA DO TRABALHO | **213**

- A Lei 11.442 *não é* usada como referência para decisões sobre terceirização de transporte de cargas.

- O regramento normativo existente sobre a questão da terceirização da mão de obra está longe de gerar orientações claras e segurança jurídica.

- A pacificação *não está acontecendo* com o passar do tempo.

- Justificativas dos magistrados para defender ou atacar a terceirização são praticamente idiossincráticas.

Assim, com base no estudo empírico executado, a resposta é trivial: é necessária uma legislação adicional mais clara, segura e objetiva para definir as situações em que a terceirização é efetivamente permitida.

A experiência mostra que, para cada nova regra criada, surgem dezenas de questionamentos, exceções e circunvenções – e isso tende a ser mais verdade quanto mais complexa for a nova regra. Assim sendo, idealmente, recomenda-se a criação de uma regra que seja o mais geral e flexível possível. Talvez só assim para se minimizar as incoerências e inseguranças ainda existentes sobre o tema da terceirização de mão de obra pelas empresas no Brasil.

7.3.6 Anexo: passagens extraídas dos julgados

Talvez mais informativo do que analisar os resultados dos julgados é ler passagens dos julgados em que os juízes têm a oportunidade de manifestar algumas de suas leituras sobre a questão da terceirização. Sem preocupação em selecionar uma amostra significativa ou representativa, selecionamos aqui algumas passagens que nos ajudam a entender um pouco mais os dilemas, dificuldades e outros pontos implícitos no entendimento desta questão. Apesar de terem sido extraídos de documentos públicos, optou-se por preservar a identidade dos magistrados de cada passagem.

- Sobre a Portaria do Banco Central que tentou indicar as condições para licitude de terceirização de mão de obra por bancos:

"Neste contexto, é de duvidosa validade a norma que, expedida por simples autarquia (o Banco Central do Brasil), autoriza a terceirização de diversas funções evidentemente ligadas à atividade-fim das instituições financeiras. A origem autárquica do regulamento implica reconhecer que este não foi submetido aos rigores do processo legislativo".

- Reconhecimento pelos magistrados da falta de orientação normativa sobre a questão:

"Apesar da terceirização se constituir, já há alguns anos, em elemento central da estratégia de competitividade empresarial em praticamente todos os setores econômicos, *não há no Brasil uma legislação específica que regule os elementos que envolvem o ato da terceirização* (...) A terceirização, na verdade, *nasceu sob uma forma livre e ainda hoje desenvolve-se sem obter uma disposição legal específica.* O que se tem é uma construção jurisprudencial consubstanciada no Enunciado 331 do C. TST que acaba por servir de norte aos contratos deste tipo. Tal Súmula consagrou-se como uma tendência flexibilizadora, viabilizando a terceirização nos serviços de vigilância, conservação e limpeza e em outros serviços especializados ligados à atividade meio do tomador" (ênfase pela autora deste estudo).

- Manifestação de opinião pessoal do magistrado (a) sobre o tema:

"Nesse ponto [da terceirização] o Direito do Trabalho, no Brasil, procura não se afastar do *princípio máximo que o informa, o da proteção. Os terceirizados, regra geral, encontram-se marginalizados da carreira na empresa-mãe e órfãos das maiores conquistas do Sindicato* da categoria principal" (ênfase pela autora deste estudo).

"É unânime a repulsa da *marchandage,* em face de o abuso do intermediário entre a oferta e a procura constituir, em matéria de trabalho, nocividade maior que em qualquer outra parte porque o seu benefício afeta uma renda de caráter alimentar, qual seja o salário. A maior queixa provém precisamente disto: *o lucro do intermediário nada mais é que uma retirada antecipada sobre o salário* (Scelle). Os princípios constitucionais consagram, protegem e erigem não somente a dignidade do trabalhador e a finalidade social do trabalho, como também reconhecem que *a ordem econômica está fundada na valorização do trabalho humano, objetivando, entre outros desideratos, a redução da desigualdade social e a busca do pleno emprego*" (ênfase pela autora deste estudo).

- Exemplos de desentendimento entre os magistrados sobre o mesmo tema, no caso, a definição de quando se cria vinculação de emprego via subordinação direta:

"Tal fato [subordinação a funcionário do banco], por si só, é suficiente para que o vínculo empregatício seja reconhecido diretamente com o tomador de serviços, tornando-se irrelevantes os entendimentos jurisprudenciais mencionados pela recorrente, acerca da terceirização da atividade-fim ou atividade-meio das empresas" (ênfase pela autora deste estudo).

"Em que pese o fato de que a prestação laboral se desenvolveu nas dependências do [banco] *e a circunstância de que o autor se sujeitava a ordens ou orientações de serviço emitidas por empregados da instituição financeira, não há falar em fraude* na contratação por empresa interposta..." (ênfase pela autora deste estudo).

- Exemplos de desentendimento entre os magistrados sobre o mesmo tema, no caso, a definição do que seja considerado atividade-meio ou atividade-fim do banco:

"Caso se entendesse dessa forma, deveria ser reconhecida, também, a atividade de segurança como essencial ao funcionamento do banco eis que, sem a vigilância privada, o banco seria alvo permanente de assaltos. *Entretanto, é pacífica a jurisprudência acerca da inexistência de vínculo empregatício do segurança* com o banco em razão da terceirização na atividade-meio, e não na atividade-fim do estabelecimento bancário" (ênfase pela autora deste estudo).

"Considerar as atividades desenvolvidas como desligadas da atividade-fim da instituição bancária leva imediatamente a seguinte indagação: *qual seria, em último caso, a atividade-fim de um banco...?* Na verdade, *trata-se de uma linha de raciocínio* – que, a bem da verdade, não se limita apenas a instituições bancárias – *e que procura estreitar ao máximo o conceito de atividade-fim, tornando tudo atividade-meio, até as raias do absurdo.* Assim ocorre com serviços de informática, de cobrança, de entrega, de atendimento a reclamações, pouco restando que possa ser qualificado como atividade-fim, para que tudo possa ser terceirizado, entregue a 'empresas especializadas', 'enxugando' a estrutura empresarial, 'desengessando' as relações de produção, ou, *mais claramente, reservando para a empresa o lucro e terceirizando tudo que represente algum ônus*" (ênfase pela autora deste estudo).

"Então, como se vê, o autor tinha atribuições que não são típicas de bancário. Saldo e extratos atualmente podem ser obtidos por telefone ou mesmo num computador, sem a necessidade de atendimento por quem quer que seja. Pagamentos de contas e faturas também não são mais atividades exclusivamente desenvolvidas por entidades bancarias. Casas lotéricas e até supermercados fazem isso. Nesse contexto, não vinga a alegação que as atividades desenvolvidas no curso do contrato de trabalho estão diretamente ligadas ao objeto social do [banco]".

****

7.4 ANÁLISE ECONÔMICA DA REFORMA TRABALHISTA

O próximo trabalho a ser exposto aqui não se refere especificamente à Justiça e tribunais trabalhistas. Porém, ele versa sobre uma lei cuja influência sobre as decisões judiciais e o funcionamento da JT é tamanha, que vale a pena trazer sua discussão numa obra dedicada ao Judiciário, e em um capítulo voltado à análise econômica da Justiça do Trabalho. Com todas as polêmicas, todas as "idas e vindas", todas as decisões corroborando ou retrocedendo seus postulados, a Lei

13.467/2017 – mais conhecida como a Reforma Trabalhista de 2017 – mudou, para sempre, as discussões de decisões na Justiça do Trabalho brasileira.

Também é pertinente trazermos a discussão deste trabalho, pois boa parte de sua argumentação baseia-se nos fundamentos econômicos, tais como expostos no capítulo 3 deste livro. Não são aplicados no contexto de decisões de litigância, como foi feito, mas sua essência será muito semelhante a tudo o que fizemos lá. Ao fim, o(a) leitor(a) atento(a) perceberá que a aplicação dos princípios econômicos para as questões do direito é coerente e segue uma lógica única, a lógica da análise econômica do direito.

****

Análise Econômica do Direito do Trabalho e da Reforma Trabalhista (Lei No. 13.467/2017[30])

7.4.1 Introdução

No fim do ano de 2017, em meio a conturbada crise política e em plena recuperação da economia, o país passava por aquilo que, para alguns, seria talvez o início de uma nova era nas relações do trabalho. Sindicalistas e outros grupos de interesses trabalhistas, por sua vez, temiam pelo pior: reversão de conquistas das últimas décadas, precarização das condições de trabalho, fim da proteção normativa à classe trabalhadora, volta à exploração pelo grande capital, e também, dificuldade de sobrevivência do movimento trabalhista causado, entre outras coisas, pelo fim da contribuição sindical obrigatória.

De um lado, um otimismo talvez excessivo; do outro, uma preocupação exagerada – típicos de momentos de transição, de mudanças de status quo, como este que prevaleceu pela sociedade brasileira por mais de sete décadas, e na verdade, desde que o Brasil não agrário se entende como nação.

O objetivo deste ensaio é usar a lente da análise econômica para observar o Direito do Trabalho brasileiro e, sobretudo, os pontos da chamada *Reforma Trabalhista* (Lei nº 13.467/2017). A análise econômica se diferencia da análise dogmática e doutrinária, mais tradicionais do Direito, pois: (i) coloca, a todo momento, suas análises a teste de falseabilidade por fatos e evidências das observações do mundo real, como preconizam os filósofos das ciências, como Karl Popper; (ii) tenta isentar-se de roupagem ideológica, no intuito de, partindo de premissas (hipóteses) testáveis, coletar observações empíricas em quantidade e/

---

30. YEUNG, Luciana Luk-Tai. (2017). "Análise Econômica do Direito do Trabalho e da Reforma Trabalhista (Lei nº 13.467/2017)". *Revista de Estudos Institucionais*, v. 3, p. 891-921. Disponível em: https://www.estudosinstitucionais.com/REI/article/view/227. O texto apresentado aqui não está na íntegra.

ou representatividade significativa do objeto que se quer estudar, para só assim, gerar conclusões; (iii) tem como intenção gerar previsões de eventos futuros com base em observações objetivas de fatos do passado (como mostrado no item anterior); (iv) não sobrevive a argumentos *argumentum ad verecundiam*, pois pode ser refutada caso a metodologia empregada, ou os dados usados para se chegar a determinada conclusão não se sustentarem pela observação de outros autores. Desta forma, a análise econômica pretende gerar conhecimento e conclusões que sejam mais objetivas, de sustentação sólida perante fatos e dados coletados por diferentes autores ao longo do tempo e do espaço, isenta de opiniões e valores pessoais, e com grande poder preditivo do futuro.

7.4.2 Análise econômica do direito do trabalho

Tendo em mente os princípios econômicos aplicáveis ao Direito, é possível debruçarmos sobre o objeto específico de nosso estudo neste artigo, a Análise Econômica do Direito do Trabalho. O que a distingue ou a torna peculiar de uma análise econômica do direito *qualquer*?

O estudo das relações do trabalho tem sido bastante dividido. Dada a sua complexidade e essencialidade para as sociedades humanas é natural esperar que seu estudo tenha perspectivas múltiplas. No entanto, ter perspectiva múltipla não necessariamente implicaria perspectivas divididas – que parece ser o caso do estudo do trabalho. Reduzindo um pouco a análise aqui posta, podemos dizer que, de um lado, existe a Economia – e especificamente a Economia do Trabalho. Ela tem se focado principalmente com a análise dos benefícios dos jogadores. A abordagem econômica está preocupada com a análise do nível do emprego, rendimentos e benefícios dos trabalhadores (de curto e de longo prazo), pensões etc. Os modelos econômicos ainda estudam os impactos sobre a produtividade, os lucros, a flexibilidade dos empregadores. Essa perspectiva vê trabalhadores e empregadores como se as únicas coisas que esses atores perseguissem no campo trabalhista fossem benefícios econômicos e materiais, e que a única relação é de vendedores e compradores. Este é o quadro básico da economia do trabalho: um mercado no qual a demanda (trabalhadores) e a oferta (empregadores) interagem.

Por outro lado, existe uma gama de ciências sociais que estudam as relações trabalhistas com uma perspectiva muito diferente. Dentro deste segundo grupo está o Direito, que não veem empregadores e trabalhadores em uma relação de vendedor *versus* comprador. Em vez disso, o Direito (e também a Sociologia) vê no trabalho uma relação naturalmente antagônica. O modelo de capital versus mão de obra é o eixo dessa análise, e todos os resultados dela derivam. Especificamente no caso do Direito do Trabalho, o objetivo é de derivar regras que suavizem esse conflito (sempre que possível) ou que equilibrem as forças opostas – normalmente protegendo a parte mais fraca, ou seja, os trabalhadores. Esses estudiosos consideram o *locus* do trabalho como um campo de batalha, em que as relações são permanentemente conflituosas. É como se o confronto diário fosse o único fenômeno acontecendo entre esses atores em seus encontros diários no local de trabalho. Obviamente ambas as abordagens são limitadas e insuficientes.

A Análise Econômica do Direito do Trabalho tenta considerar ambos os lados da visão, e ainda complementar com mais. Ela incorpora características do modelo econômico de demanda e oferta de mão de obra e, como uma boa análise econômica, reconhece que trabalhadores e empregadores enfrentam vários tipos de incentivos e restrições que afetam sua tomada de decisão. No entanto, diferentemente da análise econômica *pura*, também dá importância significativa à formulação, aplicação e execução de regras – contratuais ou regulatórias – na área trabalhista. Reconhece que a relação entre empregadores e trabalhadores não é apenas de vendedor *versus* comprador, e que o trabalho não é uma simples mercadoria, ou uma mercadoria simples. As relações humanas e as relações de poder são muito importantes aqui. Embora a Análise Econômica do Direito *a priori* adote o modelo econômico do mercado de trabalho, ela reconhece que este é um mercado especial, em que as *falhas* são a norma: as informações são assimétricas (tanto do lado do trabalhador, quanto do lado do empregador), existem externalidades, as negociações e os poderes de barganha são desiguais, existem monopólios e monopsônios etc. Com tudo isso, há fontes de altos custos de transação e, como a abordagem normativa do Teorema de Coase nos diz, nessas circunstâncias, as regras legais têm um papel importante na determinação dos níveis de eficiência.[31] Em outras palavras, neste mercado, as instituições importam, e importam muito.

A Análise Econômica do Direito entende, então, que as relações de trabalho baseiam-se em relações contratuais, (geralmente) de longo prazo, caracterizadas por altos níveis de incertezas e informações assimétricas. Diferente do que acontece em alguns outros mercados, o poder de barganha aqui é inerentemente desigual entre ofertantes (ou seja, trabalhadores) e demandantes (ou seja, empregadores). Também monopólios e monopsônios ocorrem com frequência, como por exemplo, nos casos de sindicatos – como monopolistas da oferta de mão de obra – e os grandes empregadores – como monopsonistas. Isso quer dizer que as falhas de mercado podem não ser exceções neste caso. A teoria econômica diz que, nestes casos, a regulação via intervenção estatal é necessária para resolver essas falhas. Um agente terceiro – geralmente o Estado – deve intervir, caso contrário, o maior nível de bem-estar social (ou seja, a eficiência) não será alcançado, e

---

31. COASE, Ronald. The Problem of Social Cost. *Journal of Law and Economics*, v. 3, 1, 1960, p. 1-44.

7 • FOTOGRAFIAS DA JUSTIÇA DO TRABALHO · 219

riqueza nacional será perdida. O problema é que uma má intervenção pode ser pior do que a ausência total de intervenção. Muitas vezes, a Análise Econômica do Direito do Trabalho nos mostrará que o problema reside justamente aqui.

Pode-se dizer, assim, que o objetivo do Direito do Trabalho nas democracias modernas deveria ser o de fornecer instituições sólidas que equilibrassem informações, poder de barganha e relações contratuais. Ao mesmo tempo, deveriam promover o crescimento econômico, promovendo o aumento da eficiência das empresas para que a criação e manutenção das oportunidades de emprego fossem sustentáveis ao longo do tempo. Se as empresas empregadoras não tiverem benefícios ou incentivos, não irão contratar, e nem mesmo a lei poderá obrigá-las a fazer isso. Assim, a criação de regras que regulassem e equilibrassem o mercado de trabalho deve envolver os poderes Executivo, Legislativo e também o Judiciário.

No entanto, parece que muitos países falharam nesta tarefa, quer pendendo demais para um lado – ou seja, intervenção excessiva ou *ruim* do mercado de trabalho, dificultando o potencial crescimento econômico (por exemplo, países da América Latina, Espanha, Itália etc.) – quer pendendo demais para o outro lado: com ausência ou falta de regulação do trabalho, levando ao baixo nível de bem-estar, condições precárias de trabalho ou desigualdade (por exemplo, países em desenvolvimento da Ásia e, em até certo ponto, EUA, em comparação com outros países industrializados). Em certo sentido, isso reflete uma visão unilateral do trabalho, seja excessivamente *liberal*/desregulamentadora, ou excessivamente reguladora, com demasiada proteção aos considerados hipossuficientes. A Análise Econômica do Direito pretende seguir um caminho de equilíbrio entre essas duas visões da regulamentação do trabalho.

7.4.3 A Consolidação das Leis do Trabalho e o mercado de trabalho brasileiro: trabalhadores *premium* x trabalhadores informais[32]

O contexto histórico em que o Direito do Trabalho, materializado na Consolidação das Leis Trabalhistas, foi estabelecido no Brasil era de uma indústria nascente, operariado emergente, necessidade da estabilidade social nas cidades, populismo de Getúlio Vargas e seu desejo de garantir o apoio dos trabalhadores e de controlar o movimento trabalhista incipiente. Todos estes elementos foram determinantes na forma em que o direito trabalhista brasileiro tomou: paternalista, corporativista, com forte interferência estatal.[33]

---

32. Fonte: YEUNG, Luciana. "Análise Econômica do Direito do Trabalho". In: TIMM, Luciano Benetti (Org.). *Direito e Economia no Brasil*. São Paulo, SP: Atlas, 2012.
33. ORGANIZAÇÃO INTERNACIONAL DO TRABALHO (OIT). *Las Relaciones Laborales en Brasil*: Informe RELASUR. Madrid: Ministério de Trabajo y Seguridad Social de España, 1996.

Afora a análise política e sociológica, pode-se ainda dizer que, em termos econômicos, o conjunto de leis trabalhistas criadas por Vargas teve como consequência a criação de um clube exclusivo ou uma elite de trabalhadores. Este clube inclui aqueles amparados pelas leis formais, mas exclui todos os outros. Ou seja, existem, na verdade, dois grupos bastante distintos de trabalhadores no Brasil: os protegidos pelo clube exclusivo, a classe premium, e os não protegidos, os informais ou semiformais. As estimativas da PNAD contínua do 3º trimestre de 2017 mostram que apenas 33,7% dos trabalhadores são cobertos pela CLT.[34] Mesmo desconsiderando os trabalhadores do setor público e os empregadores do cálculo total, ainda assim, os *celetistas* comporiam apenas 39,7% do total de trabalhadores. É nítido que se trata de uma elite da classe trabalhadora brasileira. O restante compõe-se grandemente de trabalhadores sem carteira assinada, ou trabalhadores *por conta própria* que, sabemos tratam-se em grande maioria de autônomos informais, com rendimento e condições de trabalho também bastante precários. Apenas uma pequena parcela (menos de 5%) dos 60% não *celetistas* (e não empregados no setor público) são de empregadores, que têm condições de renda superiores à da média dos *celetistas*.

A informalidade, além de gerar problemas na proteção legal, também leva a grandes disparidades de renda, o que pode estar colaborando com os históricos e imbatíveis índices de desigualdade no Brasil. Geralmente, trabalhadores informais têm rendimentos muito inferiores aos de suas contrapartes no mercado formal. E isso é comprovado pelas estatísticas oficiais. A mesma PNAD mencionada acima, mostra que o rendimento mensal médio dos trabalhadores com carteira assinada (setor privado), ou seja, dos trabalhadores formais, era de R$ 2.035,00. Isto corresponde a 62% *a mais* do que o rendimento médio dos trabalhadores informais, sem carteira assinada, que foi de R$ 1.256,00.

Por tudo isso, pode-se argumentar que o Direito do Trabalho no Brasil cria um *clube exclusivo* que protege os trabalhadores formais, tornando esses uma categoria *premium* de trabalhadores, mas exclui completamente os trabalhadores informais. Esses têm pouco ou nenhum acesso aos generosos benefícios previstos pelas leis trabalhistas oficiais.

---

34. Dos 104,26 milhões de pessoas acima de 14 anos de idade, na força de trabalho, 33,3 milhões eram empregados no setor privado com carteira de trabalho assinada, mais 29,7% dos 6,2 milhões de trabalhadores domésticos. Descontando os empregados no setor público e os empregadores, havia um total de 88,5 milhões de trabalhadores no Brasil. Cf. INSTITUTO BRASILEIRO DE GEOGRAFIA E ESTATÍSTICA (IBGE). *Pesquisa Nacional por Amostra de Domicílio (PNAD)*. Brasília, DF: IBGE, 2017. Disponível em: https://ww2.ibge.gov.br/home/estatistica/indicadores/trabalhoerendimento/pnad_con tinua/default.shtm (Acesso em: 18 fev. 2018).

7.4.4 Análise econômica da reforma trabalhista: alguns pontos para Análise

O Projeto de Lei n° 6787/2016, a chamada *Reforma Trabalhista*, pretende alterar uma centena de artigos da CLT, a Consolidação das Leis do Trabalho, promulgada em 1946. Impressiona o barulho feito contra ela por alguns grupos organizados, principalmente levando-se em conta a pequena dimensão dessa reforma. Vamos discutir alguns dos pontos mais polêmicos do PL 6787.

> Art. 59: A duração diária do trabalho poderá ser acrescida de horas extras, em número não excedente de duas, por acordo individual, convenção coletiva ou acordo coletivo de trabalho.
>
> Art. 59-A: Em exceção ao disposto no art. 59 desta Consolidação, é facultado às partes, mediante acordo individual escrito, convenção coletiva ou acordo coletivo de trabalho, estabelecer horário de trabalho de doze horas seguidas por trinta e seis horas ininterruptas de descanso, observados ou indenizados os intervalos para repouso e alimentação.
>
> Art. 134, §1°: Desde que haja concordância do empregado, as férias poderão ser usufruídas em até três períodos, sendo que um deles não poderá ser inferior a quatorze dias corridos e os demais não poderão ser inferiores a cinco dias corridos, cada um.

Análise econômica: A justificativa econômica destes artigos é simples: os agentes são racionais, sabem o que querem ou o que é benéfico para eles. Além disso, o Teorema de Coase é claro: se as partes puderem acordar de maneira cooperativa, o resultado alcançado por elas será a melhor possível, maximiza os ganhos sociais. À lei, nestes casos, caberia garantir baixos custos de transação, ou seja, facilitar a negociação colaborativa, inclusive, reduzindo assimetrias de informação e desequilíbrios no poder de barganha. Até agora, o costume das leis trabalhistas nesses casos era de impedir a livre negociação e determinar compulsoriamente as regras do jogo (normalmente a favor da parte hipossuficiente).

> Art. 75 (Regula o chamado teletrabalho, ou trabalho remoto):
>
> Art. 75-A. A prestação de serviços pelo empregado em regime de teletrabalho observará o disposto neste Capítulo.
>
> Art. 75-B. Considera-se teletrabalho a prestação de serviços preponderantemente fora das dependências do empregador, com a utilização de tecnologias de informação e de comunicação que, por sua natureza, não se constituam como trabalho externo. (...)

Análise econômica: Até juristas mais ortodoxos reconhecem que o Direito anda a reboque da sociedade e das inovações tecnológicas. A regulação do teletrabalho é uma tentativa de responder a essas mudanças na organização social. Também, como visto anteriormente, a possibilidade de novas formas de trabalho aumenta as oportunidades daqueles que têm necessidades especiais. Especificamente, no das mulheres, esta medida é altamente benéfica. Historicamente – e, infelizmente – nada tem mudado recentemente: elas continuam sofrendo com poucos postos realmente adequados às necessidades da maternidade. O resultado tem sido claro: mulheres continuam recebendo menos, e com menos oportunidades de progressão na carreira profissional. Formas para adequar às suas necessidades, tal como o teletrabalho, deveriam ser muito benvindas por aqueles que se importam com a discriminação que tem efeitos de longo prazo.

> Art. 579 (também tratado pelos artigos 545 e 578): O desconto da contribuição sindical está condicionado à autorização prévia e expressa dos que participarem de uma determinada categoria econômica ou profissional, ou de uma profissão liberal, em favor do sindicato representativo da mesma categoria ou profissão ou, inexistindo este, na conformidade do disposto no art. 591 desta Consolidação.

> Art. 510-A: Nas empresas com mais de duzentos empregados, é assegurada a eleição de uma comissão para representá-los, com a finalidade de promover-lhes o entendimento direto com os empregadores.

Análise econômica: Além de violar o direito *de facto* da liberdade de associação, a contribuição sindical obrigatória, dentro de um contexto de unicidade sindical como a existente no Brasil, é uma afronta à liberdade econômica individual, uma extorsão dentro de um contexto de monopólio garantido por lei. A análise econômica iria além: além da contribuição obrigatória, a unicidade sindical também deveria ser extinta.

Com relação ao artigo 510, aí reside o maior potencial para evolução nas relações trabalhistas brasileiras. As comissões são comuns em países com tradição de cooperação capital-trabalho, como na Alemanha. Empregados entendem mais sobre os desafios e oportunidades existentes em seus respectivos locais de trabalho do que sindicalistas alienígenas à empresa. Empregadores também sentem-se mais à vontade para discutir e negociar com seus próprios colaboradores. Mesmo que o Brasil tenha ainda um longo caminho até chegar ao ponto das comissões alemãs (e outras similares), essa previsão pelo PL é muito bem-vinda.

> Art. 611-A: A convenção coletiva e o acordo coletivo de trabalho têm prevalência sobre a lei quando, entre outros, dispuserem sobre:
>
> I – pacto quanto à jornada de trabalho, observados os limites constitucionais;
>
> II – banco de horas anual;
>
> III – intervalo intrajornada, respeitado o limite mínimo de trinta minutos para jornadas superiores a seis horas;
>
> IV – adesão ao Programa Seguro-Emprego (PSE), de que trata a Lei nº 13.189, de 19 de novembro de 2015;
>
> V – plano de cargos, salários e funções compatíveis com a condição pessoal do empregado, bem como identificação dos cargos que se enquadram como funções de confiança;
>
> VI – regulamento empresarial;
>
> VII – representante dos trabalhadores no local de trabalho;

VIII – teletrabalho, regime de sobreaviso, e trabalho intermitente;

IX – remuneração por produtividade, incluídas as gorjetas percebidas pelo empregado, e remuneração por desempenho individual;

X – modalidade de registro de jornada de trabalho;

XI – troca do dia de feriado;

XII – enquadramento do grau de insalubridade;

XIII – prorrogação de jornada em ambientes insalubres, sem licença prévia das autoridades competentes do Ministério do Trabalho;

XIV – prêmios de incentivo em bens ou serviços, eventualmente concedidos em programas de incentivo;

XV – participação nos lucros ou resultados da empresa.

Análise econômica: Este é um dos pontos mais polêmicos do projeto. No entanto, trata-se de muito barulho por pouca coisa, sem contar que é solidamente embasada na análise econômica, sobretudo no conceito de agentes racionais e no Teorema de Coase: os trabalhadores sabem o que é melhor para eles e, quando garantidas as condições mínimas para negociação, o resultado será o mais eficiente. Isso será sobretudo mais certo se a negociação for feita via comissões de representantes, quando é possível melhor equiparar poderes de barganha. É muito barulho por pouco, porque o artigo 611-A elenca quinze temas (e somente quinze) que podem ser tratados por convenções e acordos coletivos; em seguida, o artigo 611-B lista *trinta* assuntos que *não podem* ser negociados:

Art. 611-B. Constituem objeto ilícito de convenção coletiva ou de acordo coletivo de trabalho, exclusivamente, a supressão ou a redução dos seguintes direitos:

I – normas de identificação profissional, inclusive as anotações na Carteira de Trabalho e Previdência Social;

II – seguro-desemprego, em caso de desemprego involuntário;

III – valor dos depósitos mensais e da indenização rescisória do Fundo de Garantia do Tempo de Serviço (FGTS);

IV – salário mínimo;

V – valor nominal do décimo terceiro salário;

VI – remuneração do trabalho noturno superior à do diurno;

VII – proteção do salário na forma da lei, constituindo crime sua retenção dolosa;

VIII – salário-família;

IX – repouso semanal remunerado;

X – remuneração do serviço extraordinário superior, no mínimo, em 50% (cinquenta por cento) à do normal;

XI – número de dias de férias devidas ao empregado;

XII – gozo de férias anuais remuneradas com, pelo menos, um terço a mais do que o salário normal;

XIII – licença-maternidade com a duração mínima de cento e vinte dias;

XIV– licença-paternidade nos termos fixados em lei;

XV – proteção do mercado de trabalho da mulher, mediante incentivos específicos, nos termos da lei;

XVI – aviso prévio proporcional ao tempo de serviço, sendo no mínimo de trinta dias, nos termos da lei;

XVII – normas de saúde, higiene e segurança do trabalho previstas em lei ou em normas regulamentadoras do Ministério do Trabalho;

XVIII – adicional de remuneração para as atividades penosas, insalubres ou perigosas;

XIX – aposentadoria;

XX – seguro contra acidentes de trabalho, a cargo do empregador;

XXI – ação, quanto aos créditos resultantes das relações de trabalho, com prazo prescricional de cinco anos para os trabalhadores urbanos e rurais, até o limite de dois anos após a extinção do contrato de trabalho;

XXII – proibição de qualquer discriminação no tocante a salário e critérios de admissão do trabalhador com deficiência;

–XXIII proibição de trabalho noturno, perigoso ou insalubre a menores de dezoito anos e de qualquer trabalho a menores de dezesseis anos, salvo na condição de aprendiz, a partir de quatorze anos;

XXIV– medidas de proteção legal de crianças e adolescentes;

XXV – igualdade de direitos entre o trabalhador com vínculo empregatício permanente e o trabalhador avulso;

XXVI – liberdade de associação profissional ou sindical do trabalhador, inclusive o direito de não sofrer, sem sua expressa e prévia anuência, qualquer cobrança ou desconto salarial estabelecidos em convenção coletiva ou acordo coletivo de trabalho;

XXVII – direito de greve, competindo aos trabalhadores decidir sobre a oportunidade de exercê-lo e sobre os interesses que devam por meio dele defender;

XXVIII – definição legal sobre os serviços ou atividades essenciais e disposições legais sobre o atendimento das necessidades inadiáveis da comunidade em caso de greve;

XXIX – tributos e outros créditos de terceiros;

XXX – as disposições previstas nos arts. 373-A, 390, 392, 392-A, 394, 394-A, 395, 396 e 400 desta Consolidação.

A não possibilidade de negociação também pode ser explicada economicamente. Tratam-se justamente de diversos casos de externalidades e outras falhas de mercado que, como discutimos acima, são situações que precisam de uma regulação mais presente, por exemplo, em casos envolvendo questões de saúde, segurança, insalubridade etc. Por terem potencial de criar custos não previstos ou não incorporados pelas empregadoras, o Estado precisa, nesses casos, garantir que o menor dano seja gerado para os trabalhadores e para a sociedade como um todo.

7.4.5 Conclusões

O Direito do Trabalho brasileiro, muito embasado na Consolidação das Leis do Trabalho (CLT) da década de 1940, está ultrapassado e inadequado para a realidade do Brasil e do mundo atual. Os objetivos dos formuladores originais da CLT – proteção ao trabalhador brasileiro, redução da exploração pelos empregadores – não estão sendo alcançados, pois mais da metade da população trabalhadora é excluída do mercado de trabalho formal. Também não foi alcançado o objetivo de criar um ambiente de cooperação e redução de conflitos entre as partes ou mesmo de exploração, dado os ainda altíssimos níveis de litigância (os maiores do Judiciário brasileiro, em termos de matéria geral). Além disso, os benefícios trabalhistas garantidos pela CLT e demais leis estão criando distorções macroeconômicas e microeconômicas inicialmente não previstos.

Além disso, o Direito em geral, e o Direito do Trabalho, em particular, poderiam estar mais abertos a novas formas de pesquisa e compreensão da realidade. Metodologias empíricas são formas simples de observação da realidade, que podem trazer valiosas evidências de como as leis impactam as pessoas e quais os resultados por elas gerados, se satisfatórias ou não, aos olhos de quem as criaram inicialmente. Com base nas observações empíricas seria possível fazer previsões de comportamentos dos diversos agentes da sociedade. É crucial e urgente que mais trabalhos de análise de dados, como aqueles empregados pela Análise Econômica, venham dar suporte ao Direito do Trabalho para que ele possa se modernizar de forma a melhor atender aos verdadeiros anseios dos participantes das relações trabalhistas no Brasil.

Para concluir, ressalte-se que, de um prisma econômico, a Reforma Trabalhista de 2017 é tímida, garantindo o óbvio e indo aquém do que seria ideal. As novas tecnologias do *big data*, das impressoras 3-D, das máquinas inteligentes, da robotização ilimitada etc. virão como verdadeiros *tsunamis*, varrendo o mundo do trabalho como o conhecemos, pressionando a todos nós – sem exceção – a repensarmos o papel do trabalho humano, das relações do trabalho e das normas trabalhistas. É urgente o Direito do Trabalho, no Brasil e no mundo, voltar-se a essas questões que, sem dúvida, serão muito mais impactantes nas vidas dos trabalhadores em um futuro bastante próximo.

****

7.5 COMO TUDO ISSO AJUDA A EXPLICAR A JUSTIÇA TRABALHISTA?

Não é novidade para ninguém que o Direito no Brasil, especificamente o Direito do Trabalho, sempre foi pouco afeito a olhar para o mundo real, para os dados empíricos. O ponto de partida sempre foram "as boas intenções", a convicção e o idealismo dos doutrinadores. Mas como diz o velho ditado "de boas intenções o inferno está cheio". Em várias outras ocasiões, já tive oportunidade para mostrar que as boas intenções da Justiça do Trabalho geram, frequentemente, o chamado "efeito bumerangue":[35] magistrados (e outros profissionais), com o pretexto de proteção dos hipossuficientes, tomam decisões que, sem querer, acabam prejudicando exatamente esse grupo. Novamente abusando do português coloquial, a superproteção pode acabar virando "um tiro que sai pela culatra". São múltiplos os exemplos reais de leis, emendas constitucionais, decisões judiciais e outras normas adotadas que geraram o mesmo fim no Brasil recente.

O que realmente importa é o resultado real gerado por essas decisões. Se a preocupação genuína é com o bem-estar dos trabalhadores – e quem em sã consciência e de maneira explícita poderia ser contra isso? – então precisamos buscar o que efetivamente e comprovadamente gera isso. É preciso ainda olhar para a classe trabalhadora de maneira geral – e não só um determinado trabalhador(a) "X" que está perante os tribunais, com direito sendo julgado naquele momento exato – ele(a) muitas vezes *não representa* a classe como um todo. Já tivemos oportunidades na presente obra de mostrar que, muitas vezes, o que é bom para um, pode ser prejudicial para todos os outros (a famosa alegoria da árvore x floresta). Assim, para gerar efeitos benéficos globais, não tem jeito: é preciso olhar para os dados reais, de maneira ampla e geral, é preciso recorrer aos dados empíricos estatísticos. Somente os dados da realidade podem nos revelar como a realidade é de fato. E não as ideias sonhadoras de algum(a) doutrinador(a) ou magistrado(a) iluminado(a).

A importância do olhar empírico e consequencialista na Justiça do Trabalho – para os próprios trabalhadores! – pode ser resumida no voto do Ministro Luiz Fux, no julgamento sobre a legitimidade da terceirização da mão de obra, em evento já citado acima neste capítulo. Contrariando entendimento dos tribunais inferiores, o Ministro afirma:

> Como proponente da regra proibitiva, competiria aos juízes trabalhistas demonstrar inequivocamente as premissas empíricas por eles assumidas, não bastando o recurso meramente retórico a interpretações de cláusulas genéricas da Constituição, como a dignidade humana (art. 1º, III), o valor social do trabalho (art. 1º, IV), a proteção da relação de emprego contra despedida arbitrária (art. 7º, I) ou a busca do pleno emprego (art. 170, VIII). Não sendo a seara adequada para adoção de decisões puramente políticas, o Judiciário assume o ônus ainda maior de comprovar, com grau de certeza virtualmente insuperável, que a conduta por ele proibida causa danos a todos os trabalhadores, formais e informais, sem produzir qualquer

---

35. Vide por exemplo: YEUNG, Luciana e TIMM, Luciano B. (2017) "A Justiça do Trabalho e o efeito bumerangue", *Coluna da ABDE*, JOTA, 18/07/2017. Disponível em: https://www.jota.info/opiniao--e-analise/colunas/coluna-da-abde/a-justica-do-trabalho-e-o-efeito-bumerangue-18072017.

7 • FOTOGRAFIAS DA JUSTIÇA DO TRABALHO

benefício social em contrapartida. *No entanto, apurações criteriosas, mediante técnicas universalmente aceitas pela comunidade científica, permitem concluir em sentido diametralmente oposto – longe de "precarizar", "reificar" ou prejudicar os empregados, a terceirização está associada a inegáveis benefícios aos trabalhadores em geral, como a redução do desemprego, diminuição do turnover, crescimento econômico e aumento de salários* (Ministro Luiz Fux, ADPF 324, em Tribunal Pleno, 30.08.2018).

Felizmente, iniciativas pontuais começam a vislumbrar no horizonte, dentro da própria magistratura trabalhista. Alguns Tribunais Regionais do Trabalho recentemente vêm instalando grupos de pesquisa e trabalho voltados ao estudo de técnicas empíricas, e têm aplicado essas técnicas aos seus próprios dados. Alguns, têm inclusive feito chamadas em editais para que institutos de pesquisa e pesquisadores independentes colaborem em seus esforços para um olhar sobre seus dados. Vale a menção do TRT-09 (Paraná) e do TRT-18 (Rio Grande do Norte). Em breve, os resultados desses esforços serão conhecidos, para o amplo benefício dos trabalhadores e de toda a comunidade jurídica trabalhista.

É um sonho que os estudos empíricos se tornem uma regra na Justiça e no Direito Trabalhista, para que eles possam nos ajudar a compreender melhor os fenômenos que efetivamente acontecem todos os dias, e que possam contribuir para a melhoria do ambiente trabalhista no Brasil.

REFERÊNCIAS BIBLIOGRÁFICAS DESTE CAPÍTULO

AUBUCHON, Craig; BANDYOPADHYAY, Subhayu; Bhaumik, Sumon K. (2012). "The Extent and Impact of Outsourcing: Evidence from Germany". *Federal Reserve Bank of St Louis Review*, July/August, 94(4), p. 287-304.

AUTHOR, David H. (2003). "Outsourcing at Will: The Contribution of Unjust Dismissal Doctrine to the Growth of Employment Outsourcing", *Journal of Labor Economics*, 21 (1), pp. 1-42.

COASE, Ronald. The Problem of Social Cost. Journal of Law and Economics, Vol. 3, 1, 1960, p. 1-44.

CONSELHO NACIONAL DE JUSTIÇA (2022). Justiça em Números, 2022. Brasília: CNJ. Disponível em: https://www.cnj.jus.br/pesquisas-judiciarias/justica-em-numeros/.

LAMOUNIER, Bolivar; SADEK, Maria Tereza & CASTELAR PINHEIRO, Armando (2.000). "O Judiciário brasileiro: a avaliação das empresas". *In* Castelar, Armando (Org.). *Judiciário e Economia no Brasil*. São Paulo: Editora Sumaré, p. 75-95.

MARQUES FILHO, Lourival B. (2022). *Litigantes em Fuga* – o ocaso da Justiça do Trabalho. São Paulo: Editora Dialética.

ORGANIZAÇÃO INTERNACIONAL DO TRABALHO (OIT). *Las Relaciones Laborales en Brasil*: Informe RELASUR. Madrid: Ministério de Trabajo y Seguridad Social de España, 1996.

SADEK, Maria Tereza (2016). *Aspectos do contencioso jurídico de empresas no Brasil em contraste com Argentina e Chile*. Relatório apresentado e divulgado pelo CEDES (Centro de Estudos de Direito Econômico e Social), São Paulo. Disponível em: https://www.cedes.org.br/publicacoes.

SALAMA, Bruno; CARLOTTI, Danilo; YEUNG, Luciana (2018). "As decisões da Justiça Trabalhista são imprevisíveis?" *Série "O Judiciário destrinchado pelo 'Big Data'"*, n. 1, 2018. Disponível em: https://images.jota.info/wp-content/uploads/2019/07/3766fe23a027a-8d593f98a85f29f1672.pdf.

SALAMA, Bruno; CARLOTTI, Danilo; YEUNG, Luciana (2019). "Padrões de Litigância na Justiça Trabalhista" *Série "O Judiciário destrinchado pelo 'Big Data'"*, n. 3, Disponível em: https://works.bepress.com/luciana_yeung/22/.

SALAMA, Bruno; CARLOTTI, Danilo; YEUNG, Luciana (2019). "Quando Litigar Vale Mais a Pena do que Fazer Acordo: os grandes litigantes na Justiça Trabalhista" *Série "O Judiciário destrinchado pelo 'Big Data'"*, n. 2, 2019. Disponível em: https://images.jota.info/wp-content/uploads/2019/07/3766fe23a027a8d593f98a85f29f1672.pdf.

STEIN, Guilherme; ZYLBERSTAJN, Eduardo; ZYLBERSTAJN, Helio (2015). "Diferencial de Salários da Mão de Obra Terceirizada no Brasil", Working Paper 400, São Paulo School of Economics, FGV, CMICRO – nº 32, Working Paper Series, 07 de agosto. Disponível em: http://bibliotecadigital.fgv.br/dspace/handle/10438/13883).

YEUNG, Luciana (2012). "Análise Econômica do Direito do Trabalho". In: TIMM, Luciano Benetti (Org.). *Direito e Economia no Brasil*. São Paulo, SP: Atlas.

YEUNG, Luciana (2016). *Terceirização de mão de obra no Brasil*. São Paulo: CEDES Centro de Estudos de Direito Econômico e Social. Disponível em: https://www.cedes.org.br/publicacoes.

YEUNG, Luciana Luk-Tai. (2017). "Análise Econômica do Direito do Trabalho e da Reforma Trabalhista (Lei nº 13.467/2017)". *Revista de Estudos Institucionais*, v. 3, p. 891-921. Disponível em: https://www.estudosinstitucionais.com/REI/article/view/227.

YEUNG, Luciana & AZEVEDO, Paulo F. (2015). "Nem Robin Hood, nem King John: Testando o viés anticredor e antidevedor dos magistrados brasileiros". *Economic Analysis of Law Review*, v. 6, n. 1, p. 1-12.

YEUNG, Luciana & TIMM, Luciano B. (2017). "A Justiça do Trabalho e o efeito bumerangue", *Coluna da ABDE*, JOTA, 18.07.2017. Disponível em: https://www.jota.info/opiniao-e-analise/colunas/coluna-da-abde/a-justica-do-trabalho-e-o-efeito-bumerangue-18072017.

8
COMPORTAMENTO JUDICIAL

por Felipe Lopes[1]

8.1 INTRODUÇÃO

Em 26 de janeiro de 2022 o Juiz Stephen Breyer anunciou sua intenção de se aposentar do cargo de juiz da Suprema Corte dos Estados Unidos até o final do semestre. Este anúncio representou um grande alívio para os membros do Partido Democrata. Existia entre eles o temor generalizado de que – tal como Ruth Bader Ginsburg – Breyer continuasse adiando sua aposentadoria e, quando isso inevitavelmente ocorresse (seja por seu falecimento ou qualquer outra razão), o cenário político já tivesse mudado e os democratas já não mais controlassem o Senado ou – pior ainda, na perspectiva do partido – houvesse um republicano na presidência.

Na esteira deste anúncio, o Presidente Biden rapidamente fez sua indicação para preencher a vaga que Breyer deixaria na corte. A escolhida foi Ketanji Brown Jackson. Juíza federal da Corte de Apelações do Circuito do Distrito de Columbia e formada na Harvard Law School, Brown havia sido assistente do próprio Breyer entre 1999 e 2000. Aprovada pelo Senado, em 30 de junho de 2022 Brown se tornou a primeira mulher negra a ocupar um assento na Suprema Corte dos Estados Unidos.

Apesar da confirmação pelo Senado ser uma conclusão inevitável, uma vez que os democratas, naquele momento, detinham a o controle da casa,[2] ainda assim a batalha política foi intensa. Depois de três dias exaustivos de sabatina no Comitê Judiciário do Senado e uma votação empatada neste comitê, o plenário do Senado aprovou o nome de Brown por 53 votos a 47 – apenas três senadores republicanos foram contra a linha oficial do partido e votaram a favor da indicação de Brown.[3]

---

1. Doutor e Mestre em Economia pela Escola de Economia de São Paulo, da Fundação Getulio Vargas (EESP-FGV/SP). Professor do Insper.
2. Em 2022, o Senado dos Estados Unidos estava dividido 50-50 entre republicanos e democratas. Entretanto, lá o Vice-Presidente da República é quem preside o Senado, o que dava aos democratas o voto de minerva e o poder de definir a pauta de votação.
3. Mitt Romney, de Utah, Lisa Murkowski, do Alaska, e Susan Colins, do Maine.

É um fato incontestável que as indicações para cargos no judiciário federal americano[4] – e, em especial, para a Suprema Corte – se tornaram um tema sensível e polarizado na política do país. Processos de confirmação relativamente simples, com baixa octanagem política, que eram a regra nas décadas de 1980 e 1990,[5] se tornaram algo do passado. Impressiona verificar que figuras que, posteriormente, se tornaram ícones de suas respectivas filosofias judiciais (e políticas) foram aprovadas com amplo apoio bipartidário. Entre os exemplos estão Antonin Scalia, um dos maiores expoentes do conservadorismo no judiciário americano, indicado por Ronald Reagan à Suprema Corte e confirmado por um Senado unânime em junho de 1986 e Ruth Bader Ginsburg, ícone dos movimentos feminista e liberal, indicada por Bill Clinton à Suprema Corte e confirmada pelo Senado em junho de 1993 com apenas três votos contrários. Tais placares são impensáveis três décadas depois.

Este fenômeno, entretanto, não é exclusivo da política – e do judiciário – norte-americano. No Brasil, um pesquisador (como este que escreve) que deseje encontrar notícias acerca da indicação de juízes ao Supremo Tribunal Federal nos anos que seguiram ao final da ditadura militar e à nova Constituição ficará desapontado. Os jornais da época reservavam pouquíssimo espaço ao que ocorria nos corredores do Supremo e as poucas evidências que temos acerca do processo de confirmação no Senado Federal indicam que este era protocolar – algo como a indicação de um Embaixador.

Como se observa no Gráfico 1, com pouquíssimas exceções, as primeiras confirmações pós-ditadura[6] contaram com quórum próximo ao mínimo necessário no plenário do Senado.[7] Isso pode ser tomado como evidência indireta de que não houve esforço – nem do governo, nem da oposição – para encher a Casa, o que seria necessário no caso de um processo político acirrado. Nas indicações dos últimos 20 anos, entretanto, nota-se tanto uma elevação progressiva do quórum quanto um número mais relevante de votos contrários. Note que as últimas seis indicações ao STF tiveram quórum médio de 75 senadores (93% do Senado) – e em nenhuma das 22 votações anteriores este número superou 72 senadores. Ou seja, há evidências (embora indiretas) de que o processo de indicação de um ministro ao STF se tornou mais politizado ao longo das últimas décadas.

---

4. Nos Estados Unidos, todos os juízes do sistema judiciário federal são indicados pelo Presidente e confirmados pelo Senado. Cada estado tem seu próprio mecanismo para selecionar juízes para os respectivos judiciários estaduais (indicação, eleições etc.).

5. Toda regra tem suas exceções. Nesse caso, pode-se citar a conturbada confirmação de Clarence Thomas em 1991 e a rejeição do nome de Robert Bork em 1987.

6. Não há informações disponíveis acerca da primeira indicação ao STF após a ditadura, do então Ministro da Justiça Paulo Brossard.

7. São necessários 41 votos no plenário do Senado Federal para aprovar uma indicação ao STF.

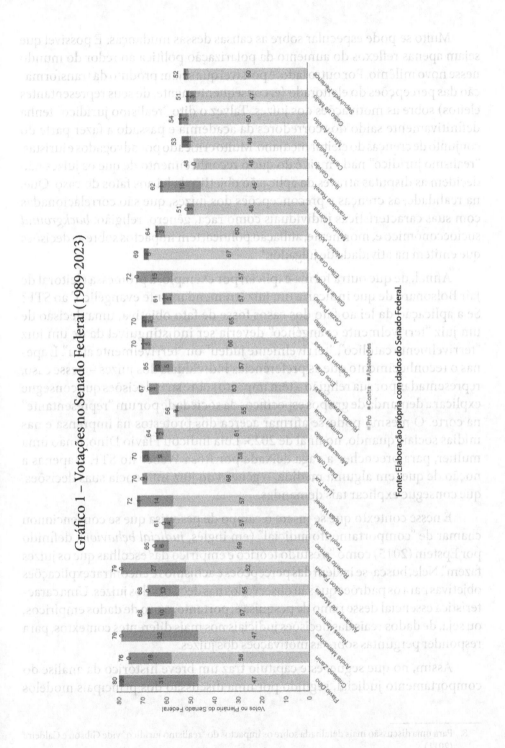

Gráfico 1 – Votações no Senado Federal (1989-2023)

Fonte: Elaboração própria com dados do Senado Federal.

Muito se pode especular sobre as causas dessas mudanças. É possível que sejam apenas reflexos do aumento da polarização política ao redor do mundo nesse novo milênio. Por outro lado, é possível que sejam produto da transformação das percepções do eleitorado (e, consequentemente, de seus representantes eleitos) sobre as motivações dos juízes. Talvez o dito "realismo jurídico" tenha definitivamente saído dos corredores da academia e passado a fazer parte do conjunto de crenças do eleitor mediano. Muito criticado por advogados e juristas, "realismo jurídico" nada mais é do que o reconhecimento de que os juízes não decidem as disputas através da aplicação objetiva da lei aos fatos do caso. Que, na realidade, as crenças e preconcepções dos juízes, que são correlacionadas com suas características individuais como raça, gênero, religião, *background* socioeconômico e, mormente, afiliação política, têm impactos sobre as decisões que emitem na atividade de julgador.[8]

Afinal, de que outra forma explicar, por exemplo, a promessa eleitoral de Jair Bolsonaro de que indicaria um juiz "tremendamente evangélico" ao STF? Se a aplicação da lei ao fato dos casos fosse de fato objetiva, uma decisão de um juiz "terrivelmente evangélico" deveria ser indistinguível da de um juiz "terrivelmente católico", "terrivelmente judeu" ou "terrivelmente ateu". É apenas o reconhecimento que as preferências individuais dos juízes – nesse caso, representadas por sua religião – têm impacto sobre suas decisões que consegue explicar a demanda de grupos específicos da sociedade por um "representante" na corte. O mesmo pode-se afirmar acerca dos protestos na imprensa e nas mídias sociais quando, no final de 2023, Lula indicou Flávio Dino, e não uma mulher, para preencher a vaga deixada por Rosa Weber no STF. É apenas a noção de que, em alguma medida, o gênero do juiz influencia suas decisões, que consegue explicar tais demandas.

É nesse contexto que se insere o campo de pesquisa que se convencionou chamar de "comportamento judicial" (em inglês, *judicial behavior*), definido por Epstein (2015) como "o estudo teórico e empírico das escolhas que os juízes fazem". Nele, busca-se ir além das percepções e achismos e encontrar explicações objetivas para os padrões que são observados nas decisões dos juízes. Uma característica essencial desse ramo de pesquisa é, portanto, o uso de dados empíricos, ou seja, de dados reais das decisões judiciais nos mais diferentes contextos, para responder perguntas sobre as motivações dos juízes.

Assim, no que segue, este capítulo traz um breve histórico da análise do comportamento judicial, seguido por uma discussão dos principais modelos

---

8. Para uma discussão mais detalhada sobre os impactos do "realismo jurídico" vide Gibson e Caldeira (2011).

8 • COMPORTAMENTO JUDICIAL 233

teóricos trazidos pela literatura que buscam prover uma análise positiva do comportamento judicial. Por fim, são discutidos resultados empíricos desses modelos para diversos contextos, inclusive o Brasil.

8.2 ORIGENS

A análise do comportamento judicial tem suas raízes em um passado mais remoto do que se imagina, sendo derivada da ideia, advinda do iluminismo francês, de prover parâmetros "científicos" à atividade judicante, esta, por sua vez, foco de feroz crítica dos revolucionários de 1789.[9] Assim, o primeiro estudo que poderia ser categorizados como "comportamento judicial" surge no final do século XVIII com a publicação, pelo Marquês de Condorcet, do "Ensaio sobre a Aplicação da Análise à Probabilidade de Decisões Tomadas à Pluralidade de Votos"[10] em 1785.

Neste estudo, Condorcet considera que o sistema judiciário deve prover ao cidadão uma certa seguraça de que não será condenado injustamente. Entretanto, esta segurança não pode ser absoluta. Como o judiciário é populado por pessoas inerentemente falhas, é impossível, por melhor que seja o sistema judiciario, garantir que uma condenação injusta jamais ocorrerá. Assim, Condorcet propõe que, em uma sociedade justa, o risco "tolerável" de ser condenado injustamente não deve ser superior a um risco da vida quotidiana: a probabilidade de um homem comum de 37 a 47 anos de idade morrer em uma dada semana. Por outro lado, a probabilidade de um tribunal colegiado emitir uma decisão correta dependeria de três parâmetros: o número de juízes que avaliam a acusação, a pluralidade requerida para a condenação e a probabilidade de que cada juiz, individualmente, tomará a decisão correta. A variável central no modelo de Condorcet é justamente esta última, que mede o grau de "iluminação" dos juízes. Analisando essas variáveis, Condorcet conclui que o tamanho "ideal" de um painel de juízes que avaliará uma condenação é 30 e que devem ser necessários 23 votos para uma condenação.[11]

Autores subsequentes seguiram lógica inaugurada por Condorcet. Em 1814, no "Ensaio Filosófico sobre as Probabilidades",[12] o Marquês de Laplace propôs uma avaliação do novo sistema judiciário francês, produto de sucessivas reformas no período pós-revolucionário. Diferentemente de Condorcet, cuja

---

9. Vide, por exemplo o Tratado da Tolerância de Voltaire, publicado originalmente em 1763.
10. Essai sur L'Application de L'Analyse à la Probabilité des Décisions Rendues à la Pluralité des Voix, Marquis de Condorcet, Paris, 1785.
11. Barbin e Marec (1987)
12. Essai philosophique sur les probabilités, Marquis de Laplace, Paris, 1814.

análise tem como premissa a necessidade de protejer os direitos do cidadão contra o encarceramento errôneo, Laplace busca minimizar os danos sociais de decisões errôneas. Para tal, considera que não é importante apenas considerar a possibilidade de que um inocente seja considerado culpado, mas também os efeitos das decisões sobre a "ordem social" – ou seja, os efeitos sociais da eventual não punição de um culpado. Especificamente, Laplace calcula a probabilidade de um "bom" julgamento a partir do número de julgadores, da probabilidade de que um juiz pronuncie a "verdade" e da proporção de julgamentos unânimes. Assim, de forma semelhante à de Condorcet, Laplace conclui que, em uma corte de apelação, é melhor que se tenha um número elevado de juízes e que estes sejam "escolhidos entre as pessoas mais esclarecidas".[13]

Siméon Denis Poisson foi outro autor que, mais tarde no século XIX, dedicou seu tempo à análise "científica" de decisões judiciais. Em trabalho publicado em 1837,[14] Poisson retomou os argumentos de Laplace e Condorcet e propôs uma nova perspectiva que tirava o foco da probabilidade de julgamentos "certos" e "errados" e se concentrava nos efeitos sociais dos julgamentos. Além disso, Poisson trouxe à análise de decisões judiciais a necessidade de sair de parâmetros arbitrários de probabilidades – como feito por Laplace e Condorcet – e obter, através das estatísticas do sistema judiciário, as informações necessárias para a análise.

Embora os estudos de Condorcet, Laplace e Poisson tenham relevância do ponto de vista de análise histórica, o campo de pesquisa tal como hoje o conhecemos pouco deriva destes trabalhos. Há diversas razões para isso, mas talvez a mais importante delas seja a relutância – desde o século XVIII – dos juristas e demais operadores do direito de admitir a "intrusão" da matemática e da estatatística em seus domínios. Todos esses trabalhos foram ferozmente criticados pelo establishment jurídico da época e não deram origem a uma ampla gama de estudos, tendo sido gradativamente esquecidos. Desta forma, embora os nomes de Laplace, Poisson e Condorcet sejam hoje amplamente reconhecidos na matemática e na estatística (além da ciência política, no caso deste último), o mesmo não se pode dizer de seus estudos sobre o judiciário.

A disciplina de análise do comportamento judicial tal qual a conhecemos hoje se deve, essencialmente, a um grupo de acadêmicos da ciência política nos Estados Unidos que, a partir dos anos 1940, começou a se interessar sobre o funcionamento da Suprema Corte daquele país. Entre esses acadêmicos, talvez

---

13. "Juges choisis parmi les personnes les plus éclairées".
14. Recherches sur la probabilité des jugements en matière criminelle et en matière civile, Siméon Denis Poisson, Paris, 1837.

o mais conhecido seja C. Herman Pritchett, cientista político que passou grande parte de sua carreira na Universidade de Chicago, tendo servido como presidente da *American Political Science Association* entre 1963 e 1964.

As motivações de Pritchett ao adentrar esse campo de pesquisa são conhecidas. Ele próprio conta como, no outono de 1940, teve seu momento "maçã de Newton":[15]

> Estava lendo o volume mais recente do Supreme Court Reporter no meu escritório na Universidade de Chicago, um andar acima e algo como trinta pés a oeste da inscrição no edifício de Pesquisa em Ciências Sociais que cita a frase de Lorde Kelvin "Quando você não pode medir, seu conhecimento é parco e insatisfatório", quando eu notei o que me pareceu uma combinação peculiar de juízes que haviam se juntado em uma divergência a uma das decisões da Suprema Corte. Eu comecei a me perguntar o que havia naquele caso e nas biografias daqueles juízes que os levou a discordar da maioria no assunto em questão.

Com essa revelação, Pritchet começou a coletar dados sobre os juízes da Suprema Corte: o número de votos dissidentes, o percentual de concordância com outros juízes, e assim por diante, levando ao que hoje se considera o artigo "original" deste campo de pesquisa, *"Divisions of opinion among justices of the US Supreme Court, 1939-1941"*, publicado na *American Political Science Review* em outubro de 1941. Para os padrões atuais, o artigo de Pritchett parece um tanto simples – dificilmente seria aceito para publicação neste mesmo periódico em 2024 – mas serviu como inspiração para toda uma geração de pesquisadores que o seguiram.[16]

Os objetivos de Pritchett ao contar votos eram, entretanto, mais ambiciosos do que simplesmente verificar padrões nas votações da Suprema Corte. A ideia era usar dados para testar uma das hipóteses mais fundamentais no que se refere à análise comportamento judicial:[17] será que os juízes estão apenas seguindo a "lei" – isto é, os textos, os precedentes etc. – ou eles são também motivados por suas próprias preferencias ideológicas nas suas decisões? Para responder essa questão, ele criou tabelas mostrando o percentual de decisões não unânimes nas quais pares de juízes votaram juntos, bem como o espectro direita-esquerda. Operando sob a hipótese de que tais comparações revelavam o "liberalismo" ou "conservadorismo" dos juízes, Pritchett concluiu que ideologia influenciava as decisões dos juízes.

---

15. Pritchett (1948) citado em Epstein (2015, p. 2019), tradução livre do autor.
16. Para mais detalhes, vide Maveety (2009).
17. Coincidentemente ou não, esta hipótese fundamental está intimamente ligada aos ideais do iluminismo que motivaram os estudos de Condorcet, Laplace e Poisson.

Como destaca Epstein (2015), o ponto crucial que distingue a análise de Pritchett da de tantos outos acadêmicos é o aspecto de "dados". Segundo a autora, sem o uso de dados Pritchett teria sido apenas mais um adepto do realismo jurídico: um escritor fazendo afirmações que, embora interessantes, carecem de embasamento empírico. É a utilização de dados empíricos sobre decisões judiciais que leva a contribuição de Pritchett para um patamar elevado, marcando-o como o "pai" da análise do comportamento judicial.

Essas observações sobre o desenvolvimento histórico da análise do comportamento judicial indicam dois aspectos fundamentais deste amplo campo de pesquisa, que devemos sempre ter em mente quando o estudamos: (1) o forte apoio em dados para testar empiricamente as proposições derivadas das diversas teorias que, ao mesmo tempo, concorrem e se complementam, e (2) o reconhecimento explícito de que considerações extralegais são fundamentais para explicar as decisões judiciais.

8.3 AS TEORIAS DO COMPORTAMENTO JUDICIAL: DO LEGALISMO AO MODELO ATITUDINAL

Ao longo dos últimos cinquenta anos, foram propostas, por acadêmicos das mais diversas áreas – juristas, economistas, cientistas políticos etc. – diversas teorias *positivas* de comportamento judicial. Isto é, teorias que visam explicar o comportamento dos juízes *tal qual ele é*, em contraposição com teorias que buscam prescrever *como deve ser* o comportamento judicial (i.e., teorias *normativas*). Algumas dessas teorias são mais comumente utilizadas na literatura do que outras, mas todas, de certa forma, ajudam a pintar um quadro mais completo das múltiplas facetas que envolvem a atividade judicante. Desta forma, no que segue, tal qual em Posner (2010), são apresentadas as nove principais teorias positivas de comportamento judicial: atitudinal, legalista, sociológica, econômica, estratégica, psicológica, fenomenológica, pragmática e organizacional. A Figura 1 apresenta um breve resumo dessas teorias.

Figura 1 – Os nove modelos de comportamento judicial, conforme Posner (2010)

Fonte: Elaboração própria.

a. O Modelo Legalista

Iniciemos a nossa discussão com o modelo mais antigo de todos e – essencialmente – aquele modelo com o qual todos os demais se contrapõem, o modelo legalista. Legalismo, como uma teoria positiva de comportamento judicial, postula que decisões judiciais são determinadas pela "lei", isto é, pelo corpo de regras preexistentes encontradas em códigos, leis, na Constituição, e nas decisões das cortes superiores, ou são deriváveis desses materiais por procedimentos lógicos (i.e., através das regras da hermenêutica jurídica).

Na descrição de Posner (2010), os tratamentos prescritos por médicos são determinados por seu entendimento da estrutura do mundo físico e a aspiração de um legalista é que uma decisão judicial seja, de modo similar, determinada pelo conjunto de regras que constituem a "lei" e não por fatores que são pessoais dos juízes, como ideologia, personalidade e história pessoal. A decisão legalista ideal é, portanto, produto de um processo de dedução lógica no qual o respeito à letra da lei representa a maior premissa, os fatos do caso uma premissa menor e a decisão é a conclusão inevitável. A regra em questão pode ter que ser extraída de uma lei ou uma provisão da constituição, mas como o modelo legalista possui um conjunto completo de regras de interpretação ("hermenêutica"), então a interpretação também é uma atividade baseada em regras, removendo toda a discricionariedade judicial.

Como muito bem aponta Posner (2010, p. 42):

> Se você pergunta a alguém quanto é 2 + 2, você terá a mesma resposta, seja essa pessoa um democrata, um republicando, um teosofista, um libertário, um negador do holocausto ou um canibal. E, se as perguntas legais são, de modo similar, suscetíveis a serem respondidas por métodos exatos de análise, então não importa quão diferentes são os "homens" que administram as leis, e são, de fato, as "leis" que governam.

A teoria legalista é, portanto, oposta a todos os modelos ditos "realistas", uma vez que não considera quaisquer efeitos das motivações que permeiam o trabalho dos juízes. Aqui, os juízes são máquinas objetivas de interpretação das leis. Quaisquer dois juízes, quando apresentados a um mesmo conjunto de fatos e arcabouço legal devem chegar a conclusões idênticas. Isso porque, como dito, até mesmo a interpretação da lei tem regras rígidas. Não há espaço para motivações pessoais, preconcepções ideológicas ou considerações estratégicas.

b. O Modelo Atitudinal

O modelo atitudinal, talvez a versão mais conhecida do modelo "realista", postula que as decisões dos juízes são mais bem explicadas pelas preferências político-ideológicas que eles trazem para a análise dos casos (vide, por exemplo, Segal e Spaeth (2002)). Ou seja, as crenças dos juízes com relação a qual estado da natureza é preferível informam suas decisões judiciais. Juízes que preferem um maior nível de intervenção estatal, por exemplo, tendem a favorecer o governo em disputas com empresas. Já juízes que preferem maior proteção a trabalhadores tendem a os favorecer em disputas trabalhistas. Nesse modelo, portanto, as decisões judiciais refletem as preferências dos julgadores e, para um mesmo caso, dois juízes podem chegar a conclusões diametralmente opostas.

A maior parte dos estudos que visam testar empiricamente essa teoria inferem as preferências políticas dos juízes a partir do partido político do presidente que os indicou, embora reconhecendo que esta é uma aproximação imperfeita. Não é à toa que esta seja a abordagem mais comumente adotada. A maior parte da literatura de comportamento judicial é produto de pesquisadores americanos que, naturalmente, tendem a utilizar dados do judiciário dos Estados Unidos. Seu foco, portanto, é em juízes federais (que, nos EUA, são todos indicados pelo presidente) e, em particular, em juízes da Suprema Corte dos Estados Unidos. Nos Estados Unidos, juízes de cortes estaduais não são indicados pelo presidente e, algumas vezes, seu método de seleção – por exemplo, por eleições apartidárias – torna mais difícil classificá-los politicamente.

No contexto da aplicação do modelo atitudinal ao judiciário dos EUA, é previsto que juízes indicados por presidentes afiliados ao Partido Democrata votem mais do que proporcionalmente a favor de resultados "liberais", ou seja, resultados que favoreçam empregados, consumidores, pequenas empresas, réus em processos criminais (mas não em processos de crimes de colarinho branco), sindicatos e, de forma geral, requerentes em casos ambientais, de direitos civis ou liberdades civis. Por outro lado, é previsto que juízes indicados por presidentes afiliados ao Partido Republicano votem desproporcionalmente a favor de resultados opostos.

Outras evidências do posicionamento político dos juízes são, às vezes, utilizadas no lugar do partido político do presidente que os indicou. A que aparece com mais frequência na literatura são editoriais de jornais discutindo o posicionamento político desses juízes em momentos anteriores à indicação à respectiva corte (Segal e Cover, 1989). Outra possibilidade seria uma classificação em quatro partes na qual as categorias intermediárias consistiriam em juízes indicados quando o presidente e a maioria do Senado[18] fossem de partidos políticos distintos ("governo dividido"). Entretanto, Scherer (2001) mostra, no contexto das cortes federais, que há pouca diferença no comportamento de juízes indicados em governos "divididos" (quando presidente e maioria do Senado são de partidos distintos) ou "unidos" (quando presidente e maioria do Senado são de um mesmo partido).

Seja qual for o método utilizado para determinar as inclinações políticas de um juiz, e qual for o nível do judiciário (Suprema Corte, cortes federais de apelação, ou cortes federais de primeira instância), invariavelmente, encontra-se que as presumidas inclinações políticas dos juízes explicam uma proporção relevante da variância nos votos judiciais em casos politicamente sensíveis. Quanto mais "quente" um assunto (como, por exemplo, aborto), maior tende a ser o poder explicativo da variável política.

O modelo atitudinal é ainda apoiado pela importância da política no processo de indicação e confirmação de juízes federais, pela intensidade das batalhas

---

18. A indicação de juízes federais, assim como os da Suprema Corte, precisa ser confirmada pelo Senado.

no congresso que, quase sempre, são politicamente polarizadas, especialmente na confirmação de juízes da Suprema Corte – e pela experiência dos advogados e dos juízes.

Outra evidência é a tendência, tanto de juízes da Suprema Corte quanto de juízes das cortes federais de apelação, de cronometrar sua aposentadoria de forma a maximizar a probabilidade de que seu sucessor seja escolhido por um presidente do mesmo partido que o indicou. Essa tendência foi mais recentemente ilustrada pela aposentadoria do Juiz Breyer – indicado pelo Presente Clinton, um democrata – durante o mandato do Presidente Biden, outro democrata.

Tudo isso, entretanto, não significa que a absoluta totalidade dos votos dos juízes seja mais bem explicada como politicamente motivada, nem que pessoas conscientemente se tornam juízes para mover a política pública para um ponto mais próximo de seu ideal político. Explicar os votos de juízes como politicamente motivados tampouco significa assumir que juízes tenham, conscientemente, objetivos políticos. O modelo atitudinal apenas reconhece que o ato de julgar não é mecânico, objetivo, como propõe o modelo legalista e que, portanto, as preferências pessoais dos julgadores têm impacto sobre as decisões que eles emitem. Especificamente, as preferências dos juízes quanto à melhor política pública informarão suas decisões e levarão, portanto, a resultados jurídicos distintos.

Entretanto, o poder preditivo do modelo atitudinal tem suas limitações. Estudo empíricos sobre decisões judiciais frequentemente se deparam com votos que não são classificáveis na tradicional acepção binária de conservador versus liberal. Por exemplo, nas tabelas 5 e 6 em Posner (2010, p. 26), reproduzidas na Figura 2 a seguir, um percentual relevante dos votos de juízes são classificados como "misto" ou "outro". Nessa classificação, votos que não tem nenhum conteúdo político são categorizados como "outro" e votos em casos que discutem diversos assuntos, nos quais o juiz votou "liberal" em alguns assuntos e "conservador" em outros são classificados como "misto".

Figura 2 – Tabelas 5 e 6 em Posner (2010)

Table 5 Judicial Votes in Courts of Appeals as Function of Party of Appointing President, 1925–2002 (in percent)

Vote	Republican President	Democratic President
Conservative	42.2	37.6
Liberal	28.1	33.3
Mixed	5.9	5.1
Other	23.9	23.9

Sources: Appeals Court Attribute Data, www.as.uky.edu/polisci/ulmerproject/auburndata.htm (visited July 17, 2007); *U.S. Court of Appeals Database*, www.as.uky.edu/polisci/ulmerproject/appctdata.htm, www.wmich.edu/~nsf-coa/ (visited July 17, 2007). Votes were weighted to reflect the different caseloads in the different circuits. "Mixed" refers to multi-issue cases in which the judge voted the liberal side of one or more issues and the conservative side of the other issue or issues.

Table 6 Judicial Votes in Courts of Appeals as Function of Party of Appointing President, Judges Serving Currently (in percent)

Vote	Republican President	Democratic President
Conservative	51.2	42.5
Liberal	22.9	33.1
Mixed	7.3	7.6
Other	18.7	16.9

Sources: Appeals Court Attribute Data, www.as.uky.edu/polisci/ulmerproject/auburndata.htm (visited July 17, 2007); *U.S. Court of Appeals Database*, www.as.uky.edu/polisci/ulmerproject/appctdata.htm, www.wmich.edu/~nsf-coa/ (visited July 17, 2007). Votes were weighted to reflect the different caseloads in the different circuits. "Mixed" refers to multi-issue cases in which the judge voted the liberal side of one or more issues and the conservative side of the other issue or issues.

Fonte: Posner (2010), p. 26.

Note que, além dos percentuais relevantes de votos classificados como "misto" e "outro", um percentual elevado de votos "conservadores" foram dados por juízes liberais (aqueles indicados por presidentes democratas) e um percentual elevado de votos "liberais" foram dados por juízes conservadores (aqueles indicados por presidentes republicanos). Note também que as diferenças entre os dois tipos de juízes, nas primeiras duas linhas das tabelas, embora significantes, são parciais.

Essas observações não necessariamente refutam o modelo atitudinal, mas sim mostram como a identidade do partido político do presidente que fez a indicação é uma medida imperfeita das preferências políticas dos juízes.

Por fim, vale destacar que a preocupação dos proponentes do modelo atitudinal com casos politicamente sensíveis decididos pela Suprema Corte talvez crie uma preocupação exagerada quanto a permeação da política na atividade judicante. A vasta maioria dos casos decididos em tribunais não são politicamente sensíveis e tampouco chegam à Suprema Corte. Além disso, o uso da informação do partido político do presidente que indicou os juízes como uma medida das inclinações políticas dos juízes talvez tenha criado uma falsa impressão de que a atividade judicante se tornou político-partidária. Como destaca Posner (2010, p. 28), não é isso o que a literatura aponta – em suas palavras, "juízes da Suprema Corte são políticos, mas politicamente independentes".

c. O Modelo Estratégico

A teoria estratégica de comportamento judicial postula que os juízes nem sempre votam como desejariam votar caso não tivessem que se preocupar com a reação a seus votos, seja de outros juízes (podem ser seus colegas em cortes colegiadas ou juízes de uma instância superior ou inferior), dos legisladores ou do público. Alguns dos acadêmicos que utilizam modelos da teoria estratégica são economistas ou cientistas políticos que modelam a política como uma luta entre diversos grupos de interesse, e usam a teoria dos jogos como ferramenta de análise. Outros – especialmente da ciência política – estudam disputas históricas entre o judiciário e os outros poderes. No âmago dessa teoria, encontra-se o senso comum: seja lá qual for o objetivo que o juiz busca atingir, sua capacidade de atingi-lo vai depender fundamentalmente das outras pessoas que estão na cadeia de comando.

O modelo estratégico é plenamente compatível com o modelo atitudinal, uma vez que este é uma teoria de meios, enquanto a teoria atitudinal é uma teoria de fins. Um juiz que deseja que as decisões de seu tribunal estejam de acordo com suas preferências políticas provavelmente escolherá uma estratégia de votação que coadune com este objetivo, embora teoricamente este juiz possa simplesmente desejar apenas expressar suas posições políticas, independentemente de se elas serão adotadas ou não.

A teoria estratégica não é só compatível com o modelo atitudinal, mas com qualquer outro modelo de comportamento judicial no qual o juiz tenha algum objetivo concreto. Mesmo um juiz legalista pode adotar uma estratégia de votação desenhada para maximizar a probabilidade de que suas teorias jurídicas sejam adotadas – uma estratégia diferente de votar sempre de acordo com essas teorias, sejam lá quais elas forem.

A literatura documenta diversos comportamentos compatíveis com o modelo estratégico de comportamento judicial. Um deles é quando um juiz que evita publicar um voto dissidente pois ele teme que essa divergência leve a uma maior proeminência da opinião da maioria ou que se ele divergir com muita frequência, seus colegas ficarão incomodados e poderão retaliar (talvez inconscientemente) ao prestar menos atenção em suas opiniões em outros casos. É difícil imaginar que algum juiz seja completamente insensível a considerações estratégicas. Na prática, eles enfrentam um trade-off entre princípio (qual é o resultado ideal do caso, na sua visão) e efetividade (qual é o melhor resultado possível, considerando os outros atores envolvidos).

d. O Modelo Sociológico

O que Posner (2010) chama de modelo sociológico é nada mais do que uma aplicação – ou extensão – do modelo atitudinal, em combinação com o modelo estratégico, com um foco especial em dinâmica intragrupo e, portanto, nas motivações de juízes que atuam em cortes colegiadas. Combinando elementos de psicologia social e teoria da escolha racional, este modelo postula que a composição dos painéis/turmas[19] influencia o resultado do julgamento. Por exemplo, um painel com uma maioria republicana ou democrata provavelmente vai decidir diferentemente de um painel composto exclusivamente por juízes republicanos ou democratas (lembrando aqui que a classificação de um juiz como "republicano" ou "democrata" depende da identidade do presidente que o indicou, como vimos na discussão do modelo atitudinal) – vide, por exemplo, Fischman (2008). De modo similar, em um caso de discriminação de gênero, um painel no qual todos os juízes são homens provavelmente vai decidir de forma diferente de um painel que contenha uma juíza mulher (Boyd et al. 2010).

Diversas explicações foram avançadas para explicar este fenômeno da composição de painéis, isto é, da razão pela qual uma maioria haveria de ceder aos desejos de uma minoria. Uma possível razão é que a minoria atuaria como "dedo-duro", ameaçando expor, em um voto divergente, a decisão da maioria como sem embasamento jurídico (vide, por exemplo, Cross e Tiller, 1997). Outra hipótese é que a minoria pode simplesmente trazer às deliberações do painel outras perspectivas que os outros juízes, com sua orientação política distinta, não haviam considerado. De qualquer forma, a presença de uma minoria é um

---

19. Nos Estados Unidos, nas cortes federais de apelação, para cada caso são sorteados três juízes, que decidem em conjunto. Este modelo é diferente do Brasileiro, no qual as turmas são fixas (e, em muitos casos, especializadas) e o único sorteio que ocorre é o do relator do caso (a figura do relator não existe no sistema americano).

antídoto contra a tendência de deliberações coletivas entre indivíduos que pensam de forma similar de atingirem conclusões extremadas.

Mas um fator provavelmente mais importante que esses dois pode ser as diferenças, entre membros do painel, sobre o quão intensamente preferem um dado resultado, em conjunto com o fenômeno conhecido como "aversão à dissidência". Suponha, pela razão que for, que um membro do painel tenha uma preferência muito forte de que o caso deve ser decidido de certa maneira. Já os outros dois juízes, pela razão que for, não têm preferências tão fortes. Um desses dois juízes pode decidir votar como o primeiro, por tratar essa intensidade de preferência como evidência de que o juiz está correto ou simplesmente para evitar conflito, talvez na esperança de que, em um caso futuro, haja certa reciprocidade. Uma vez que esse segundo juiz adere à posição do primeiro, possivelmente o terceiro juiz também o faça, por razões similares ou apenas para evitar divergir.[20]

De acordo com Richard Posner – ele próprio um juiz federal[21] da Corte de Apelações do Sétimo Circuito[22] – a maior parte dos juízes não gosta de divergir. Não apenas a divergência representa mais trabalho para o juiz e prejudica a colegialidade, além de normalmente não ter qualquer impacto sobre a lei, ela tende a aumentar a importância da decisão da maioria. Juízes também não gostam de divergências de suas decisões – justamente o que explica a razão pela qual divergências prejudicam a colegialidade. Juízes não gostam de ser criticados, de ter que revisar seus votos de modo a endereçar alguma crítica da divergência ou – pior de tudo – acabar vencido pela divergência.

Assim, a teoria de comportamento judicial que Posner (2010) agrega sob a denominação de modelo sociológico incorpora o cálculo estratégico por parte de juízes, emoção (intensidade de preferências por um resultado ou outro pode refletir em um compromisso emocional), além de polarização de grupos, abrangendo as teorias econômica e psicológica de comportamento judicial. Para entender a razão disso, vamos delimitar essas duas teorias.

e. O Modelo Psicológico

Uma abordagem psicológica do comportamento judicial tem como foco as diferentes estratégicas para lidar com incerteza, uma característica fundamental da maior parte dos sistemas judiciais do mundo. Essa abordagem destaca a importância e as fontes das preconcepções em moldar as respostas dos indivíduos

---

20. Lopes (2019) testa empiricamente a existência de aversão à dissidência no contexto do Supremo Tribunal Federal.
21. Posner se aposentou como juiz em setembro de 2017.
22. O Sétimo Circuito corresponde aos estados de Illinois, Indiana e Winsconsin.

8 • COMPORTAMENTO JUDICIAL

à incerteza, é apoiada por estudos de juízes, e tem um papel relevante na teoria de comportamento judicial desenvolvida em Posner (2010). De acordo com o autor, a incerteza radical que se apresenta perante os juízes em muitos dos casos mais interessantes e importantes torna as teorias convencionais de decisão não aplicáveis à atividade judicante.

f. O Modelo Econômico

A teoria econômica de comportamento judicial, por sua vez, trata o juiz como um ser racional, auto interessado, que busca maximizar sua utilidade. Assim, é dada ao juiz uma "função de utilidade" – termo utilizado por economistas para designar os objetivos que guiam a escolha racional. Os elementos da função de utilidade judicial podem incluir: renda monetária, lazer, poder, prestígio, reputação, o prazer intrínseco do trabalho (estímulo intelectual), e todas as outras satisfações que alguém busca em um trabalho. Os elementos dessa função de utilidade podem ser manipulados pelo empregador para alterar o comportamento do trabalhador, bem como afetar os incentivos daqueles que estão buscando emprego. Grande parte dos modelos estratégico e sociológico de comportamento judicial pode ser incorporada dentro do modelo econômico.

A preferência por lazer na função de utilidade judicial pode explicar a ênfase que juízes dão a certas doutrinas que economizam trabalho judicial, a pressão que juízes colocam sobre litigantes para que estes cheguem a um acordo antes do julgamento, bem como a delegação de diversas tarefas para auxiliares e outros funcionários dos tribunais. A preferência de juízes por renda monetária também pode explicar por que, quando sua renda depende do volume de litígios – como já foi o caso na Inglaterra – os juízes tendem a dar grande latitude para os direitos dos litigantes (Klerman, 2007). As respostas dos juízes às opções de aposentadoria também são consistentes com as hipóteses-padrão do modelo de escolha racional (Stras, 2005). Em outro teste do modelo econômico, Taha (2004) encontra que "tudo o mais constante, juízes com preferências mais fortes para publicar votos, aqueles com carga de trabalho mais leve, ou aqueles que conseguem produzir votos de forma mais eficiente, são mais propensos a publicar seus votos".

De acordo com Posner (2010), o modelo econômico ainda precisa superar duas dificuldades. A primeira delas é não levar em conta fatores psicológicos, limitações cognitivas e forças emocionais que influenciam o comportamento, de forma conjunta com o cálculo racional. A segunda é que a teoria econômica tem dificuldades em identificar incentivos e restrições que pautam o comportamento de trabalhadores cujo trabalho é estruturado de forma a eliminar os incentivos padrão do trabalho. Juízes, via de regra, não podem ser demitidos, não podem ter redução de salário e não têm bônus de produtividade. A hierarquia entre eles é determinada por senioridade e não por mérito. E as oportunidades de promoção para cortes superiores são tão remotas de forma que, para a maioria dos juízes, isso provavelmente não é algo que tenha o condão de afetar seu comportamento. Assim, com esses objetivos fora do cenário, modelos econômicos do comportamento judicial devem encontrar formas alternativas de modelar os objetivos dos juízes (mais sobre isso na Seção 4).

O modelo econômico de comportamento judicial se sobrepõe não somente às teorias estratégica, sociológica e psicológica, mas, como veremos, também ao modelo organizacional e ao modelo pragmático.

g. O Modelo Organizacional

O modelo organizacional deriva do conceito econômico conhecido como "Problema do Agente-Principal". Nesse problema, o "principal" contrata um "agente" para exercer alguma atividade, mas, por algum tipo de conflito de incentivos, nem sempre o agente se comporta como o principal gostaria e os objetivos do principal não são atingidos. Assim, no caso, podemos pensar o juiz como agente e o governo como principal, uma vez que este contrata o juiz para exercer a atividade de julgar casos. O principal (governo) busca desenhar regras para que o agente (juiz) se comporte o mais próximo possível do modo desejado. Nesse ponto de vista, o conceito de um judiciário "independente" pode parecer um paradoxo: afinal, como pode um agente ser independente do principal? Entretanto, em outras circunstâncias de relação agente-principal, como na relação entre médicos e pacientes, o agente (médico) tem grande independência para decidir o curso de ação (tratamento).

Um exemplo de como a atividade judicante está estruturada para motivar o juiz-agente é a doutrina de precedentes.[23] Embora precedentes possam ser revertidos, eles têm alguma autoridade, o que significa que existe, para o juiz individual, um custo em driblar ou eliminar um precedente. Como toda decisão de uma corte de apelações é um precedente, essa doutrina aumenta o custo do erro judicial e, portanto, deve tornar os juízes mais cuidadosos ao decidirem um caso. A aderência consistente aos precedentes por juízes de cortes de apelações também aumenta a probabilidade de que os juízes de cortes inferiores serão agentes fiéis dos juízes de apelação, uma vez que estarão deles recebendo diretrizes claras.

---

23. No *common law*, o precedente é vinculante conforme a doutrina conhecida como "*stare decisis*".

h. O Modelo Pragmático[24]

O termo "pragmatismo", no sentido que é utilizado na teoria pragmática de comportamento judicial, precisa ser cuidadosamente definido. O termo, em linhas gerais, se refere a basear julgamentos em suas consequências, ao invés de em uma dedução a partir de certas premissas lógicas. O pragmatismo tem certa semelhança com utilitarismo e com economia do bem-estar, mas sem se comprometer, entretanto, com algum método específico de avaliar quais seriam essas consequências e sem dar um peso objetivo para cada uma delas. Em Direito, pragmatismo se defere a basear uma decisão judicial nos efeitos que tal decisão provavelmente terá, ao invés de se basear na linguagem da lei ou do caso – ou, de forma mais genérica, em alguma regra preexistente.

i. O Modelo Fenomenológico

O modelo fenomenológico de comportamento judicial é uma ponte entre a teoria pragmática e o modelo legalista. Enquanto a psicologia estuda primariamente os processos inconscientes da mente humana, fenomenologia estuda a consciência em primeira pessoa – experiência tal qual esta se apresenta para a mente consciente. Então, nesse caso, a pergunta seria como os juízes se sentem ao tomar certa decisão. A maior parte dos juízes que se debruçaram sobre esse tema, expondo suas motivações, se mostraram extremamente pragmáticos. Mas isso não significa que a maior parte dos juízes sejam pragmáticos. Os juízes que internalizam a linha "oficial" – legalista – possivelmente não veem a necessidade de defender seu comportamento.

8.4 ESTUDOS EMPÍRICOS SOBRE AS MOTIVAÇÕES DOS JUÍZES

Como discutido, C. Hermann Pritchett analisou o juiz e este segue sendo o foco da pesquisa empírica da área de comportamento judicial. De fato, a pesquisa em comportamento judicial sempre se debruça sobre as motivações do juiz individual. Essas motivações podem ter diversas consequências sobre outras variáveis de interesse, como a "independência do judiciário" ou a "previsibilidade" das decisões judiciais, mas o foco está sempre no que motiva o juiz.

Um importante trabalho nesse campo é o de Epstein, Landes e Posner (2013). Neste livro, os autores apresentam e testam um modelo de atividade judicante[25]

---

24. No Brasil, frequentemente é dado o nome de "consequencialismo" ao modelo pragmático.
25. O modelo proposto por Epstein, Landes e Posner (2013) deve ser classificado como um "Modelo Econômico" do comportamento judicial, uma vez que considera o juiz como um agente racional que maximiza sua utilidade esperada.

que percebe o juiz como um participante de um mercado de trabalho: o mercado de trabalho judicial. Visto dessa forma, um juiz é motivado e restrito da mesma forma que outros trabalhadores: por preocupações pessoais e institucionais, por custos e benefícios, por expectativas e pelas ferramentas e métodos do trabalho. Os autores apresentam uma função de utilidade judicial que reflete essas ideias, mas, na essência, esta é uma história de juízes como agentes econômicos restritos por certas regras e normas, com objetivos pessoais e profissionais que buscam otimizar.

Então, afinal de contas, qual são os objetivos dos juízes? A resposta de Pritchett era que os juízes têm objetivos políticos – ou, melhor dizendo, de políticas públicas (são *policy-seekers*). Sua ideia fundamental era que os juízes querem trazer a lei em linha com seus objetivos políticos ou ideológicos (modelo atitudinal). Em Epstein, Landes e Posner (2013), os autores encontram vasta quantidade de evidências para apoiar as ideias de Pritchett entre juízes contemporâneos. Independente da forma que se meça a ideologia, esta tem um papel extremamente importante para explicar as decisões judiciais.

Para ilustrar esse ponto, tomemos um exemplo de Epstein (2015). A Figura 2, reproduzida a seguir, mostra padrões de votação da Suprema Corte dos Estados Unidos. Especificamente, mostra votos a favor de empresas, a favor do governo (em casos criminais) e em oposição a ações de direitos civis. Ou seja, mostra o percentual de decisões ditas "conservadoras" nesses três tópicos. As barras mais escuras são os votos dos juízes indicados por presidentes democratas (Clinton e Obama) e as barras mais claras são os votos dos juízes indicados por presidentes republicanos (Ford, Reagan, Bush pai, e Bush filho). Em cada um desses três tópicos, os indicados por presidentes republicanos votaram de forma significativamente mais conservadora do que os indicados por presidentes democratas. De acordo com Epstein (2015), esses mesmos padrões básicos, para cada tópico de interesse, se observam para todos os juízes da Suprema Corte ao menos desde 1937.

Figura 2 – Votos de juízes da Era Roberts (2005 -), divididos de acordo com o partido do presidente que os indicou

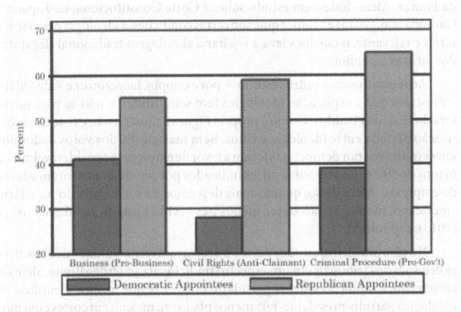

Notes:
(1) Includes twelve Justices serving during the Roberts Court.
(2) All differences between Republican and Democratic appointees are statistically significant at $p < 0.01$.
(3) Business: Percent support for business. Data are from Epstein, Landes, and Posner for the 2005-2011 Terms (1173 total votes).[143]
(4) Civil Rights: Percent opposing civil rights claimants (except in affirmative action cases). Calculated from the Supreme Court Database, using all orally argued cases for the 2005-2014 terms (1713 total votes).[144]
(5) Criminal Procedure: Percent support for the government. Calculated from the Supreme Court Database, using all orally argued cases for the 2005-2014 Terms (1009 total votes).[145]

Fonte: Epstein (2015, p. 2043).

Os juízes da Suprema Corte dos Estados Unidos não são únicos nesse aspecto. De fato, nas últimas décadas se estabeleceu uma verdadeira indústria de nicho que produz artigos acadêmicos que testam empiricamente as motivações de juízes nos lugares mais distintos do globo. Em Grendstad et al. (2015), temos que juízes da Suprema Corte da Noruega indicados por governos social-democratas são significativamente mais propensos a concordar com um litigante argumentando a favor de "interesse público econômico" do que seus colegas que não foram indicados pelo partido socialista. Nesse estudo, ideologia (medida pelo governo que fez a indicação) tem um papel mais relevante do que qualquer outro fator considerado pelos autores. Já Honnige (2009) encontra que ideologia também ajuda a prever os votos dos juízes das cortes supremas da Alemanha e da França. Além destes, em estudo sobre a Corte Constitucional da Espanha, Garoupa et al. (2013) encontra que, sob certas condições, a ideologia pessoal dos juízes é relevante, o que lhes leva a rejeitar a abordagem tradicional (legalista) dos juristas espanhóis.

Ao mesmo tempo, outros estudos – por exemplo, Iaryczower e Katz (2016) – mostram que a explicação ideológica tem seus limites, e não só para juízes fora dos Estados Unidos. Como a própria Figura 2 mostra, não existe uma correlação perfeita entre ideologia e votos. Bem mais de 0% dos votos dados por juízes indicados por democratas foram a favor de empresas e consideravelmente menos de 100% dos votos dos juízes indicados por republicanos foram a favor de empresas. Além disso, quanto mais descemos na hierarquia do judiciário americano, ideologia parece ter menos peso (vide Epstein, Landes e Posner (2013), capítulo 5).

No caso brasileiro, estudos desse tipo esbarram na dificuldade de classificar as decisões dos tribunais em um espectro tradicional esquerda-direita, além da característica fluida do sistema partidário brasileiro, que torna a identificação ideológica partido-presidente-juiz menos plausível, mesmo em cortes cujo modelo de indicação é exatamente o mesmo do judiciário federal americano, como é o caso do Supremo Tribunal Federal (STF).

Entretanto, isso não significa que não houve tentativas, especialmente no âmbito das cortes superiores e, particularmente, do STF, de reproduzir os resultados encontrados para outros tribunais ao redor do mundo. Uma delas é a de Lopes e Azevedo (2018), que comparam o nível de discricionariedade do Presidente da República em indicar juízes para o STF e STJ e usam essa variação para testar a hipótese de que o STF seria mais favorável ao executivo do que o Superior Tribunal de Justiça (STJ). Embora o STF de fato decida mais favoravelmente ao executivo em casos tributários do que o STJ, as variáveis que denotam a indicação política dos juízes não são de todo significantes.

Outra abordagem para o caso brasileiro, contida em Nery e Mueller (2014), emprega uma técnica de mapeamento de votos mais comumente usada em análise de comportamento de legisladores para mapear as preferências dos juízes do STF. No caso, os autores usam dados de votos em Ações Diretas de Inconstitucionalidade (ADIs) para buscar grupos de juízes com posicionamento semelhante. Os resultados podem ser ilustrados na Figura 2, reproduzida abaixo.

8 • COMPORTAMENTO JUDICIAL | 251

Figura 2 – Pontos ideais dos ministros do STF (2009 a 2012)

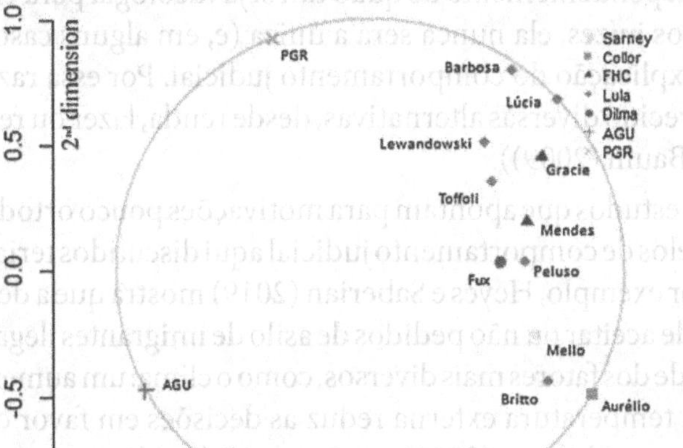

Fig. 6. Estimated ideal points 7th, 8th and 9th periods – 10/2009 to 03/2011, 03/2011 to 12/2011, 12/2011 to 03/2012.
Source: Estimated through NOMINATE using data on Supreme Court decisions available at http://www.stf.jus.br/portal/inteiroTeor/pesquisarInteiroTeor.asp. Chosen conservative Justice: Gilmar Mendes.

Fonte: Nery e Mueller (2014, p. 286)

A dificuldade que surge no caso de Nery e Mueller (2014) é como interpretar as duas dimensões (vertical e horizontal) resultantes desse mapeamento. Os autores propõem que a primeira dimensão (horizontal) denota a posição do juiz em relação às políticas públicas do governo federal (quanto mais à esquerda, mais favorável ao governo) enquanto a segunda dimensão mede as posições dos juízes no que se refere à autonomia legislativa dos entes subnacionais (no caso, Estados) – quanto mais próximo de 1 (mais acima no gráfico), menos favorável à autonomia dos entes subnacionais. Entretanto, em alguns casos, essa interpretação parece insuficiente: por exemplo, como interpretar a variação da segunda dimensão (vertical) em casos que não envolvem legislação dos estados?

Em abordagem com metodologia semelhante à de Nery e Mueller (2014), Medina et al. (2022) encontram que os juízes do STF estariam divididos em dois grupos distintos. De um lado, estariam os juízes indicados mais antigamente, que possuem mais tempo de Supremo. De outro, os juízes mais novos, com menos experiência na corte. Nessa abordagem, os autores encontram que os juízes do STF respondem à identidade do presidente que os indicou (como no modelo atitudinal) e a elementos relacionados com sua origem e carreira prévia à indicação à corte.

De toda forma, a principal mensagem que se pode tirar dessa discussão é a seguinte: independentemente de quão útil seja ideologia para explicar o comportamento dos juízes, ela nunca será a única (e, em alguns casos, nem a mais importante) explicação do comportamento judicial. Por essa razão, muitos estudos têm oferecido diversas alternativas, desde renda, lazer ou reputação (vide, por exemplo, Baum (2009)).

Há ainda estudos que apontam para motivações pouco ortodoxas – e que os diversos modelos de comportamento judicial aqui discutidos teriam dificuldade de explicar. Por exemplo, Heyes e Saberian (2019) mostra que a decisão de juízes de imigração de aceitar ou não pedidos de asilo de imigrantes ilegais nos Estados Unidos depende dos fatores mais diversos, como o clima: um aumento de 10 graus Fahrenheit na temperatura externa reduz as decisões em favor dos imigrantes em 6,5%. Já Chen e Philippe (2020) mostra que juízes dão sentenças mais curtas quando a audiência ocorre na data de aniversário do acusado.

Os estudos aqui citados são apenas uma pequena amostra da extensa literatura de comportamento judicial. Muita pesquisa empírica segue sendo feita sobre o comportamento do juiz individual – o que o motiva, o que restringe seu comportamento, e quais as consequências desses achados para questões mais amplas, como a independência do judiciário e o desenho institucional ótimo dos sistemas judiciários.

8.5 CONSIDERAÇÕES FINAIS

Juízes, desde os de primeira instância até os da Suprema Corte, nos mais diversos países ao redor do mundo, frequentemente gostam de dizer que suas decisões são ditadas pela "lei" – isto é, pelas regras colocadas pelas leis formais, pela Constituição e pelos precedentes. Como conseguimos conciliar essas afirmações com o gigantesco volume de evidências empíricas ao contrário trazido pela literatura e delineado ao longo deste capítulo? Estamos dizendo que os juízes estão mentindo? Ou que estão todos eles iludidos?

Na realidade, não é esse o caso. Em nenhum lugar na literatura de comportamento judicial se propõe que as decisões judiciais *nunca* sejam influenciadas pela "lei". No âmbito da análise positiva, não é necessário escolher um modelo em detrimento de outro. Há espaço para que os diversos modelos se complementem, de forma a criar uma explicação compreensiva da atividade judicante. Assim, não é preciso negar que a "lei" tenha influência no processo decisório dos juízes para apontar que, frequentemente, o posicionamento político dos juízes é um fator relevante na determinação de seus votos. Ao mesmo tempo, não é necessário negar a influência das crenças políticas para afirmar que a "lei" é relevante para formar as decisões dos juízes.

O que se espera – e é o que parte da literatura mostra – é que em assuntos politicamente carregados, como aborto, casamento gay etc., a importância dos diplomas jurídicos seja muito reduzida e que predomine a explicação dada pelo modelo atitudinal, ou seja, que o posicionamento político-ideológico dos juízes seja proporcionalmente mais importante para explicar essas decisões judiciais. Ao mesmo tempo, em temas com baixa carga política, espera-se que a lei seja proporcionalmente mais importante para explicar os votos dos juízes. Ou seja, é de se esperar que o legalismo influencie alguns juízes em alguns momentos.

A pesquisa empírica sobre comportamento judicial evoluiu a passos largos nos mais de oitenta anos que seguiram desde os primeiros estudos de Pritchett. Recentemente, graças aos avanços em capacidade computacional, as análises atingiram um padrão elevado de qualidade, com o uso de grandes bases de dados e técnicas econométricas avançadas para distinguir os diversos componentes que influenciam o comportamento dos juízes. No Brasil, os estudos têm se focado nas cortes superiores – em especial, no STF – e os resultados encontrados têm mostrado que, independentemente do que queiram acreditar, nossos juízes não são diferentes de tantos outros. São agentes racionais afetados pelos incentivos da profissão de juiz e por suas preconcepções político-ideológicas. Ainda resta saber como se comportam os juízes de nossas cortes inferiores – são poucos os estudos que se debruçam sobre dados empíricos da 1ª e 2ª instâncias do judiciário brasileiro. Mas tudo leva a crer que, também nesse caso, não haverá surpresas.

REFERÊNCIAS BIBLIOGRÁFICAS DESTE CAPÍTULO

BARBIN, Evelyne; MAREC, Yannick (1987). Les recherches sur la probabilité des jugements de Simon-Denis Poisson. *Histoire & Mesure*, 39-58.

BOYD, Christina L.; EPSTEIN, Lee; MARTIN, Andrew D. (2010). Untangling the causal effects of sex on judging. *American journal of political science*, v. 54, n. 2, p. 389-411.

BAUM, Lawrence (2009). *Judges and Their Audiences*. Princeton University Press.

CHEN, Daniel L.; PHILIPPE, Arnaud (2020). Clash of norms: Judicial leniency on defendant birthdays. *Available at SSRN 3203624*.

CROSS, Frank B.; TILLER, Emerson H. (1997). Judicial partisanship and obedience to legal doctrine: Whistleblowing on the federal courts of appeals. *Yale LJ*, v. 107, p. 2155.

EPSTEIN, Lee (2015). Some thoughts on the study of judicial behavior. *Wm. & Mary L. Rev.*, v. 57, p. 2017.

EPSTEIN, Lee; LANDES, William M.; POSNER, Richard A. (2013). *The Behavior of Federal Judges*. Harvard University Press.

FISCHMAN, Joshua B. (2008). Decision-making under a norm of consensus: A structural analysis of three-judge panels. *1st Annual Conference on Empirical Legal Studies Paper*.

GAROUPA, Nuno; GOMEZ-POMAR, Fernando; GREMBI, Veronica (2013). Judging under political pressure: An empirical analysis of constitutional review voting in the Spanish Constitutional Court. *The Journal of Law, Economics, and Organization*, v. 29, n. 3, p. 513-534.

GIBSON, James L.; CALDEIRA, Gregory A. (2011). Has legal realism damaged the legitimacy of the US Supreme Court? *Law & Society Review*, v. 45, n. 1, p. 195-219.

GRENDSTAD, Gunnar; SHAFFER, William R.; WALTENBURG, Eric N. (2015). *Policy Making in an Independent Judiciary: The Norwegian Supreme Court*. Colchester, UK: ECPR Press.

HEYES, Anthony; SABERIAN, Soodeh (2019). Temperature and decisions: evidence from 207,000 court cases. *American Economic Journal: Applied Economics*, v. 11, n. 2, p. 238-65.

HÖNNIGE, Christoph (2009). The electoral connection: How the pivotal judge affects oppositional success at European constitutional courts. *West European Politics*, v. 32, n. 5, p. 963-984.

IARYCZOWER, Matias; KATZ, Gabriel (2016). More than politics: Ability and ideology in the British Appellate Committee. *The Journal of Law, Economics, and Organization*, v. 32, n. 1, p. 61-93.

KLERMAN, Daniel (2007). Jurisdictional competition and the evolution of the common law. *U. Chi. L. Rev.*, v. 74, p. 1179.

LOPES, Felipe de Mendonça; FURQUIM DE AZEVEDO, Paulo (2018). Government Appointment Discretion and Judicial Independence: Preference and Opportunistic Effects on Brazilian Courts. *Economic Analysis of Law Review*, v. 9, n. 2, p. 84-106.

LOPES, Felipe de Mendonça (2019). Dissent aversion and sequential voting in the Brazilian Supreme Court. *Journal of Empirical Legal Studies*, v. 16, n. 4, p. 933-954.

MAVEETY, Nancy L. (Ed.) (2009). *The pioneers of judicial behavior*. University of Michigan Press.

MEDINA, Damares; DALLA PELLEGRINA, Lucia; GAROUPA, Nuno. Unfolding judicial ideology: a data-generating priors approach with an application to the Brazilian Supreme court. *Review of Law & Economics*, v. 18, n. 1, p. 1-54, 2022.

NERY FERREIRA, Pedro Fernando; MUELLER, Bernardo (2014). How judges think in the Brazilian Supreme Court: Estimating ideal points and identifying dimensions. *Economia*, v. 15, p. 275-293.

POSNER, Richard A. *How judges think*. Harvard University Press, 2010.

PRITCHETT, C. Herman (1941). Divisions of opinion among justices of the US Supreme Court, 1939-1941. *American Political Science Review*, 35(5), 890-898.

PRITCHETT, C. Herman (1948). *The Roosevelt Court: A study in judicial politics and values, 1937-1947*. Quid Pro Books.

SCHERER, Nancy (2001). Who drives the ideological makeup of the lower federal courts in a divided government. *LAw & Soc'Y REv.*, v. 35, p. 191.

SEGAL, Jeffrey A.; COVER, Albert D. (1989). Ideological values and the votes of US Supreme Court justices. *American Political Science Review*, v. 83, n. 2, p. 557-565.

SEGAL, Jeffrey A.; SPAETH, Harold J. (2002). *The Supreme Court and the attitudinal model revisited*. Cambridge University Press.

STRAS, David R. (2005). The incentives approach to judicial retirement. *Minn. L. Rev.*, v. 90, p. 1417.

TAHA, Ahmed E. (2004). Publish or Paris? Evidence of how judges allocate their time. *American Law and Economics Review*, v. 6, n. 1, p. 1-27.

9
JURIMETRIA E PESQUISA EMPÍRICA: QUAL SEU REAL VALOR PARA SE ENTENDER O JUDICIÁRIO BRASILEIRO?

9.1 INTRODUÇÃO: O QUE É E DE ONDE VEM A JURIMETRIA? BREVE HISTÓRICO[1]

Jurimetria é a metodologia de pesquisa baseada no uso do empirismo, combinado com análises estatísticas, aplicado ao estudo do Direito, inclusive de decisões judiciais. Por sua vez, o empirismo é a prática filosófica-científica de se chegar a conclusões investigativas por meio da utilização de dados obtidos pela observação da realidade. O empirismo se contrapõe, por exemplo, ao dogmatismo.

A Jurimetria como método científico existe, de uma maneira ou de outra, há vários séculos. Ao que consta, em 1709, o matemático suíço Nicolaus I Bernoulli[2] escreveu sua dissertação de doutorado (em latim) intitulada "*Dissertatio Inauguralis Mathematico-Juridica de Usu Artis conjectandi in Jure*", ou "[Dissertação Inaugural de Matemática Jurídica do] Uso da Arte da Conjectura em Direito", que na verdade tratava-se de uma aplicação de métodos estatísticos ao Direito. Uma das grandes obras do também renomado estatístico francês Siméon Denis Poisson, de 1837, foi o "*Recherches sur la Probabilité des Jugements en Matière Criminelle*" – ou "Pesquisas sobre a Probabilidade dos Julgamentos em Matéria Criminal". É neste livro que o autor demonstra a fórmula do que se convencionou chamar "distribuição (estatística) de Poisson", uma das lições mais importantes da estatística básica, aprendida ainda hoje nas faculdades do mundo inteiro.

---

1. Partes deste capítulo baseiam-se no capítulo 11 de: Yeung, Luciana e Camelo, Bradson (2023). *Introdução à Análise Econômica do Direito*. Salvador: JusPodivm.
2. Nicolau I Bernoulli era filho de Nicolau Bernoulli, pintor na Basileia. Foi aluno de Jacob Bernoulli, o famoso estatístico suíço que deu nome à distribuição estatística hoje conhecida como "distribuição Bernoulli". Foi sob a orientação de Jacob que Nicolau I escreveu o que se considera ser uma das primeiras obras de Jurimetria na ciência moderna.

Em períodos mais recentes, ao que parece, a primeira referência ao termo foi feita por Lee Loevinger, em um artigo publicado no *Minnesota Law Review* (periódico do *Bar Association* daquele estado norte-americano) em 1949. No artigo intitulado "Jurimetrics – the next step forward" ("Jurimetria – o próximo passo para a frente"), o autor faz a defesa da Jurimetria, em contraposição ao aprendizado jurídico pelo que chama de jurisprudência:

> O próximo passo no longo caminho do progresso humano deve ser da jurisprudência (que é mera especulação sobre a lei) para a jurimetria – que é a investigação científica dos problemas legais. No campo do controle social (que é a lei), pelo menos devemos começar a utilizar a mesma abordagem e os mesmos métodos que nos permitiram progredir em direção a um maior conhecimento e controle em todos os outros campos. O maior problema enfrentado pela humanidade nesse meio do século XX é a inadequação dos métodos sociolegais herdados de ancestrais primitivos para controlar uma sociedade que, em todos os outros aspectos, se baseia nas poderosas técnicas de uma ciência sofisticada[3] (p. 483, tradução livre, ênfases adicionadas).

Na nota de rodapé, o mesmo autor explica sobre o termo "Jurimetria":

> Claro que não é importante qual termo é usado para indicar a disciplina científica sugerida. É importante que ela tenha um nome distintivo, assim como um programa geral. O nome sugerido aqui parece, para o autor, tão bom quanto qualquer outro, pois parece indicar a natureza do assunto e corresponde a outros termos semelhantes, como biometria e econometria[4] (idem).

Se adotarmos a definição de Loevinger de maneira literal, a Jurimetria não se restringiria somente à pesquisa jurídica com base em dados, tal como a maioria aceita hoje. Ela poderia/deveria envolver também outras metodologias científicas baseadas em argumentos lógico-racionais, tal como a Matemática faz. Isso parece fazer muito sentido, porque uma grande parte da Física – justamente a Física Teórica – não faz uso de dados empíricos, mas de modelos teóricos, e não por causa disso deixa de ser considerada um método científico. Curiosamente, toda a área de Cosmologia – a Física que estuda a evolução do Universo – é teórica, e somente nas últimas décadas, com a invenção de instrumentos poderosos, foi possível coletar dados empíricos cosmológicos. Qual não foi a surpresa de muitos descobrir que os modelos teóricos criados por grandes físicos do passado (Albert

---

3. No original: "The next step forward in the long path of man's progress must be from jurisprudence (which is mere speculation about law) to jurimetrics" – which is the scientific investigation of legal problems. In the field of social control (which is law) we must at least begin to use the same approach and the same methods that have enabled us to progress toward greater knowledge and control in every other field. The greatest problem facing mankind at this midpoint of the twentieth century is the inadequacy of socio-legal methods inherited from primitive ancestors to control a society which, in all other aspects, is based upon the powerful techniques of a sophisticated science".

4. No original: "Of course it is not important what term is used to indicate the scientific discipline suggested. It is important that it have a distinctive name, .as well as a general program. The name suggested here seems, to the author, as good as any, since it seems to indicate the nature of the subject matter, and corresponds to other similar terms, such as biometrics and econometrics".

Einstein, inclusive) estavam corretos, sendo corroborados pelas observações recentes feitas.

Isso dito, não seria errado incluir dentre os métodos jurimétricos as metodologias com modelos teórico, como por exemplo a teoria dos jogos: uma área de pesquisa nascida da Matemática, e rapidamente "adotada" pela Economia, pelo seu poder analítico preditivo, extremamente útil para o estudo de interações sociais. O Direito, assim como a Economia, também é uma área do saber primordialmente focada no estudo das interações sociais; não é à toa que a Teoria dos Jogos tem sido aplicada aos estudos jurídicos de maneira muito bem-sucedida.[5] Ousaria dizer que sua aplicação só não é mais ampla, pois ela exige um investimento de tempo para aprendizado para o qual muitos não estão dispostos (apesar de existirem modelos simples, mas igualmente úteis para a aplicação nos estudos dos Direito). Em obra escrita conjuntamente com Bradson Camelo, trazemos uma exposição didática sobre a teoria dos jogos aplicadas aos temas jurídicos.[6] Porém, vale lembrar que ela é teoria consolidada e parte dos currículos regulares de qualquer curso de graduação em Economia, com uma infinidade de livros-textos, com perspectivas e aprofundamento matemático variados.

Voltando ao artigo de Loevinger, o autor faz uma reconstituição histórica do aprender jurídico desde os gregos, e faz uma argumentação racional a favor da Jurimetria como método científico, ao contrário (na visão do autor) de tudo o que foi feito antes. A leitura é bastante interessante, sobretudo aos juristas. Por esse motivo, fiz uma breve seleção de passagens, principalmente daquelas com exposição específica sobre o método da Jurimetria, que estão transcritas no apêndice desse capítulo.

Oficialmente como campo de estudo científico, a Jurimetria consolida-se na década de 1960, nos Estados Unidos, com o lançamento do periódico *Modern Uses of Logic in Law – MULL*, em 1959, pela American Bar Association (o similar à Ordem dos Advogados do Brasil), liderado por Layman Allen.[7] Sete anos mais tarde, em 1966, a *MULL* passou a se chamar *Jurimetrics, the Journal*

---

5. Sobretudo para os estudos da dinâmica dos litígios, a teoria dos jogos é o modelo ideal, por modelar perfeitamente a interação entre as partes litigantes. Ver por exemplo, GICO Jr, Ivo (2020). *Análise Econômica do Processo Civil*. Indaiatuba: Ed. Foco.
   Para o(a) leitor(a) atento(a), deverá perceber que foi exatamente essa perspectiva que adotamos no capítulo 3, quando trouxemos modelos de litígio, com a perspectiva econômica usando a teoria dos jogos.
6. YEUNG, Luciana e Bradson CAMELO (2023). *Introdução à Análise Econômica do Direito*. 1. e 2. ed. Salvador: JusPodivm, cap. 4.
7. Não deixa de ser curioso reparar que a Jurimetria como movimento nos EUA surgiu mais de advogados praticantes e não de dentro da academia. Loevinger ele próprio foi advogado, procurador, trabalhou na agência antitruste e depois na de comunicações durante o governo Kennedy. Na American Bar Association (ABA) criou a Seção de Direito da Ciência e Tecnologia.

of Law, Science and Technology. A revista encontra-se ainda em circulação, com periodicidade trimestral. Nos primeiros anos de existência, muitos foram os debates – a favor e contra – sobre a disseminação da Jurimetria nos estudos jurídicos norte-americanos.

Depois disso, a Jurimetria tem-se ampliado como metodologia de pesquisa e hoje muitos também a designam como "estudos empíricos em Direito".[8] Nos Estados Unidos, várias escolas de Direito possuem centros de pesquisa empírica ou Jurimetria. Há associações específicas para a discussão e a divulgação de trabalhos na área, dentre elas a *Society for Empirical Legal Studies*, que realiza anualmente congressos nacionais e internacionais, e tem uma publicação própria, a *Journal of Empirical Legal Studies*. No Brasil, inicia-se um movimento similar em diversos centros de ensino e pesquisa. Existe já periódico dedicado especificamente à pesquisa empírica no Direito, congresso focado no tema e, cada vez mais, sendo aceita como metodologia científica para trabalhos de conclusão de curso, dissertações, teses e artigos.[9]

Na próxima seção, vamos entender brevemente no que consiste a metodologia jurimétrica. Faremos uma revisão de trabalhos nacionais e internacionais usando a metodologia – diversos deles já apresentados em capítulos anteriores deste mesmo livro. Depois, de maneira breve, explicaremos como pode ser feito um exercício jurimétrico com dados atualmente disponíveis no país. Daremos exemplos de diversos trabalhos – acadêmicos e aplicados – feitos com o emprego da Jurimetria. Na verdade, a integralidade dos trabalhos citados até agora nos capítulos anteriores empregava essa metodologia. Farei alguma distinção entre a Jurimetria sem e com o emprego de programação e inteligência artificial, e veremos que é possível fazer um exercício trabalho jurimétrico mesmo que não se empreguem os sofisticados meios computacionais. Passaremos depois a relatar associações, organizações e periódicos acadêmicos, governamentais e privados que têm promovido uma análise mais científica e empírica do Direito no país. Finalmente, discutiremos como a Jurimetria pode e já está impactando radicalmente a pesquisa jurídica e o Judiciário e demais órgãos públicos.

---

8. Duas observações importantes: Primeiro, como acabamos de discutir acima, a Jurimetria incluiria também métodos de modelagem matemática lógica/racional; isso já é amplamente aceito e praticado pelos pesquisadores da análise econômica do Direito – apesar de nem todos a denominarem Jurimetria. Segundo, há uma percepção de que a Jurimetria envolveria apenas pesquisa empírica quantitativa, mas não qualitativa. Novamente indo aos fundamentos, não é verdade que as metodologias qualitativas sejam todas não científicas, existe muita teoria e toda uma linha de pesquisa sobre rigor e validade científicas nas pesquisas qualitativas. Por isso, também incluo dentro da Jurimetria os métodos qualitativos (bem fundamentados e feitos de maneira rigorosa, que sigam a literatura acadêmica que existe sobre o tema).

9. Discutiremos mais à frente sobre as organizações nacionais.

9.2 O QUE ENVOLVE A METODOLOGIA JURIMÉTRICA?

9.2.1 Tipos comuns

O primeiro mito a ser destruído no exercício de aplicação da Jurimetria é de que ela exige emprego de métodos sofisticados, com matemática e/ou recursos computacionais de última geração, manejáveis apenas por grandes especialistas em ciências exatas. A Jurimetria está a serviço de todos que se interessam pela pesquisa empírica, que desejam estudar as ciências jurídicas através de uma perspectiva científica, por meio da coleta de dados reais. A grande questão é: qual é a pergunta a que se quer responder com tal estudo? E talvez mais ainda, quais são as conclusões a que se pode chegar com os resultados obtidos? Estudos que tenham ambições maiores, que almejem chegar a conclusões generalizáveis a um grande número de fenômenos precisam tomar um cuidado maior na escolha do método e com a execução da análise. Também é preciso, nesses casos, cuidar da amostra a ser usada para o estudo. No caso de decisões judiciais, ela precisa conter elementos (casos) que sejam representativos da população total, dado o tema específico que se coloca.[10] Assim sendo, a própria seleção do conjunto de decisões judiciais a serem coletadas e a análise a ser aplicada sobre os dados dependerão da metodologia que será empregada. Por sua vez, a escolha da metodologia não é uma opção aleatória, havendo modelos mais ou menos adequados para diferentes propósitos de pesquisa. Vamos começar com os modelos mais simples:

Estudos de Caso: Como o próprio nome diz, os estudos de caso têm como objetivo a análise aprofundada de algum ou alguns (não muitos) casos reais que ilustram o tema que se quer investigar. Aqui, troca-se o tamanho da amostra observada pelo nível de detalhamento da análise. Por exemplo, quer-se estudar julgados em matéria de defesa de concorrência que atendam a determinadas características: indústria, país, período de tempo etc. Para o propósito desse estudo, é pouco provável que existam uma quantidade muito grande de casos. Escolhem-se então, por meios não aleatórios, os casos que atendam àquelas características específicas.

Estudos de caso normalmente não utilizam técnicas estatísticas ou econométricas muito sofisticadas. A sua vantagem é a precisão com que podem chegar

---

10. Em particular, o grande problema a ser evitado nesses casos é o viés de seleção na amostra, ou seja, por algum motivo, a amostra contenha participações desproporcionais de casos com determinadas características em comparação ao que seria na população original. Por exemplo, se o tema de estudo é a tendência das decisões judiciais com relação a inadimplemento de dívidas contratuais, é importante que a amostra selecionada reflita a população original no que se refere à proporção de casos trazidos inicialmente aos tribunais pelos credores e pelos devedores.

com a observação do fenômeno, principalmente quando há detalhes específicos ou quando se almeja obter algum tipo de informação qualitativa. Por outro lado, por envolverem quantidades menores de observações, suas conclusões dificilmente podem ser generalizáveis. Essa é a maior limitação metodológica desse tipo de estudo.

Estatísticas Descritivas (e/ou Correlações): O emprego de estatísticas descritivas é a forma mais simples de se aplicar metodologia quantitativa. Os dados usados na análise descritiva podem ser, por exemplo, extraídos de julgados escolhidos de maneira mais ou menos aleatória. A contribuição deste tipo de estudo é compilar, em um só trabalho, dados que ajudem a mostrar evidências de algum fenômeno ou de alguma tendência em decisões judiciais. Com base em estatísticas simples, como distribuições percentuais, médias, medianas etc., é possível chegar-se a conclusões preliminares acerca de algum tema, e até mesmo sair de evidências anedóticas. No capítulo 7 deste livro, mostrei o trabalho desenvolvido em 2016 referente a julgados sobre terceirização de mão de obra.[11] A pesquisa, baseada em estatísticas descritivas de mais de 500 julgados, mostrou que, ao contrário do que se afirmava em partes do meio jurídico, não era pacífico o entendimento do que se considerava como atividade-fim ou atividade-meio, gerando significativa insegurança judicial, e incentivando ambos os lados do conflito a litigarem. Apesar da simplicidade do método, o trabalho serviu como base de argumentação em julgados do Supremo Tribunal Federal, como já tivemos oportunidade de mostrar.

Outro estudo que empregou uma "simples" análise de estatísticas descritivas com resultados muito profícuos foi aquele sobre Gratuidade da Justiça realizado pelo Insper para o Conselho Nacional de Justiça, sobre o qual já tivemos oportunidade de discutir no capítulo 4.[12] Através de uma avaliação dos dados (qualitativos) coletados em mais de 400 julgados, a equipe da pesquisa identificou, dentre outras coisas, que poucas concessões judiciais de Gratuidade vêm acompanhado de fundamentação sólida por parte dos magistrados(as).

Regressões de Causalidade: Quando se tem um número "razoável" de observações, ou um tamanho "razoável" de amostra,[13] é possível ir para além das

---

11. YEUNG, Luciana (2016). *Terceirização de mão de obra no Brasil*. São Paulo: CEDES Centro de Estudos de Direito Econômico e Social. Disponível em: https://www.cedes.org.br/publicacoes.

12. Insper, Tribunal de Justiça do Estado de São Paulo e CNJ (2023), *Gratuidade e Acesso à Justiça*, Relatório de Trabalho para apoiar o GT de Custas Judiciais e Gratuidade de Justiça. Brasília: Conselho Nacional de Justiça. Acessível em: https://www.cnj.jus.br/wp-content/uploads/2023/11/pesq-gratuidade-insper.pdf.

13. Não existe uma resposta certa para qual seria o tamanho da amostra mínima necessária para ser considerada de tamanho "razoável"; isso dependerá do objeto em estudo, do total de variáveis que serão incluídas no estudo (quanto mais variáveis, menor é o "grau de liberdade" do exercício estatístico, e

estatísticas meramente descritivas e tentar encontrar relações mais robustas entre as variáveis analisadas, normalmente através de modelos de regressão de causalidade. De maneira bastante resumida – correndo o risco de simplificar uma das áreas mais dinâmicas da Economia e da Estatística de fins do século 20 e início do século 21 – os modelos de regressão tentam captar a influência de certas variáveis, chamadas de *variáveis independentes*, sobre outras, as chamadas *variáveis dependentes*. Mais ainda, o que se pretende com estes modelos é explicar supostos efeitos de *causalidade* de variáveis independentes sobre a(s) dependente(s). Por exemplo, pode-se perguntar se o tamanho do orçamento municipal para a área de saúde afeta o número de pacientes atendidos nos hospitais públicos. Importante perceber que, como o nome indica, quer-se chegar a uma relação de causação entre as variáveis: a hipótese é que mais recursos "causam" mais (ou menos) atendimentos. E os modelos de regressão colocarão a hipótese em teste, e darão um resultado positivo ou negativo. Na seara jurídica, onde essas inquisições poderiam ser enquadradas na categoria de trabalhos jurimétricos, diversas são as possibilidades. Alguns exemplos de regressões possíveis (muitas das quais já realizada): se o orçamento do Judiciário e/ou a quantidade de magistrados afeta o tempo médio de um processo nos tribunais, ou se a qualidade do sistema legal afeta a atividade empresarial e o desenvolvimento econômico e social de um país. Especificamente em decisões judiciais, pode-se avaliar se características do litigante (indivíduo ou empresa, classe social, gênero etc.), ou paralelamente, se características do(s) magistrado(s) julgando o caso afetam a decisão judicial. Nesses casos, além de variáveis numéricas (tamanho do orçamento, quantidade de juízes, renda do litigante etc.) também é possível incluir variáveis discretas, não numéricas nas regressões: por exemplo, qualidade do sistema legal, gênero do indivíduo e/ou do magistrado, tipo de litigante, estado de origem do processo etc. O estudo exposto no capítulo 6, sobre o Superior Tribunal de Justiça,[14] realizou dois exercícios com regressões de causalidade. No primeiro, tentava identificar quais variáveis aumentavam ou diminuíam as probabilidades de os Ministros julgarem a favor do devedor em um Recurso Especial envolvendo quebras contratuais com instituições financeiras. No segundo, identificava variáveis que aumentavam

poderá ser exigido um número maior de observações) etc. Normalmente microeconomistas e financistas tendem a trabalhar com amostras bastante grandes, com pelo menos milhares de observações. Já os macroeconomistas, que muitas vezes têm o número de países do mundo, ou de estados de um país, como observações, tendem a ter tamanhos de amostras menores. Para minimizar esse problema, tendem a trabalhar com dados em *painel*, ou seja, analisando os dados dos "n" países por um período mais longo de tempo, digamos "x" anos ou meses. Com isso, a amostra passa a ter um tamanho de "n" multiplicado por "x". De toda forma, para um razoável exercício de regressão econométrica, é necessário pelo menos algumas dezenas de observações (novamente, dependendo do objeto em análise).

14. YEUNG, Luciana L. (2019). "Bias, insecurity and the level of trust in the judiciary: the case of Brazil". *Journal of Institutional Economics*, v. 15, p. 163-188.

ou diminuíam as probabilidades de a decisão sobre o REsp reformar a decisão do tribunal inferior. Também vale observar que praticamente todas as variáveis naqueles dois exercícios eram variáveis discretas (favoreceu ou não favoreceu, tipo de reclamante e reclamado, estado de origem do REsp etc.)

Vale lembrar que a área de comportamento judicial (*judicial behavior*), discutida anteriormente no capítulo 8, baseia-se cada vez, quase que integralmente, no emprego dos modelos de regressão de causalidade. O que os estudiosos de *judicial behaviour* querem, como vimos, é explicar quais fatores impactam diretamente na maneira como os magistrados julgam, ou seja, variáveis que causam a tomada de decisão judicial ser de uma forma ou de outra.

O campo da estatística/econometria que estuda os modelos de regressão de causalidade não para de evoluir nas últimas décadas; novos modelos surgem a cada par de anos.[15] O objetivo é tentar aperfeiçoar cada vez mais a capacidade de explicar o mundo real e melhorar a acurácia desses modelos na previsão dos fenômenos. Como voltaremos a discutir mais à frente, evidenciar relações de causalidade com significância estatística é uma tarefa complexa, porque no mundo real dezenas, se não centenas, de fatores afetam um determinado objeto; saber identificar e incluir corretamente no modelo esses fatores (variáveis) e não incluir fatores não relacionados é um desafio que os pesquisadores da Econometria, Jurimetria e afins se deparam toda hora. Além disso, para diferentes tipos de variáveis incluídas no modelo, ou diferentes tipos de perguntas feitas ("quanto", "como", ou "qual a probabilidade" etc.), ou diferentes maneiras de variação dos dados (variação em um único momento temporal, ou variação ao longo do tempo) etc. existem modelos de regressão específicos, mais ou menos adequados à situação em questão. Em ponto comum está o objetivo de se evidenciar a existência ou não de relações de causalidade de algumas variáveis sobre outras, mediante a observação de um número "grande" de observações.

Outras metodologias "não tradicionais": A definição do que seja Jurimetria por Lee Loevinger, que apresentamos no começo deste capítulo é clara: qualquer método científico aplicado para o estudo das questões do Direito. Então, em tese, não estaria limitada aos métodos mais "populares" empregados atualmente pelos cientistas sociais. E de fato não está. Diversas ciências têm modelos científicos

---

15. A discussão sobre os modelos de regressões de causalidade é um trabalho teórico avançado, mas que pode ser acompanhada nos periódicos mais bem ranqueados nas áreas de Econometria e Estatística (por exemplo, mas não limitado a: *Econometrica, Journal of Econometrics* etc.) Para ilustrar a rapidez da evolução desses modelos, lembro-me vivamente de uma aula durante meu doutorado quando meu professor de Econometria Aplicada mostrou-nos, extremamente animado, um novo modelo que foi apresentado em um artigo publicado semanas antes em um periódico *top*. Menos de 10 anos depois, como professora, testemunhei que aquele mesmo modelo estava sendo ensinado aos alunos da... graduação!

pouco empregados – e mesmo pouco conhecidos – por economistas e juristas que praticam a metodologia científica empírica. Na verdade, não existe limite para as possiblidades de modelos que poderiam ser empregados no estudo das questões jurídicas; a preocupação e o desafio, como sempre, devem ser na aplicação correta e rigorosa de quaisquer modelos que sejam.

Devido à minha própria experiencia pessoal, apresentarei somente dois métodos "alternativos" que podem e foram aplicados para o estudo do Judiciário. O primeiro deles, longamente descrito e discutido no capítulo 5, sobre Eficiência Judicial, é a DEA (*Data Envelopment Analysis*, ou Análise Envoltória de Dados). Essa metodologia não estatística, baseada em modelos matemáticos de otimização (maximização e minimização de funções), é mais comumente empregada pelos profissionais da Engenharia de Produção, para mensuração de eficiência e produtividade. Desde fins da década de 1990, no entanto, tem sido extensivamente utilizada por diversos autores no mundo inteiro para a mensuração de eficiência judicial. No Brasil também ganhou dezenas de adeptos, inclusive o próprio Conselho Nacional de Justiça, que a emprega em seus relatórios oficiais do "Justiça em Números". Conforme já mostrado antes, diversas foram as publicações de minha autoria utilizando a DEA para cálculos de eficiência dos Tribunais de Justiça Estadual.

Outra metodologia que poderia ser aplicada para estudos judiciais vem dos pesquisadores das ciências políticas e administrativas. A QCA – *Qualitative Comparative Analysis* ("Análise Qualitativa Comparada") – também é uma metodologia de análise de dados qualitativos não baseada na estatística, nem em modelos econométricos de regressão de causalidade. Juntamente com alguns colegas, publiquei em 2019 um trabalho aplicando essa metodologia para entender julgados em questões de conflitos de terra entre indígenas e produtores rurais no Estado do Mato Grosso do Sul.[16] No artigo, explicamos a lógica por trás dessa metodologia, que pode ser assim resumida:

> Para analisar o padrão de tomada de decisões judiciais, utilizamos a análise qualitativa comparativa (QCA). A QCA é uma metodologia desenvolvida inicialmente nas ciências sociais e políticas (Rihoux e Ragin 2009). Seu objetivo é encontrar padrões lógicos para a presença ou ausência de cada condição incluída no modelo ao alcançar um resultado específico. A técnica é próxima de um modelo causal, mas possui a vantagem sobre modelos econômicos (econométricos) e estatísticos tradicionais ao permitir a análise de combinações que levam a um resultado específico, ou seja, múltiplas causas conjunturais. Isso significa que o modelo considera a presença potencial de vários *caminhos* para alcançar um determinado resultado,

---

16. MONTEIRO, Guilherme Fowler A.; YEUNG, Luciana L.; Caleman, Silvia M. Q. & Pongeluppe, Leandro S. (2019). "Indigenous land demarcation conflicts in Brazil: Has the Supreme Court's decision brought (in)stability?" *European Journal of Law and Economics*, v. 48, p. 267-290.

ou seja,"equifinalidade"(Campbell et al. 2016). Aplicações recentes da QCA têm sido realizadas em diferentes áreas, desde a administração pública até a teoria organizacional e a gestão esportiva (p. 273, tradução livre).[17]

Os resultados que encontramos naquele trabalho com o emprego da QCA foram extremamente interessantes (e talvez dificilmente os teríamos encontrados caso tivéssemos empregado uma metodologia econométrica de regressão de causalidade): após o célebre julgamento do caso Raposa Serra do Sol pelo Supremo Tribunal Federal brasileiro, houve maior – e não menor – divergência nos entendimentos dos tribunais federais inferiores em conflitos semelhantes. Como resumimos:

> Encontramos evidências de que [o caso Raposa Serra do Sol, julgado pelo STF] em 2009, celebrado como um marco na jurisprudência nacional e esperado para trazer estabilidade aos conflitos, não teve esse efeito nas decisões dos tribunais inferiores. Na verdade, a decisão de 2009 desencadeou uma proliferação de diferentes interpretações entre os juízes sobre como analisar os conflitos de terras, alterando assim a estrutura das decisões dos juízes. Com base nessas descobertas, podemos lançar uma nova luz sobre a dinâmica da tomada de decisões judiciais em relação a conflitos de direitos de propriedade em terras indígenas no Brasil (p. 267, tradução livre).[18]

Métodos Não Empíricos: Não repetirei aqui o que já foi dito antes sobre a possibilidade de ter métodos jurimétricos não empíricos (sem uso de dados), tais como a teoria dos jogos. Inclusive, nesse volume, tivemos oportunidade de discutir sobre diversos trabalhos dessa natureza, no capítulo 3, das motivações de litigância. Lá foram apresentados trabalhos clássicos dessa literatura e outro modelo aplicado à Justiça do Trabalho no Brasil. Vale acrescentar que os métodos não empíricos não seriam limitados somente à teoria dos jogos – apesar de seu protagonismo incontestes na análise econômica – mas poderiam incluir também outros métodos teóricos lógico-dedutivos. É por isso que a Matemática é tão im-

---

17. No original: "To analyze the pattern of judicial decision-making, we employ qualitative comparative analysis (QCA). QCA is a methodology developed initially in social and political sciences (Rihoux and Ragin 2009). Its objective is to find logical patterns for the presence or absence of each condition included in the model in reaching a specific outcome. The technique is close to a causal model, yet it has an advantage over regular econometric and statistical models by allowing for the examination of combinations that lead to a certain result – i.e., multiple conjunctural causation. This means that the model accounts for the potential presence of several paths to achieve a certain result, i.e., "equifinality" (Campbell et al. 2016). Recent applications of QCA have been performed in different areas ranging from public administration to organization theory and sports management."

18. No original: "We find evidence that a major case settled by the Brazilian Supreme Court in 2009, celebrated as a landmark in national jurisprudence and expected to bring stability to the conflicts, did not have this effect on lower courts' judgments. In fact, the 2009 decision triggered a proliferation of different interpretations among judges about how to analyze the land conflicts, thus changing the structure of the judges' decisions. Based on these findings, we can shed new light on the dynamics of judicial decision-making regarding property rights conflicts of indigenous lands in Brazil."

9 • JURIMETRIA E PESQUISA EMPÍRICA

portante e útil para os métodos científicos, pois ela é a linguagem e o instrumento *sui generis* do pensamento lógico.[19] Assim sendo, eventuais modelos teóricos que empreguem a lógica para descrição e previsão de fenômenos, e que possam ser contestáveis ou falseáveis de alguma forma, também poderão ser incluídos como método jurimétrico (se tiverem objetos do Direito para estudo). Da mesma maneira que físicos teóricos criaram modelos para descrever e prever a dinâmica do Universo, que posteriormente foram testados (corroborados ou contestados) pela observação empírica, poderíamos ter juristas teóricos, empregando modelos lógico dedutivos, descrevendo e prevendo fenômenos jurídico-sociais, que seriam corroborados (ou não) depois pelas observações empíricas. É sobre isso que Lee Loevinger mostrava em seu artigo de 1948 sobre os diferenciais e poder da Jurimetria em comparação aos métodos não científicos do Direito.

Vale reiterar que os limites para aplicação de diferentes metodologias no estudo do Direito e do Judiciário são infinitos. Cabe ao pesquisador(a) comparar e aprender seriamente os modelos mais adequados para responder à sua questão científica em particular, e empregá-lo da maneira mais rigorosa possível.

9.2.2 "Fazendo" a Jurimetria: técnicas de coleta e tratamento de dados

Como efetivamente se inicia uma pesquisa empírica quantitativa baseada em decisões judiciais? Em primeiro lugar, é preciso ter acesso a decisões judiciais que se quer estudar, analisar. Cada pesquisador terá suas fontes, podendo ser físicas (obtidas diretamente nos tribunais) ou virtuais (via bases eletrônicas), de fonte primária (acesso direto na origem) ou fonte secundária/terciária (coletada por outrem, e depois, disponibilizada pública ou privadamente a outros pesquisadores) etc. Uma vez disponível a base de decisões (independentemente do tamanho desta base), começa-se a fazer o trabalho de tabulação dos dados: a mão, em planilhas eletrônicas, ou mais recentemente, "ensinando" a máquina a fazer essa tabulação.

O Judiciário brasileiro tem caminhado cada vez mais na direção de disponibilização de processos e de julgados de maneira eletrônica, até como esforço louvável do Conselho Nacional de Justiça desde sua criação. Praticamente todos os tribunais, das três Justiças principais – Estadual, Federal e Trabalhista – além dos tribunais superiores, têm publicado de maneira mais ou menos adequada a

---

19. Matemática, como área de conhecimento investigativo, não tem *absolutamente nada a ver* com números (como o senso comum atribui). A grande verdade é que os modelos teóricos matemáticos aplicados na Economia, na Física etc. não têm nenhum número. O fundamento principal da Matemática está no emprego da lógica dedutiva em suas análises.

jurisprudência recente. Assim, de maneira geral, encontrar a fonte de dados das decisões judiciais não tem sido o problema.

As dificuldades com a coleta de dados tornam-se mais significativas à medida que se almeja fazer estudos com grande quantidade de decisões, e quando a aleatoriedade absoluta na seleção dos casos é necessária. A questão é que há evidências de que nem mesmo os tribunais mais avançados na digitalização dos processos disponibilizam integralmente seus julgados. A grande dúvida para os pesquisadores é: qual é o percentual de julgados não disponibilizados nos sítios abertos? Existe alguma característica consistente desses julgados para que não sejam disponibilizados publicamente? Se existir, seria um problema para as pesquisas científicas, porque levaria a viés de seleção dos casos disponibilizados. Veçoso et al (2014) abordam essa questão de maneira detalhada e mostram que, mesmo o Supremo Tribunal Federal (STF) e o Superior Tribunal de Justiça (STJ), em suas páginas de acesso eletrônico, não disponibilizam a jurisprudência em sua totalidade. Resta aos próprios órgãos do Judiciário responderem e avaliarem essa questão.

Existe outra dificuldade para os pesquisadores da Jurimetria aplicada a decisões judiciais, dificuldade essa inerente à própria natureza deste tipo de pesquisa, que é a necessidade de tratamento dos dados – normalmente qualitativos – e sua eventual categorização para elementos que possam ser tratáveis pelos programas (*softwares*) estatísticos computacionais. A transformação de variáveis qualitativas ("decisão favorável ou desfavorável?", "litigante é homem ou mulher?", "empresa é nacional ou estrangeira? De que indústria é?" etc.) para algo que possa ser manipulado e interpretado estatisticamente pode, algumas vezes não ser trivial. Os modelos econométricos mais comuns para estes casos incluem o *probit* e o *logit,* mas eventualmente esses modelos podem ser limitados para algumas situações. Os manuais e os modelos econométricos têm capítulos específicos para lidar com o tratamento de variáveis qualitativas; porém, a manipulação desses dados é algo que se adquire com a experiência e com o tempo. Muitas vezes, conversar com pesquisadores que já tiveram a mesma experiência é um dos melhores caminhos.

9.2.3 Limites da Jurimetria

Uma das grandes vantagens da metodologia científica em comparação com dogmas, crenças e doutrinas é a transparência na geração do conhecimento. Como dizia o pai da metodologia científica moderna, Karl Popper,[20] um conhecimento só pode ser considerado científico se for falseável. Relacionado a isso, trabalhos científicos sempre precisam deixar claro quais são as suas limitações e seus pontos

---

20. POPPER, Karl R. (2004 [1959]). *A Lógica da Pesquisa Científica.* 6. ed., traduzido, São Paulo: Ed. Cultrix.

fracos. Nenhum trabalho científico – podendo ser do(a) mais (a)renomado especialista da área – é perfeito ou isento de críticas. Da mesma forma, é preciso saber que a própria utilização da Jurimetria também apresenta limitações. Elas estão normalmente relacionadas ao processo da coleta e tratamento/análise de dados.

Uma das dificuldades mais comuns na pesquisa científica, sobretudo nas ciências sociais e humanas, é conseguir identificar de maneira segura relações de causalidade entre variáveis do mundo real. As atuais pesquisas empíricas de decisões judiciais estão intensamente concentradas naquelas que empregam os métodos de regressão de causalidade econométrica. Na verdade, atualmente, os cientistas sociais empíricos – economistas, juristas, cientistas políticos etc. – têm resistido cada vez mais a fazer análises que não consigam apontar relações de causalidade entre as variáveis estudadas. Porém, a dificuldade para se empregar modelos de causalidade reside na premissa da metodologia econométrica de se conhecer, com certo grau de segurança, a função entre variáveis dependentes e independentes.[21] Mais do que isso, assume-se que as variáveis independentes mais significativas estejam de fato incluídas no modelo, que elas não sejam correlacionadas com outras variáveis, ou que elas não foram omitidas da análise. Infelizmente, nem sempre é fazer chegar a essas conclusões em exercícios do mundo real. O que fazer então?

Estudar, estudar, estudar. E discutir, discutir, discutir. É preciso conhecer bem as dezenas (centenas?) de modelos econométricos existentes para saber qual deles melhor se adequa aos dados que o pesquisador(a) tem em mãos e às perguntas postas para teste. Manuais de econometria com menos foco na teoria ou demonstrações de teoremas e mais foco em aplicações começam a avolumar nas livrarias (principalmente estrangeiras), alguns deles, inclusive, dedicados especificamente à pesquisa em Direito. Além disso, é sempre recomendável discutir com outros colegas, sobretudo aqueles com conhecimento em Jurimetria e análises empíricas. Finalmente, ler trabalhos recentes publicados em bons periódicos científicos, nacionais e internacionais, ir a seminários acadêmicos de discussão de trabalhos em andamento (aqueles que acontecem periodicamente em cursos de pós graduação). Esses são normalmente a fonte de informação mais rápida sobre as técnicas e modelos mais recentes, o caminho mais rápido para a fronteira do conhecimento, tanto em termos de matérias tratadas, quanto de metodologias empregadas. Assim como em outras áreas do conhecimento, mas sobretudo nesta que é, por natureza, interdisciplinar, a pesquisa e o aprendizado são feitos gradualmente, com intensa troca de informações.

---

21. No modelo causal, variáveis independentes (ou exógenas) *causam* determinados resultados nas variáveis dependentes. Ou seja, as variáveis independentes *são a causa* de as variáveis dependentes serem de uma maneira ou de outra.

9.3 A FRONTEIRA NA PESQUISA DA JURIMETRIA: BIG DATA E TEXT MINING

Ao longo desse volume, pudemos perceber que a pesquisa jurimétrica envolve uma grande diversidade de métodos e têm avançado de maneira bastante rápida. Especificamente no campo da coleta e síntese de dados empíricos, o avanço da tecnologia de informação (TI) tem tido impactos diretos e extremamente significativos. Em diversos capítulos desse volume, já tivemos oportunidade de ver trabalhos aplicando as novas tecnologias de extração (mineração) de dados computacionais aplicados ao estudo do Judiciário. No capítulo 3, mostrei um trabalho onde os dados minerados serviram para corroborar o modelo de previsão sobre decisões de litigância na Justiça do Trabalho. No capítulo 4, foram apresentados resultados de uma análise sobre o andamento processual dentro de cartórios judiciais. Os dados extraídos computacionalmente mostraram que a duração das rotinas judiciais é geralmente curta, mas são milhares delas compondo um processo judicial regular, o que impede os ganhos de celeridade no andamento. Naquele mesmo capítulo, a questão sobre a Gratuidade da Justiça foi abordada com uma ampla extração de dados pela Diretoria de Planejamento Estratégico do Tribunal de Justiça de São Paulo, em um projeto em parceria com o Insper. No capítulo 7, apresentei uma série de trabalhos empregando a mineração de dados em uma base de mais de 130 mil decisões trabalhistas do TRT-2, onde diversos fenômenos surpreendentes surgiram à vista. Já no capítulo anterior, Felipe Lopes mostra a profícua área de pesquisa sobre o comportamento judicial (*judiciail behavior*). No Brasil e no mundo, os trabalhos de *judicial behavior* têm sido amplamente beneficiados – na sua capacidade preditiva e exatidão dos resultados – com a constante evolução das técnicas de extração de grandes bases de dados judiciais. No Brasil em particular, com a facilidade e abertura dos dados judiciais promovidas sobretudo pelo Conselho Nacional de Justiça (CNJ), essa pesquisa está gerando resultados extremamente úteis para a reflexão sobre políticas públicas, e certamente é uma das áreas de pesquisa mais promissoras dentro do conhecer jurídico.

Vantagem adicional das pesquisas utilizando mineração de dados e *big data* é que não é mais possível as ciências se isolarem dentro de suas respectivas "caixinhas", sem dialogarem com outras áreas do conhecimento. Por definição, a pesquisa jurimétrica utilizando *big data* exige a presença de juristas – para definição do tema, economistas – para fazer o design da metodologia de pesquisa, programadores computacionais – para criar o programa que fará efetivamente a extração de dados, estatísticos ou econometristas – para fazer a análise/síntese dos resultados obtidos. E não para por aí: recentemente, a pesquisa de mineração de dados judiciais de vanguarda está empregando até linguistas para avaliar a natureza dos textos escritos nas decisões judiciais, ou nas peças de defesa ou

9 • JURIMETRIA E PESQUISA EMPÍRICA

acusação dos advogados. Os(As) linguistas analisam, por exemplo, características pessoais ou grupais dos textos das decisões dos tribunais. Também, analisam como a estrutura da linguagem textual tem evoluído com o passar dos anos.

Esse trabalho multidisciplinar, esse diálogo constante entre estudiosos de formações diferentes, envolvendo uma dezena de saberes humanos em um mesmo projeto de pesquisa, ... isso tudo é absolutamente maravilhoso.[22]

9.3.1 Mais Projetos Aplicados de Jurimetria com *Big Data* e *Text Mining* no Brasil

A seguir, apresentamos brevemente dois trabalhos que foram realizados por instituições e/ou grupos de pesquisa com o objetivo de apresentar resultados para tomadores de decisões públicas, no caso em especial, o CNJ.

9.3.1.1 *Judicialização da saúde*

O projeto "Judicialização da Saúde no Brasil: perfil de demandas, causas e propostas de soluções" foi realizado por um grupo de pesquisadores do Insper em 2018.[23] A proposta do grupo foi vencedora em edital aberto convocado pelo CNJ. Essa foi, talvez, uma das primeiras pesquisas de grande envergadura, organizada por um órgão público, utilizando a tecnologia computacional de extração de dados contidos em decisões judiciais (*textmining*). Foram analisadas cerca de 780 mil decisões judiciais de primeira e segunda instância, de diversas unidades da federação do país. Como descrito no relatório final do projeto:

> Nos repositórios de jurisprudência disponíveis nos sites dos tribunais, foram buscadas decisões de segunda instância (acórdãos) e decisões de primeira instância (sentenças) ... A

---

22. Obviamente, existem pesquisadores que dominam mais de uma das tarefas que compõem esse tipo de a pesquisa, conforme descrito acima. Porém, seria ingenuidade ou até mesmo pretensão, algum pesquisador(a), por mais experiente e reputado que seja (mesmo porque essa área é extremamente nova) acreditar que ele(a) tem domínio total sobre todas as etapas desse tipo de pesquisa. Por definição, a pesquisa de mineração de dados com uso de big data de decisões judiciais é multidisciplinar e não pode ser realizado por uma pessoa sozinha. Os chamados "cientistas de dados" – termo pelo qual eu particularmente não nutro simpatia – envolveria, a princípio, profissionais que dominam os métodos computacionais (extração de dados) e análise quantitativa (análise de dados). Isso é necessário, mas não suficiente para uma pesquisa científica completa. Como mostram Epstein e Martin (2014) em seu excelente manual *An Introduction to Empirical Legal Reesarch*, o método científico empírico no Direito envolve algumas etapas, onde a extração e análise de dados constituem apenas duas delas. Inclusive, e mais importante, a pesquisa científica começa com alguma hipótese, alguma reflexão a observação da realidade jurídica e social, seguida por um diálogo com a literatura científica previamente existente. Para isso, a presença do jurista, ou do juseconomista, é imprescindível. Pesquisa empírica não envolve somente coleta e síntese de dados, indo muito além disso.

23. O relatório completo está disponível em: https://www.cnj.jus.br/wp-content/uploads/2018/01/f74c-66d46cfea933bf22005ca50ec915.pdf.

depender dos tribunais foram obtidos os textos das decisões, links para download ou arquivos em formato .pdf com o conteúdo das decisões. Não há padronização entre tribunais sobre a forma de disponibilização da jurisprudência, havendo, também, impedimentos diversos para a coleta em massa dessa espécie de informação, por meio de limites quantitativos à consulta. Não há, tampouco, regra explícita sobre o conteúdo que é disponibilizado nos repositórios, estando sob a discricionariedade de cada tribunal a decisão sobre o que disponibilizar ao público, podendo ser o universo das decisões digitalizadas ou apenas parte delas. Em que pese esses limites, trata-se de base de dados de elevado valor às pesquisas jurisprudenciais, dado o seu volume, abrangência geográfica e período coberto.

Para a coleta destes dados, foram desenvolvidos "crawlers", que são programas capazes de acessar páginas na internet e que conseguem emular os mesmos comandos que um ser humano faria na operação manual de um navegador de internet. Por meio desses crawlers, foram visitados os sites de todos os tribunais de justiça estaduais, dos cinco tribunais regionais federais, do Superior Tribunal de Justiça (STJ) e do Supremo Tribunal Federal (STF), em busca de acórdãos e sentenças. As principais dificuldades encontradas na atividade de coleta de dados foram decorrentes de problemas nos modelos de acesso, na disponibilização e na organização do repositório de jurisprudência por meio dos sites dos vários tribunais estaduais e federais ...

No caso de diários oficiais, foi estabelecido um procedimento semelhante ao utilizado para o caso dos repositórios de jurisprudência nos sites dos tribunais. Foram coletados diários oficiais de todo o país, salvo ... O resultado final foi de mais de 150 Gb de decisões de primeira e segunda instância, em torno de 20 milhões de decisões, e mais quase 500 Gb de dados de diários oficiais. Essa base de dados permite observar todos os andamentos de todos os processos registrados nesses tribunais e publicados em seus respectivos diários de justiça ...

A experiência de pesquisa em bases de dados alternativas possibilitou um aprendizado metodológico e um diagnóstico abrangente sobre o modo de organização das informações de decisões judiciais e as dificuldades que essa organização impõe àqueles que se dedicam ao acompanhamento e análise do funcionamento do Judiciário e do conteúdo das decisões judiciais. Essa limitação afeta, portanto, o gerenciamento do Judiciário, as pesquisas voltadas ao aprimoramento da política judiciária, bem como pesquisas em geral voltadas ao Judiciário e seus efeitos sobre as atividades socioeconômicas (Sumário Executivo, p. 11-14).

A pesquisa encontrou alguns resultados surpreendentes sobre tema da judicialização da saúde no país. Por exemplo, que esse tipo de processo na primeira instância aumentou 130% entre os anos de 2008 e 2017, enquanto os demais tipos de processo, em média, aumentaram apenas 50% no mesmo período. Também, que um dos temas mais discutidos foi "plano de saúde", apesar de haver diferenças entre a primeira e a segunda instâncias. Talvez um dos achados mais surpreendentes da pesquisa foi que as decisões judiciais pouco referenciam e mesmo pouco se baseiam em opiniões técnicas dos NATs (Núcleos de Apoio Técnico) e do Conitec, exceto quando os magistrados estão inclinados a negar os pedidos dos pacientes. Por fim, vale ressaltar outro achado, relacionado às evidências de que a judicialização da saúde no Brasil tem caráter regressivo, com participação

9 • JURIMETRIA E PESQUISA EMPÍRICA

majoritária de classes médias e altas, e pouca participação de ações trazidas pelas defensorias públicas ou cobertas por gratuidade da Justiça.

A pesquisa foi extremamente detalhada e longa, e foi um marco no âmbito do Conselho Nacional de Justiça. Aos interessados sobre o tema e/ou sobre o que é fazer uma pesquisa com Jurimetria de grandes dimensões, recomendamos que acessem o relatório completo.

9.3.1.2 Contencioso Tributário no Brasil

Outro projeto de pesquisa com edital aberto pelo Conselho Nacional da Justiça e com proposta vencedora também pelo Insper foi "Diagnóstico do Contencioso Judicial Tributário Brasileiro".[24] Essa pesquisa foi realizada em 2021 por outro grupo de pesquisadores daquela instituição (com exceção do programador de dados, nenhum membro participou da pesquisa mencionada anteriormente, sobre judicialização da saúde) e, igualmente, empregou métodos computacionais para realização da pesquisa jurimétrica.

A magnitude dessa pesquisa também foi extremamente grande. Foram 750 milhões de publicações (documentos) e 5 milhões de processos analisados. Assim como na pesquisa sobre a judicialização da saúde, mas de maneira mais intensa aqui, houve uma combinação de pesquisa quantitativa com qualitativa. Vale, mais uma vez, analisar o sumário executivo da pesquisa, que explica as metodologias jurimétricas empregadas:

> "A equipe elegeu três diferentes metodologias para a coleta de dados quantitativos e qualitativos:
>
> (i) Extração de dados de forma automatizada, por meio de algoritmos e técnicas de ciências de dados, dos repositórios de jurisprudência dos tribunais superiores, tribunais regionais federais e tribunais estaduais detalhados na metodologia a seguir, utilizando programas para download de dados (crawlers);
>
> (ii) Para a complementação da base amostral e a obtenção de detalhes sobre o funcionamento dos mecanismos de soluções de dúvidas e conflitos em âmbito administrativo e judicial, a transmissão de pedidos de acesso à informação, nos termos da Lei n. 12.527/2011 (LAI), nos casos em que as informações necessárias à pesquisa não estiverem disponíveis em bancos de dados públicos; e
>
> (iii) Pesquisa em campo, com a realização de entrevistas e aplicação de questionários eletrônicos com atores-chave vinculados às instituições abrangidas...
>
> ... Por meio dessa metodologia, o conteúdo dos processos e das decisões judiciais é analisado para identificar: (i) as origens dos litígios; (ii) o status do processo, local e histórico de

---

24. Disponível em: https://www.cnj.jus.br/wp-content/uploads/2022/02/relatorio-contencioso-tributario-final-v10-2.pdf.

tramitação; (iii) os fundamentos das decisões (entre os quais o princípio da legalidade), assim como a forma de sua aplicação; (iv) os casos fundados em questão substancial de mérito ou preliminares de invalidade formal; (v) o objeto da discussão (como os conflitos federativos); e (iv) a importância da atuação de julgadores especialistas nessas matérias para se obter uma decisão efetiva e de mérito. A compilação e análise dos dados obtidos com o auxílio dessas técnicas de ciência da computação permitem traçar um diagnóstico completo do contencioso judicial tributário, das causas dos litígios e da relação de cooperação entre Fisco e contribuintes, o que irá subsidiar a proposição de sugestões para seu aprimoramento.

... Em síntese, as metodologias descritas podem ser agrupadas em (i) técnicas voltadas para extração de dados e identificação do conteúdo das decisões e peças judiciais, bem como para análise, comparação e agrupamento desses dados; (ii) análise individual e agrupada de decisões judiciais e seus respectivos dados; (iii) pesquisa e análise da jurisprudência, doutrina, relatórios e estudos nacionais e internacionais a respeito de aspectos jurídicos, socioeconômicos, orçamentários, fiscais e de políticas públicas; e (iv) confronto dos dados empíricos obtidos com informações e experiências pesquisadas. ...

Assim, no contexto da metodologia apresentada, busca-se confirmar ou infirmar as hipóteses bem como responder às perguntas, tanto as previstas no edital como as propostas no presente documento, voltadas à identificação dos pontos de melhoria e às soluções de litígios judiciais na área tributária" (p. 21-3).

Com relação aos achados, estes foram direcionados inicialmente por 12 hipóteses e agrupados ao fim como respostas a 74 perguntas. Uma delas corrobora a correlação existente entre transparência do Fisco e cooperação dos contribuintes. Outra, indica que os processos de execução fiscal são os maiores responsáveis pela morosidade do Poder Judiciário, dado que compõem quase 40% total de casos pendentes e quase 71% das execuções pendentes. Finalmente, um achado que vale destacar é que os processos contestatórios são motivados pela baixa vinculação dos órgãos de administração tributária às decisões judiciais, inclusive dos tribunais superiores.

Assim como a pesquisa da judicialização da saúde, este tratou-se de um projeto de pesquisa aplicada de grandes dimensões. Certamente não é o caso de exaurirmos os seus achados aqui, dado que nosso objetivo maior neste capítulo é entender um pouco o tipo de metodologia jurimétrica empregada nessas pesquisas. Aos interessados, recomendamos, mais uma vez, a leitura do relatório de pesquisa completo.

9.4 JURIMETRIA NO BRASIL E ONDE ESTAMOS: ASSOCIAÇÕES, PESQUISAS, INICIATIVAS ORGANIZACIONAIS DEMANDANTES, FORMAÇÃO DE PESQUISADORES

Como o país se encontra na discussão e aplicação da Jurimetria? Eu resumiria dizendo que temos uma boa estrutura montada, um potencial de avanço incrível, que pode desenvolver-se ainda muito. Diversas são as fontes desse movimento.

9 • JURIMETRIA E PESQUISA EMPÍRICA

Em termos de associações acadêmicas e profissionais organizadas existe, entre outros, a Associação Brasileira de Direito e Economia (ABDE) – com alguns "chapter" estaduais (mais notadamente o IDERS e a ADEPAR, no Rio Grande do Sul e Paraná, respectivamente) e a Rede de Estudos Empíricos do Direito (REED). Formalmente, a primeira é focada na discussão da análise econômica do direito. Contudo, creio que, de maneira indireta ou direta, mostrei ao longo desta obra que a análise econômica e a análise empírica, sobretudo a Jurimetria nas definições de L.Loevinger – podem ser entendidas como os dois lados de uma moeda. A confusão existe porque muitas pessoas ainda acreditam que a análise econômica do direito está relacionada com olhar o Direito com uma perspectiva monetária. Já tivemos oportunidade para falsear esse entendimento equivocado. Para começar, a análise econômica do direito (AED) é uma metodologia de pesquisa, não é uma área focada no estudo de algum objeto. Mais precisamente, a AED tem como pressuposto principal utilizar métodos científicos para estudar o Direito, para conseguir visualizar melhor as consequências e impactos das leis e normas legais na sociedade. Ou seja, é a Jurimetria. Então, nos seus congressos anuais desde o primeiro em 2007, os trabalhos apresentados na ABDE são iminentemente trabalhos jurimétricos, com ou sem empiria, mas todos baseados em metodologia científica.

A REED por sua vez, congregando sobretudo faculdades públicas de Direito do país inteiro, dedica-se, como o nome diz, à pesquisa empírica quantitativa, mas muito ainda qualitativa (e não há demérito nisso, sendo apenas uma constatação). Também vem realizando encontros anuais, em diferentes universidades do país. A REED possuiu um periódico *peer reveiew* próprio que tem ganho reputação e Qualis cada vez melhores.

A *Economic Analysis of Law Review* é outro periódico, anteriormente relacionado à ABDE, mas hoje com funcionamento independente, que já conquistou QUALIS A pela Capes.

Outro encontro nacional dedicado ao estudo de questões jurídicas e judiciais com perspectiva científica é o ENAJUS – Encontro Nacional de Administração da Justiça – organizado inicialmente por pesquisadores da Universidade de Brasília que estudam, com a perspectiva da administração pública, a gestão da Justiça. Muitos trabalhos interessantes também têm sido apresentados e derivados daquele grupo.

Uma organização privada e não acadêmica que também tem focado na metodologia é a Associação Brasileira de Jurimetria (ABJ). Há alguns anos vem ofertando projetos de pesquisa a entes públicos e privados empregando a análise empírica quantitativa de grandes bases de dados utilizando a mineração de dados. Tem contribuído significativamente para a discussão de políticas públicas embasadas em evidências.

Ainda, institutos de pesquisa como o IPEA (Instituto de Pesquisa Econômica Aplicada) tem departamentos de pesquisas de temas jurídicas e judiciais. Neles, pesquisadores de excelente formação, aplicam métodos científicos rigorosos em análises que, ao fim do dia, acabam por subsidiar as discussões das políticas públicas.[25]

De maneira não organizada, a pesquisa científica aplicada ao Direito e à Justiça está se espalhando por todo o Brasil e, de maneira não surpreendente, tem envolvido acadêmicos de diversas áreas do saber: desde os tradicionais, como Direito e Economia, até a Administração Pública, a Ciência Política, a Sociologia, tendo as áreas exatas (as chamadas "Ciências de Dados") como apoio instrumental.

Entretanto, a formação institucional de novos(as) profissionais aptos(as) a entender e a praticar os métodos empíricos e científicos no Direito ainda é muito insuficiente. Com raras exceções, praticamente inexistem programas formais, de graduação e mesmo de pós-graduação, que almejam esse objetivo de maneira explícita. Em teoria, tanto o Ministério da Educação (MEC) quanto a OAB têm requisitos de ensino de metodologia de pesquisa nos cursos de Direito. Mas basta um rápido exame para se perceber que não se trata de metodologia científica tal como definida por Karl Popper, por Lee Loevinger, ou por toda a comunidade científica mundial. Argumentações baseadas em citação de autoridade (ou argumentações da própria autoridade, em convicções pessoais, e em defesas de pautas "bonitas e socialmente aceitáveis"), narrativas descritivas e pessoalmente emotivas ainda são regra de boa parte dos trabalhos acadêmicos de jovens alunos a profissionais experientes.

Mas... existe luz no fim do túnel. Com o rápido avanço da tecnologia, com a transparência e abertura de dados oficiais, com a nova geração de estudantes – muito mais familiarizada com a linguagem computacional e mais familiarizada com a convivência da diversidade acadêmica – o diálogo dos profissionais com as demais áreas começa a acontecer de maneira mais frequente e natural, e as portas herméticas do Direito começam a se abrir para outras áreas científicas. Como economista, não posso deixar de acreditar também na lei da demanda e da oferta: a verdade é que está havendo uma demanda inacreditavelmente grande

---

25. Aqui faço menção apenas às organizações acadêmicas e de pesquisa somente a título de exemplificação. De forma alguma a intenção é de esgotar a lista de organizações existentes que pesquisam e aplicam a Jurimetria. A lista encontra limitações até mesmo em meu conhecimento pessoal sobre todas aquelas existentes e em atuação no país.

9 • JURIMETRIA E PESQUISA EMPÍRICA | 277

para as pesquisas jurimétricas, sobretudo aquelas aplicadas ao Judiciário. Os demandantes são órgãos oficiais como o CNJ (sempre e de maneira cada vez mais intensa), diversos tribunais que abrem suas portas para pesquisadores e institutos de pesquisa para que usem e pesquisem seus dados, e até mesmo atores privados como associações e confederações de empresas. Talvez justamente pela grande promessa das grandes bases de dados abertas, do *big data* e da possibilidade de *text mining*, todos querem agora esmiuçar os dados que lhes interessam para responder às suas questões. Além do Judiciário, os outros poderes, em seus três níveis de atuação, também têm percebido as utilidades de se fazer políticas baseada em evidências: agências reguladoras, comitês de legislativos, assessores do Poder Executivo etc.

Vejo tudo isso com muito bons olhos. De fato, e como exporemos logo abaixo no fechamento deste capítulo, há ainda todo um caminho a percorrer na utilização da Jurimetria como metodologia principal para a criação de políticas públicas. Não é mais possível fazê-las baseadas somente em bom senso e boas intenções, sem a utilização de evidências científicas e metodologias de previsão de impactos.

9.5 CONCLUSÃO: COMO A JURIMETRIA PODE IMPACTAR A PESQUISA JURÍDICA, O JUDICIÁRIO E OUTROS ÓRGÃOS PÚBLICOS

O que se pode deduzir desta breve discussão sobre a Jurimetria? Primeiramente, diversos são os métodos possíveis, e ilimitadas são as possibilidades de aplicação. Além disso, de uma perspectiva inicial mais positiva, a Jurimetria passa a ter um foco também normativo, no sentido de ser capaz de apontar soluções e recomendações para os agentes públicos. Por exemplo, os dois projetos aplicados discutidos acima, realizados a pedido do CNJ, tinham esse objetivo. Mas os exemplos existentes no Brasil vão muito além disso.

Ao longo do presente volume, foram apresentados dezenas de trabalhos jurimétricos aplicados ao Judiciário. Eles colheram diversos resultados – alguns corroborando crenças que existem sobre a instituição, outros mostrando resultados surpreendentes e inesperados. Porém, como ponto em comum, todos objetivaram sair do "achismo" das pessoas (não importam quem sejam elas), e apresentar subsídios para políticas que sejam embasadas em evidências e dados do mundo real. Com isso é possível tomar decisões públicas – seja de gestão dos tribunais, seja de decisões judiciais, seja de criação de leis e regulamentações[26]

---

26. Evidentemente, existe toda uma literatura e área de pesquisa nacional e internacional empregando os métodos científicos para avaliar legislações, regulamentações e regulações, e até mesmo constituições. Por motivo óbvios, não foram discutidas nesse volume, que está focado em questões do Judiciário. Porém, o emprego da Jurimetria para essas áreas não judiciais é igualmente interessante e também

– sem ter que depender de idiossincrasias pessoais, de evidências anedóticas, do "bom senso", e de "boas intenções" – que tem potencial de gerar resultados sociais desastrosos.

Não há dúvidas de que, em um futuro muito próximo, a Jurimetria e os estudos empíricos em Direito ganharão importância absoluta e com uma velocidade que talvez seja difícil de acompanhar. A razão é bastante simples: antes limitada aos estudos de casos em números relativamente pequenos, hoje, o gerenciamento e a manipulação de dados são quase que integralmente realizados por meio dos métodos computacionais. A Tecnologia da Informação tem avançado a ritmos cada vez mais acelerados, a capacidade dos *softwares* e das máquinas tem evoluído literalmente de maneira exponencial a cada ano que passa. Além disso, os métodos de *modelagem* e *interpretação* de dados, na maioria das vezes vindos da Estatística e da Econometria também têm se tornado cada vez mais avançados, permitindo-nos fazer exercícios analíticos antes difíceis de serem imaginados (vide seção sobre os limites dos métodos econométricos acima). Somado a isso, o avanço das ciências quantitativas aplicadas nos anos recentes e, mais ainda, a maior interação entre pesquisadores de disciplinas diferentes, têm criado uma enorme gama de novas metodologias empíricas que podem ser empregadas no estudo das ciências jurídicas.

Como mencionado anteriormente, tanto a Tecnologia da Informação quanto as ciências aplicadas têm avançado em um ritmo que será difícil de acompanhar. A vantagem é que a área da Jurimetria e dos estudos empíricos de Direito terão potencial infinito de avançar em termos de diversidade e rigor metodológico. Um mínimo de investimento no aprendizado sério das metodologias empíricas terá retorno certo para os estudiosos do Direito.

REFERÊNCIAS BIBLIOGRÁFICAS DESTE CAPÍTULO

CONSELHO NACIONAL DE JUSTIÇA E INSPER INSTITUTO DE ENSINO E PESQUISA (2019). *Judicialização da Saúde no Brasil: Perfil das Demandas, Causas e Propostas de Solução*, Sumário Executivo Justiça Pesquisa. Brasília: Conselho Nacional de Justiça. (Disponível em https://www.cnj.jus.br/wp-content/uploads/2018/01/f74c66d46cfea-933bf22005ca50ec915.pdf).

CONSELHO NACIONAL DE JUSTIÇA E INSPER INSTITUTO DE ENSINO E PESQUISA (2022). *Diagnóstico do contencioso judicial tributário brasileiro*. Relatório final de pesquisa, Justiça Pesquisa 5ª edição. Brasília: Conselho Nacional de Justiça. (Disponível em https://

---

bastante profícuo, em termos acadêmicos. Para os interessados, a busca por trabalhos relacionados começa com "análise econômica da regulação", "avalição de impactos regulatórios/legislativos", "políticas baseadas em evidências", "análise econômica das constituições" etc.

www.cnj.jus.br/wp-content/uploads/2022/02/relatorio-contencioso-tributario-final-v10-2.pdf).

EPSTEIN, Lee & MARTIN, Andrew D. (2014). *An Introduction to Empirical Legal Research.* Oxford University Press, USA.

GICO JR., Ivo (2020). *Análise Econômica do Processo Civil.* Indaiatuba: Ed. Foco.

INSPER, Tribunal de Justiça do Estado de São Paulo & Conselho Nacional de Justiça (2023). *Gratuidade e Acesso à Justiça*, Relatório de Trabalho para apoiar o GT de Custas Judiciais e Gratuidade de Justiça. Brasília: Conselho Nacional de Justiça. Acessível em: https://www.cnj.jus.br/wp-content/uploads/2023/11/pesq-gratuidade-insper.pdf.

LOEVINGER, Lee (1948). "Jurimetrics – the Next Step Forward", *Minnesota Law Review*, v. 33 (5), p. 455-493.

MONTEIRO, Guilherme Fowler A.; YEUNG, Luciana L.; CALEMAN, Silvia M. Q. & PONGELUPPE, Leandro S. (2019). "Indigenous land demarcation conflicts in Brazil: Has the Supreme Court's decision brought (in)stability?" *European Journal of Law and Economics*, v. 48, p. 267-290.

POPPER, Karl R. (2004 [1959]). *A Lógica da Pesquisa Científica*, 6. ed., traduzido. São Paulo: Ed. Cultrix.

VEÇOSO, F. F. C., Pereira, B. R., Perruso, C. A., Marinho, C. M., de Oliveira Babinski, D. B., Wang, D. W. L., ... & Salinas, N. S. C. (2014). "A pesquisa em Direito e as Bases Eletrônicas de Julgados dos Tribunais: matrizes de análise e aplicação no Supremo Tribunal Federal e no Superior Tribunal de Justiça". *Revista de Estudos Empíricos em Direito*, 1(1).

YEUNG, LUCIANA (2016). *Terceirização de mão de obra no Brasil.* São Paulo: CEDES Centro de Estudos de Direito Econômico e Social. Disponível em: https://www.cedes.org.br/publicacoes.

YEUNG, LUCIANA L. (2019). "Bias, insecurity and the level of trust in the judiciary: the case of Brazil". *Journal of Institutional Economics*, v. 15, p. 163-188.

YEUNG, Luciana e Camelo, Bradson (2023). *Introdução à Análise Econômica do Direito.* Salvador: JusPodivm.

APÊNDICE: PASSAGENS SELECIONADAS DE LEE LOEVINGER (1948) "JURIMETRICS – THE NEXT STEP FORWARD", *MINNESOTA LAW REVIEW*, V. 33 (5), P. 455-493[27]

Ao que consta, esse é um dos primeiros trabalhos publicados onde se sugere e se explica o termo "Jurimetria". É curioso notar que tanto o autor quanto o *journal* são do Bar Association de Minnesota (Organização dos advogados daquele estado). Depois desse artigo em 1948, o mesmo autor escreveu vários outros com o mesmo objetivo: a defesa (quase apaixonada) da aplicação do método científico, ou seja, da Jurimetria no Direito. Na década de 1960, como já descrevemos no capítulo acima, esse movimento se amplia e se consolida no meio jurídico dos EUA, e ocorre a criação da revista especializada, bem como outras associações e movimentos no sentido de promover e praticar a pesquisa empírica e científica dos estudos jurídicos.

O artigo vale pela sua leitura integral, porém, por motivos de espaço, transcrevo abaixo somente algumas seleções feitas por mim, focadas nas partes em que o autor discute as vantagens da Jurimetria sobre o método tradicional de se estudar Direito. Todas as traduções são livres e vêm acompanhadas da indicação da página onde se encontram no original. No rodapé, as passagens no seu original em inglês. (Na seção abaixo, não sigo a formatação padrão, que recuaria todos os blocos de citação literal em 4cm e deixaria o texto em fonte menor.)

****

"Se a humanidade for capaz de aprender alguma coisa, deveria ter aprendido até este momento que não pode resolver nenhum problema por meio de introspeção, mas apenas por meio de investigação. O conhecimento não pode ser adquirido por especulação, mas apenas por observação. Deveria ser evidente agora que a especulação filosófica não vai resolver nenhum dos problemas do Direito, assim como não resolveu os problemas de qualquer outra fase da existência terrena do homem. Em cada outro campo de atividade, o conhecimento permaneceu primitivo até a adoção de métodos científicos – então a ciência aumentou o conhecimento e o poder do homem mais rápido e mais longe do que o filósofo pré-científico mais audacioso jamais sonhou. Um após o outro, a Astronomia, a Física, a Química, a Biologia, a Medicina e, finalmente, a Psicologia abandonaram a especulação em favor da investigação. A Economia está começando a seguir na mesma direção. A única área importante da atividade humana que não desenvolveu métodos significativos nos últimos vinte séculos é o Direito" (p. 472-3).[28]

---

27. Disponível na íntegra e no original no site da HeinOnline e pelo Google Scholar: https://heinonline.org/hol-cgi-bin/get_pdf.cgi?handle=hein.journals/mnlr33&section=29&casa_token=TJJVlWt0YZcAA-AAA:3Q4U-TfZODkM2ujcnifL3nXzMVg1vcIy66Q_ioiMnyeV9k7HFy5CppqZhW85kjua-gbDw_I.

28. "If mankind is capable of learning anything, it should have learned by this time that it can solve no problems by introspection, but only by investigation. Knowledge cannot be acquired by speculation,

9 • JURIMETRIA E PESQUISA EMPÍRICA

"Naturalmente, a sugestão de introduzir a ciência no Direito e em outros campos sociais é uma ameaça para todos aqueles com interesses consolidados em determinada perspectiva, e, por isso, é recebida com objeções indignadas" (p. 473).[29]

"De fato, o Direito tem sido notavelmente bem-sucedido em se isolar contra qualquer infiltração de conhecimento científico" (p. 476).[30]

"O próximo passo no longo caminho do progresso humano deve ser da Jurisprudência (que é mera especulação sobre a lei) para a Jurimetria – que é a investigação científica dos problemas legais. No campo do controle social (que é a lei), pelo menos devemos começar a utilizar a mesma abordagem e os mesmos métodos que nos permitiram progredir em direção a um maior conhecimento e controle em todos os outros campos. O maior problema enfrentado pela humanidade nesse meio do século XX é a inadequação dos métodos sociolegais herdados de ancestrais primitivos para controlar uma sociedade que, em todos os outros aspectos, se baseia nas poderosas técnicas de uma ciência sofisticada. O fato inevitável é que a Jurisprudência guarda a mesma relação com uma ciência moderna da Jurimetria que a Astrologia guarda com a Astronomia, a Alquimia com a Química, ou a Frenologia com a Psicologia. Baseia-se em especulação, suposição e superstição; preocupa-se com questões sem significado; e, após mais de dois mil anos, a Jurisprudência ainda não ofereceu uma resposta útil a qualquer pergunta ou uma técnica viável para abordar qualquer problema" (p. 483)[31].

"A diferenciação profunda [entre a Jurimetria e a Jurisprudência] reside em dois fatos. Primeiro, os problemas da Jurisprudência são essencialmente sem sentido, uma vez que só podem ser debatidos, mas nunca decididos ou mesmo investigados, ao passo que as questões da Jurimetria são significativas, pois são passíveis de investigação e, em última instância, de resposta, mesmo que não saibamos as respostas agora. Segundo, os problemas da Jurisprudência não são verdadeiramente problemas significativos, pois mesmo que fossem 'solucionados', no único sentido em que poderiam ser 'solucionados' – pela apresentação de definições autoritativas – as 'soluções' não teriam consequências práticas em nossas vidas. Por outro lado, todas as questões da Jurimetria são genuinamente significativas, uma vez que até mesmo uma resposta parcial ou tentativa a qualquer uma delas é susceptível

---

but only by observation. It should be apparent by now that philosophical speculation is no more going to solve any of the problems of law than it has solved the problems of any other phase of man's earthly existence. In every other field of activity, knowledge has remained primitive until the adoption of scientific methods – then science has increased man's knowledge and power faster and further than the boldest pre-scientific philosopher ever dreamed of. One after the other, astronomy, physics, chemistry, biology, medicine, and finally psychology have abandoned speculation in favor of investigation. Economics is now beginning to move in the same – direction – The only important – area of human activity which has developed no significant new methods in the last twenty centuries is law."

29. "Of course, the suggestion that science be introduced into law and other social fields is a threat to all those with a vested interest in a viewpoint, and so it is met with indignant objection."

30. "Indeed the law has been remarkably successful in insulating itself against any infiltration of scientific knowledge."

31. "The next step forward in the long path of man's progress must be from jurisprudence (which is mere speculation about law) to jurimetrics – which is the scientific investigation of legal problems. In the field of social control (which is law) we must at least begin to use the same approach and the same methods that have enabled us to progress toward greater knowledge and control in every other field. The greatest problem facing mankind at this midpoint of the twentieth century is the inadequacy of socio-legal methods inherited from primitive ancestors to control a society which, in all other aspects, is based upon the powerful techniques of a sophisticated science."

de ter consequências de largo alcance para a sociedade e para o indivíduo. Nesse sentido, a Jurimetria é eminente e 'prática' em sua abordagem, em contraste com as especulações filosóficas da Jurisprudência" (p. 488-9).[32]

"as perguntas da Jurimetria são 'dinâmicas' em sua forma, permitindo respostas em constante evolução à medida que nosso conhecimento aumenta. Na verdade, na Jurimetria, as próprias perguntas se modificam à medida que o corpo de conhecimento cresce, uma vez que os problemas são constantemente reformulados com base em dados anteriores. Além disso, observa-se que, enquanto os teóricos jurídicos, assim como os economistas tradicionais, estiveram preocupados até o presente exclusivamente com fenômenos microlegais – teorias sobre a aplicação da lei aos indivíduos – a Jurimetria adota uma perspectiva mais ampla, incluindo também uma investigação sobre fenômenos macrolegais – o efeito da lei sobre a comunidade" (p. 489).[33]

"Talvez a maior vantagem da Jurimetria sobre a Jurisprudência, pelo menos do ponto de vista do público, seja estabelecer dentro da própria lei um método institucional para crescimento e mudança" (p. 489).[34]

"Não se deve imaginar que a Jurimetria promete soluções milagrosas. A história do progresso humano está repleta de panaceias, mas desprovida delas, e não há razão para pensar que possamos descobrir uma agora. A Jurimetria não promete mais do que uma oportunidade para o Direito avançar ao longo do mesmo caminho acidentado que todas as outras disciplinas já percorreram. Não é um caminho fácil nem convidativo (exceto para as almas corajosas que apreciam a pioneirismo), mas o fato sombrio e inescapável é que não há outro caminho na mesma direção" (p. 490).[35]

---

32. "The profound differentiation lies in two facts. First, the problems of jurisprudence are basically meaningless, since they can only be debated but never decided nor even investigated, whereas the questions of jurimetrics are meaningful since they are capable of being investigated, and ultimately answered, even though we may not know the answers now. 3 Second, the problems of jurisprudence are not truly significant problems, since even if they were "solved," in the only sense in which they could be "solved" – by the giving of authoritative definitions, the "solutions" would have no practical consequences in our lives. On the other hand, all of the questions of jurimetrics are genuinely significant, since even a partial or tentative answer to any one is likely to have far-reaching consequences for society and for the individual. In this sense, jurimetrics is eminently "practical" m its approach, as contrasted with the philosophical speculations of jurisprudence".

33. "the questions of jurimetrics are 'dynamic' in form in that they allow for changing answers as our knowledge increases. Indeed, in jurimetrics the questions themselves change as the body of knowledge grows, since the problems are constantly reformulated in terms of prior data. Further, it will be noticed that while legal theoreticians, like the traditional economists, have been concerned up to the present time exclusively with microlegal phenomena-theories about the application of law to individuals-jurimetrics takes a broader outlook to include also an inquiry into macrolegal phenomena-the effect of law upon the community".

34. "Perhaps the greatest advantage of jurimetrics over jurisprudence, at least from the viewpoint of the public, is that it will establish within the law itself an institutional method for growth and change".

35. "It must not be imagined that jurimetrics promises any panaceas. The story of man's progress is full of nostrums, but devoid of panaceas, and there is no reason to think that we may discover one now Jurimetrics promises no more than an opportunity for law to move forward along the same rocky road that all the other disciplines have already travelled. It is not an easy nor an inviting road (except for those hardy souls who enjoy pioneering), but the grim and inescapable fact is that there is no other road running in the same direction".

9 • JURIMETRIA E PESQUISA EMPÍRICA

"A lição fundamental que os advogados precisam aprender, como apontou recentemente o cientista William Vogt, é que 'precisamos saber o que estamos fazendo'" (p. 492).[36]

"Se a profissão jurídica estiver disposta a abandonar a confortável sala fechada da Jurisprudência e especulação filosófica para a árdua estrada aberta da Jurimetria e investigação científica, então merecerá e receberá o respeito de todos os homens. Se não, então merecerá, e eventualmente receberá, a designação para o mesmo limbo que abriga os alquimistas, necromantes e outros praticantes das superstições esquecidas do homem.

Mais importante do que o status de qualquer grupo, no entanto, é o destino da sociedade. Se a Jurimetria for apenas um meio de manter ou restaurar a posição e o prestígio da advocacia, então será de interesse apenas profissional e importância paroquial. Mas é muito mais do que isso. Em resumo, é a doutrina de que os métodos de investigação científica devem ser estendidos a cada fase da atividade humana que preocupa a sociedade. Baseia-se na premissa de que a democracia inclui o direito dos cidadãos de serem informados sobre esses assuntos que eles supostamente controlam através da escolha de seus representantes, e na conclusão de que informações confiáveis foram e só podem ser obtidas por meio de uma investigação livre e competitiva com os métodos da ciência. Assim como a ciência contribuiu para o crescimento da liberdade e, por sua vez, requer liberdade para florescer, a Jurimetria crescerá a partir da democracia, fortalecendo e ampliando a democracia à medida que cresce. A ignorância é aliada da tirania, pois os despotismos, grandes e pequenos, são autoritários ao coagir a crença para compelir a obediência. O conhecimento e a livre investigação são a base da democracia, pois homens livres só podem chegar a um acordo através da persuasão, e isso depende de demonstrações que satisfaçam os testes contemporâneos para a verdade. A nossa é uma era racional que acredita em testes pragmáticos; não ficará muito mais tempo satisfeita com respostas especulativas baseadas em autoridade antiga para suas questões mais vitais.

Sempre haverá aqueles que ridicularizarão a ideia de que o Direito pode ser colocado em uma base racional como visionária. Vamos admitir que esta proposta é improvável. O máximo que se pode dizer é que é tão improvável quanto a possibilidade de que a criatura fraca e estúpida que chamamos de ser humano sobreviverá por muito mais tempo em uma partícula insignificante girando loucamente nos limites finitos mas ilimitados de um vasto e expansivo universo. É exatamente tão improvável quanto isso, pois é a condição indispensável para tal sobrevivência" (p. 493 – fim do artigo).[37]

---

36. "The basic lesson which lawyers must learn, as the scientist William Vogt has recently pointed out, is that 'we need to know what we are doing'".

37. "...If the legal profession is willing to abandon the comfortable closed room of jurisprudence and philosophical speculation for the rocky open road of jurimetrics and scientific investigation, then it will deserve and get the respect of all men. If not, then it will deserve, and ultimately get assignment to the same limbo that holds the alchemists and necromancers and other practitioners of man's forgotten superstitions.

More important than the status of any group, however, is the destiny of society. If jurimetrics were no more than a means of maintaining or restoring the position and prestige of the bar, then it would be of only professional interest and parochial importance. But it is much more than that. It is, in sum, the doctrine that the methods of scientific inquiry should be extended to every phase of human activity which is of concern to society. It is based upon the premise that democracy includes the right of citizens to be informed about those matters which they are ultimately supposed to control through their choice of officials, and upon the conclusion that reliable information has been and can be obtained only by free and competitive inquiry with the methods of science. As science itself has contributed to the growth of freedom, and, in turn, requires freedom in order to flourish, so will jurimetrics grow out of democracy yet strengthen and broaden democracy as it grows. Ignorance is the ally of tyranny, for despotisms great and small are authoritarian in that they coerce belief in order to compel obedience. Knowledge and free inquiry are the basis of democracy, since free men can be brought into agreement only by persuasion, and this depends upon demonstrations which satisfy the contemporary tests for truth. Ours is a rational age believing in pragmatic tests; it will not much longer be content to take speculative answers based on ancient authority to its most vital questions.

There will always be those who will scoff at the idea that law can be put on a rational basis as visionary. Let us admit that this proposal is improbable. The most that can be said is that it is just as improbable as the possibility that the weak and stupid creature we call man will survive much longer on an insignificant speck of dust whirling madly about in the finite but unbounded reaches of a vast and expanding universe. It is just exactly as improbable as that, for it is the indispensable condition of such survival".

10
INOVAÇÕES PARA O FUTURO DO JUDICIÁRIO

10.1 TRADICIONALMENTE AVESSO A MUDANÇAS, MAS NÃO QUERENDO MAIS FINGIR NÃO VER A REALIDADE

No imaginário popular, tribunais são frequentemente representados por lugares austeros, magistrados (normalmente homens) sisudos, vestidos de toga preta e até mesmo perucas, de fala difícil, um ambiente com ar opressor, nenhuma leveza. Ou seja, um lugar não muito receptivo, contrário ao que seria um de inovação e modernidade. Infelizmente, salvo algumas honrosas exceções, em diversos aspectos, essa imagem tem refletido a realidade e às vezes por escolha consciente de seus membros.

Por motivos que não valem a pena aprofundarmos aqui, o Direito tende a ser conservador no seu agir e organizar, na sua maneira de trabalhar (não querendo dizer que as ideias e ideais de profissionais do Direito não possam ser extremamente progressistas). O devido processo legal precisa ser cumprido, o agir precisa seguir a "letra da lei", o comportar precisa estar dentro de uma etiqueta e um protocolo existentes. Manter a ordem preestabelecida é o objetivo do Direito e sobretudo do Poder Judiciário. Então, nada que gere "riscos", nada excessivamente "ousado" ou inovador tem espaço e vez aqui. É compreensível.

Porém, a própria humanidade está passando por alterações de paradigmas no grau de inovação e risco "aceitáveis". Em todas as áreas do saber e do viver, estamos sendo assolados por revoluções tecnológicas – mudanças extremamente rápidas e de magnitudes extremas – que nos mantêm permanentemente em um estado de "fora da zona de conforto". Não é somente com os novos aplicativos e aparelhos de celular ou softwares de computador, é na vida social, nos relacionamentos profissionais e organizacionais.

Se o Direito tem como uma das principais funções regular a vida em sociedade, as revoluções tecnológicas que ocorrem na vida cotidiana das pessoas não poderiam deixar de "respingar" na forma de seu funcionamento. Se o meio de comunicação mais comum entre as pessoas passa a ser o celular, é muito provável que a maneira de órgãos jurídicos estarem mais presentes na vida dos cidadãos seja também via celular – isso se os tais órgãos tiverem pretensão de serem acessíveis e próximos ao cidadão, sobretudo os classes médias e baixas. E aí, voltamos a um dos temas principais deste livro. Manter a Justiça acessível de maneira progressiva (e não regressiva), requer acompanhar a velocidade e a natureza das mudanças que acontecem na vida das pessoas em sociedade. O exemplo do uso do celular como meio de comunicação foi uma mera ilustração, a discussão é muito mais ampla e profunda do que isso.

Certamente vários já ouviram a expressão de que "o Direito anda a reboque das mudanças na economia e na sociedade". A expressão, em essência, refere-se às dificuldades no processo legislativo de criar regramentos que deem conta, em tempo hábil, de regular os novos fenômenos sociais e econômicos. Mas poderia também se referir às dificuldades de ajustar a própria estrutura do sistema jurídico e judicial.

Ao longo da presente obra discutimos alguns desafios atuais do Judiciário relacionados à maneira de se organizar, de funcionar, a falta de celeridade, a criação de normas que no fim geram um efeito contrário ao que se almeja – por exemplo, concentrando extremamente seus serviços na parcela mais rica da sociedade brasileira – afastando-se de quem precisa e não consegue manter processos na Justiça, gerando incentivos perversos de litigância que chegam a números surpreendentes (rever capítulos 2, 3 e outros), inibindo a negociação e cooperação nas relações pessoais e organizacionais, perpetuando ambientes conflituosos no ambiente de trabalho, entre outros.

A proposição de soluções para resolver esses e outros problemas seria tarefa para uma legião de estudiosos e profissionais, e passaria pela discussão de uma infinidade de elementos. Contudo, cada vez mais, a pergunta que se coloca é: as inovações, sobretudo as tecnológicas, seriam capazes de ajudar a vencer esses desafios do Judiciário?

Na verdade, já tivemos oportunidades nesse livro de apresentar e discutir algumas das iniciativas já existentes nesse sentido. Como pudemos ver, algumas foram bem-sucedidas, outras nem tanto. Vale enfatizar mais uma vez a iniciativa do Judiciário brasileiro de implantar o processo eletrônico – talvez entre uma das mais ambiciosas do planeta. De acordo com as estatísticas do Conselho Nacional de Justiça, em 2022, 98,4% dos processos eletrônicos de todos os processos judiciais no país eram de formato de eletrônico,[1] um feito por si só, mais ainda levando-se em consideração o baixo nível de escolaridade na população brasileira.

---

1. Conselho Nacional de Justiça (2023), Justiça em Números 2023, Brasília; CNJ. Disponível em: https://www.cnj.jus.br/wp-content/uploads/2023/08/justica-em-numeros-2023.pdf.

Mas vimos também que muitas vezes não basta tornar o processo 100% eletrônico para aumentar a eficiência do processo ou do funcionamento do Judiciário. No capítulo 5, nas mensurações de eficiência pela DEA (análise envoltória de dados) vimos que, em anos recentes, a mudança de tecnologia, por mais paradoxal que possa parecer, "puxou" para baixo a evolução do índice da Produtividade Total de Fatores. Lá discutimos que é possível que durante o processo de adoção de novas tecnologias, a estrutura organizacional e os recursos humanos precisem de um tempo para assimilar as mudanças e aprender a nova forma de trabalhar – caso contrário, a tecnologia poderá surtir efeitos contrários. Isso é verdade não apenas para o Judiciário, mas para todo e qualquer ambiente de trabalho, no setor público ou privado.

Isso tudo não quer dizer que devamos desistir das inovações tecnológicas. Se temos evidências de seus limites, na verdade, temos ainda mais evidências de seus resultados já colhidos em poucos anos de ampla digitalização judicial. Mais importante ainda, quando discutimos sobre inovações no Judiciário vamos para além das inovações tecnológicas: as inovações na maneira de organizar, na maneira de trabalhar e na maneira de *pensar* o direito e os conflitos – que invariavelmente perpassam pelos seres humanos que compõem o sistema judicial – são tão ou mais importantes do que aquelas inovações trazidas pelas máquinas.

Nas próximas duas seções, discutiremos um pouco mais sobre esses dois conjuntos de inovações: na seção 10.2 discutiremos um pouco mais sobre as inovações tecnológicas (máquinas e a interação humana com as máquinas) e na seção 10.3 vamos refletir sobre as inovações na maneira de trabalhar e pensar humanamente sobre os desafios do Judiciário.

10.2 INOVAÇÕES TECNOLÓGICAS E SEUS IMPACTOS NOS DIVERSOS ATORES DO SISTEMA DE JUSTIÇA

Um termo muito utilizado para descrever grandes mudanças tecnológicas é "disruptivo". Mudanças tecnológicas disruptivas envolvem inovações completas na forma tradicional de trabalhar e enxergar as coisas do mundo. Claramente, a adoção dos métodos computacionais e, posteriormente, dos métodos mais avançados de inteligência artificial é disruptiva para todo o sistema de Justiça. Por essa razão, é impossível saber desde já quais serão os impactos integrais da inteligência artificial sobre a maneira de funcionar do sistema judicial, principalmente porque, como dizem os especialistas, o ritmo de inovação digital é exponencial, e a cada ano que passa mais e mais novidades irão surgindo. Teremos todos que ter muito espírito de adaptação e saber conviver com essa eterna caixa de surpresas abrindo-se à nossa frente.

Porém, é fato que no Brasil, convivemos já há algum tempo, e de maneira relativamente disseminada, com a tecnologia informacional no sistema de Justiça. Podemos então dizer, com muita segurança, quais são os atores que já foram diretamente impactados e quais impactos são esses que estão acontecendo.

10.2.1 Julgadores, magistrados(as)

Não há dúvidas que magistrados(as) estão trabalhando, e podem trabalhar de maneira bastante diferente do que costumavam há poucos anos atrás. Ao invés de gabinetes lotados de pastas e papeis, agora o acesso é feito de maneira digital, com muito mais segurança (exceto em raros episódios de invasão de sistemas por malfeitores) e eficácia. Não há mais necessidade de assinar centenas ou milhares de páginas de documentos processuais todos os dias, a consulta ao processo pode se dar de maneira muito mais rápida, indo diretamente ao que se procura e necessita. Mas isso é apenas a ponta de um enorme iceberg. De maneira muito mais inteligente, e afetando diretamente a *qualidade do trabalho*, a pesquisa de precedentes e jurisprudência é infinitamente mais rápida, precisa e rica, quando se tem arquivos eletrônicos. Qualquer magistrado(a) que queira fazer um levantamento dos processos sob responsabilidade de um(a) determinado(a) advogado(a) consegue fazer isso hoje com baixo grau de dificuldade. A natureza do trabalho é bem parecida ao que discutiremos um pouco mais à frente, sobre o trabalho de pesquisadores e técnicos de dados. Todavia, claramente os tribunais dispõem de bases de dados para acesso específico dos magistrados(as), que poderiam ser adaptados pontualmente para as necessidades dos julgadores – muitos deles já as possuem, e trabalham de maneira permanente sobre isso. Claramente, a qualidade do trabalho judicante é positivamente impactada por essas possibilidades.

10.2.2 Servidores e gestores judiciais

Muitos servidores judiciais, no seu trabalho do dia a dia, foram "atropelados" pela "disrupção" do processo eletrônico. Na verdade, como já discutimos anteriormente, talvez um dos problemas tenha sido a falta de preparo e treinamento suficiente desses servidores. Também como visto acima (no capítulo 4), apesar de todas as inovações tecnológicas, servidores continuam sendo o ator judicial com quem o processo passa a maior parte do tempo. Isso significa dizer que a relação pessoa-máquina é mais crucial ainda. É preciso que o potencial da máquina seja plenamente aproveitado, e isso só poderá acontecer se as pessoas forem adequadamente treinadas(os) para exercer as tarefas eletrônicas, ser humano complementando a máquina, a máquina complementando o ser humano.

10 • INOVAÇÕES PARA O FUTURO DO JUDICIÁRIO

Talvez de maneira mais proveitosa ainda é a utilização da tecnologia para *gerenciar* os órgãos judiciais. Tarefas antes impossíveis – por exemplo, saber sobre o andamento de qualquer um dos processos na vara ou no tribunal – agora são perfeitamente possíveis com alguns cliques. Levantamento de estatísticas organizacionais – por exemplo duração das etapas, ou identificar onde estão os maiores gargalos internos no andamento dos processos, são tarefas facilmente executáveis com a gestão eletrônica. Identicamente ao caso de gestores em empresas privadas, gestores nos órgãos públicos como tribunais têm seu trabalho exponencialmente melhorado em termos de eficiência, celeridade, visão sistêmica e possibilidade de decisão e planejamento estratégicos. Se fosse um objetivo, a tarefa de gestão orçamentária e de recursos materiais e humanos poderia ser infinitamente beneficiada.

10.2.3 Advogados e *lawtechs*

Assim como aconteceu com outros profissionais no início do advento da informatização, mais e mais ouve-se sobre a ameaça da inteligência artificial ao trabalho humano dos advogados(as). O quadro que se pinta é de uma substituição massiva do trabalho humano na advocacia. Isso é verdade. Não há dúvidas de que a inovação da inteligência artificial "varrerá" para longe o trabalho de baixa qualidade e baixa complexidade exercido por advogados(as), sobretudo os contenciosos (a ação judicial segue um rito, um processo, facilmente "aprendido" pela máquina, diferentemente de trabalhos consultivos, onde é necessário pensar sobre o problema e as soluções para o cliente, de maneira mais personalizada). Porém, como acontece em outras áreas, trabalho humano qualificado não será tão facilmente substituível pela máquina. Mais ainda, há potenciais de "transformar o limão em uma limonada". Quem se preparar, poderá usar a inteligência artificial a seu favor. Já mencionamos acima a facilidade de busca de jurisprudência em bases digitais, sobretudo em um país com taxa de digitalização como o nosso; mais do que isso, com um pouco mais de recursos é possível fazer com que todo o arsenal de dados e informações contidos nas grandes bases de jurisprudência revelem informações preciosas. No capítulo 3, apresentando um trabalho sobre litigância trabalhista nos tribunais brasileiros, expliquei que o uso de *big data* nos permite tirar conclusões e observar tendências que não são facilmente identificadas por meio de métodos convencionais. E que seu principal diferencial é ser capaz de encontrar padrões em dados que, de outra forma, permaneceriam ocultos. Então, isso já seria de grande valia para advogados: usar a inteligência artificial aplicada às milhões de decisões judiciais para encontrar tendências dos julgados, dependendo do que se quer saber: magistrado(a), tribunal, assunto, valores, partes etc. Na verdade, em alguns países do exterior, sobretudo nos EUA, alguns escritórios apoiados com a nova tecnologia têm feito justamente isso como principal *business*: vender programas que estimam chances de ganho ou perda em ações judiciais, dependendo de uma série de variáveis. Também, foi com "medo" dessas empresas *lawtechs* que outro país, a França, muito lamentavelmente chegou ao ponto de tipificar como conduta ilegal o uso da inteligência artificial aplicada às bases judiciais. Perderam oportunidade de entender melhor a tecnologia para melhor explorá-la, ou mesmo, melhor regulá-la. Ao que dizem, essa medida está sendo, de certa maneira, revertida na prática. Uma coisa é certa: o uso da tecnologia e da inteligência artificial de maneira estratégica e com um pouco de sofisticação estatística pode, sim, render muitos resultados positivos nas ações advocatícias.

10.2.4 Usuários (cidadãos e empresas)

O Brasil pode ter escolaridade muito baixa, produtividade baixa, mas o acesso a celulares pela população tem comparativos invejáveis. Baseado em dados da PNAD, a Pesquisa Nacional de Amostras de Domicílios do IBGE (Instituto Brasileiro de Geografia e Estatística), o jornal "O Globo" divulgou que quase 95% da população brasileira entre 30-39 anos possui acesso a celular; mesmo entre a população idosa (acima de 60 anos), o percentual é de quase 74%.[2] Incrivelmente, a telefonia celular chega muitas vezes a lugares que o Estado – inclusive o Judiciário – tem dificuldades para chegar. Então, objetivar o maior acesso à Justiça através da facilitação do emprego de métodos digitais no processo é um bom começo, é uma condição necessária, apesar de que não suficiente. Certamente, para um cidadão médio, conseguir acompanhar uma ação da justiça pelo celular, poder ler digitalmente a decisão, saber – pelo menos formalmente – como está o andamento do processo, é um feito muito grande, uma forma extrema de democratização. Talvez, o desafio do sistema judicial é pensar em *mais* maneiras, e de formas mais *criativas*, de aproveitar bem a tecnologia dos celulares para ampliar a disseminação de informação e conhecimento sobre o Judiciário, sobre a cidadania básica e afins.

Do lado das empresas, muitas delas – mas ainda longe de ser a maioria – já percebeu os impactos positivos da tecnologia da informação para seu acesso ao Judiciário. Aqui, novamente, e não poderia deixar de ser, a vantagem acaba naquelas empresas que têm mais informação e/ou mais recursos: o uso da inteligência artificial para "revelar" informações judiciais públicas é recurso valioso para entender melhor esse sistema, principalmente quando existe chances de

---

2. O GLOBO, "No Brasil, 85% das crianças têm acesso a internet e mais da metade já tem celular", 09 de novembro de 2023. Acessível em: https://oglobo.globo.com/economia/noticia/2023/11/09/no-brasil-85percent-das-criancas-tem-acesso-a-internet-e-mais-da-metade-ja-tem-celular.ghtml.

se envolver nela, ou mesmo para avaliar se vale a pena, alternativamente, tentar uma conciliação ou mediação mais amigável. Para isso, é preciso acessar serviços técnicos especializados, de manipulação de dados digitais, em *big data* ou não. Coincidentemente, as primeiras vezes em que esta autora teve contato com organizações que faziam pesquisa em grandes bases de decisões judiciais foram com empresas técnicas que forneciam serviços a outras empresas, para auxiliá-las a melhor entender as tendências e o conteúdo dos julgados. Existe um grupo especial de empresas a quem muito interessaria aplicar as inovações da inteligência artificial nas decisões judiciais: aquelas de bens e serviços de "massa", que geralmente têm milhares de processos na Justiça, aquelas empresas que o Conselho Nacional de Justiça invariavelmente lista entre os "Grandes Litigantes" em seus relatórios anuais (ver discussão no capítulo 2). Para esses, o uso da tecnologia ajuda (ou ajudaria) a economizar milhões de reais por ano, quando são capazes de fazer cálculos mais "inteligentes" no contingenciamento de verbas dedicadas a ações trabalhistas e consumeristas. Impressionantemente, pouquíssimas empresas já perceberam ou fazem bom uso disso. Vamos ver no item logo abaixo.

10.2.5 Empresas rés de condenação

Até como consequência da super-litigância, outra aberração do sistema judicial, que no Brasil acostumamo-nos a enxergar como normal, é a quantidade de processos movidos contra empresas de bens e serviços de massa. Geralmente fazem parte desse grupo de empresas "rés", as de serviços de telefonia, bancos, companhias aéreas, e mesmo planos de saúde e seguros. É sabido que, dada a quantidade de processos que enfrentam, elas são obrigadas, todos os anos, no momento do planejamento orçamentário para o ano seguinte, a fazerem contingenciamento ou provisionamento de verbas em preparação a situações de perdas na Justiça contra consumidores ou empregados (e ex-empregados). Por se tratar invariavelmente de grandes empresas, de atuação em todo o território nacional, o valor dessas verbas de contingência/provisionamento pode chegar a dezenas e centenas de milhões de reais por ano.[3] Curiosamente, quando alguém descobre como essa "salsicha" é feita, surpreende-se pela maneira rudimentar com que esses valores são calculados.

Claramente, o acesso ao conteúdo dos julgados de milhões de processos com o uso da inteligência artificial permite que se entenda melhor as tendências das decisões. Somado a isso, com a aplicação das leis da estatística sobre os grandes números de ações, é possível calcular de maneira muito precisa e científica o

---

3. Anedoticamente, esta autora ouviu falar, em anos recentes, de um montante de contingenciamento para ações trabalhistas que chegava a bilhões de reais, feito por uma empresa de atuação nacional.

valor esperado para o contingenciamento e provisionamento das verbas pelas empresas. Algumas poucas já descobriram que isso pode ser feito e, com isso, passaram a evitar todas as inconveniências de "chutes" de valores que muito provavelmente não serão realizados no ano seguinte, e poder ter a economia de literalmente milhões de reais. Para isso, somente utilizam-se de dados e informações publicamente existentes (e um pouco de programação computacional e análise estatística).

10.2.6 Estudiosos e pesquisadores do Judiciário

Este livro não teria existido não fossem as inovações tecnológicas que aconteceram no Judiciário brasileiro nas últimas décadas. Todos os estudos aqui presentes contaram, de alguma forma, com a aplicação da tecnologia sobre base de dados judiciais, de decisões ou de informações organizacionais. Alternativamente, alguns dos estudos eram análises sobre a situação da inovação no Judiciário. E estudos como esses, científicos ou não, feitos nos bancos acadêmicos ou em órgãos de pesquisa (públicos ou privados), para fins de "utilidade pública" ou objetivos privados, estão se propagando e reproduzindo a cada ano que passa, para muita alegria desta autora. Ao longo de todos os capítulos deste livro apresentei o papel do Conselho Nacional de Justiça na provisão de dados para os pesquisadores, no incentivo de pesquisa com tecnologia aplicada aos dados judiciais, ou mesmo na "mera" organização e provisão dos dados em formato digital. A pesquisa jurídica possibilita pela inovação tecnológica do Judiciário brasileiro está apenas começando, mas já desperta muita atenção (e inveja) de pesquisadores de outros países. Hoje em dia, não somente pesquisadores experientes e bem treinados, alocados em sofisticados centros de pesquisa podem se "dar ao luxo" de fazer pesquisa com dados digitais do sistema de Justiça brasileiro, mas também candidatos a doutorado, mestrado e até mesmo Trabalhos de Conclusão de Cursos. Isso é a tecnologia a serviço da criação e difusão do conhecimento científico a respeito do próprio Judiciário.

E esse último ponto nos traz para o segundo grande tipo de inovação no Judiciário, para além da tecnológica: a inovação na maneira de se fazer ciência, envolvendo a multidisciplinariedade e o emprego de metodologias de investigação que até pouco tempo atrás não eram comuns no estudo do Direito, tais como a análise empírica e a análise econômica.

10.3 INOVAÇÕES NA MANEIRA DE ENXERGAR O DIREITO: INTERDISCIPLINARIDADE E USO DE DADOS EMPÍRICOS

No apêndice do capítulo anterior, expus excertos de um artigo de Lee Loevinger, talvez o criador do termo "jurimetria", publicado na metade do século passado. Lá, o advogado, grande visionário do estudo das ciências jurídicas, explicava o porquê de pesquisar o Direito de maneira "diferente", como nunca se pesquisou antes em milênios (desde os antigos gregos). Eu não preciso recorrer a uma análise temporal tão ampla, bastando ver o que a interdisciplinaridade e os métodos empíricos efetivamente já conseguiram alcançar, nesses seus primeiros anos de vida no Brasil. Ao longo de cada um dos capítulos deste livro, fiz uma seleção – idiossincrática e particular – mostrando alguns resultados de aplicação das metodologias não tradicionais ao Direito no estudo do Judiciário. Deixo a cada um dos leitores desta obra avaliar a serventia e a relevância desses trabalhos para o entendimento do sistema de Justiça em nosso país e para a proposição de soluções reais para os problemas reais existentes. Ao que me parece, seus resultados são bastante satisfatórios, muito mais do que a dogmática tradicional tem conseguido. Ao menos, parece que tem trazido temáticas, discussões e focos de atenção diferentes – tanto na academia quanto em órgãos públicos e privados de criação de conhecimento.

Pessoalmente, reconheço que essa inovação na maneira de se estudar o Direito e sobretudo o Judiciário brasileiro só tem me beneficiado. Não fosse ela, essa economista que aqui escreve jamais teria o espaço que tem (apesar de alguns ainda resistirem a pesquisadores "do outro lado de lá" como eu), sendo lida, ouvida e dialogada com representantes de todos os tipos do sistema judicial. Também não teria oportunidades de ter acesso a dados, aprendizados e conhecimentos como continuo tendo, mais de uma década e meia desde que me aventurei no tema da análise empírica e econômica do Judiciário brasileiro. Mais ainda, não teria tido a oportunidade que tenho hoje, todos os dias, de estudar e pesquisar seriamente o sistema de Justiça com colegas e coautores de formações extremamente diversas – juristas, estatísticos, programadores, engenheiros, gestores públicos e privados etc. – gerando trabalhos ricos e amplamente aceitos nacionalmente e internacional. Ser obrigada a "falar outras línguas", a pensar de outra maneira, e a não achar que "somente a minha ciência é a melhor e superior às demais" é uma tarefa desafiante, mas extremamente satisfatória e estimulante ao fim do dia, e principalmente, ao fim de uma obra bem publicada.

Entretanto, e felizmente, essa não é apenas uma experiência pessoal e particular. Cada vez mais, e mais rápido que imaginávamos, centros de ensino e pesquisa do Direito em diversos lugares do Brasil começam a empregar pesquisadores e professores não juristas. Ainda estamos longe, muito longe do que seria realmente saudável em um ambiente genuinamente multidisciplinar, sobretudo pela visão e atuação dos órgãos reguladores, que de maneira explícita e "natural" ainda justificam sanções a unidades de ensino que "empregam excessivamente profissionais de outras áreas que não o Direito". Porém, gosto de entender que se trata de um processo gradual de mudança de um *status quo* de décadas ou séculos. E o fato é que está havendo explicitamente mudanças nesse sentido: economistas, sociólogos, cientistas políticos, administradores, estatísticos, programadores de computação estão ocupando a academia dedicada ao estudo do Direito e do Judiciário. Este processo tende a continuar, porque o próprio sistema de Justiça está demandando isso – reiterando na referência ao Conselho Nacional de Justiça nesse sentido, mas certamente não se limitando a ele, dado que diversos tribunais estão criando núcleos de inteligência e/ou centros acadêmicos para realização de pesquisa com perspectiva multidisciplinar e empírica. À medida que os resultados diferenciados dessas iniciativas e dessas organizações continuarem aparecendo, mais estímulos haverá para que outros também adotem esse tipo de pesquisa e os métodos empíricos no estudo da Justiça – será como uma onda que irá se propagar em um grande lago. Então, tudo o que estamos vendo é apenas o começo de algo muito maior que está por vir, seja em termos acadêmico-científicos e seja em termos de políticas públicas. Ouso dizer que a abordagem multidisciplinar e empírica será uma verdadeira inovação disruptiva na maneira de se criar políticas de melhorias para o sistema de Justiça, e certamente o tempo mostrará a sua contribuição.

10.4 SEM MEDO, MAS SEM GLORIFICAÇÕES

No entanto, mesmo com os avanços alcançados pelas inovações já implementadas, é preciso ser realista e ter os "pés no chão". São ainda muitos os desafios para o Judiciário brasileiro, para que ele possa cumprir efetivamente o seu papel de maneira adequada. No capítulo 4 vimos que, apesar da tecnologia digital e do processo 100% eletrônico, há ainda uma inércia na morosidade judicial pela exigência do cumprimento de centenas e até mesmo milhares de etapas processuais, muitas delas, sem motivo "racional" de continuarem existindo. Nesses casos, muitas vezes, a melhoria significativa só aconteceria com mudanças normativas no andamento do processo civil – algo muito maior do que cabe à gestão dos tribunais e à mudança nos incentivos aos litigantes que possam ser facilmente alterados. Foi o que no capítulo 1 chamei de "fatores externos" ao Judiciário que têm impacto no funcionamento do Judiciário.

No caso do trabalho dos judicante, as inovações tecnológicas ainda estão longe de permitir que os magistrados vejam com clareza, e com base na empiria, os impactos de suas decisões em toda a economia e sociedade. A resistência de muitos magistrados em ter um diálogo e uma perspectiva interdisciplinares torna a tarefa de "julgar com base em evidências" muito mais difícil. O "efeito bumerangue" na criação de normas judiciais, infelizmente, continua sendo a regra em todo o Judiciário.[4] No caso dos servidores, pode-se dizer, com um certo extremismo – mas não tanto – que o uso da informatização e da tecnologia estão longe de ter impacto "inteligente" no trabalho do dia a dia dos tribunais. Há ainda um universo de medidas possíveis a serem adotadas, de possibilidades a serem descobertas e implementadas em termos de práticas que tornariam a atuação dos servidores muito mais célere, eficiente e, mais importante ainda, positivamente impactante.

Com relação aos pesquisadores e cientistas que se beneficiam da tecnologia implantada nos tribunais para fazerem estudos e projetos, desenhei acima a imagem de um "copo meio cheio". Mas há também a perspectiva do "copo meio vazio": tribunais que – ainda – veem com desconfiança o trabalho científico baseado em dados das bases judiciais e que, por causa disso, tentam ainda sistematicamente dificultar o acesso e a consulta às bases eletrônicas de processo. Se até hoje, na 3ª década do século XXI, há ainda órgãos públicos e membros desses órgãos que ainda não perceberam o alcance possível da pesquisa científica aliada à tecnologia e às bases de dados públicas, realmente é de se lamentar profundamente. Infelizmente, isso ainda é verdade em alguns casos.

Finalmente, e em consoante com a discussão de vários capítulos desse livro, os avanços tecnológicos ainda não foram capazes de reduzir o acesso desigual, a regressividade no acesso à Justiça pelos diferentes grupos da sociedade brasileira. Ao que consta, o processo digital pode ter, inclusive, piorado a concentração do acesso ao Judiciário por aqueles que já têm normalmente mais facilidade de acesso (pessoas físicas e jurídicas). O que a inovações nos estudos empíricos contribuem é em mostrar os números e as evidências nesse sentido – como fizemos ao longo de todo este livro. Mas certamente, a informatização e todas as demais novações tecnológicas aplicadas ao Judiciário não parecem ter tido a chance de melhorar a questão da "Justiça só para os ricos", que continua sendo a realidade.

O que podemos certamente dizer é que ainda existe um longo caminho para que as inovações tecnológicas afetem de maneira significativa o funcionamento adequado, eficiente e justo do Judiciário.

Por fim, há alguns fatores que também contribuem fortemente para o mal funcionamento do Judiciário, e que tivemos pouca oportunidade para discutir nesta obra (de maneira proposital). No capítulo 5, discutimos sobre a importância de se disseminar – efetivamente, e não somente na teoria – a conciliação, a mediação e outros métodos de solução de conflitos dentro do Judiciário. Claro que

---

4. YEUNG, Luciana & Timm, Luciano B. (2017). "A Justiça do Trabalho e o efeito bumerangue", *Coluna da ABDE*, JOTA, 18.07.2017. Disponível em: https://www.jota.info/opiniao-e-analise/colunas/coluna-da-abde/a-justica-do-trabalho-e-o-efeito-bumerangue-18072017.

os mesmos mecanismos fora do Judiciário seriam ainda mais benvindos (agentes que podem arcar com custos financeiros e temporais serem incentivados a não onerarem o sistema público). Por razões claras, deixamos de discutir questões envolvendo o ecossistema de mecanismos de ADRs e ODRs – as "*alternative dispute resolution*" e "*online dispute resolution*" – ou seja, métodos alternativos (e privados) de resolução de disputas e conflitos. Esses mecanismos, muitas vezes oferecidos pelas próprias corporações que podem estar envolvidas em conflitos, certamente têm o potencial de aliviar o sistema Judiciário, e deixar que somente conflitos que necessitem efetivamente a resolução judicial cheguem aos tribunais. Minha provocação é que vejo pouquíssimos casos, se é que algum, que "realmente necessitem do mecanismo judicial de resolução de disputas". Tudo ser apenas uma questão de mudança de perspectiva. E um dos propósitos deste livro foi esse mesmo: gerar uma mudança de perspectiva.

Outro fator que poderia contribuir para a melhoria do funcionamento da Justiça, que já é discutido por muitos juristas, mas que envolve questões extremamente complexas (um "buraco mais fundo") são os incentivos normativos – inclusive da própria Constituição Federal de 1988 – que criam dependência de toda a sociedade brasileiro ao Poder Judiciário. Apesar de controverso, sabe-se que a judicialização da sociedade brasileira e a superlitigância encontrada nos tribunais são resultados, em grande parte, da constituição tal qual ela foi desenhada, bem como de uma certa "leniência" dos demais poderes, sobretudo o Legislativo, na tentativa de ganhar "espaço de manobra" sem ter que se comprometer com decisões difíceis e não populares. O "ativismo judicial" tão discutido em anos recentes também é fruto desse processo nada simples de se entender, e sobre o qual a análise empírica e econômica – apesar de possíveis – teriam menos a contribuir. A ciência política e o próprio direito constitucional precisariam ser invocados para explicar o processo que levou o Judiciário brasileiro a assumir o papel que assume atualmente, e a ocupar o espaço que ocupa, para além dos incentivos criados pelas partes litigantes e do restante da sociedade.

Outro conjunto de fatores que contribuem para o Judiciário brasileiro ser do jeito que é (no sentido de suas dificuldades de funcionamento, a exaustão da possibilidade de seu funcionamento) são as regras processuais colocadas pelo próprio Direito brasileiro. A possibilidade de recursos praticamente infindáveis (sabendo que em muitos casos existe a questão da prescrição do ato ilícito sujeito a sanções), a "libertinagem" nas possibilidades de questionar julgados em recursos infindáveis, o grau de permeabilidade para a Suprema Corte a praticamente qualquer tipo de ação e tema (cuja obstrução certamente não afetaria o "devido processo legal" e nem o direito fundamental de acesso à Justiça, tal como ocorre em praticamente todos os países mais democráticos do planeta), e tantos outros assuntos dos quais já tive oportunidade de discorrer um pouco mais longamente.[5]

Por fim, se pudermos questionar como as inovações podem apoiar o Judiciário brasileiro a cumprir seu papel de fomentar a democracia e a Justiça, podemos dizer que as inovações são sempre benvindas – tal como acontece com o restante da sociedade, sem elas não há o avançar para o futuro. Entretanto, a ocorrência de inovações por si só não é suficiente para garantir melhorias efetivas. É preciso estratégia, empenho, seriedade e mesmo compreensão para que o potencial efetivo das inovações (que é certamente é gigante) possa ser efetivamente alcançado. Diversos setores do Judiciário brasileiro têm se dedicado a isso, mas é preciso mais. Não tenho dúvidas que consigamos, dado o pouco tempo em que essas iniciativas têm ocorrido no nosso sistema de Justiça.

REFERÊNCIAS BIBLIOGRÁFICAS DESTE CAPÍTULO

CONSELHO NACIONAL DE JUSTIÇA (2023). *Justiça em Números 2023*. Brasília; CNJ. Disponível em: https://www.cnj.jus.br/wp-content/uploads/2023/08/justica-em-numeros-2023.pdf.

YEUNG, Luciana. L. (2010). *Além dos "achismos", do senso comum e das evidências anedóticas: uma análise econômica do judiciário brasileiro*. Tese de Doutorado, Escola de Economia da Fundação Getúlio Vargas, São Paulo.

YEUNG, Luciana & TIMM, Luciano B. (2017). "A Justiça do Trabalho e o efeito bumerangue", *Coluna da ABDE*, JOTA, 18/07/2017. Disponível em: https://www.jota.info/opiniao-e-analise/colunas/coluna-da-abde/a-justica-do-trabalho-e-o-efeito-bumerangue-18072017.

---

5. YEUNG, Luciana L. (2010). *Além dos "achismos", do senso comum e das evidências anedóticas: uma análise econômica do judiciário brasileiro*. Tese de Doutorado, Escola de Economia da Fundação Getúlio Vargas, São Paulo, Cap. 3.

11
ÚLTIMAS PALAVRAS

Chegamos ao fim desta obra. O leitor atento perceberá que esta não foi apenas uma coleção de trabalhos empíricos e econômicos sobre temas diversos do Judiciário brasileiro. Apesar de alguns capítulos aparentemente desconexos, há uma mensagem uniforme em todos eles. Essa mensagem é a plena convicção da autora que escreve, após mais de uma década e meia de vida acadêmica integralmente dedicada a esse tema em específico. A mensagem que tenho é que é preciso analisarmos o Judiciário brasileiro com base nos dados empíricos, que existem "aos montes". É preciso fazer política judicial – seja de gestão, seja de julgados – baseado em evidências. Caso contrário, bilhões de reais continuarão sendo desperdiçados, servidores e magistrados continuarão fingindo, que o melhor está sendo feito, que a Justiça brasileira é extremamente democrática e atende às camadas mais pobres. Não está e não é. Muito melhor pode ser feito de maneira relativamente "fácil". Basta querer ver os números, os dados empíricos, as consequências do que está sendo feito. Não vamos negar tudo de positivo que tem sido feito, especialmente em termos de inovação nos últimos anos – e discutimos sobre tudo isso ao longo de várias páginas desta obra. Mas não vamos ficar apenas nos "deitando em berços esplêndidos", pois temos muito a fazer, ainda. Eu tendo a ser sempre otimista. Acredito que a maior parte absoluta dos membros do Judiciário – servidores, magistrados e outros – tem interesse genuíno em construir um sistema de Justiça que contribua para o bem-estar da sociedade brasileira com um todo. Só talvez não saibam a maneira mais efetiva e mais eficiente de cumprir com essa função. Minha dica é: através de uma análise empírica, olhando-se as evidências, e através de uma análise econômica, olhando-se as consequências reais daquilo que é feito.